KB230922

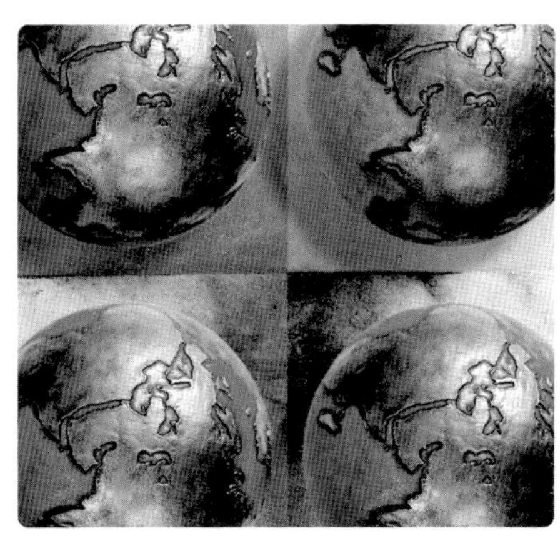

글로벌
다문화 교육의 이해

Understanding Global Multicultural Education

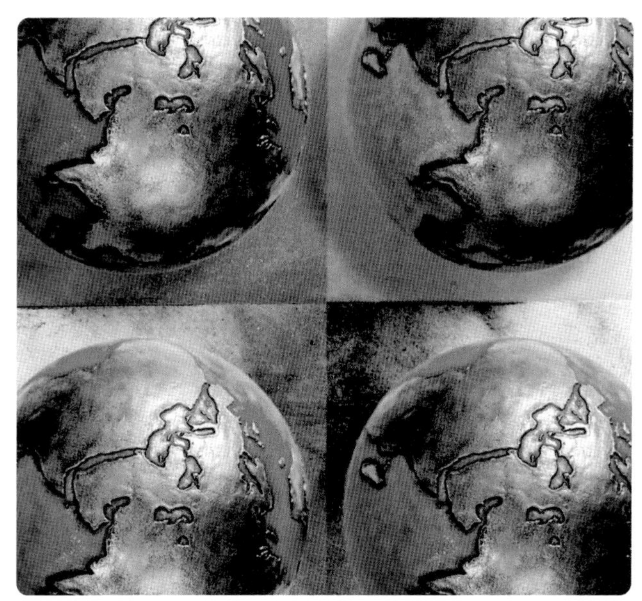

글로벌 다문화 교육의 이해

Understanding Global Multicultural Education

김용신 지음

이담 Books

머리말

한국정치학회 추계학술회의(2007)에서 "다문화 정치교육"을 주제로 발표하였다. 미국에서 잠시 귀국하여 토론장에 참여하신 어떤 노학자께서 이런 말씀을 하셨다. "…한국도 이제는 잘살게 되었어, 다문화를 이야기하다니…." 지금까지도 당시 장면이 생생하게 떠오를 만큼 기억에 남는 인상 깊은 일상의 비평이었다. 이론과 통계, 얼마 안 되는 경험 속에서만 알고 있었던 다문화 현상이 현장의 실감으로 다가오는 순간이었다.

다문화 담론에서 거침없이 이야기되는 국가들을 보면 하나같이 잘사는 나라, 강대국들이다. 태생적 다문화 국가인 초강대국 미국, 제국주의 정책으로 세계 곳곳에 식민지를 건설했던 선진국 프랑스, 영국, 독일, 그리고 무한한 잠재력과 자원에 비해 인적 자원이 부족하다고 여겨지는 행복한 나라 호주 등이 다문화 관련 선행학습 사례를 제공하는 단골 메뉴 국가들이다. 그렇다면 우리나라는 왜 다문화화되고 있는가?

얼핏 보면 한국의 급속한 경제 성장에 편승하려는 저임금 외국인 근로자들, 결혼하지 못하는 도농의 총각들, 한류에 따라 유학 온 외국의 젊은이들, 잘살기 위해 중국과 북한을 이탈한 동포들이 다문화를 이루는 주요 원인으로 여겨진다. 물론 틀린 답은 아니다. 그러나 다문화 현상을 조망하는 커다란 틀이라기보다는 하나하나의 조각들을 끼워 맞춰야 하는 부분 요인들이다. 이들을 아우르는 용어는 '글로벌'(global)로 보는 것이 옳을 것이다.

세계적인 소통망 속에서 역동적으로 성장한 우리나라는 글로벌로 추동된 다문화 국가로의 이행 과정에 있다. 소통체계의 발달과 시공간을 뛰어넘는 국제교류는 한국과 국제사회의 경계를 모호하게 만들고 있으며, 소수 이주자 집단들을 동시다발적으로 여러 장소에 정주시키고 있다. 이러한 추세가 지속된다면 2020년 즈음에는 디아스포라 비중이 10%를 넘는 세계적 수준의 다문화 국가로 전이할 가능성이 있다.

이 책은 글로벌 현상을 전제해야 다문화가 설명 가능하며, 다문화사회라고 말하기보다는 글로벌 다문화사회로 지칭하는 것이 더 정확한 표현이라는 이해로부터 출발한다. 따라서 다문화교육은 국내 한정적이고, 글로벌교육은 세계 포괄적이라는 개념 짓기 논의는 커다란 의미가 없다. 글로벌과 다문화가 동전의 양면처럼 하나의 현상에 대한 다른 기표들이라면 글로벌 다문화를 같은 차원에서 논의하는 것이 현상에 대한 곧은 인식이라고 본다.

글쓴이가 2007년부터 2009년까지의 논의를 엮어 만든 책『다문화교육론서설』(2009)을 출간한 지 1년여가 지나고 있다. 그동안 Banks(2007)가 제시한 '문화에서 국가로, 국가에서 글로벌로' 나아가는 정체성의 발달이 하나의 궤적에 있다는 것에 동의하면서도 나름의 논리 전개를 미루어 왔다. 다문화가 또 하나의 사실상의 차별을 뜻하는 용어가 아닌가라는 의구심이 있었기 때문이다. 그러나 다문화가 글로벌과 맞닿아 있는 하나의 논리 구성체라는 논점이 명확해지면서 문제는 해결되었다. '다문화'가 부정적인 수렴이 아닌 긍정적인 확산이라는 매듭 논리를 '글로벌'이 제공하였기 때문이다.

다문화교육은 그것이 분리교육이든 통합교육이든 한국 사회에 적합한 시민 형성이라는 지향점을 벗어나기 어렵다. 우리나라 자유민주주의 헌정체제를 벗어난 다문화사회의 시민이란 근본부터 성립 불가능한 논리이다. 다문화교육은 귀속적 시민교육으로서의 성격을 갖고 있는 것이다. 여기서 다문화교육은 주류사회 다수로의 동화를 전제로 한다는 비판을 받는다. 새로운 창의성이나 경쟁력의 발현을 기대하기 어려운 것이다. 따라서 소수 이주자가 주인공이 되면서 기존의 다수자가 능동적으로 변화하는 변환과 포용의 글로벌 다문화교육이 필요한 것이다.

이런 관점에서 『다문화교육론서설』(2009)의 기본 체제를 유지하면서 첫 장에서 최근 『사회과교육』에 발표된 "글로벌시대 사회과 다문화교육의 방향"(2010)을 토대로 "글로벌 다문화교육의 논리"를 변환 제시하고, 한국교총의 정책연구 지원에 의해 전국 규모로 실시된 조사 연구 보고서인 『다문화교육 실태 조사 및 개선 방안 연구』(2009)를 수정 보완하여 "학교 다문화교육의 현황과 과제"를 마지막 장에 추가하였다. 성공적인 다문화교육이 실행되기 위해서는 학문적 차원에서의 이론의 개발과 성찰, 실천적 차원에서의 현장 실태 조사 및 적정 이론의 적용과 검토, 정책적 차원에서의 지원과 숙의 과정이 종합적으로 실행되어야 할 것이다. 여기서 무엇보다도 중요한 논점은 '글로벌 지향'이라는 뚜렷한 목표 의식을 가지는 것이라고 본다. 우리나라의 다문화는 글로벌교육 관점에서 재인식되어야 불필요한 사회적 소모를 줄이고 모두를 위한 글로벌 다문화사회의 교육적 논리를 확보해 나갈 수 있을 것이다.

어떤 일이든지 이루어지기 위해서는 많은 분들의 도움이 필요하다. 서울교대 사회과교육과 김원수 교수님과 남호엽 교수님께서는 많은 토론 과정에서 사회과와 다문화로부터 글로벌로 진행되는 역사 · 문화적 관점을 제시하면서 유효한 아이디어와 자료들을 공유해 주셨다. 감사의 마음을 드리고 싶다. 또한, 항상 격려와 매진을 당부하시는 한국교원대 최용규 교수님과 공부하는 자세를 가다듬게 하여 학문의 길로 안내해 주신 한국외대 김웅진 교수님께 고맙다는 인사를 올린다. 끝으로, 글로벌 다문화 세미나 과정에 기꺼이 참여해 준 서울교육대학교 국제사회문화연구 전공 대학원생들과 글로벌교육연구소 연구위원들께도 동학으로서 인사를 드린다.

2010. 11.
서울교육대학교 서초동 연구실에서
김용신

『다문화교육론 서설』 서문

한국 사회에 다문화(multiculture)에 관한 담론이 무성하다. 주로 위로부터의 대서사 형태의 것들이며 아직 아래로부터의 서사는 드물다. 사실 다문화에 관한 논의들은 작은 이야기들이다. 사람들 간의 자연스럽고 평화로운 소통을 가능하게 하는 것이 다문화 현상의 본질이기 때문이다. 단일문화나 분리문화는 우월한 '강요된 하나'(imposed unum)가 다른 여러 가지 것들을 제압한다. 민주주의가 운영되더라도 '진정한 하나'(authentic unum)에는 도달하지 못한다. 절차와 심의가 실질적 합의보다 선행하는 질서체계가 성립된다.

교육 현장에서 일하는 우리들에게 다문화 담론이 좋은 의미와 가치를 갖기 위해서 필요한 질문들은, 다문화사회란 무엇인가? 다문화교육은 왜 해야 하는가? 다문화사회의 시민 형성은 어떻게 이루어져야 하는가? 등이다. 이것은 커다란 이야기들이 아니며, 그래서도 안 된다. 민주주의의 기본 원칙들인 자유와 평등, 정의, 다양성, 형평성이 실제로 작은 부분까지 실현되는 논의가 되어야 하기 때문이다. 그러므로 다문화란 민주주의 이론의 정교화 과정이며 생활 속의 실천 기회가 될 수 있다.

다문화는 우리가 언제나 이미 알고 있지만 실제로 중요하다는 것을 느끼지 못하는 일상이었다. 학교 교실을 생각해 보자. 물론 지역적 편차가 크다는 것을 인정하더라도, 아직 우리 교실에는 흔한 다문화에 관한 정의에 따른 인종이나 종족이 상이한 학생들은 드물다. 그러나 총인구 대비 2.5%에 이르는 외국인 근로자, 결혼이민자, 북한이탈주민 가정의 자녀들에 대한 관심은 새로운 교실 만들기의 충분한 동인(motif)이 되고 있다. 이주자 가정 자녀들에 대한 관심이 한국 사회에 상존해 온 기존의 소수 문화집단 학생들에 대한 관심으로 전이되는 과정이 시작된 것이다.

학교는 학생들의 인종, 종족, 성별, 계층, 문화, 지역, 종교, 특성 등에 관계없이 동등한 성공 기회를 실질적으로 보장해야 한다. 태어날 때부터 주어진 기존의 사회경제적 배경이나 지위가 그대로 학생들에게 유전되는 사회는 불공정하다. 사람으로서의 꿈이 무엇인지, 스스로에게 맞는 일이 어떤 것인지, 성공하려면 어떻게 해야 하는지 가르쳐 주고 그것을 이루는 실행력을 지원하지 않는 학교는 쓸모없다. 함께 잘살기 위한 더 좋은 사회로 나아가려는 민주주의 정치체계에서의 학교는 더욱 그렇다.

통섭 차원에서 다문화교육은 사람과 사람 간 대화와 소통을 통한 자기 정체성 확인 과정이다. 사람들은 여러 차원의 다문화 교실에서 자아 존중감을 갖게 되고, 다른 사람에 대한 공감적 이해를 하게 되며, 사회적 형평을 추구하게 된다. 다양한 정체성의 교차적 승인이 다문화 상황 속에서 진행되는 것이다. 그러므로 다문화교육은 개별주체들의 실질적으로 동등한 위치성(positionality)에 기초를 둔 문화민주주의 패러다임을 기본 관점으로 지향하는 것이다.

이 책은 위와 같은 질문과 필요에 대하여 서설적(prologue)으로 답하고자 필자의 최근 연구 결과(2007~2009)를 토대로 집필되었다. 『사회과교육』에 순차적으로 발표된 "다문화 정치교육의 논리와 방법", "초등사회과 교육과정의 다문화 개념 분석", "한국 사회의 다문화교육 지향과 실행 전략", 『비교민주주의연구』에 게재된 "다문화사회의 시민 형성 논리: 문화민주주의 접근"과 『2007개정 교육과정 내용체계에 나타난 다문화 관련 개념 분석 및 적용 방안 연구』 등이 주요 참고 논문 및 연구 결과물이다. 물론 논지 전개상 필요할 경우 기존의 글들을 수정 보완 및 가필, 재구성하였다는 것을 밝혀 둔다.

다문화교육은 이론 체계와 실천 항목들을 동시에 담고 있는 하나의 그릇과 같다. 따라서 다문화교육의 기본 논리와 고유 방법론, 방법들은 구체적인 실행 교과와 영역을 가지고 있어야 하며, 학교에서의 교육과정을 통하여 다양하게 구현되어야 한다. 말하자면 외재적 교수전략과 내재적 수업 행동이 동시에 제시되어야 올바른 다문화교육 접근법이라고 볼 수 있다. 이런 관점에서 다문화교육을 위한 아이디어들과 이론, 다문화 시민교육 방법과 교수기법, 다문화 교육과정의 구조, 도덕, 사회, 국어, 재량활동, 특별활동, 초등 통합 교과 다문화수업의 실제, 실행 평가와 제언들을 소개하였다.

주지하듯이 우리나라로 이주하는 소수 인종과 종족 문화집단들의 통계적 추세가 지속적으로 강화되면서 글로벌 다문화사회가 도래하고 있다. 차제에 새로운 한국 사회 구성원들에 대한 이해와 통합 논의와 함께, 기존의 민주주의 사회 구성 원리에 대한 총체적이고 실질적인 성찰이 다문화교육에 관한 논의로부터 거듭되기를 기대해 본다. 끝으로 이 책이 나오기까지 여러모로 도움을 아끼지 않은 서울교육대학교 글로벌교육연구소 구성원들께 심심한 감사를 드린다.

2009. 7.
서초동 연구실에서
김용신

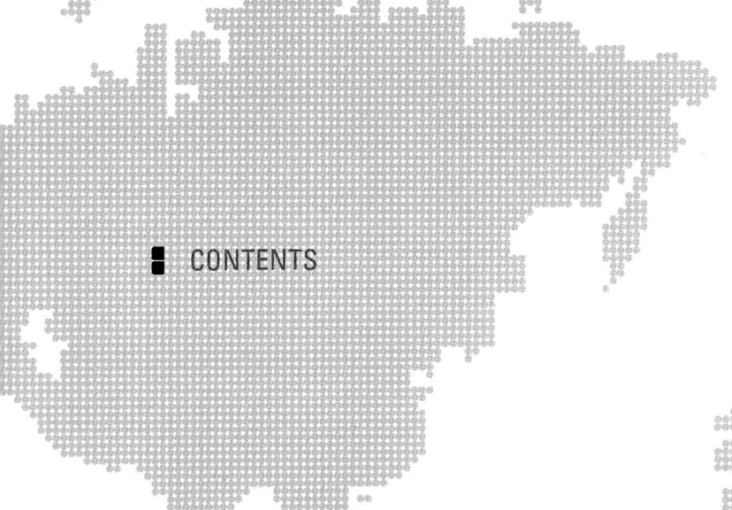

CONTENTS

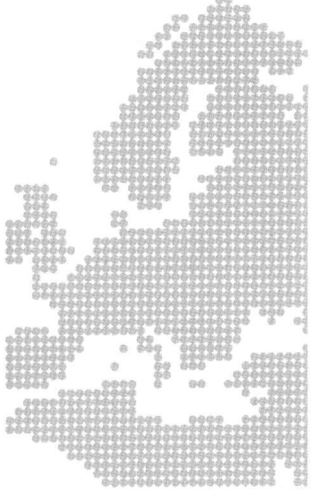

03 다문화교육 방법론

04 다문화 정치교육

05 사회과 다문화교육

06 다문화교육과정 운영의 실제

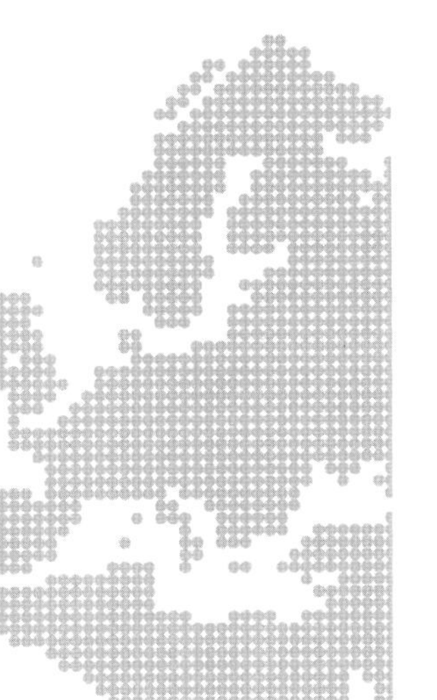

07 학교 다문화교육의 현황과 과제: 조사 연구

01

글로벌 다문화교육의 논리

글로벌시대의 교육은 **다문화**와의 만남이다. 학교에서 교사와 학생들은 누구든지 지역, 성, 사회 계층, 인종, 종족, 종교, 나이와 같은 문화적 속성들에 의해 구분되는 다양한 집단에 속한다.

1. 글로벌 다문화사회의 교육

글로벌시대의 교육은 다문화와의 만남이다. 학교에서 교사와 학생들은 누구든지 지역, 성, 사회 계층, 인종, 종족, 종교, 나이와 같은 문화적 속성들에 의해 구분되는 다양한 집단에 속한다. 단순하면서도 강요된 하나로 뭉쳐지는 것을 의미하는 단일민족, 단일문화라는 용어는 교육 장면에서 의미를 잃어가고 있다. 다른 차원과 관점을 인정하는 다문화적 포용성(inclusion)이 추구되어야 하는 사회가 도래한 것이다.

문화는 인간의 사고와 행동 양식을 해석하는 도구이며 체계이다. 모든 인간은 문화적이고 비록 어떤 문화적 방식이 다른 것에 비해 더 우월하거나 열등하다는 근거는 없지만 모든 문화가 동등한 힘이나 영향력을 갖고 있지 않다는 점은 명백하다. 개인과 사회 집단은 문화를 인간 행동의 도구로서 소유하고 사용한다. 문화는 이방인의 특징이 아니라 힘이 있든 없든 우리 모두가 소유하고 있는 특성이다. 따라서 문화는 인간 존재의 다양성을 그대로 드러내주는 기본 요소이므로 모든 사람은 다문화적이라고 말할 수 있다.

더욱이 글로벌 다문화화가 진행 심화되는 사회 구조 속에서 개인이 여러 가지 문화를 접하지 않고 생활하는 것은 불가능하다. 가족제도나 학교교육, 또래집단, 직장생활 등을 통해 다양한 협역문화(micro－culture), 하위문화들이 만들어지고 학습된다. 우리 모두가 가지고 있는 특유의 어투와 지역적 사투리를 배우기 때문에 다언어적인 것과 마찬가지로 우리 모두는 또한 다문화적이다. 아무리 문화적으로 고립되어 있다 할지라도 대규모 현대사회에서 혹은 소규모 전통사회에서도 각각의 구성원들은 모두 문화 다양성을 갖고 있다. 이처럼 모든 개인과 집단이 문화적인 동시에 다문화적인 것이 사실이라면, 교육적인 목표와 행위에서 다문화적인 관점은 매우 중요하다(Erickson, 2007: 34－35). 인간을 이해하고 함께 잘살 수 있는 방법을 가르치고 배우는 것이 학교교육이며, 이것은 인간의 본질에 관한 성찰이 선행되어야 제대로 성립되고 실천될 수 있기 때문이다.

다문화를 글로벌시대의 교육적 본질 측면에서 접근하였을 때, 우리나라처럼 비교적 동질적인 문화와 민족의식을 유지했던 전통적인 국민국가들은 과거와는 다른 차원의 도전에 직면하게 된다. 자본과 노동의 세계화에 따른 외부로부터의 이주노동자와 낯선 문화의 유입, 그리고 그동안 차이라는 관점에서 크게 의식하지 못했던 계층이나 성차 등과 같은 내적 다양성에 대한 관심의 증가 등이(박남수, 2007: 214) 복합적으로 한국 사회 속에서 작동하고 있다. 단일민족 단일문화라는 통합 중심에서 다종족 다문화라는 이해 중심으로 이동해야 하는 사회 구조적 부담감이 그대로 교육적 측면의 도전으로 받아들여지고 있는 국면이다.

근래에 들어 한국 사회에는 세계화와 정보화로 인한 사회 변화 양상과 외국인 근로자, 결혼이민자, 북한이탈주민 등 이주자의 대거 유입으로 새로운 사회구성원에 대한 교육이 커다란 관심사로 거론되고 있다. 글로벌 다문화사회에 적합한 글로벌 다문화교육의 논리와 실천에 관한 논의가 진행되고 있는 것이다(김용신, 2009b: 44－45). 그러나 지금까지의 우리나라 다문화교육은 소수 이주자들의 한국 사회로의 동화에 초점이 맞춰져 있어 통합만을 일방적으로 추구한다는 비판이 제기되고 있다. 이런 문제 상황에서 한국 사회의 급속한 다문화사회로의 전환 속도는 자연스럽게 보다 적극적인 다문화교육의 필요성을 역설하고 있으며, 더 포괄적이고 계획적인 다문화교육 담론을 촉구하고 있다(류성환, 2007: 264).

일반적으로 다문화교육은 좁게는 학습자의 문화적 배경을 효율적인 교수-학습과 학교 환경을 조성하는 데 활용하는 교수 전략이며, 넓게는 학교에서 문화, 다양성, 평등, 사회정의, 민주주의 개념을 확장하고 지원하는 교육이다(Gollnick & Chinn, 2006: 5). 우리나라 상황에서 다문화교육은 새로운 사회 변화를 반영하는 글로벌교육이며, 새로운 구성원들을 한국 사회에 적합한 시민으로 양성하는 민주주의 교육이고, 또한 글로벌 다문화사회에서 인간 존재에 관한 새로운 패러다임을 사고하고 추구하며 실행해 나가는 글로벌 시민교육으로 볼 수 있다.

2. 소수자와 평등, 다문화교육

> 다원성(plurality)은 우리 모두가 동등하다는 의미, 말하자면 인간은 그 누구도 살아왔던, 살고 있는, 살아갈 어떤 다른 사람과 같지 않다는 점에서 동등하다는 인간 존재의 기본 요건이다(Arendt, 2958: 57).

소수자(minority)는 신체적 또는 문화적 특성 때문에 사회의 다른 성원에게 차별을 받으며, 차별받는 집단에 속해 있다는 의식을 가진 사람들로 영구성, 특수성, 대체 불가능성, 집단의식을 특성으로 한다(박경태, 2008: 13).[01] 이런 특성들로 인하여 소수자들은 학교에서 차별적 교육과정, 경시, 문화 언어적 장벽, 보다 넓게는 사회 경제적인 장벽과 유사한 형태의 어려움에 직면하며(Ogbu, 2000: 56), 이를 극복하고 타개하기 위해 집단을 형성하게 된다. 소수자들은 다양한 형태의 소수집단 의식이라는 다중 정체성(multi－identities)을 갖게 되는 것이다.

한국 사회의 소수자는 비이주－비자발적 성격을 가진 이주－자발적 소수자들로 규정할 수 있다. 일반적 형태의 소수자로 알려진 외국인 근로자, 결혼이민자, 북한이탈주민들은 정도의 차이는 있으나 모두 태어난 고향으로 돌아

01 박경태(2008)는 소수자와 사회적 약자의 차이점을 영구성, 특수성, 대체 불가능성, 집단의식으로 규정한다. 여기서 영구성은 사회적으로 차별받는 이유의 영속성, 특수성은 사회 성원 일부만이 가지고 있는 차별적 특성, 대체 불가능성은 차별받는 특성을 다른 장점으로 극복할 수 없다는 것, 집단의식은 소수자로 차별받기 때문에 집단을 형성할 가능성이 크다는 의미이다(p.13).

가기 어려우며, 학교 부적응이나 사회 이탈 현상을 겪고 있고, 낮은 임금과 실제적인 사회적 차별을 받는다는 점에서 비이주-비자발적 성격의 소수자 형태를 띠는 동시에, 한국에서의 성공을 기대하며 이주해 온 자발적 소수자로서의 정체성을 갖고 있다. 이들은 항상 소수자라는 특성으로 인해 차별과 편견에 노출되어 있다.

사회 구조적으로 내재된 편견은 소수자와 다수자의 불평등한 관계를 당연한 것, 자연스러운 것으로 인식하게 하고, 소수집단이 겪는 실업, 빈곤, 질병, 범죄 등의 문제를 사회 구조에 기인한 것이 아니라 해당 소수자의 특성에 기인한 문제로 여기게 한다(박경태, 2008: 26). 편견은 차별과 박해, 정치적 인종주의를 발생시키는 논리가 되어 국가사회적인 중대 관심사로 대두될 수 있는 것이다. 태생적 다문화 국가인 미국은 1964년 민권법에 따라 1965년 존슨 행정부 대통령령 11246호로 적극적 차별철폐정책(Affirmative Action)을 제정하여 소수자들의 권리를 다수자와 실질적으로 동등하게 보장하는 조치를 취하였다.

그러나 소수자 인구가 기존의 다수자인 백인의 인구보다 많아진 캘리포니아 주에서 1996년 주민발의 209호로 소수자 우대정책이 철회되고, 어떤 개인이나 집단도 공공기관의 고용, 공교육, 공공 계약에서 차별 혹은 우대되어서는 안 된다는 원칙이 성립되어 소수자 우대에 대한 역차별 논란이 다수자로부터 제기되어 적극적 차별철폐정책의 일부 수정을 가져왔다. 즉, '동일한 조건일 경우에 여성이나 흑인을 고용한다'는 정도의 타협 논리가 성립된 것이다. 이러한 소수자 우대 정책은 한국 사회에 시사하는 점이 크다. 최근 외국인 이주자들의 급증으로 격발된 사회적 소수자라고 불릴 만한 다양한 소수집단에 대한 관심과, 사회의 발전적 통합 과제가 국가 정책 어젠더로 떠오르고 있기 때문이다. 여성 채용 목표제, 여성의원 할당제, 장애인 고용 의무제, 국가유공자 및 그 자녀에 대한 우대, 대학입시 특별전형, 지역 할당제 등을 소수자 우대 정책의 사례로 볼 수 있다(박경태, 2008: 266-267).

이러한 소수자에 대한 관점을 다수자와의 관계에서 교육적 차원에서 재설정 · 재해석하려는 패러다임이 다문화교육이다. 다문화교육은 각각의 문화에 대한 고유의 가치와 존재 의의를 인정하고 문화 간 형평과 상호존중을 중시하는 문화다원주의를 기반으로 한다. 이런 점에서 다문화교육은 민족이나 인종, 성, 사회적 지위 등에서 비롯되는 각 집단들의 고유한 문화적 특성이 다양하게 존재하고 있음을 인정하고 주류와 소수집단의 문화를 동등하게 가치롭게 여기고 존중하는 태도를 길러 서로가 공동체의 중요한 일원임을 가르쳐주는 교육이다(박남수, 2007: 218). 다문화교육이란 동등성을 전제로 소수자와 다수자 간 '최소 양 방향의 원칙'(minimal bilateral principle)을 준수해야 한다는 의미를 가진다. 여기서 '최소'란 역사적으로 억제되어 왔으며, 현재와 미래에도 사회적으로 불리한 여건 속에서 살아가야 하는 소수자 집단에게 우선 혜택이 주어져야 한다는 의미이다. 다문화교육은 일방적으로 제도적으로 주어진 형식적 기회의 균등보다는 실질적으로 보장된 결과의 평등을 지향한다는 것이다.

민주주의 국민국가에서 교육은 그 자체가 권리이며, 원하는 직업, 충분한 수입, 정치적 파워와 같은 사회적 재화를 획득하는 경로 역할을 수행해야 한다. 교육은 기회의 망(web of opportunity)과 관련되는 중요한 연계 고리로서의 역할을 일반적으로 동등하게 부여하는 것이어야 한다(Howe, 2000: 34-35). 민주주의 교육의 정교한 실천 과정이라는 성격이 강한 다문화교육에서 평등이란 전통적 관점과 다르다. 평등은 소수 취약 집단 구성원들에게 동일한 기회를 제공하는 것 이상의 의미를 갖는다. 이것은 소수 취약 집단과 다수 우월 집단의 학생 모두에게 해당되는 원리로서 다른 종족, 인종, 성, 사회계층이 차지하는 각각의 비율과 유사한 학업 중도 탈락률, 대학 진학과 졸업률 등을 요구하는 결과의 평등을 포함한다.

교육이 사회 속에 내재된 불평등을 극복할 수 있다는 신념을 유지하여 온 것은 사실이다. 그러나 직업과 수입에 있어서의 불평등을 감소시키는 교육의 역할은 제한적이었다. 학교 개혁은 학교 밖 사회의 의미 있는 변화를 이끌어 내지 못하고 있다. 교육기회의 동등성은 성인들의 평등을 실현하는 데 거의 작용하지 못한 것이다. 모든 학생들에게 교육기회를 동등하게 제공하는 것이 고등학교나 대학을 졸업하는 동등한 결과를 보장하지 않았으며, 소수자와 다수자 집단 간 직업과 수입의 동등성에 이르는 데 기여하지 못하였다. 다문화적 평등을 실현하기 위해서는 전환적인 주요 변화가 사회 속에 발생해야 하는 것이다(Gollnick & Chinn, 2008: 37).

우리나라 다문화교육의 현실은 동화주의와 다문화주의, 협역문화와 광역문화(macro - culture), 분리와 통합, 소수자와 다수자를 모두 고려하는 전략적 차원에서 접근하기보다는 소수 이주자 집단에 대한 주류 한국 사회의 일방적 시혜와 보상이라는 성격이 강하다. 소수집단을 형성하고 있는 다문화가정 자녀에 대한 차별과 편견에서 벗어나려는 인식의 전환을 모색하고 있으나 피부색과 말씨, 문화 차이로 인한 따돌림 현상은 여전하며, 북한이탈주민 가정 자녀의 학업 중도 탈락률은 초등학교에서 중학교, 고등학교로 갈수록 높아지고 있다. 이런 현상은 소수집단과 다수집단을 구별하는 다문화교육 실행이 지속될 경우 해소되기 어려울 것으로 예상된다(김용신, 2009a: 9 - 10). 소수자의 관점을 우선 배려하되, 이것으로 인하여 또 다른 차별이나 편견이 발생되지 않도록 소수자가 주인공이 되고 다수자가 변화하는 새로운 국면이 등장해야 한다.

따라서 소수자의 다양한 문화, 종족, 인종, 사회 계층에 관한 내용을 기존의 주류 교육과정에 통합시키는 것을 다문화교육의 본질이자 전부로 보는 것은 대표적인 다문화교육 오개념 중의 하나로 볼 수 있다(Banks, 김용신 · 김형기 역, 2009: 145). 이주자나 사회적 소수집단의 다양한 정체성들을 주류문화 중심으로 구성된 교육과정에서 그대로 다룬다는 것은 변환을 모토로 여겨야 할 글로벌 다문화사회의 지식 적합성에 맞지 않는다. 이것이 이론적 · 현실적 차원에서 문제가 되는 것은, 용광로 이론의 논리에 따라 다수자와 소수자들의 문화 정체성들이 융합되어 새로운 문화가 생성 · 작동되는 것이 아니라, 오히려 다수의 '강요된 하나'(imposed unum)를 민주주의 헌정체제의 신조에 근거하여 비판하는 소수집단의 결속력을 강화하고, 사회적 긴장과 풀리기 어려운 쟁점들을 발생시키는 동인(動因)이 되고 있다는 점이다. 소모적이고 불필요하며 비인간적인 사회적 편견과 차별이 언제든지 배태 양산될 가능성이 있는 것이다. 그러므로 다문화교육의 출발점이자 핵심은 소수집단이 가진 문화와 정체성에 대한 이해라고 할 수 있다. 소수자들의 문화, 언어, 종교, 종족적 특성에 따른 교육과정 편성 및 운영, 교수-학습 지도가 이루어져야 글로벌 다문화사회가 지향하는 새롭고도 정교한 수준의 민주적 평등에 도달하는 문화민주주의가 실현될 수 있기 때문이다.

3. 글로벌 다문화교육: 변환과 포용

글로벌 다문화사회의 도래와 함께 교육은 민주주의 헌정체제의 기본 가치들을 토대로 사회발전과 시대가 필요로 하는 글로벌 시민교육을 추구하여 왔다. 최근 글로벌 현상의 도래와 함께 외국인 이주자들과 국민국가 내부의 다양성이 동시에 증가함에 따라 전통적으로 유지되어 왔던 자유동화주의(liberal assimilationism)의 시민성 개념은 도전을 받기 시작하였다(Banks, 2008: 130). 글로벌 현상은 시민 공동체를 규정해 왔던 신념, 가치, 행동양식과 무역, 거래 등 모든 국면을 변화시키고 있으며, 국민국가의 경계는 점점 모호해지고 침식당하고 있는 것이 사실이다. 집단 정체성을 부인하는 기존의 시민성 개념으로는 더 이상 효율적인 민주시민교육과 시민성 함양을 이어가기에 어려운 상황이 나타난 것이다.

자유동화주의자들은 각각 다른 집단 출신의 개인들이 가지고 있는 가족과 공동체의 문화와 언어를 포기해야 국가 시민문화에 효율적으로 융합되고 참여하는 것이 가능하다는 논리를 전제로 시민성을 정의한다. 그러나 1960-70년대에 활성화된 시민권 운동 이후 다양한 정체성 집단들이 개인의 권리와 기회를 성장시켰다는 것이 입증되었다. 변환적인 형태의 시민성 교육이 학생들의 문화, 국가, 지역, 글로벌 공동체에서 살아가기 위한 지식, 기능, 가치·

태도 습득 능력의 함양에 효율적으로 기여함이 판명된 것이다(Banks, 2008: 129). 글로벌 다문화사회에서 자유동화주의에 근거를 둔 전통주의자들의 시민성과 이에 따른 다문화교육에 대한 관점의 전환이 이루어져야 더욱 정교한 수준의 민주시민사회가 성립되고 발전될 수 있는 것이다.

Banks(2008)는 글로벌시대의 다양성과 시민교육에 관한 논의에서 전통주의적 자유동화주의 시민성과 글로벌 다문화 시민성을 대비하여 소개한다. 시민성은 '법적 - 최소 - 능동 - 변환' 차원으로 구분된다. 법적 시민성은 국가 구성원으로서 권리와 의무를 가지고 있으나 어떤 의미 있는 방식으로도 정치체계(political system)에 참여하지 않는 시민성이며, 최소 시민성은 관례적으로 주요 후보와 쟁점을 가름하는 지방과 전국 선거에 투표하는 수준의 시민성이고, 능동 시민성은 기존의 관례와 법을 넘어 항의 시위에 참여하거나 개혁에 관한 공적 연설을 하는 실천적 시민성이지만 기존의 정치체계에 대한 도전을 실천하는 시민성은 아니며, 변환 시민성은 기존의 법과 관례를 넘어서 가치와 도덕 원칙을 실천하는 시민 행동으로 나타나 적극적으로 사회 정의를 추구하는 행동적 시민성을 말한다(p.136). 법적 - 최소 - 능동 시민성은 자유동화주의 계보에 속하며, 변환 시민성은 글로벌 다문화 시민성 계보를 열어가는 과정적 성격을 띠고 있다.

실질적으로 동등한 교육기회의 보장을 통해 결과의 평등까지 추구하는 다문화교육의 논리와 합치하는 것은 변환 시민성이다. 물론 자유동화주의를 변화수용의 자유주의와 현상 유지의 동화주의로 나누어 볼 수도 있겠으나, 자유주의가 지닌 개인의 자기결정 원칙과 자유의 우선성 원칙이 실제로는 주류집단 문화를 우월한 것으로 인정하는 기제로 작동되어 왔다는 점에서 동화주의가 추구하는 기존 다수로의 통합 논리의 편을 들어 준다고 볼 수 있으므로 자유동화주의가 기의를 포괄하는 실제 기표로 적합하다. 그러므로 정보화의 기류를 타고 급속하게 변화하는 글로벌 다문화 현상을 사회구조적으로 인식하고 개별적으로 대응해 나가기 위해서는 변환 시민성의 추구가 타당한 것이다.

이러한 변환 시민성에 기초한 글로벌 다문화사회의 교육은 학생들의 사회적 배경과 관련된 개념, 쟁점, 문제들을 비판적으로 검토하는 것이 되어야 하며, 문제해결을 위한 사회적 행동을 취하도록 하여 모두에게 동등한 사회정의가 실현되도록 할 것을 요구한다. 다문화교육은 학생들이 인종, 문화, 종족적 다양성을 이해하고 인정하는 데 필요한 지식, 기능, 가치 · 태도를 점진적으로 누적해 나갈 수 있도록 돕는 것이 되어야 하는 것이다(Maxim, 2006: 54). 글로벌 다문화화의 심화에 따른 구체적인 글로벌시대 다문화 시민교육에 대하여 워싱턴대학의 다문화교육센터(CME)는 "민주주의와 다양성: 글로벌 세계의 시민교육을 위한 원칙과 개념"이라는 보고서에서 4개의 원칙과 10개의 핵심개념을 <표 1 - 1>과 같이 제시하였다.

〈표 1 - 1〉 글로벌시대 시민교육을 위한 원칙과 개념

〈원칙〉

다양성과 통일성, 글로벌 상호연계성, 인권
1. 학생들은 지역 공동체, 국가, 세계에 존재하는 통일성과 다양성 간의 복잡한 관계에 대해 배워야 한다.
2. 학생들은 그들의 공동체, 국가, 지역이 세계의 다른 지역 사람들과 점증적으로 상호 의존되고 있으며, 지구 전체에서 벌어지는 경제적, 정치적, 문화적, 환경적, 기술적 변화가 연계되어 있음을 배워야 한다.
3. 인권교육은 다문화 국민국가의 시민성 교육 과정과 프로그램의 토대가 되어야 한다.

경험과 참여
4. 학생들은 민주주의와 민주적 제도에 대한 지식을 배워야 하며, 민주주의의 실천기회가 제공되어야 한다.

〈개념들〉

1. 민주주의
2. 다양성
3. 글로벌화
4. 지속 가능한 발전
5. 제국, 제국주의, 국력
6. 편견, 차별, 인종주의
7. 이민
8. 정체성/다양성
9. 다중적인 시각
10. 애국심과 세계시민주의

※ 출처: Banks, Cortés, Merryfield, Moodley, Murphy-Shigemantsu, Osler, Par, & Parker(2005). *Democracy and diversity: Principles and concepts for educating citizens in a global age*. Seattle: University of Washington, Center for Multicultural Education.

글로벌시대의 시민교육은 다양성과 통일성, 글로벌 상호연계성, 인권, 경험과 참여를 원칙으로 민주주의, 다양성, 글로벌화, 지속 가능한 발전, 제국, 제국주의, 국가, 편견, 차별, 인종주의, 이민, 정체성과 다양성, 다중적인 시각, 애국심과 세계시민주의를 핵심 내용으로 구성되어야 한다. 요컨대 글로벌시대의 다문화교육은 다양성을 기초로 지식, 기능, 가치 · 태도 측면에서 소수자와 다수자가 모두 다 함께 민주시민으로서의 소양을 갖추어 나가는 포용 논리(logic of inclusion)에 중점을 두어야 한다.

국민국가 간 이주는 범세계적 현상이다. 국가는 다문화 수용 관점에서 그들을 인정하고 글로벌 시민성을 허용해야 할지 동화주의 차원에서 접근해야 할지 결정해야 한다. 중요한 것은 소수 이주자 집단의 문화와 언어가 동화되어 소멸되기보다는 고착화되는 현상이 강하다는 사실이다. 덧붙여 소수자의 정체성이 무시되거나 경시되는 상황이 지속되면 언제든지 프랑스, 미국 등에서 겪었던 인종 혹은 종족 간 갈등 사태가 불필요하게 발생할 수 있다는 점이다. 소멸되지 않는 정체성과 문화라면 동화주의의 오류를 반복하기보다는 글로벌 다문화 경쟁력 확보 차원에서 이들을 인정하고 이해하는 것이 옳은 방향이라고 본다.

글로벌 다문화교육은 굳이 실패할 가능성이 큰 동화주의 혹은 시혜적 다문화주의 노선을 걷기보다는 성공한 포용 노선을 체계적으로 도입하는 것이 올바른 방향이라고 본다. 소수이주집단 학생들을 분리하지 않는 다문화교육, 다문화가정과 학교가 직접 연결되는 다문화교육, 지역사회와 다문화 관련 시민단체가 함께 참여하는 다문화교육이 성공한 다문화교육의 실제 사례들이다. 이러한 포용 다문화교육은 소수자와 다수자, 국가 발전에 커다란 유용성을 제공할 수 있다. 소수자는 문화 정체성을 유지하여 자존감을 가진 공동체 구성원으로서 권리와 의무를 다하는 시민이 될 수 있으며, 다수자는 소수문화에 대한 이해를 바탕으로 하는 공감을 확보하여 다양한 사회 구성과 국가 발전에 기여할 수 있을 것이다. 이렇게 소수자와 다수자의 형평성이 실현되면 지역에서 세계적으로 사고하고 행동할 수 있는 경쟁력이 모두에게 발생하는 것이다. 특히 우리나라와 같이 인적 자원에 많은 투자와 의존을 해야 하는 국가에서는 글로벌 다문화 현상을 적극 활용하는 다문화교육의 방향 설정과 실천이 포용교육 차원에서 이루어져야 할 것이다(김용신, 2009a: 10-11).

우리나라에 대하여 2007년 8월 17일 유엔 인종차별철폐위원회는 한국이 제출한 인종차별철폐 관련 보고서에 대한 심사 견해 보고서를 통해 한국의 민족 단일성 강조는 한국 내 거주하는 타민족, 국가 집단 간의 이해, 관용, 우의 증진을 저해할 수 있다는 우려를 밝혔다. 동 위원회는 한국의 실제 상황에 적합하지 않은 단일민족국가라는 이미지를 극복하기 위해 교육, 문화, 정보 분야에서 적절한 조치를 채택하도록 권고했다. 여기에는 교육과정과 교과서에 다문화 이해와 관용, 인권 프로그램이 포함될 것 등이 들어 있다(박경태, 2008: 309-310). 우리나라 다문화교육이 글로벌 정의(global justice) 관념과 시대 상황에 적절하도록 목표, 내용, 방법 차원에서 전반적으로 개선되고 구체화되어야 한다는 것을 보편적 국제기구가 제시한 것이다.

글로벌 다문화사회에 알맞은 다문화교육의 주요 목표는 학생들이 문화, 국가, 글로벌 정체성의 적절한 균형에 도달하도록 지원하는 것이다. 개인은 그들이 국가의 의미 있는 하나의 구성원으로 여겨질 때, 다시 말해, 그들의 개별적인 문화가 인정되고 반영되며 가치 있다고 여겨져야만 국가와 시민문화에 대한 정체성을 발달시킬 수 있으며 실행할 수 있는 것이다. 국가 내부의 모든 문화집단들을 구조적으로 포용하지 못하고 소외시키는 국가는 공통된 국가 목표와 정책보다는 구체적인 관심사와 쟁점에 더욱 집중하는 집단들을 만들어 내며, 이방인을 생성시키는 위험에 처하게 된다(Banks, 김용신 · 김형기 역, 2009: 52). 그러므로 소수자와 다수자의 소통이 가능하도록 개별 문화 정체성을 다문화교육과정에 반영하고, 이것이 국가 시민문화와 연결되어 글로벌리즘에 도달할 수 있게 다문화 교수-학습 전략과 절차, 모형들을 개발하여 적용할 수 있어야 한다. 이런 관점에서 글로벌 다문화교육의 실행을 위한 교육목표, 내용, 방법을 변환과 포용의 논리에 따라 정리하면 다음과 같다.

첫째, 글로벌 다문화교육의 목표는 21세기의 변화하는 세계의 다문화사회 현상을 소수자와 다수자의 교차적 관점에서 인식하고, 사회 정의와 형평성을 토대로 민주주의 기본 원리에 따른 지식, 기능, 가치 · 태도를 함양하여, 상호 의존이 심화되고 있는 글로벌시대의 시민으로서 살아가는 힘을 길러 주는 것이다.

둘째, 글로벌 다문화교육의 내용은 세계화 · 정보화 시대에 일상화되고 있는 문화 간 상호작용의 의미를 국제이해 차원에서 인식하고, 다양한 문화집단들의 사회개혁 및 참여에 따른 사회변화 현상을 민주적 형평성 차원에서 접근하여, 소수자와 다수자의 동등한 의사소통 및 의사결정 능력을 길러 편견 해소와 사회갈등의 총체적이고 평화적 해결을 추구하며, 문화역사적 다양성과 집단 정체성, 성, 소수 인종과 종족, 타문화와 타인을 존중하는 태도를 기본 요소로 해야 한다. 내용 선정의 준거 개념들은 위의 <표 1 - 1>에서 제시한 10개의 개념들을 활용한다.

셋째, 글로벌 다문화교육의 방법은 위의 목표 달성과 내용 습득을 위해 민주주의 사회의 자유, 평등, 사회 정의의 실질적이고 동등한 실현이 이루어지도록 다양한 형태의 사회참여학습, 합리적 의사결정학습, 총체적 다문화학습, 비교문화학습, 국제이해학습, 정보활용학습 등을 지역사회와 학교 실정에 알맞게 도입하여 실천해야 한다.

요컨대, 우리나라 글로벌 다문화교육은 문화 다양성을 세계적 차원에서 국내에 구현하는 변환과 포용 논리를 도입 · 적용해야 한다. 전통적인 강대국들의 다문화교육, 평화교육, 문화 간 교육 등은 그대로 글로벌교육으로 전환될 수 있는 여건과 환경이 갖추어져 있다는 점에서 우리나라와 다르다. 우리나라의 경우 소극적 형태의 통합 중심 다문화교육, 혹은 단순 이해 중심 다문화교육을 지향해서는 글로벌 다문화가 주는 잠재적인 강점과 이로 인한 현실적인 경쟁력을 확보하기 어려운 것이다. 따라서 글로벌시대 다문화교육에 적합한 패러다임으로 변환과 포용의 다문화교육이 학교 현장에 보편화될 필요가 있다.

4. 글로벌 다문화의 재인식

글로벌 다문화사회의 교육은 어느 시대보다 복합적인 다양성과 소통의 문제를 해결해 나가는 과정이다. 다양성이란 개인이나 집단, 종족, 민족, 사회계층이 갖고 있는 총체적 형태의 문화를 의미하며, 소통이란 이들이 갖고 있거나 변화하고 있는 정체성들 간의 대화를 의미한다. 글로벌시대의 특징은 정보통신기술과 이동수단의 발달에 따라 시공간적 제한이나 구분 없이 언제든지 원하는 상대방과 만날 수 있다는 점이다. 우리는 이것을 다문화와의 만남이라고 부르며, 따라서 21세기의 또 다른 이름은 다문화사회로 지칭될 수 있는 것이다.

우리나라의 경우 전통적으로 단일민족국가로 여겨져 왔으며, 역사적으로 펼쳐진 저항적 민족주의의 영향으로 다른 문화에 대한 접속과 이해가 빠른 편이 아니라는 것이 통설이다. 그러나 다른 한편으로는 우리나라처럼 단기간에 외부와의 교류 협력에 의해 괄목할 만한 역동적인 발전을 이룩한 사회도 찾아보기 힘들다는 것이 사실이다. 바꿔 말해, 다문화란 우리의 일상이었으나 다만 우리들의 구조 속에서 현실적으로 인식하지 못해 온 것으로 해석할 수 있다.

본 장에서는 글로벌 다문화사회의 특성을 교육적 관점에서 이해하고 글로벌 차원에서 어떻게 대응해 나가야 할 것인가의 문제에 대해 다문화교육을 중심으로 접근하였다. 우리나라 다문화교육은 다수자의 관점에서 바라보는 소수자 대상 교육이라는 제한된 틀을 아직 벗어나지 못하고 있다. 이것은 글로벌 다문화사회에 내재된 교육과 국가 발전의 잠재력을 그대로 살려 내는 글로벌 다문화교육의 방향 설정 논리가 되기에는 부족한 시각이다. 따라서 기존의 자유동화주의 시민교육 관점을 지속시키기보다는 변환과 포용의 논리를 도입하여 소수자와 평등, 시민성 등을 재해석하는 것이 필요하다.

민주주의 사회에서 소수자란 수의 많고 적음으로 가름되기도 하지만 문화적으로 소외되어 현실적으로 비주체적 입장에 놓인 개인과 집단들을 의미한다. 이들은 자유동화주의 논리에 의해서는 주류사회와 소통 자체가 어려운 권력 상황에 처해 있다. 우리나라에서 소수자에 대한 관심은 글로벌 다문화사회의 도래에 따라 대두되었다. 이주자들이라는 확연한 차이의 모습들이 소수자를 가시화시켜 준 것이다.

다양한 인종과 종족, 성, 종교, 지역, 계층을 배경으로 하는 소수집단들은 사회적 차별과 편견의 지위성(positionality)으로 인해 실질적 의미의 평등을 보장받지 못해 왔다. 글로벌 다문화교육은 학생들의 학습 지위를 동등하게 인정하는 것으로부터 출발하여 시민적 성공 기회를 실질적으로 보장하는 결과의 평등까지를 추구하는 시민 형성 논리를 지향해야 한다. 소수자로서 글로벌 이주자들도 한국이라는 민주주의 국민국가의 시민문화에 기여할 수 있고, 또 그래야만 새로운 의미의 국가 형성과 21세기 다문화사회 선진국으로의 발전이 민주주의 헌정체제의 기본 가치 수준에서 실현될 수 있기 때문이다.

이를 위해 글로벌 다문화교육은 변환 시민성을 구현해 내야 한다. 변환 시민성이란 법적－최소－능동 시민성 수준을 넘어서는 것으로 소수자가 주체가 되고 다수자가 변화할 때 도달 가능하다. 소수집단 학생들에게 성공적인 시민으로 성장할 기회를 학교 교육 현장에서 실제적으로 동등하게 보장하는 논리가 변환인 것이다. 변환은 필수적으로 포용을 수반한다. 글로벌 다문화교육은 '다수로부터 하나'(out of many, one)를 만들어 내는 민주시민 형성 논리를 지향한다. '하나'란 크고 작은 형태로 존재하는 여러 조각 집단들이 함께 잘사는 민주주의 국가라는 총체적 그림을 그려내는 것을 말한다. 이것이 소수자와 다수자가 공존 공영하는 포용의 논리이다.

글로벌 시민성 형성을 목표로 하는 글로벌 다문화교육은 국가사회가 요구하는 시대적 필요에 부응해야 한다. 글로벌 다문화교육은 멀리는 인종, 종족, 지역, 이념, 계층, 종교, 세대, 젠더 간 갈등으로 빚어지는 첨예한 사회문제들의 해결을 위해 자연스럽게 다가온 글로벌 다문화 현상에 대한 체계적인 이해와 이론화를 지향해야 하며, 가깝게는 당면한 새로운 사회 구성원들인 이주자들의 급증으로 인한 사회구조적 변화 현상을 시민교육 측면에서 다루어 불필요한 국가적 기회비용의 지불이나 개인적 소외 현상을 극복하고, 민주주의 신조가 지배하는 글로벌 국민국가 수준의 이해와 통합, 다양성과 단일성의 균형을 추구해야 한다.

02

한국 사회의 다문화교육

세계화 · 정보화 시대라고 불리는 **21세기**의 또 다른 이름은 다문화사회이다. 어느 시대보다 다양하고 복합적인 국가 간, 집단 간, 개인 간 소통의 경로들은 문화 접변과 융화현상을 가속화하여 세계와 국민국가(nation states)의 사회구조를 변화시키고 있다.

1. 다문화사회와 교육

세계화 · 정보화 시대라고 불리는 21세기의 또 다른 이름은 다문화사회이다. 어느 시대보다 다양하고 복합적인 국가 간, 집단 간, 개인 간 소통의 경로들은 문화 접변과 융화현상을 가속화하여 세계와 국민국가(nation states)의 사회구조를 변화시키고 있다. 16세기 이후 근대 제국주의 시대의 세계화가 국가의 힘에 의한 타율적 세계화였다면, 지금의 세계화는 개인의 필요에 의한 자율적 세계화 성격이 강하다. 인터넷과 모바일을 활용한 정보 소통의 일상화는 능동적이고 적극적 의미의 글로벌 다문화사회로의 전이를 추동하고 있는 것이 현실이다.

한국 사회의 경우에도 글로벌 다문화화가 진행되어 2010년 총인구 대비 약 2.5%의 인구가 다문화가정을 형성하고 있다. 물론 역사적으로 다문화 국가인 미국의 경우 다인종 · 다종족 비율이 2008년 기준 약 32%, 프랑스, 독일, 이탈리아, 스위스 등 유럽 제국의 경우 10~13%로 추정되고 있다. 이에 비하면 한국의 다문화 현상은 그리 우려할 만한 수준은 아니다. 그러나 세계 인구 대비 평균 디아스포라(Diaspora)는 약 2.5%이다. 세계적 차원의 다문화화 비율과 한국 사회를 비교해 보았을 때, 우리나라도 다문화사회에 근접하고 있는 것이다.

한국 사회가 글로벌 다문화화 과정으로 진입한 계기는 1988년 올림픽과 1993년부터 강조된 김영삼 정부의 세계화 추진 정책과 관련되어 있다. 88올림픽 이후 중국과 동남아시아 및 중앙아시아 지역에서 한국에 대한 동경 이미지가 구축되기 시작했으며, 이것이 국내의 산업구조 변화와 세계화 전략과 맞물려 외국인 이주노동자의 대거 유입으로 진행된 것이다. 특히, 전통적으로 단일민족, 단일문화권이라는 통념을 갖고 있던 한국 사회가 다문화화(multiculturalization)되고 있다는 인식은 하인스 워드라는 한국계 풋볼 스타의 방한 이후 2006년부터 추진된 노무현 정부의 다문화 정책과, 그 원인이 되었던 국제결혼가정의 증가가 중요한 동인(motif)으로 작용하였다.

한국 이주자의 이주 원인은 주로 노동, 결혼, 탈북 등이며 이들은 이주 원인과 목적에 따라 외국인 근로자, 국제결혼자, 새터민 등으로 불리고 있다(오경석 외, 2007: 198). 법무부(2008) 통계에 따르면 2004년 이후 외국인과의 혼인 건수가 총 혼인 건수의 11.4%를 상회한 이후 이 흐름이 지속되고 있으며, 새터민 숫자도 1만 명을 넘어서고 있다. 이에 따라 이주민 총수가 2007년 100만 254명을 기록한 이후 2008년에도 114만여 명으로 증가하여 총인구 대비 2%를 초과한 것이다.

이와 같은 인구통계학적 변동 양상은 프랑스나 미국 등 다문화 국가가 겪고 있는 인종 간, 종족 간, 계층 간 사회적 긴장과 갈등이 우리나라에도 도래할 수 있음을 나타내 주는 지표이다. 이전부터 한민족과 한반도라는 하나의 이념과 장소에 다른 문화적 배경을 가진 구성원들이 유입된다는 것은, 같은 현상에 대한 다른 해석체계의 만남으로 다문화적 분쟁 가능성이 있다는 의미를 가진다.

교육부(2006) 자료에 의하면 이미 국제결혼가정 자녀의 17.6%가 외모 차이와 언어 미숙으로 인하여 학교 부적응을 겪고 있는 것으로 나타나고 있다. 이러한 현상은 국제결혼가정 자녀의 증가가 가속되면서 더 심화될 우려가 있다. 교과부(2008) 자료는 2008년 국제결혼가정 자녀가 18,769명임을 밝혀 주고 있으며, 이것은 2007년에 비하여 39.6% 증가한 수치다. 이러한 학교에서의 다문화 현상은 미래 한국 사회의 다문화 과제로 대두될 가능성이 크다.[02]

따라서 한국의 교육은 어떻게 미래의 세대들이 다른 문화를 접할지, 어떻게 그들과 협동하고 어울려 살지, 이와 동시에 자신의 본질과 재능, 개성을 유지하게 될지에 대해 성찰을 거듭하여야 한다(김선미 외, 2008: 25). 이에 교육부는 2006년도와 2007년도에 '다문화가정 자녀 교육지원 대책'을 발표하고, 2007개정 교육과정에서 범교과 주제의 하나로 다문화교육을 도입하였다(오경석 외, 2007: 199). 다문화 현상에 대한 이해와 인식이 정규 교육과정에 반영되었다는 것은 향후 교과서, 교사용 지도서, 교재 개발 과정에도 영향을 미쳐 학교 현장에의 파급 효과가 클 것으로 판단된다.

이런 관점에서 본 장에서는 한국 사회의 다문화화에 따라 필수 과제로 대두된 다문화교육의 이론과 접근법, 교수 모형, 수업 방법을 현장 실행 전략과 교수법이라는 측면에 초점을 두고 개발 · 제시하는 것을 목적으로 한다. 현재 진행 중인 다문화 현상의 전개 과정이 초기 단계라는 점을 고려할 때, 무엇보다도 교육적 측면의 대응 전략이 중요하다. 21세기를 살고, 22세기를 준비할 학습자들이 상호 존중과 평화의 문화를 구축할 수 있게 해 주는 다른 사람, 문화와의 관계 설정과 소통 능력의 함양은 결국 학교 교실에서 지적, 가치 · 태도, 기능적 측면에서 체계적으로 수행될 것이기 때문이다.

02 국제결혼가정 자녀 18,769명 중 초등학생이 15,804명 84.2%, 중학생 2,205명 11.7%, 고등학생 760명 4%로 초등학교 재학생 비율이 높으며, 지역별로는 경기 20.7%, 서울 12%, 전남 10%, 경남 8.2%, 충남 7.9%의 비중이고, 부모 국적별로는 일본 41.0%, 중국 22.3%, 필리핀 14.3% 순이다. 모가 외국인인 경우가 16,037명 90.2%로 대부분을 차지하고 있다. 외국인 근로자 자녀는 1,402명으로 2007년 대비 15.9%의 증가를 보였다. 외국인 근로자나 새터민 가정 자녀의 취학 및 재학은 미취학 및 정규학교 밖 취학 등으로 통계적 유효성을 확보하기 어려운 것이 사실이다(교과부, 2008 자료).

2. 다문화교육의 이해

1. 다문화교육의 정의

문화란 그 사회에서 행해지는 이상, 가치관, 틀과 사용되는 종류, 인생, 가치관 그리고 무의식이나 의식적으로 틀리지 않고 옳다고 판단되는 행위를 같이 인정하고 나누는 것이다. 즉 문화란 그 시대에 그 사회에서 받아들여지고 행해지는 모든 것을 총체적으로 일컫는 것이다(E. L. Zeilfelder, 2007: 17). 따라서 문화는 개인과 집단, 국가의 정체성과 관련되어 있다. 문화는 인간과 집단의 행동양식을 결정하는 신념체계로 작용하는 것이다. 따라서 다문화를 용어 그대로 정의하면 다양한 문화, 여러 가지 종류의 신념체계, 문화적 다양성 등이 된다. 다문화교육은 다양한 문화에 대한 교육, 또는 여러 가지 종류의 문화를 학생들에게 이해시키기 위한 교육, 문화 다양성 교육 등으로 정의될 수 있는 것이다(김용신, 2008a: 8).

정의의 차원에 따라 다문화교육을 구분하면 광의와 협의로 나눌 수 있다. 광의의 다문화교육은 다양한 문화적 차이를 지닌 학생들이 학교에서 평등한 성취기회를 갖도록 교육의 구조를 바꾸려 하는 생각과 개혁 운동 및 그 과정을 뜻하며, 협의의 다문화교육은 주로 학교 교육과정의 개정을 의미한다(조영달, 2008: 3－4). 다문화교육이란 사회적 차원의 교육구조 변혁 운동으로 학교 교육에 실질적으로 영향을 미치려는 의도적인 교육 운동이다. 따라서 다문화교육은 학교 교육의 구조를 바꾸고 교육 방법을 새롭게 하여 학생들이 다양한 문화에 대한 올바른 지식, 가치, 태도를 지니게 하여 다른 문화의 구성원들과 원만한 관계를 유지하고 발전할 수 있도록 돕는 활동을 의미한다(정탁준, 2008: 68).

다문화교육을 역사적 맥락에서 좀 더 상세하게 정의하면, 아이디어 혹은 개념이며, 교육개혁 운동이고 과정이다. 첫째, 다문화교육은 모든 학생들이 그들의 성별, 사회계층, 종족, 인종, 혹은 문화적 특성에 상관없이 학교에서의 학습기회를 동등하게 가져야 한다는 아이디어이다. 둘째, 다문화교육은 모든 사회계층, 성별, 인종, 언어, 문화집단의 학생들이 학습 기회를 동등하게 가지도록 학교와 다른 교육제도를 변화시키려고 노력하는 개혁 운동이다. 셋째, 다문화교육의 목표는 완벽하게 충족될 수 있는 것이 아니기 때문에 모든 학생들을 위한 교육적 동등성을 끊임없이 증가시켜 나가야만 하는 진행 중인 과정이다(Banks & Banks, eds. 2007: 3－4). 즉 다문화교육은 사회적 소수자를 위한 교육이며, 동시에 소수자와 다수자의 공생, 공존, 공영을 추구하는 교육이고, 민주주의의 이념인 평등과 정의를 실현하는 과정적 성격을 지닌 것으로 볼 수 있다.

이러한 다문화교육의 목표를 김선미 · 김영순(2008)은 첫째, 다른 문화에 대해 관대하게 할 수 있는 능력의 발전, 둘째, 세계의 역사 속에 있는 다양한 문화들과 집단들을 연계하는 능력과, 각 문화의 차이점과 동등한 기여를 이해하는 것, 셋째, 자기 문화 중심적 사고의 극복과 다른 문화와의 대화를 시작하는 것, 넷째, 자신이 속한 문화와 다른 문화들 간의 관련성 이해와, 역사 속에서의 상호 영향에 대한 인식과 이에 대한 수용 자세로 설정하고 있다. 다문화사회의 시민들은 자신이 국가의 시민으로서뿐만 아니라 인종집단과 다양한 문화적 집단에 속해 있으면서 세계의 시민이라는 것을 이해하여야 한다(김선미 외, 2008: 26 - 27).

그러므로 글로벌 시대의 다문화교육은 새로운 패러다임과 이론, 교수법, 실천을 요구한다. 전통적인 국민국가(nation states)의 시민교육 논리로 여겨지는 일방적인 통합이나 동화주의 관점만으로는 새로운 사회 변화 양상에 질서를 부여하고 인간적인 제도화를 실현하기 어렵다. 글로벌 세계와 소통하는 개인은 언제나 다양한 소수종족, 인종, 문화, 계층, 성 집단과 만나게 된다. 이들은 문화, 국가, 글로벌 정체성을 동시에 드러내는 다중적 존재가 된 것이다. '다수로부터의 하나'(out of many, one)라는 민주주의의 기본 아이디어가 새롭고도 정교한 의미로 적용되어야 할 상황이 도래한 것이다(Banks, 김용신 외 역, 2009: 12)

Banks & Banks, eds.(2007, 11)는 다문화교육이 이러한 소통의 기능을 담당해야 한다고 주장하며, <그림 2 - 1>과 같이 협역문화와 광역문화의 중첩으로 도시하고 있다.

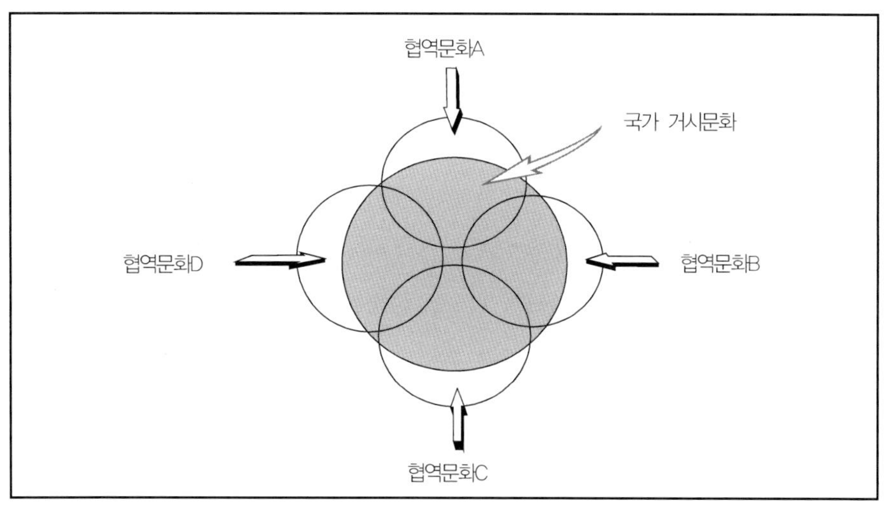

〈그림 2 - 1〉 협역문화와 광역문화의 관계

협역문화(microculture)란 소수자의 문화, 주변부 집단의 문화, 하위문화들을 말하며, 광역문화(macroculture)란 국가의 중심문화, 다수자 문화, 지배 집단의 우월문화를 의미한다. 한국 사회의 주류집단이 형성하고 있는 전통적인 문화체계와 이주민 집단의 고유한 역사지역적 문화체계의 중첩적 만남과 소통은 광역문화와 협역문화 차원에서 빈번하게 일어나고 있는 것이다.

이처럼 다문화교육은 다양한 문화의 존재를 인정하는 개념에서 한 걸음 더 나아가 하나의 문화는 다른 문화에 열려 있고 서로 상호 의존하고 있다는 것을 강조하는 것이다. 즉 모든 문화는 또 다른 어떤 문화의 일부분이 되고, 개별 문화들은 또 다른 문화와 관계를 맺으면서 상호 교류하고 영향을 준다는 것을(김선미 외, 2008: 25) 인정하고, 적극적으로 사회적 소통에 참여하여, 다문화적 가치와 사실들을 수용하려는 태도와 능력을 함양하는 것이 다문화교육이라는 의미이다.

2. 다문화교육의 내용

단일문화 환경에서 자란 사람들은 다른 문화를 받아들이고 이해하는 데 있어서 다중문화 속에서 자란 사람보다 훨씬 더 힘들어한다. 반대로 어려서부터 다문화를 접하면서 경험한 사람들은 수월하게 받아들이고 훨씬 앞서 간다. 부정적인 다문화 경험은 마음을 닫히게 하기 때문에 긍정적인 다문화 경험자보다 훨씬 이해의 폭이 제한된다(E. L. Zeilfelder, 2007: 21). 이런 점에서 우리나라의 다문화교육은 많은 기회를 가지고 있다. 아직 다문화로 인한 갈등양상이 사회적 이슈가 될 만큼 부작용으로 등장하지 않고 있으며, 다문화 현상에 대한 인식과 대응이 국가사회적 측면에서 중요한 어젠더로 인정되어 활발하게 논의되고 있기 때문이다. 특히, 대다수의 다문화가정 자녀들이 초등학교에 재학 중이라는 점은 교육을 통한 자연스러운 다문화사회로의 전이 가능성을 높게 해 주고 있다.

물론, 다문화교육이 소수자만을 대상으로 하는 교육은 아니다. 그러나 다문화교육의 본질이 사회적 포용교육이라는 측면에 있다는 점을 생각하면, 먼저 이주민이나 사회적 소수집단 학생들에게 동등한 사회참여와 학습기회를 보장하는 것이 올바른 관점일 것이다. 이런 관점에서 1차적인 다문화교육의 내용은 김선미 · 김영순(2008)의 분류로부터 시사점을 발견할 수 있다. 그들은 다문화교육의 관점을 첫째, 다양성과 평등성을 강조하는 교육의 개념, 둘째, 교육이 실행되어 나가는 과정으로서의 다문화교육, 셋째, 개혁 운동을 강조하는 다문화교육, 넷째, 다문화교육을 구현하기 위한 프로그램을 강조하는 것으로 구분하였다(pp.28－31 참조). 즉 사회문화의 다양성과 평등성을 강조하는 내용으로부터 출발하여, 점차적으로 교육과정 프로그램과 학교와 사회의 개혁 운동으로 발전시켜 나가는 순차성의 확보가 중요한 것이다.

물론 이러한 순차성은 다문화된 사회에서 문화적 다양성과 국가적 단일성을 동시에 확보하는 방향으로 진행되는 것을 전제로 한다. 다원화된 민주주의 국가의 과제 중 하나는 문화집단과 종족집단들이 공동체 문화요소를 유지하는 것과, 다양한 집단들이 구조적으로 포함된 국가를 건설하는 것이며, 동시에 그들이 충성심을 가지도록 해야 한다. 다양성과 단일성의 정교한 균형이 민주주의 국가의 핵심 목표가 되어야 한다(Banks, 2007: 20). 이런 점에서 다문화교육의 내용은 다양한 소수집단들이 정체성을 발현하여 다수문화와 협조적 소통 관계를 형성하면서 민주국가의 통합을 유지 발전시켜 나가도록 설계되어야 한다.

구체적으로 다문화교육의 기본 내용은 자존(esteem), 공감(empathy), 형평(equity)을 토대로 해야 한다(Tiedt & Tiedt, 2005: 32). 자존은 상대방에 대한 동등한 인정과 관용으로부터 나타나는 학습자의 자아 존중감이며, 공감은 학습자들 사이의 협동학습을 통하여 발현될 수 있는 공동체 의식으로서의 가치,

태도이고, 형평은 주로 교실 생활과 학습 과정에서 교사에 의해서 의도적으로 시도되는 다문화주의의 수업 전략적 접근을 의미한다. 이러한 자존, 공감, 형평은 일회적으로 일교과적으로 형성되는 것이 아니라 학교 교육 및 사회교육의 모든 교과와 활동을 통해 발달하는 것이다. 따라서 다문화교육은 학습자들의 정체성을 발달시키고, 견해의 차이가 가치 있다는 것을 인식하게 하며, 다른 관점을 이해하는 능력을 개발시켜 주고, 다른 사람의 유산과 전통을 학습할 기회를 부여하며, 인간의 상호 의존과 글로벌 사고를 증진하고, 다문화사회 시민으로서의 책임감을 인식하고 수용하도록 구성되어야 한다.

한편, 포용교육이라는 보편적 관점에서 Banks & Banks, eds.(2007)는 다문화교육의 차원을 내용통합, 지식구성, 편견 해소, 형평교수, 학교문화의 강화로 분류하여 설명한다. 내용통합이란 교사들이 교수 과정에서 다양한 문화사례와 내용을 활용하는 것이며, 지식구성은 특정 학문 영역에 내재하는 문화적 틀, 관점, 편견 등이 지식 형성 과정에 어떤 영향을 미치는지에 대해 학생들이 이해하도록 도와주는 것이고, 편견 해소는 학생 자신들과 다른 인종, 종족, 문화집단에 대해 긍정적 태도를 형성하도록 도와주는 교사들의 수업활동을 말하며, 형평교수는 교사들이 다양한 성, 인종, 종족, 사회계층 집단 학생들의 학업성취도를 높이기 위해 교수법을 변경하여 적용하는 것이고, 학교문화의 강화란 학교 관리나 경영에 있어서 다양한 인종, 성, 계층의 영향력을 확대하는 것을 의미한다(pp.20－22). 이것은 소수자와 다수자가 함께 공유하는 다문화교육의 내용을 제시한다는 점에서 적극적인 다문화교육 관점을 드러내고 있다.

향후 우리나라에서는 내용통합, 지식구성, 편견 해소가 먼저 다문화교육의 내용적 쟁점으로 부상할 가능성이 크다. 2007개정 교육과정을 실행하기 위한 교과서와 교사용 지도서의 개발이 진행되는 과정에서 기존의 교과서 등이 가지고 있었던 비다문화적 요소들이 내용통합과 지식구성, 반편견의 관점에서 재검토될 수 있을 것이다. 형평교수나 학교문화 등의 내용 차원은 다문화적 양상의 전개 심도에 따라 교사교육이나 교육행정 분야에 영향을 줄 것이다.

3. 한국 사회의 다문화교육 지향

문화란 고정되어 있는 정체된 것이 아니라, 전수되고 학습되어 가는 과정에서 다른 문화와 접변 또는 충돌이 발생하기도 하면서 끊임없이 변화하는 생명력을 지니고 있는 것이다. 이에 따라 주류문화와 비주류문화의 구분은 변화하게 되고 개인이 속한 문화적 요소들도 역시 다양한 변화와 혼합의 과정을 거치면서 수정의 과정을 겪게 마련이어서 문화를 고정적인 시각에서 바라보고 판단해서는 안 될 것이다(김선미 외, 2008: 26). 특히, 세계화 · 정보화가 진행된 글로벌 시대에 종래의 단일민족주의나 순혈주의는 국제적 고립과 경쟁력 약화를 초래할 것이므로 다양성과 개방성을 추구하여(유네스코아시아 · 태평양국제이해교육원 편, 2008: 88) 다양한 문화를 지닌 개인과 국가의 발전을 도모해야 할 것이다.

최근의 한국 사회를 관찰하면 다음과 같은 변화를 엿볼 수 있다(유네스코아시아 · 태평양국제이해교육원 편, 2008: 227).

첫째, 국제결혼이 늘어나면서 혼혈이 증가하고 민족의 정체성이 복잡해져 간다.

둘째, 이주노동자, 유학생, 파견근무자 등이 늘어나면서 외국인 구성비가 급격히 증가한다.

셋째, 우리나라를 찾는 외국 여행객이 나날이 늘어난다.

넷째, 부모의 유학이나 해외 근무 중에 외국에서 출생하여 자란 이른바 귀국 자녀들이 늘어난다.

다섯째, 장단기 여행, 외국 유학, 조기 유학 등으로 다른 언어/문화권의 체류 경험자가 증가한다.

여섯째, 세계화 물결을 타고 외국의 언어/문화 학습에 대한 사회적 요구가 급격히 늘어난다.

일곱째, 각급 학교에 다른 민족, 언어, 문화적 배경을 가진 학생들이 현저히 늘어난다.

위에 나타난 현상의 공통점은 정체성의 다양화와 외국문화와의 교류, 문화적 다양성에 대한 사회적 수요 등이다. 즉 다문화 현상이 한국 사회에 전반적으로 작용하고 있으며, 다문화교육이 필수적으로 도입되어야 한다는 것이다. 그러나 다문화교육의 발상지라고 볼 수 있는 미국의 다문화교육과는 질적인 차이가 있다.

미국의 다문화교육은 1960년대 시민권 운동을 효시로 성장하였다. 아프리카계 미국인들은 이전에는 없었던 형태의 권리를 주장하였다. 1960년대 시민권 운동의 주요 목표는 공적 분배와 주택, 고용, 교육에서의 차별을 철폐하는 것이었다. 소수종족집단들은 학교와 교육제도에 그들의 경험, 역사, 문화, 관점을 반영하도록 요구하였으며, 그들의 아이들이 성공적인 역할 모델을 가지도록 흑인과 혼혈인을 교사와 행정가로 고용하도록 요구하였다. 종족집단들은 인근 지역에 공동체의 통제가 가능한 학교를 설립하도록 하였으며, 미국 사회의 다양성을 반영하는 교과서의 개정을 위하여 노력하였다(Banks & Banks, eds, 2007: 6).

이에 비해 한국의 다문화교육은 소수집단이 자발적으로 참여하는 사회개혁적인 권익추구 운동은 아니다. 다분히 국내 노동력의 불균형적 수요나 출산율의 저하 등 사회적 문제를 해결하기 위한 정책적 차원의 영향을 받고 출발하였다고 보는 것이 타당할 것이다. 또한 인구통계학적으로 미국은 32%, 한국은 2.5%로 다문화 수준에서 현저한 차이가 있으며, 미국은 자연스럽게 가정에서 고유언어를 구사하는 인구가 약 4,700만 명으로 18%에 도달함에 비하여(Banks, 김용신 외 역, 2009: 4), 한국의 경우에는 모계가 외국인인 경우가 90.2%를 차지하고 있으므로 정체성을 유지할 수 있는 고유언어 사용이 거의 불가능한 실정이다.

따라서 한국의 다문화교육은 미국의 다문화교육 이론과 방법, 경험적 개념, 기법, 일반화 등을 면밀히 분석하여 참조는 하되, 전면적 차원에서 그대로 모방 · 적용해 나가는 것은 불필요한 인적 · 물적 자원의 낭비나 부작용을 생산할 가능성이 있으므로 성찰과 재성찰을 거듭하면서 실행되어야 할 것이다. 현재, 한국에서의 다문화교육은 교육 목적, 교육 내용, 교육 방법 측면에서 조망할 수 있다(오경석 외, 2007: 212 - 223 참조).

먼저, 교육 목적 측면에서 가장 중요한 것은 한국 사회의 특수한 분단 상황과 다문화 상황에서 비롯되는 민족주의적 단일성과 문화적 다양성의 갈등과 조정 과제이다. 현재 이루어지고 있는 다문화교육은 소수자들이 한국 사회와 문화에 적응하도록 돕는 단일성 추구에 목적이 있다. 그러나 개정 교육과정에서는 국제결혼자와 외국인 근로자 자녀들이 우리나라에서 살아가기 위해서는 다문화주의의 도입이 불가피하다고 보고 다문화교육을 지향하고 있다. 향후 새터민이나 재외동포 자녀를 대상으로 하는 민족정체성 교육과 외국인 근로자와 국제결혼가정 자녀를 대상으로 하는 다문화교육의 이론적 · 경험적 조정 과정이 필요하다.

둘째, 교육 내용 측면에서 다문화교육은 대부분 한국 문화, 한국어교육 등 소수자의 적응을 중시하는 내용으로 구성되어 있으며 소수자의 정체성 문제에 관심을 기울이는 교육이다. 소수자 공동체 내에서의 관용 증진과 편견 제거에 대한 내용은 부분적으로 다루어지고 있다. 최근에는 2007개정 교육과정을 통해 다수자 대상의 소수자 이해 증진을 위한 교육 내용이 교육과정과 교과서에 도입될 수 있는 계기가 마련되었다.

셋째, 교육 방법 측면에서는 분리교육과 통합교육의 문제가 거론될 수 있다. 기본적으로 한국의 다문화교육은 캠프나 방과 후 학교 등을 통한 분리교육이 실행되고 있다. 이것은 의사소통과 문화 차이로 인한 정서적 불안, 학력 부적응 등이 나타나는 외국인 근로자나 새터민 자녀에게는 타당하다. 그러나 국제결혼가정 자녀에 대해서는 같은 문제가 제기되기도 하지만 한국어를 제대로 구사하고 외모 차이가 나타나지 않는 중국, 일본계 자녀에 대한 분리교육은 세밀한 대응이 요청된다. 또한 궁극적으로는 분리교육의 근본 한계를 인식하고 다문화 협력학급과의 통합, 문화적 소수자 대안학교와 일반 대안학교 간 통합 등의 방법이 고려되어야 할 것이다.

글로벌 다문화사회에서 성장하고 살아갈 새로운 세기의 시민은 종족, 문화, 공동체 안에서 유효하면서 문화적 경계를 넘어서는 데 요청되는 지식, 태도, 기능이 필요하다. 그들은 도덕적인 국가 시민문화의 구축과, 보편적 인권선언에서 구체화된 것과 같은 민주적 이상과 가치가 실현되는 공정한 공동체를 만들기 위해 참여해야 한다. 따라서 다문화교육의 궁극적 지향은 다문화 시민성(multicultural citizenship)이 되어야 한다. 다문화 시민성은 문화, 국가, 글로벌 정체성 간 정교한 균형으로 이루어진다. 사회적 지식이 구성되는 방식을 이해하고, 지식 생산자가 되며, 더욱 인간적인 국가와 세계를 만들기 위한 시민행동에 참여하는 것이다(Banks, 2007: 19－20). 한국 사회의 다문화교육의 목표로서 다문화 시민성이란 새롭게 등장하고 있는 소수종족 자녀들과, 이들을 포용하는 다수자 집단이 문화와 국가, 세계 사회의 경계 속에서 균형감을 가지고 함께 살아가도록 하는 능력을 말한다.

3. 다문화교육의 실행 전략

1. 다문화교육의 기본 전략

김용신(2008a)은 다문화교육의 기본 논리를 동화주의, 다문화주의, 균형주의로 설명한다. 동화주의는 소수문화의 주류문화로의 일방적인 편입을 전제로 한다. 즉 동화(assimilation)는 이민자가 주류사회의 지배적 가치와 규범에 접근하는 것으로서 문화적 영향이라는 면에서는 일방적인 것이다. 이주민의 동화가 일어날 경우 주류사회 또는 이민을 받아들이는 호스트 사회는 일반적으로 심각한 변화를 겪지 않는 것으로 간주된다(유네스코아시아 · 태평양국제이해교육원 편, 2008: 91).

이것은 널리 알려진 것처럼 문화적 용광로(melting pot)를 지향하는 개념이다. 강력한 미국문화가 마치 용광로처럼 작용하여 여러 다양한 이주민들의 문화가 미국문화 속에 녹아 들어가서 더 새롭고 더 매력적인 문화를 만들어 낸다는 것이지만 기본적인 미국문화의 아이덴티티가 급격히 변화하는 것은 아니라는 점을 의미한다. 이런 점에서 한국의 교육인적자원부가 2007년에 문화적 용광로 개념을 다문화 정책의 목표 가운데 하나로 제시한 것은 주목할 일이다(유네스코아시아 · 태평양국제이해교육원 편, 2008: 94).

그러나 유의할 점은 용광로에 넣고 융화시키려는 시도가 역사적으로 경험적으로 실패해 왔다는 점이다. 오히려 소수문화의 정체성이 흐려지기보다는 뚜렷한 집단 정체성을 구성해 나가는 현상이 미국에서 발견되고 있다. 미국 인구의 약 18%가 소수언어를 가정에서 그대로 구사하고 있으며, 이러한 현상이 통계적으로 확대될 가능성이 크다는 점이 대표적인 사례이다. 또한 일방적인 주류사회로의 편입 추구는 주류사회 구성원뿐만 아니라 주변부 이민자 집단 구성원에게도 불필요한 갈등과 긴장을 조성하여 문화적 충돌을 불러올 수 있다는 점이 고려되어야 할 것이다.

다문화주의는 흔히 샐러드 볼이나 모자이크, 피자 이론이라고 칭한다. 문화적 다양성과 고유성을 그대로 인정하고 이들이 정체성을 유지한 채로 주류사회와 소통하며 평화문화를 구축한다는 관점이다. 적극적인 다문화주의는 단순한 문화적 독립을 인정하는 차원이 아니다. 주류사회와의 동등성을 실현하기 위해서 사회적 소수자 입장에 있는 학생들에게 형평교수 등 여러 가지 보상을 실행하는 전략이다.

따라서 다문화주의는 자칫하면 문화의 경계를 강조한 것으로 간주하는 등 철저한 상대주의로 흐르면서 분리주의를 조장하거나 문화적 게토를 만들어 내기도 한다. 그리고 때로는 소수집단 내부의 독재를 예찬하는 결과를 가져오기도 한다(유네스코아시아 · 태평양국제이해교육원 편, 2008: 90). 이러한 부작용에도 불구하고 다문화교육의 본질에 가까운 것은 다문화주의라고 보는 것이 옳다.

한국적 다문화 상황에서 동화주의와 다문화주의는 장단점을 함께 지닌다. 통계적 측면에서 다문화 양상이 미미하므로 다양성을 단일성으로 자연스럽게 융화시켜 나가는 전략으로서의 단문화주의(monoculturalism)가 국민국가 형성이 이르지 못한 한국 사회에 적합하다는 논리와 아울러, 다문화교육의 비용이 적게 소요된다는 경제적 논리가 성립될 수 있을 것이다. 한편, 다문화주의는 국제결혼가정과 외국인 근로자, 새터민, 재외동포가정을 활용하여 국제이해교육을 추구하고 국위를 향상시킬 수 있다는 경쟁 논리를 가질 수 있으며, 긍정적이고 민주적인 사회 통합에 기여할 수 있다는 유용성을 기대할 수 있다.

상식적 수준에서 언급되기로는 한국에서의 다문화교육은 소수자 대상 다문화교육으로 충분하고, 이것은 한국 주류문화로의 동화 과정이 되어야 한다는 주장이 있다. 실제로 교육부(2007)의 '2007년도 다문화가정 자녀 교육지원 계획'을 보면, 언어문화 장벽 해소를 통한 사회 통합 기여, 사회적 귀속감 증대가 목표이고, 한국어와 한국문화에 대한 조기 습득을 통해 학교 교육 및 사회생활에서의 소외감과 이질감 극복, 한국 사회를 구성하는 일원으로서 자아정체감 확립이 구체적인 항목들이다. 동화주의 노선을 분명히 하고 있는 내용으로 볼 수 있다(이원희, 2008: 38). 물론 이것이 일면 타당하기는 하나, 전통적인 다문화 국가들이 경험했던 실패를 생각하면 일방적인 동화보다는, 동등한 교육기회를 실질적으로 보장하는 수준의 다문화주의 다문화교육이 실행되면서 모두의 정체성 존중 유지를 전제로 세계와 국가사회에 기여할 수 있는 능력을 함양시켜 나가는 전략적 접근이 필요하다고 본다. 균형주의는 이와 같은 관점에서 다문화 상황에 접근하는 논리를 가지고 있으며, 정의, 평등, 자유, 관용과 같은 민주적 원리의 정교한 실천을 요구한다.

이러한 균형주의를 반영한 새로운 다문화교육 이론이 문화민주주의이다. 문화민주주의(cultural democracy)는 민주주의 사회에서 개인이 누리는 자유와 평등, 기회균등의 원리들이 그대로 각각의 문화집단에 적용되고, 소수와 다수 집단들은 민주적 원리를 실천함으로써 국가사회의 발전에 기여한다는 관점이다. 문화민주주의는 학교 교육이 학생들의 문화를 존중하고 이해하는 것이 중요하므로 모든 청소년들이 성찰적이고 명료한 국가 정체성과 정의, 평등, 인간 존엄성과 같은 민주적 이상에 대한 의무를 발달시키는 것 역시 중요하다고 본다. 학교의 역할은 청소년의 사회화를 도움으로써 국가 시민생활에 참여하는 데 필요한 태도, 가치, 기능을 발달시키도록 하는 것이다. 강한 민주주의를 유지하기 위해서 국가는 모든 집단들이 전념해야 할 최우선적이고 이상화된 가치의 조합을 가져야 한다(Banks, 2007: 124). 소수와 다수, 주류문화와 주변부문화, 개인과 국가, 학생과 학교가 민주적 원리에 따라 눈에 보이는 실제적 형평을 추구하는 것이 문화민주주의 접근이다.

2. 다문화교육의 접근법

다문화교육의 기본 논리가 함의하는 것은 사회 참여와 소통의 심도에 따라 다문화교육에 접근할 수 있다는 점이다. 가장 참여와 소통이 활발한 것이 균형주의 혹은 문화민주주의라면, 가장 소극적인 것은 동화주의가 될 것이다. 다문화주의는 적용 방법에 따라 참여와 소통이 활성화되거나 비활성화될 수 있다. 소수집단 간 또는 소수집단과 다수자집단 간 경계의 획정이 강고하냐가 다문화주의의 성격을 변화시킬 수 있는 것이다. Sleeter와 Grant(2007)는 다문화교수 모형이나 수업에 활용할 수 있는 구체적이고 종합적인 다문화교육의 접근법으로 인간관계, 단일집단 연구, 다문화교육, 다문화사회정의 접근을 제시한다(pp.68－73 참조). 이것은 나열된 순서대로 참여와 소통의 심도가 약한 것으로부터 강한 것으로 정리할 수 있다.

가. 인간관계 접근법(human relation approach)

글로벌 시대의 학교는 인종, 계층, 성별, 장애에 상관없이 상호 존중되는 사회적 형평성의 실현을 목표로 해야 한다. 목표는 통합, 관용, 상호 인정(I'm okay, you're okay)이다. 이런 목표를 추구하는 인간관계 접근은 모든 학생들

사이에 긍정적 감정을 고양하고, 집단 정체성을 증진시키며, 유색인종 학생에게 자부심을 가지게 하며, 고정관념을 감소시키고, 차별과 편견을 제거하는 것을 말한다.

예를 들어 4학년 다인종 중심문화 경향의 학급에서 학기 중 처음 두 주를 좋은 인간관계를 증진시키는 활동에 할애하는 것이다. 학기 초에 교사는 사회성 조사 프로그램을 활용하여 우정에 대해 학습할 기회를 제공하거나, 긍정적-부정적인 남녀학생의 관계를 발견하는 활동을 할 수 있다. 또한 교사는 문장완성 활동을 수행하여 학생들이 그들 자신에 대해 가지고 있는 감정과 가족들에 대해 생각하는 것들을 파악할 수 있다. 이런 자료에 기초하여 모든 사람들에 대한 사회적 수용과 인간주의에 대한 개념들을 교육과정에 도입할 수 있다. 또한 교사는 정기적으로 사회적 다양성을 대표하는 강사를 수업에 초빙하여 학생들에게 그들 역시 성공할 수 있다는 것을 보여 줄 수도 있다.

인간관계 교육과정은 개인적 차이와 유사성, 학생들이 소속된 집단의 사회적 공헌, 고정관념으로 갖고 있던 다양한 종족집단, 인종, 장애아, 성별, 사회계층에 대한 정확한 정보들을 포함해야 한다. 교수 과정에서는 상당량의 협동학습, 역할놀이, 현실적 경험들이 다른 사람에 대한 이해를 위해 사용될 수 있다.

나. 단일집단 연구 접근법(single group studies approach)

일반적으로 단일집단 연구는 장애아 연구나 원주민 연구와 같이 특정 집단에 관한 연구를 말한다. 단일집단 연구 접근은 어떻게 특정 집단이 역사적으로 압박되어 왔으며, 무엇이 그 집단이 이루어 온 업적과 능력인가에 대해 이해하도록 하여 대상 집단의 사회적 위상을 고양시키는 것을 추구한다. 이 접근법은 학교 지식을 중립적이라기보다는 정치적으로 보며, 유럽중심, 남성우월적 교육과정에 대한 대안을 제시한다. 단일집단 연구 접근 옹호자들은 학생들이 특정집단에 대한 존중감을 함양하기를 바라며, 그 집단의 사회적 위상이 수업에서 습득한 지식으로 인하여 향상되기를 기대한다.

여성 연구는 모든 사람들은 그들의 잠재적 능력을 최대한 발휘해야 하며, 의식적으로 혹은 무의식적으로 존재하면서 압박하는 이념이나 구조로부터 자유로워야 하고, 다른 사람의 우월성을 어느 정도 인정해야 한다는 비전을 제시한다. 종족집단 연구는 학생들이 국가적이고 세계적인 인종과 종족집단 문제를 해결하는 데 도움을 주는 개인적, 사회적, 시민적 행동을 인식하게 하고, 문화적 종족성과 관련된 쟁점에 관하여 성찰적 결정을 하는 능력을 키우도록 해 준다.

단일집단 연구 접근에서 여성 연구의 경우, 페미니스트 교수학으로 발전되어 왔다. 예를 들어 페미니스트 수업에서 학생들은 전통적 교실의 주요 아이디어가 여성들은 다른 사람들의 생각을 수용하도록 사회화되어 왔다는 사실, 주로 남성들에 의해 쓰인 교재를 배웠다는 사실, 세상에 대한 남성들의 해석을 제공받아 왔다는 사실, 여성들은 그들 자신들을 위해 세상을 해석하지 않도록 배워 왔다는 사실이라는 것을 알게 된다. 페미니스트 교실에서 여성들은 그들 자신에 대한 신뢰와 새로운 통찰력을 얻게 된다. 요컨대 단일집단 연구 접근은 사회변화를 겨냥하는 것이다.

다. 다문화교육 접근법(multicultural education approach)

이 접근법의 목표는 압박받는 집단에 대한 차별과 편견을 감소시키고, 모든 집단들에 사회적 형평성과 동등한 기회를 보장하며, 다른 문화적 집단 구성원들 사이의 권력배분을 평등하게 하는 것이다. 이러한 목표는 학교가 모두 백인들로 이루어진 교외의 학교든지 혹은 다인종의 도시 학교든지 상관없이 모든 학생들에게 적용되어야 하며, 이를 위해 총체적인 학교개혁을 시도한다.

다원주의와 동등성 원칙에 따라 개혁된 학교는 광범위한 사회개혁에 공헌한다.

학교 교육과정은 각각의 교과 기본 개념을 중심으로 조직되지만, 개념 습득을 위한 내용들은 다양한 집단들의 관점과 경험을 바탕으로 구성되어야 한다. 만일 사회과를 교수하려면 다양한 집단들에 의해 쓰인 예화와 사례, 그림들을 내용으로 활용하여야 한다. 교사는 학생들이 학교에 가져오는 개념적 틀을 사용하고 인용해야 한다. 협동학습이 강화되고, 소년소녀들이 탈성적 방식(nonsexist manner)으로 동등하게 대우되어야 하며, 되도록 다양한 학교 행정가들이 고용되어야 하고, 고정관념을 탈피한 책무가 부여되어야 하며, 하나 이상의 언어가 교수되고, 모든 학생들은 적어도 이중언어 구사자가 되어야 한다. 요컨대 다문화교육 접근은 학교가 다양성을 반영하도록 총체적으로 개혁되어야 한다는 주장을 편다.

라. 다문화사회정의 교육(multicultural social justice education)

다문화사회정의 교육은 다른 접근법들보다도 더 직접적으로 인종, 사회계층, 성별, 장애에 기초한 압박과 사회구조적 불평등을 다룬다. 이 접근법의 목표는 모든 집단의 사람들의 이익, 특히 유색인종, 빈곤층, 여성, 장애자들의 이익에 더욱 기여하도록 사회변화를 위해 행동하는 미래 시민을 양성하는 것이다. 이것은 인종, 계층, 성별, 장애에 고도의 동등성을 보장하도록 사회를 재구축하려는 사회재건주의에 기초하고 있다. 또한 이 접근법은 새로운 글로벌 경제에 의해 부여된 권력관계와 윤리에 대해 의문을 제기한다. 다문화사회정의 교육은 다문화교육 접근법과 유사하지만 다음과 같은 특성을 가지고 있다.

첫째, 민주주의가 학교에서 적극적으로 실천되어야 한다. 미국 헌법을 읽고 삼권분립을 듣는 것은 수동적인 민주주의 학습방식이다. 학생들이 민주주의를 이해하기 위해서는 민주주의를 실습해야 한다. 학생들은 정치 토론, 사회적 행동, 권력의 사용을 실천해야만 한다. 이것의 의미는 학생들에게 대부분의 학습 기회를 이끌어 갈 기회를 부여해야 하며, 그것에 대해 책임지는 방법을 학습해야 한다는 것이다. 물론 이것은 교사가 수업 운영을 포기한다는 것이 아니며, 학습하는 방법과 현명한 의사결정을 하기 위한 기능을 배우도록 안내하고 지도한다는 의미이다.

둘째, 학생들은 그들 자신의 환경 속에서 제도화된 불평등을 분석하는 방법을 배운다. 학생들은 그들 자신을 위해서 세계를 주의 깊게 분석할 수 있어야 하며, 어떻게 세계가 실제적으로 운영되는지에 관하여 알기를 원하도록 비판의식을 가져야 한다. 예를 들어 교육은 유색인종보다 백인에게 더 많이 이익을 준다. 또한 전업으로 일하는 여성의 수입은 같은 상황의 남성들의 것에 비하면 80%에 불과하다. 이러한 차이는 여성과 여성 가장 자녀의 빈곤화에 심대한 영향을 미친다. 이러한 학습은 사회가 실제 작동되는 모습을 분석하게 하여 불공정한 사회 과정의 변화를 스스로 준비하게 해 준다.

셋째, 학생들은 사회적 행동에 참여하는 것을 배운다. 민주주의 교육은 정치참여를 하도록 젊은이들을 준비시키는 것을 의미한다. 투표하기, 공무원과 접촉하기, 심의하기, 보이콧에 참여하기 등과 같은 활동이 시민성의 행동화된 영역이다. 민주주의는 구경하는 스포츠(spectator sports)가 아닌 셈이다. 예를 들어 초등학생들이 읽는 사회과 교재에는 차별과 압박이 연계된 쟁점들이 포함되어야 하며, 그러한 문제들을 해결하는 방법들이 제안되어야 한다.

넷째, 다양한 압박을 받는 집단들을 연결하도록 교량이 건설되어야 한다. 빈곤층, 유색인종, 백인 여성들은 공동의 이익을 향상시키기 위해서 함께 일할 수 있다. 이것은 압박에 대한 투쟁을 강화시키고 역동적으로 행동하게 하므로 중요하다. 그러나 함께 일하도록 집단화하는 것은 특정 집단의 목표가 다른 집단의 목표보다 부차적인 것이 될까 하는 우려 때문에 어렵다. 그러나 LA에서의 아프리카계 미국인과 한국인들의 연대와 같은 초집단적 조직이 공동의 이익을 창출한 사례처럼 문화적 소수인종들의 연대는 가능하다.

4. 다문화교수법

1. 다문화수업 모형

다문화교육이 성공적으로 실행되기 위해서 첫째, 교사들은 시민교육 프로그램과 문화와 집단의 다양성에 대한 주요 개념, 원리, 일반화, 이론에 대한 이해가 필요하고, 둘째, 학생들에게 알려지는 지식이 어떻게 창출되는지, 그리고 그 지식이 인종적, 윤리적, 성별, 개개인과 집단의 사회적 지위에 어떻게 영향을 주는지 이해해야 하며, 셋째, 시민들이 다른 인종에 대해 더욱더 긍정적인 반응과 태도를 지닐 수 있도록 해야 하며, 넷째, 다양한 인종적, 사회적 집단의 시민들이 사회적으로 그리고 교육적으로 동등한 학업성취와 그 권한을 가질 수 있도록 기회를 제공하고 여건을 마련해야 한다(김선미 외, 2008: 34 - 36 참조). 이렇게 총체적 측면에서 다문화교육이 실천되는 학교는 사회체제로 간주될 수 있다. <그림 2 - 2>(Banks & Banks, eds, 2007: 24)가 함의하는 것은 다문화교육은 학교와 가정, 사회 등이 연계 협력해야 효율적으로 실행될 수 있다는 점이다(유네스코아시아 · 태평양국제이해교육원 편, 2008: 255 - 258).

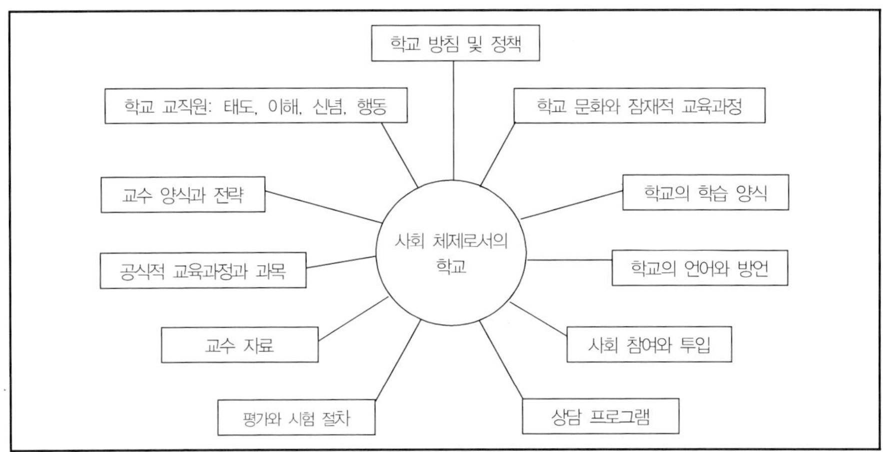

〈그림 2-2〉 사회체제로서의 다문화 실행 학교의 구조

첫째, 다문화교육은 수업에 국한되는 것이 아니다. 교실 안팎의 모든 시간 · 활동 · 관계에 다문화교육이 스며들어 있어야 한다. 학생들의 태도와 행동에 대한 지도는 물론이요, 회의 · 상담 · 소풍 · 견학 등 모든 과정에 걸쳐서 다문화교육이 이루어져야 한다.

둘째, 가정은 결코 단일문화 상황이 아니다. 남성과 여성, 성인과 미성인이 문화적으로 상이한 배경 속에서 공생하는 곳이 가정이다. 이웃과 사회의 다문화가정, 이주노동자, 외국인 여행객, 소수집단 등에 대한 관심이나 배려는 이러한 가정 안에서의 다문화교육에 기초해야 한다.

셋째, 사회에서의 다문화교육은 대중매체를 활용하거나 박물관, 미술관, 도서관, 극장, 공연장, 전시관, 캠프, 마을회관 등을 활용하게 된다. 교육의 운영 주체는 국가기구나 관변단체일 수 있고 민간단체일 수도 있다. 그러나 온전한 다문화교육은 생활세계 전반에 걸쳐서 모든 시민이 함께 참여하는 것이어야 한다.

따라서 다문화교육은 일반 교과교육 활동의 형태를 띠더라도 가정과 사회와의 연계성을 구축했을 때 가장 효율적으로 실행될 수 있다. 수업 모형이 가진 외재성, 즉 교실과 학교 외적 환경 요인이 교수-학습 활동 자체를 의미하는 내재성에 강한 영향력을 미친다는 사실을 간과해서는 안 될 것이다. 순수 지적 활동을 중시하는 기존 중핵 교과들과는 기본 성격을 달리하는 것이 다문화교육이며 다문화 수업 모형인 셈이다. 이러한 총체적 차원에서의 다문화교육의 실행을 전제로 교육과정 모형과 포용이론 모형으로 구분하여 소개하면 다음과 같다.

먼저, 이원희(2008)는 다문화교육과정 모형으로 국가 차원의 단일성과 다양성, 개인 차원의 자기중심과 타자중심을 준거로 동화주의, 국제이해, 다문화주의, 세계주의 교육과정으로 분류한다. 동화주의 교육과정은 다수자의 관점에서 펼치는 교육과정으로 소수민족 문화의 특수성이 무시된다. 동화주의는 수동적 인간 형성 논리라는 약점을 지니고 있으나 한국 사회의 전통적 단일성으로 고려할 때 유효한 측면을 가진다. 국제이해 교육과정은 학생들에게 다른 국가, 다른 종족의 문화를 이해하도록 교육과정을 운영하는 것을 말한다. 국제이해 교육과정에는 Banks의 기여 및 부가접근을 적용할 수 있는 것으로 본다. 다문화주의 교육과정은 여러 소수민족 문화를 인정하고 타자의 관점에서 문화를 이해하는 것을 교육의 목표로 한다. Banks의 변환 및 사회행동 접근을 활용할 수 있으며 열린 비판적 사고를 함양하게 해 준다. 세계주의 교육과정은 지구촌 사회의 인간은 상호 의존하면서 살아간다는 관점을 취한다. 세계주의는 단일 공동체로서 세계를 상정한 글로벌 교육과정의 운영을 주장하는 것이다(pp.36－43 참조). 이러한 교육과정 접근 모형은 다문화교육이 실행되는 차원을 중심으로 각각의 특성을 분석하고 교육과정 운영 원리를 제시했다는 유용성이 있다. 그러나 다문화주의가 가진 이중적 성격을 하나의 국면으로 처리했다는 난점과, 국제이해와 세계주의가 사실은 중첩적 영역이라는 점을 간과한 불완전한 영역 구분이라는 비판을 면하기 어렵다. 또한 각각의 교육과정 모형이 어떻게 실제 수업 방법과 연계될 수 있는지에 대한 규명이 진행되지 않았다는 지적을 할 수 있을 것이다.

한편, Tiedt & Tiedt(2005)는 다문화교육의 특성이 상호 배타적인 유형화보다는 상호간섭적인 포용이론이라고 보고, 동화, 인간관계 및 종족 연구, 통합 다문화교육, 글로벌 국제교육, 사회행동주의의 다섯 가지 모형을 제시한다. 동화 이론은 미국 초기의 지배적인 관점으로 모든 개인들이 미국인이 되기 위해서 탈문화되어야 한다고 가정한다. 말하자면, '용광로 은유'(melting pot metaphor)와 같이 모든 사람들이 문화적으로 유사성을 가져야 한다는 것이다. 인간관계 및 종족연구는 시민권 운동으로 표상되는 인권에 대한 관심이 개인에게 가치를 부여하고, 자아 존중감을 부양하며, 성공을 조장하는 것을 강조하는 인간관계 교육을 말한다. 이러한 인간관계 교육은 1980년대에 접어들면서 문화적으로 다양한 사회에 도달하는 방법을 제공하였다. 통합 다문화교육은 교육의 모든 차원과 교과에서 다양한 종족집단, 여성, 장애인, 노인, 성 등을 포괄적으로 다루는 것이다. 따라서 인간관계, 도덕성, 가치, 윤리 등의 다문화 관련 영역에서 교수의 개별화와 학습 스타일의 차별성을 인식하는 교육이 실행된다. 글로벌 국제교육은 지구촌의 관점에서 다른 나라들과 세계를 연계시키고, 모든 사람들이 지구 환경 보존과 정화 등에 협력하는 것을 다문화교육으로 본다. 국제적으로 공유된 관심사와 세계 이슈, 생태적, 경제적으로 상호의존되어 있는 사람들에 대한 이해를 추구한다. 사회행동주의는 수동적 수용보다는 참여를 강조하는 다문화교육의 최근 경향이다. 일방적인 희생을 거부하며, 불의, 차별, 편견에 맞설 것을 주장한다. 모든 사람들과 집단들이 소수집단과 개인의 시민권을 보장하고 유지하는 것에 적극적으로 관여할 책임이 있다는 관점이다(pp.24－26 참조).

Tiedt와 Tiedt의 포용이론 모형은 다문화교육이 동화주의로부터 사회행동주의로 이행해 나가는 모습을 역사적으로 규명했다는 점에서 타당하다. 즉 기존의 다수문화 우월주의에서 소수자 혹은 타자를 용인하는 인간관계 모형으로, 여기서 소수종족과 다수자 간의 자유롭고 동등한 소통을 가능하게 해주는 통합 다문화교육, 그리고 다문화교육의 적극적이고 본질적인 모습으로 회귀하는 사회행동주의를 수업 모형으로 고려할 수 있다는 점에서 유용하다. 다만 글로벌 국제교육이라는 지구촌적 관점이 다문화교육의 역사적 진행 방향에 개재되었다는 점은 포용이론 모형의 논리적인 약점으로 작용할 수 있다. 통합 다문화교육이나 사회행동주의 자체가 외국인에 대한 관용, 세계적 관점의 수용을 이미 내재하고 있기 때문이다. 다문화교육 수업 모형은 동화주의적 경향성에서 벗어나면서 이미 세계적 차원을 고려할 수 있게 한다.

이러한 다문화수업 모형은 다문화교육의 기본 논리에 따라 국가 차원에서는 이해와 통합의 수준, 개인 차원에서는 수동과 능동의 수준에서 분류될 수 있다. <표 2 - 1>에서 통합과 수동의 국면으로 갈수록 동화주의 논리가 지배하며, 이해와 능동의 국면에 갈수록 문화민주주의 논리가 강해질 것이다.

〈표 2 - 1〉 다문화수업 모형의 차원

차 원		국 가	
		통 합	이 해
개인	수동	동화주의	국제이해 인간관계 및 종족연구
	능동	소극 다문화주의 통합 다문화교육	적극 다문화주의 세계주의 글로벌 국제교육 사회행동주의

<표 2 - 1>에서 '통합 - 수동' 차원은 동화주의 혹은 동화이론의 국면이다. 이것은 전통적인 이문화 흡수이론인 '용광로' 개념을 표상하는 입장이다. '통합 - 능동' 국면은 개인이 강조된다. 정확하게 말하면 개인이 속한 문화집단의 고유성이 인정되는 것이다. 그러나 국가 차원에서는 동화주의와 유사한 통합의 논리가 잠재적으로 구조적으로 작용한다는 점에서 공동체주의적인 학습 이론에 해당된다. 소극 다문화주의와 통합 다문화교육은 공동체 속에서 존재하는 개인을 상정할 수 있다. 또한 '이해 - 수동' 국면은 국가나 우월한 다수자 집단의 시혜와 보상 논리에 따라 진행되는 것이 특성이다. 국제이해와 인간관계 및 종족연구 수업 모형은 유네스코나 기존의 교육과정 권력이 생산한 논리에 따라 다문화수업이 운영될 수 있다는 점에서 한계를 지닌다. '이해 - 능동' 국면의 경우 소수문화집단 개인의 동등한 소통 참여와 이에 대한 다수자

집단의 민주적 용인이 허용되는 공간이다. 적극 다문화주의가 인정되는 자유주의 국가의 개인은 국내, 국제, 세계 차원의 형평성을 실현하려는 사회행동에 능동적으로 참여할 수 있을 것이다. 이것은 문화민주주의의 다문화수업 모형에의 구현이라고 볼 수 있다.

2. 다문화수업 방법

한국 사회의 다문화적 상황과 다문화교육의 기본 논리와 접근법, 수업 모형에 기초하여 다문화교육을 실행할 수 있는 실제 수업 방법을 제시하면, 지구촌다문화 역사수업, 개념중심 다문화수업, 수준별 다문화수업, 반편견 다문화수업으로 나누어 볼 수 있다. 아래의 다문화수업 방법들은 특정 접근법이나 수업 모형과 친화적인 것은 아니다. 다문화수업을 실시하는 교과와 단원 혹은 주제와 활동에 따라 수업 방법의 다문화 연계성은 달라질 것이다. 예를 들면 도덕과의 '관용'을 주제로 하는 다문화수업의 경우, 덕목중심 반편견 수업이 '이해 - 통합' 차원, 즉 적극 다문화주의나 세계주의 모형의 수준에서 실행될 수 있을 것이다. 또한 사회과의 '여러 지역의 생활' 주제를 다루는 수업의 경우에는 개념중심 다문화수업이 '이해 - 수동' 차원에서 국제이해 혹은 인간관계 및 종족연구 모형의 수준에서 운영될 수 있을 것이다. 물론 수업 방법이 지닌 특성에 따라 적용 교과는 한정될 수도 있을 것이다.

가. 지구촌다문화(GMCE) 역사수업

GMCE 역사수업은 한국사와 세계사 수업시간에 모두 사용될 수 있는 것으로 종합적인 시각에서 역사를 인식하면서 다문화교육의 목표에 도달하는 절차로 구성된다. 수업의 제1단계는 다양한 문화 공존에 대한 인식의 단계이며, 제2단계는 여러 문화권의 다양한 문화의 유사점과 차이점 인식을 통해 더욱 깊이 있게 다양한 문화적 특성을 이해하며, 다음으로 제3단계에서는 기존에 지니고 있던 다른 문화에 대한 편견이 있었는지 비판적으로 검토하여 친숙하지 않은 문화적 현상에 대한 편견을 제거함으로써 올바르게 다른 문화를 인식하게 하고, 제4단계에서는 모든 내게 익숙하지 않은 문화들도 다양한 사람들의 생활양식으로서 문화적으로 평등한 가치를 지니고 있음을 수용하는 단계이다. 이를 통하여 마지막으로 제5단계에서는 서로 다른 문화에 대한 상호존중의 태도를 갖게 하는 것이다(김선미 외, 2008: 182). 이것을 그림으로 정리하면 다음과 같다.

단 계	주요 학습 내용
다양한 문화 공존의 인식	동기유발 다양한 문화 접변 현상 소개
⇩	
다양한 문화의 유사점, 차이점 이해	학습문제 인식 비교문화적 접근
⇩	
문화적 편견 제거	자료 수집 및 분석 다른 문화에 대한 편견과 고정관념 해소
⇩	
다양한 문화적 가치로서의 평등성 이해	문제 해결 문화 다양성의 이해와 평등한 가치 인식
⇩	
문화 상호 존중의 태도	내면화 다른 문화에 대한 존중과 가치 실천

〈그림 2-3〉 GMCE 역사수업

지구촌다문화 역사수업 방법은 사회과의 역사 영역에 적용될 것을 전제로 명명되어 있다. 글로벌 국제교육, 국제이해교육, 세계주의 모형의 역사 영역에의 적용 방법으로 볼 수 있다. 하지만 GMCE의 수업 절차를 보면 문화 정체성의 상호 존중과 이해를 모색하도록 구성되어 있다. 굳이 사회과 역사 영역 단원이나 주제를 다루어야만 한다는 제한을 할 필요가 없는 것이다. 따라서 '지구촌다문화수업 방법'으로 일반화시켜 다문화 시민성의 함양을 위한 교과수업에 활용할 수 있는 방법으로 생각된다.

나. 개념중심 다문화수업

개념중심 교수법에서는 다양한 학문과 교과 영역으로부터 도출된 핵심 개념 및 일반화를 중심으로 단원이나 수업뿐만 아니라 교육과정을 조직한다. 핵심 개념 및 아이디어에 중점을 둔 다문화교육과정을 개발하고 가르치기 위해서 사실, 개념, 일반화와 같은 지식의 범주들과 그들의 상호 관계를 이해해야 한다(Banks, 모경환 외 역, 2008: 98). 다양한 범주의 사회과학 지식들을 습득하기 위해서는 경험성과 체계성을 갖춘 '망 개념'(web conecpt)에 대한 이해가 필요하다. 경험성이란 사실적 수준에서 이해 가능한 낱낱의 구체 개념으로 구성되며, 체계성이란 이론적 수준에서 조망할 수 있는 추상 개념으로 나타난다. 따라서 개념중심 다문화수업은 경험성과 체계성 확보를 목표로 해야 하며, 이를 위해 소수종족집단에 대한 단순한 사실 지식과 소수 및 다수 집단의 복합적인 이론 지식을 통합적으로 다루어야 한다. 학습자들은 개념중심 다문화수업 과정에서 문화 정체성과 소수와 다수 간 소통할 수 있는 지식 역량을 강화할 수 있을 것이다.

교사는 개념중심 다문화수업을 운영하기 위해서 지식의 위계를 파악하고 합리적인 의사결정에 도달하기 위해 과학적 탐구와 가치 탐구 절차를 병행하는 수업 디자인을 구안해야 한다. 개념중심 다문화교수 모형의 개발 방법은 다음의 절차에 따른다(Banks, 모경환 외 역, 2008: 100－103).

① 인종적 다양성, 이민, 동화 등과 같은 교육과정 조직의 중심으로 삼을

핵심 개념을 선정한다.

② 선정된 각 핵심 개념과 관련된 주요 일반화 혹은 보편적인 일반화를 확인한다.

③ 각 핵심 개념과 관련된 중간 수준의 일반화를 확인한다.

④ 핵심 개념이 교수될 각 교과 영역별로 주요 일반화와 관련된 낮은 수준의 일반화를 확인한다.

⑤ 개념 및 일반화를 가르치기 위한 교수전략과 교수활동을 구안한다.

이러한 절차는 개념중심 다문화수업이 주로 개념 및 일반화를 중심으로 구안되었으며, 비록 특정 교과나 활동을 겨냥하지는 않는다 할지라도 개념학습이 진행될 수 있는 사회과와 도덕과, 초등통합교과 등에서 활용될 수 있다는 것을 말해 준다. 예를 들면 '다양성'이라는 개념은 사회과의 문화와 지역생활의 다양성, 도덕과의 생각과 가치의 다양성, 초등통합교과 슬기로운 생활의 이웃의 다양성 등의 영역에 저수준부터 고수준 일반화 학습에 적용될 수 있을 것이다. 개념중심 다문화수업의 장점은 무엇보다도 소수종족, 정의, 민주주의, 다양성, 문화, 형평성, 세계화, 평등, 차별, 편견, 참여, 행동 등 다문화 관련 개념들을 교과별로 집중 교수할 수 있다는 것이다. 하지만 우리나라처럼 다문화화의 심도가 세계 평균 수준에 못 미치는 국가에서는 원칙적으로 교육과정 자체의 변환을 요구하는 개념중심 다문화수업의 적용에 어려움이 발생할 수 있다는 점을 간과해서는 안 될 것이다.

다. 수준별 다문화수업

수준별 다문화수업은 동화주의를 지향하는 기여 접근법과 부가 접근법, 다문화주의에 의한 변혁 접근법, 사회 행동 접근법으로 구성된다(Banks, 모경환 외 역, 2008: 70 참조). 여기서 '수준별'이라는 의미는 다문화수업에서 소수문화집단의 정체성을 어느 정도 인정하는가, 학교 교육과정을 어느 정도 다문화화해서 교수할 것인가를 말한다. 즉 제1수준에서 제4수준으로 갈수록 소수집단의 소통 능력은 다수 집단의 그것에 비례할 것이며, 교육과정의 구조적 변환도 더욱 모색될 것이다. 주요 수준별 다문화수업의 내용은 다음과 같다.

제1수준: 기여 접근법 – 영웅, 공휴일, 개별적인 문화적 요소에 초점을 맞춘다.

제2수준: 부가 접근법 – 교육과정의 구조는 변화시키지 않은 채 내용, 개념, 주제, 관점을 교육과정에 더한다.

제3수준: 변혁 접근법 – 학생들이 다양한 민족집단 및 문화집단의 관점에서 개념, 이슈, 사건, 주제를 바라볼 수 있도록 교육과정의 구조를 변화시킨다.

제4수준: 사회 행동 접근법 – 학생들이 중요한 사회문제들과 관련하여 결정을 내리고 문제 해결에 도움이 되는 행동을 취한다.

위의 기여와 부가 접근은 주로 동화주의적 차원의 수업을 말하며, 변혁과 사회 행동 접근은 주로 다문화주의와 문화민주주의 차원의 수업을 나타낸다. 다문화화가 진행됨에 따라 점차 기여에서 사회 행동 접근 형태로 다문화수업이 실행되어야 할 것이다. 즉 기여 접근의 제1수준 다문화수업은 초급 수준의 다문화수업이며, 사회 행동 접근의 제4수준으로 이행할수록 고급 수준의 다문화수업이다. 이것은 기여 접근이 낮은 수준의 다문화수업이라는 것이어서 적용해서는 곤란하다는 의미가 아니며 다문화화의 심도, 다문화수업의 대상, 다문화수업의 주제에 따라 다양하게 적용되어야 한다는 데 초점을 둔 논의이다. 예컨대 유치원과 초등학교 저학년 단계에서는 초급 다문화수업으로 기여 접근이 부가 접근과 함께 고려될 수 있으며, 초등학교 고학년 이상의 단계에서는 중급, 고급 다문화수업으로 변혁 접근과 사회 행동 접근이 적용될 수 있다는 것이다.

라. 반편견 다문화수업

정탁준(2008)은 다문화교육에서의 편견 해소를 위한 반편견 교육 방법을 도덕교육을 중심으로 제시한다. 반편견 교육은 학생들이 가질 수 있는 인종적 및 민족적 편견에 대한 인지 · 태도의 긍정적 전환을 통해 사회 통합에 기여할 수 있는 교육을 말하며, 도덕과의 덕목중심 교육과 주제중심 교육, 전체 교과에 적용할 수 있는 협동학습, 학교의 반편견 분위기 조성을 통한 존중과 관용의 규범 확립 등을 모형의 구성 요소로 한다. 즉 도덕과 반편견 교육모형은 잠재적 교육과정을 통한 학교의 반편견 분위기와 표면적 교육과정의 협동학습의 상호 지원을 전제로 하면서, 덕목과 주제중심 수업 모형으로 나타난다 (pp.71 – 75 참조). 아래의 <그림 2 – 4>와 <그림 2 – 5>는 도덕교육 중심 반편견 교육 모형의 단계와 학습 내용을 분리 · 수정한 다문화수업 모형이다.

단계	주요 학습 내용
덕목 제시	동기유발 반편견 관련 덕목의 제시
⇩	
정서와 행동 확인	도덕적 정서의 고취 도덕적 행동의 강화
⇩	
내면화	덕목 관련 문제해결 활동 반편견 덕목의 내면화 학습
⇩	
토론과 판단	내면화된 덕목의 확인 반편견 덕목의 실제 적용을 위한 토론
⇩	
행동화	덕목의 행동으로의 전환 반편견 행동의 지속

〈그림 2 – 4〉 덕목중심 반편견 수업

단계	주요 학습 내용
주제의 제시	학습문제 편견 반편견 관련 주제의 제시와 이해
⇩	
가치 확인	주제와 관련된 개인의 가치 확인 주제와 관련된 사회의 가치 확인
⇩	
토론과 판단	반편견 주제 관련 문제 해결 주제 관련 토론과 판단 활동
⇩	
동기화	도덕적 가치의 확인 도덕적 동기화 실현
⇩	
실천과 지속	도덕적 판단에 따른 반편견 가치의 실천 반편견 행동의 지속

〈그림 2-5〉 주제중심 반편견 수업

덕목중심, 주제중심 반편견 다문화수업은 도덕과를 중심으로 개발된 다문화수업 절차를 전제로 하고 있으나, 개념학습이 적용되는 사회과를 비롯한 여타 교과에도 적용 가능한 다문화수업 방법이다. 반편견 수업의 핵심 개념인 상호 존중과 관용은 범교과적 덕목이며 주제이기 때문이다. 특히, 덕목중심, 주제중심 반편견 다문화수업 절차 중, 토론과 판단, 내면화와 동기화, 실천과 행동화와 같은 수업 단계는 사회과와 국어과, 특별활동, 재량활동 등에 의사결정 수업, 토론 수업이라는 측면에서 다문화적 주제와 소재를 중심으로 그대로 활용될 수 있는 다문화수업 방법의 틀을 제공할 수 있다. 물론, 토론과 판단의 적용 단계, 내면화와 동기화의 차별성, 행동화와 실천과 지속의 차이 등에 대한 수업 방법적 성찰 과정이 선행되고, 각 교과 및 활동별 고유 논리 확보를 전제로 도덕과 반편견 수업 논리가 실행되어야 할 것이다.

마. 성공적인 다문화수업의 차원

위에서 논의한 지구촌 다문화수업, 개념중심 다문화수업, 수준별 다문화수업, 반편견 다문화수업 방법은 나름의 특성을 가진다. 교과 차원에서 지구촌 다문화수업은 역사, 반편견 다문화수업은 도덕과 중심이며, 개념중심과 수준별 다문화수업은 사회과 중심적 성격을 지니고 있으나 원칙적으로는 범교과 및 활동에 적용할 수 있는 방법과 절차들이다. 그러나 편견 해소, 형평교수, 차별제거, 상호 존중이라는 점에서 중요한 공통점을 가진 절차와 수준들이 제시되어 있으며, 따라서 다문화수업의 운영을 위한 다양한 차원의 방법적 의미를 함의한다고 규정할 수 있다. <표 2-2>는 다문화수업이 운영될 수 있는 다양한 방법적 차원을 나타낸 것으로 기존의 다문화수업 방법들을 성공적으로 활용하기 위한 적용 수준을 Newman(1973)과 김용신(2008b)의 논의를 토대로 교차 도시한 것이다.

〈표 2-2〉 다문화수업 방법의 차원

차 원		국 가	
		통 합	이 해
개인	수동	동화주의: 1차원	융합주의: 2차원
	능동	문화다원주의: 3차원	문화민주주의: 4차원

1차원 수업: 동화주의 수업 방법은 기존의 전통적인 지배 문화의 우월성과 편재성을 인정하고, 사회 통합을 위해 소수종족 문화집단 소속 학생들의 문화적 정체성을 부인한다. 따라서 수업은 소극적으로 소수종족의 문화를 소개하는 수준에 그친다. 우월적 다수자의 관점에서 소수자의 기념일, 일화, 영웅 등을 수업의 도입, 전개, 정리 단계 중 일부분에 하나의 학습 소재로 활용하는 수업이다.

2차원 수업: 융합주의 수업 방법은 국가사회적 이해의 수준에서 수동적인 개인들의 문화 정체성을 규정하므로 학습자는 자신들이 가진 고유한 소수문화를 적극적으로 발현하기 어렵다. 표면적으로는 이해 중심 다문화주의가 표방되지만 실제 나타나는 현실은 우월적인 다수자의 문화에 이주 소수집단들이 동화되는 형태를 띤다. 학교 교육과정 및 수업의 운영에서 다문화 소재들은 하나의 사례로서 인정되기는 하지만 중심 소재로 도입되지는 않는다. 주로 다문화수업의 전개 단계에서 본시 수업의 목표 달성을 위한 수단으로서 문화적 다원성의 이해를 위한 일회적 소재가 활용될 수 있다.

3차원 수업: 문화다원주의 수업 방법은 소수집단 학습자들의 문화 정체성을 국가 통합적 차원에서 인정한다. 즉 모자이크나 샐러드 볼처럼 각각의 문화를 지닌 개인들의 능동적인 자민족주의를 다문화수업 과정에 도입하여 국가사회의 전체적인 통합을 모색한다는 논리이다. 문화다원주의 수업은 학교 교육과정과 수업을 전환적 관점에서 진행한다는 장점을 가진다. 수업의 전 과정이—목표, 내용, 방법—다문화적으로 운영되어 학습자는 문화적 동등성을 유지한 채 시민으로 성장하게 된다. 하지만 현실적으로는 정책적 차원의 문화다원주의가 실행되어 기존의 질서체계 중심의 국가사회 통합에 기여하는 것이 강조된다는 점에서 개인의 능동성은 제한을 받게 된다. 말하자면 전체를 구성하는 부분으로서 문화적 다양성이 인정되는 셈이다.

4차원 수업: 문화민주주의는 적극 다문화주의와 세계주의를 표방한다. 국가는 문화 이해 중심 차원에서, 개인은 문화 정체성의 능동적인 실현 차원에서 다문화수업에 접근하게 되므로 교육과정의 변환을 위한 행동에 참여하게 된다. 말하자면 민주주의의 운영 과정에 개인들이 시민 자격으로 적극 참여하여 국가사회의 변화와 발전에 기여하는 것처럼 학습자들은 수업의 개별 주체 자격으로 다문화교육과정에 관여하는 것이다. 소수와 다수 사이에 존재하는 잠재적이고 구조적인 편견과 차별에 대한 개혁을 요구하는 행동과 참여를 중시하는 개혁적인 다문화수업이 문화민주주의 수업 방법이다.

이러한 다문화수업 방법의 차원에 관한 논의와 기존의 다문화수업 방법들을 교차 논의하면, 첫째, 개념중심 다문화수업과 수준별 다문화수업은 1차원에서 4차원까지 적용 가능한 범교과적 수업 방법이며, 둘째, 지구촌 다문화수업과 반편견 다문화수업은 3차원의 문화다원주의 수업과 유사하다. 여기서 주목해야 할 점은 다문화주의적 양상을 모든 수업 방법들이 지니고 있으나 지구촌, 반편견 다문화수업은 소극 다문화주의에 한정되는 절차와 내용으로 이루어졌으며, 개념중심, 수준별 다문화수업은 포괄적 특성을 가진다는 점이다. 즉 지구촌, 반편견 다문화수업은 적어도 중급 이상의 다문화 관련 단원과 주제, 교육 대상에 적용 가능한 방법들이고, 개념중심, 수준별 다문화수업은 초급-중급-고급 수준[03] 모두에 활용할 수 있는 방법들이라는 것이다. 특히, 동화주의 수업은 기여와 사실, 융합주의 수업은 부가와 개념, 문화다원주의 수업은 변혁과 일반화, 문화민주주의 수업은 사회적 행동 접근과 이론적 차원의 다문화수업 실행 방법과 접속된다는 점을 발견할 수 있다.

이러한 다문화수업의 다양한 차원들이 제대로 운영되고 학교에 적용되기 위해서 가장 중요한 것은 수업을 운영하는 주체로서의 교사와 매개체로서의 교재이다. 다문화수업을 성공적으로 이끌어 가기 위한 학습교재는 편견이나 왜곡으로부터 자유로워야 하고, 다원주의 사회의 측면을 긍정적으로 제시할 수 있는 것이어야 한다. 적당한 자료가 부족한 상황에서는 기존의 학습 자료들을 교사들이 비판적인 시각으로 검토함으로써 무엇이 왜곡된 사실들인지를 학생들이 비판하도록 이끌어 줌으로써 다문화교육을 실천할 수 있다(김선미 외, 2008: 37). 결국, 성공적인 다문화수업은 1차원으로부터 4차원 수업에 이르기까지 학습교재를 선정하고 수업을 운영하는 교사에게 기대야 하는 것이다. 이에 터한 성공적인 다문화교육의 교수 지침을 소개하면 다음과 같다(Banks & Banks, eds, 2007: 262-265 참조).

첫째, 교사는 다문화교육 내용 교수의 가장 중요한 변수이다.

---

03 여기서 말하는 '초급-중급-고급' 다문화 단원과 주제란 다문화적 개념들을 각 교과 및 활동 단위가 어느 정도 포함하고 있는가로 판단될 수 있으며, 교육 대상이란 유치원과 초등학교 저학년은 초급, 초등학교 중학년과 고학년은 중급, 중학생 이상은 고급으로 간주할 수 있다는 의미이다.

둘째, 인종집단에 관한 지식은 인종 내용을 효율적으로 가르치는 데 필요하다.

셋째, 인종집단에 관한 자기 자신의 종교적 태도와 행동, 언행에 민감해져야 한다.

넷째, 다양한 인종집단의 긍정적이고 복합적인 이미지를 전달한다.

다섯째, 학생들의 종교, 인종적 태도에 민감해지고, 잘못된 신념을 거부한다.

여섯째, 사려 깊게 선택한 교수 자료를 활용한다.

일곱째, 교과서에 추가하여 종교, 문화집단을 다루는 책, 영화, 비디오, 녹음자료 등을 활용하고, 그들의 관점을 학생들에게 설명한다.

여덟째, 자기 자신의 문화, 인종적 유산과 접촉한다.

아홉째, 인종 관련 연구 소재에서 가능한 논쟁의 특성에 반응한다.

열째, 학생들이 인종, 문화, 언어집단과 관련된 개념과 내용을 선택할 때 발달단계를 고려한다.

열한째, 유색인종 아동들을 승리자로 본다.

열두째, 부모의 지지를 얻도록 노력하고, 그들에게 아이들의 교육적 협력자로서의 지지를 획득한다.

열셋째, 인종적 통합을 증진시키기 위해서 협동학습 기술과 집단활동을 활용한다.

열넷째, 다양한 인종집단이 학교 수행 활동과 발표에서 동등한 위치를 갖도록 한다.

이처럼 다문화교육의 실행 주체로서의 교사는 총체적 다문화 현상과 개별 학교와 학급의 상황, 다문화교육의 전략과 방법, 기법들을 습득하여 이해와 통합, 동화주의, 다문화주의, 균형주의의 기본 논리와 전략, 동화와 융합, 문화다원성과 문화민주주의의 방법적 차원의 교수 논리를 구사해야 한다. 우리나라는 다문화사회로 진입하는 초기 양상이 전개되고 있다. 아직 세계적 차원의 총인구 대비 평균 2.5%의 디아스포라 비율과, 전통적인 다민족국가라고 칭할 수 있는 10%의 다문화가정 비율에도 이르지 않은 시작 단계인 것이다.

따라서 다양한 차원의 다문화교수전략과 방법들이 지속적으로 적용되고 검토되어야 한다. 즉 현시점에서는 1, 2차원의 동화주의와 융합주의 수업 방법을 고려하되, 다문화 심도가 깊어진 특정 지역이나 학교, 학급에는 3, 4차원의 문화다원주의와 문화민주주의 수업 방법이 적극적으로 수용되어야 한다. 이러한 유연한 다문화교육의 실행 전략과 교수 방법들의 개발과 적용이 향후 한국 사회의 다문화화 정도에 따른 교육적 대응의 핵심 아이디어가 될 것이다.

3. 다문화수업 디자인

가. 동화주의 다문화수업: 1차원

초등학교 3학년 도덕과: 가족사랑과 예절

① 수업 개요

ⅰ. 단원 주제는 가족 구성원들 간의 유대 관계를 이해하는 것이다.

ⅱ. 동화주의 다문화수업이므로 도입이나 정리 부분에서 초급 수준으로 접근한다.

② 학습목표

ⅰ. 가족의 의미와 구성원들을 말할 수 있다.

ⅱ. 가족의 구조를 그림이나 표로 나타낼 수 있다.

ⅲ. 가족 간의 사랑을 예절로 표현하려는 태도를 갖는다.

③ 교수 내용

ⅰ. 나, 가족, 친근감, 인사, 경어, 가족의 유형, 가족 관계

ⅱ. 정체성, 사랑, 관용, 상호 존중, 타인 이해

④ 학습 활동

ⅰ. 본시 학습에서 다문화 관련 소재는 수단적 성격임을 분명히 한다.

ⅱ. 가족 구성원 역할놀이를 통하여 상대방에 대한 이해와 존중감을 기른다.

ⅲ. 도입 혹은 정리 단계에서 다인종, 다종족 소재를 간단한 영상으로 소개한다.

⑤ 실행 교재

ⅰ. 2007개정 교육과정 3학년 도덕과 교과서, 가족 가면, 일기, 소개장

ⅱ. 지방자치단체, 시민단체, 대학의 다문화 관련 웹, 홍보 자료, 신문, 그림

⑥ 평가 절차

ⅰ. 역할놀이 과정에서 나타난 가족에 대한 느낌을 서로 말하게 한다.

ⅱ. 수업 산출물로 가족 그림, 도표, 예절 지키기 실천 의지와 행동을 평가한다.

나. 융합주의 다문화수업: 2차원

초등학교 4학년 사회과: 여러 지역의 생활

① 수업 개요

ⅰ. 단원 주제는 도시와 촌락의 상호 보완 관계를 이해하는 것이다.

ⅱ. 융합주의 다문화수업이므로 주로 전개 부분에서 중간 수준으로 접근한다.

② 학습목표

ⅰ. 도시와 촌락의 개념을 정의할 수 있다.

ⅱ. 도시와 촌락의 특징을 도표화하여 비교할 수 있다.

ⅲ. 여러 지역 사람들이 서로 도우며 살아가야 한다는 것을 가치화한다.

③ 교수 내용

ⅰ. 지역, 대도시, 중소도시, 농촌, 산촌, 어촌, 살림살이

ⅱ. 지역성, 상호 보완, 생산물, 지형, 환경, 자연, 교류

④ 학습 활동

ⅰ. 본시 학습에서 다문화 관련 제재는 부가적 성격임을 인식한다.

ⅱ. 인터넷 현장학습을 활용하여 도시와 촌락의 다양한 모습을 조사 · 보고한다.

ⅲ. 주로 전개 단계에서 도시와 촌락의 다문화가정 모습을 소개한다.

⑤ 실행 교재

ⅰ. 2007개정 교육과정 4학년 사회과 교과서, 지역화 자료, 사회과 부도

ⅱ. 도시와 촌락의 모습을 비교할 수 있는 웹 사진, 영상, 인터뷰 자료

⑥ 평가 절차

ⅰ. 인터넷 현장학습을 통하여 수집한 자료들을 상호 평가하게 한다.

ⅱ. 모둠별 조사 자료, 보고서, 발표 태도, 협력의 정도를 평가 대상으로 한다.

다. 문화다원주의 다문화수업: 3차원

중학교 2학년 재량활동: 다문화교육

① 수업 개요

ⅰ. 활동 주제는 문화 간 상호 작용과 문화 다양성을 이해하는 것이다.

ⅱ. 문화다원주의 다문화수업이므로 수업의 전 단계에서 고급 수준으로 접근한다.

② 학습목표

ⅰ. 다양한 문화의 가치와 의미를 발표할 수 있다.

ⅱ. 국제결혼가정의 실태와 생활 모습을 보고서로 만들어 제출할 수 있다.

ⅲ. 문화 정체성을 상호 존중하고 다양성을 인정하는 가치관을 갖는다.

③ 교수 내용

ⅰ. 국제결혼가정, 새터민, 외국인 근로자, 이주, 디아스포라, 세계화

ⅱ. 문화, 상호 작용, 다양성, 타 문화 존중, 소수문화, 편견, 정체성, 관용

④ 학습 활동

ⅰ. 다문화 관련 제재를 전체 학습의 목표, 내용, 방법적 차원에서 다룬다.

ⅱ. 다문화 강사 초빙, 현장학습, 모의놀이학습을 통하여 문화적 다양성을 이해한다.

ⅲ. 다문화 현상을 세계, 국가, 지역, 학교 사회 영역별로 조사하여 발표한다.

⑤ 실행 교재

ⅰ. 법무부 사회 통합 프로그램 자료, 교육과학기술부 통계, 유네스코 문헌 자료

ⅱ. 한국 사회의 다문화 현상을 표상하는 신문 스크랩, 포트폴리오 사진, 동영상

ⅲ. 세계적 차원의 문화적 갈등 사례와 다문화 이해의 성공 사례

⑥ 평가 절차

ⅰ. 문화 간 상호 작용을 구조화한 모의놀이학습에 관하여 토론하고 비평한다.

ⅱ. 문화 다양성이 중요한 이유를 근거를 제시하며 발표하게 한다.

라. 문화민주주의 다문화수업: 4차원

고등학교 1학년 사회과: 정의

① 수업 개요

ⅰ. 단원 주제는 민주주의 사회의 정의에 대한 다양한 관점을 이해하는 것이다.

ⅱ. 문화민주주의 다문화수업이므로 사회 참여와 정의의 실천을 강조한다.

② 학습목표

ⅰ. 사회정의에 관한 다양한 관점을 개념화하여 발표할 수 있다.

ⅱ. 개인적, 공동체적 관점에서 정의를 실현할 수 있는 방안을 제시할 수 있다.

ⅲ. 민주 시민으로서 사회정의 실현을 위해 노력하는 자세를 가진다.

③ 교수 내용

ⅰ. 개인, 공동체, 민주주의, 국가, 시민, 정치적, 경제적, 법적 쟁점

ⅱ. 정의, 사회적 합의, 상호 주관성, 다양성, 평등, 편견, 참여

④ 학습 활동

ⅰ. 다차시 학습 과정에서 사회정의의 실현 방안들을 모색하고 실천한다.

ⅱ. 사회조사학습, 프로젝트학습, 협동학습으로 불공정, 편견 사례를 수집한다.

ⅲ. 문화 정체성을 실질적으로 보장하는 사회적 제도화를 위해 참여한다.

⑤ 실행 교재

ⅰ. 2007개정 교육과정 10학년 공통사회 교과서, 플라톤, 롤즈의 사회정의론

ⅱ. 인종적, 종족적, 사회적 소수문화집단 사람들에 대한 편견과 차별 사례

iii. 사회정의를 실현하려는 여성, 장애인, 이주자 단체 참여 경험

⑥ 평가 절차

i. 문화민주주의에 따른 사회정의 구현을 위한 프로젝트 실행을 평가한다.

ii. 사회 참여 의지, 행동화 능력, 개인과 공동체의 관점 이해 정도를 측정한다.

5. 다문화교육을 위한 아이디어들

한국 사회는 구조적으로 다문화적 전환기에 처해 있다. 민족적 단일성과 집단적 혈연주의와 연고주의는 더 이상 지배적인 사회적 이데올로기가 아니며 그래서도 안 된다. 정확하게 말하자면 민족단일성과 집단일체성을 실체적으로 주장해서는 생존과 번영을 구가하기 어려운 글로벌 다문화 시대가 도래하였고, 21세기를 살고 22세기를 준비해야 하는 현세대와 차세대는 다문화에 대한 이해와 적응, 비판과 대안을 마련해야 하는 상황에 처한 것이다.

본 장은 한국 사회의 다문화 상황에 대한 경험적 연구의 메타 이해를 전제로 교육적 전략을 모색하기 위한 퍼즐 풀기로부터 출발하였다. 이를 위해 문헌연구와 델파이 리서치를 연구의 진행 과정에서 동시에 활용하는 혼합 접근 방법을 순차적으로 구사하였다. 먼저, 다문화교육의 이론적 배경에서는 다문화교육을 협의와 광의의 다문화교육으로 구분하고, 문화적 소통을 교육 영역에 적극적으로 적용하여 상호 존중과 다문화적 가치와 사실들을 수용하는 데 필요한 지식, 가치 · 태도, 기능의 함양을 목표로 하는 것으로 정의하였다. 또한 다문화교육의 내용을 소수자와 다수자 교육의 관점에서 자존, 공감, 형평을 토대로 하는 포용교육, 형평교수, 내용통합, 지식구성, 편견 해소 차원에서 조망하였다. 이러한 다문화교육의 정의와 내용에 터하여 한국 사회의 다문화교육의 지향을 교육 목적, 내용, 방법 측면에서 고찰하고, 한국적 메타 통계 지표와 상황, 미국의 다문화교육 상황을 비교 논의하였으며, 궁극적으로는 한국의 다문화교육도 글로벌 다문화사회의 도래를 수용하여 다문화 시민성의 함양을 목표로 진행되어야 함을 주장하였다.

다문화교육의 실행 전략에서는 기본 전략으로 동화주의, 다문화주의, 균형주의, 문화민주주의를 소개하고, 균형주의 관점의 유연한 실용성을 문화민주주의와 함께 제시하였다. 즉 다문화 상황의 전개에 따라 민주주의 기본 원리인 정의, 평등, 자유, 관용의 정교한 적용과 실천이 요구되며, 이것은 소수와 다수, 주류문화와 주변부문화, 개인과 국가, 학생과 학교가 실질적 동등성을 구현하여 사회적 형평에 도달하는 다문화교육의 기본 전략으로 작동될 수 있다. 또한 다문화교육의 접근법으로는 인간주의적 접근으로서 인간관계 접근법, 집중 사례 연구를 통한 사회변화를 시도하는 단일집단 연구 접근법, 학교 교육과정의 구조적 변환을 통해 편견과 차별을 해소하려는 다문화교육 접근법, 인종과 종족, 계층, 성 등에 내재된 사회구조적 불평등을 행동과 참여로 개혁하려는 다문화사회정의 접근법을 논의하였다.

필자가 생각하기에 본 장의 가장 중요한 부분인 다문화교수법에서는 학교 현장에 적용할 수 있는 다문화수업 모형과 수업 방법을 논리와 절차, 내용과 기법을 중심으로 체계화하였다. 다문화수업이 성공적으로 수행되기 위해서는 사회체제로서의 다문화 학교를 인식하고, 교실 수업과 가정, 사회에서의 다문화교육이 총체적으로 이루어져야 한다는 점을 밝혔으며, 교육과정 모형과 포용이론 모형을 도입하여 다문화수업 모형의 차원을 국가와 개인 수준으로 구분하고, 국가는 통합과 이해, 개인은 수동과 능동으로 다시 분류하여 4개의 차원을 도시하였다. 결과적으로 '통합－수동' 차원은 동화주의, '이해－수동' 차원은 국제이해와 인간관계 및 종족연구, '통합－능동' 차원은 소극 다문화주의와 통합 다문화교육, '이해－능동' 차원은 적극 다문화주의, 세계주의, 글로벌 국제교육, 사회행동주의를 각각 포함하는 수업 모형임이 판명되었다.

한편, 학교 현장에 실제적으로 활용될 수 있는 다문화수업 방법으로는 '지구촌다문화수업: 다양한 문화 공존의 인식 – 다양한 문화의 유사점, 차이점 이해 – 문화적 편견 제거 – 다양한 문화적 가치로서의 평등성 이해 – 문화 상호 존중의 태도', '개념중심 다문화수업: 핵심개념 선정 – 보편적 일반화 확인 – 중간 수준 일반화 확인 – 낮은 수준 일반화 확인 – 교수전략과 활동의 구안', '수준별 다문화수업: 기여, 부가, 변혁, 사회적 행동 접근법', '반편견 다문화수업: 덕목중심, 주제중심 다문화수업'을 정리 · 소개하였다. 또한 성공적인 다문화수업의 차원을 1차원에서 4차원으로 나누고, 각각 동화주의, 융합주의, 문화다원주의, 문화민주주의 수업으로 설명하였으며, 다문화화의 심도와 지역, 학교, 학급별 상황에 따라 다문화수업 방법이 탄력적으로 적용되어야 함을 밝혔다.

다문화 관련성이 높은 교과의 고급 다문화 단원이나 주제, 혹은 다문화 심도가 큰 지역이나 학교, 중등 교육에서는 주로 3, 4차원 수업으로 문화다원주의와 문화민주주의 수업이 소극 – 적극 차원의 다문화주의 수준에서 고려되어야 하며, 초급 및 중급 다문화 단원이나 주제, 활동, 다문화 심도가 초기 단계인 교실, 유치원과 초등 교육에서는 주로 1, 2차원의 수업이 동화주의와 융합주의 차원에서 검토되는 것이 바람직할 것이다. 이때 포괄적으로 적용될 수 있는 개념중심 다문화수업과 수준별 다문화수업이 각각의 차원별로 활용될 수 있으며, 지구촌다문화수업과 반편견 다문화수업은 역사와 도덕과 중심으로 3차원 수업 수준 이상에서 도입되어야 할 것이다. 이러한 논의의 지향점은 결국, 한국 사회에 심화되고 있는 글로벌 다문화사회현상을 인식하고, 궁극적으로는 다원적 민주주의의 기본 원리에 따라 다문화교육을 소수자교육과 다수자교육의 포용교육 차원으로 발전시켜 나가는 일과 맞닿아 있다.

위와 같은 논의 과정을 통하여 밝혀낸 다문화교육은 다름 아닌 민주주의의 가능성과 이상의 실현 과정이다. 다문화사회의 시민성 교육은 소수문화집단의 동등성 확보를 위한 지식 구성, 형평 교수, 편견 해소 차원에서 실행되어야 하며, 주류 학생을 포함한 모든 학생들이 사회 참여에 필요한 지식, 가치 · 태도, 기능을 발달시키는 것뿐만 아니라 사회를 변환시키고 재구축할 수 있도록 지원하는 것을 중요한 목표로 삼아야 하는 것이다. 이러한 다문화교육의 목표 도달과 관련하여 연구 결과의 활용 방안을 중심으로 몇 가지 아이디어를 제시하면 다음과 같다.

첫째, 학교 다문화수업의 효율적 실행을 위해서 무엇보다도 중요한 것은 다문화교육의 총합 장르적 성격을 인식하는 일이다. 본 장에서 밝혔듯이 학교는 단지 학교로만 존재하는 것이 아니다. 사회체제로서의 학교는 다양한 외부 환경 변수와 내부 요인에 의해서 영향을 받는다. 특히, 다문화교육의 사회개혁 운동적 본질을 고려하건대, 학교에서 다문화수업이 성공적으로 운영되기 위해서는 국가의 다문화 상황, 지역사회와 학교의 다문화 현황, 교사의 다문화 전문성 등이 학교 교육과정과 함께 검토되어야 한다.

둘째, 우리나라의 다문화교육의 기본 전략은 동화주의와 융합주의로부터 출발하여 다문화주의와 문화민주주의를 지향해야 한다. 주지하듯이 우리나라의 인구통계학적 다문화화 심도는 2.5% 정도이다. 아직 세계적 평균 수준을 넘지 못하지만 다문화 현상의 급격한 도래와 지속적 증가 양상으로 미루어 볼 때, 다양한 기본 전략들이 모색될 필요가 있다. 미국을 비롯한 전통적인 다문화 국가에서 초기 다문화교육 전략으로 동화주의를 구사하다가 인종차별 및 사회 혼란, 계층 갈등, 민주주의의 딜레마 등 여러 가지 문제에 봉착하자 유연한 형태의 다문화주의로 선회한 경험을 인식하되, 국민국가(nation state)의 통합 차원에서 여전히 잠재적으로는 동화주의 혹은 융합주의 노선을 견지한다는 점을 직시해야 한다. 따라서 우리나라의 다문화교육 전략은 다차원적 측면에서 동시에 성찰되고 실천될 필요가 있다.

셋째, 다문화수업을 진행함에 있어서 일률적으로 동일한 수업 방법이 적용되기보다는 다문화수업 방법의 차원이 주제, 활동, 교과, 대상별로 다양하게 적용되어야 한다. 다문화화 심도와 대상이 다른데 동일한 방법을 적용할 수는 없을 것이다. 우리나라 교과교육의 폐해 중 하나는 탐구학습 시대, 열린교육 시대, 구성주의 시대 등 특정 교수-학습 이론이나 수업 방법들이 하나의 교육과정 시기를 풍미한다는 것이다. 이것은 교실 수업 구성 요소들을 경시하는 관점으로 수업의 다차원성을 제대로 반영하지 못한 결과이며, 교실 다문화성을 인식하지 못한 소치이기도 하다. 본 장에서 제시한 것처럼 다문화수업 방법은 수준별 포괄 차원과 교과 영역별 차원, 다문화 심도 차원, 소수자와 다수자 차원 등이 수업 계획 단계부터 사전 숙고되어 교실 수업에 적용되어야 성공적인 다문화교육에 도달할 수 있을 것이다.

넷째, 학교 현장의 다문화교육 전문가들을 양성하여 다문화교육에 관한 오개념들을 불식시키고 올바른 이해를 모색해야 한다. 우리나라 다문화교육에 관한 대표적인 오해들은 다문화교육이 다문화가정 자녀만을 대상으로 하는 소수자 중심 교육이라는 것과, 다문화교육은 국제결혼가정 자녀, 이주민 자녀, 새터민 자녀, 귀국 자녀들을 전담하는 교사만이 수행하는 것으로 보는 견해이다. 물론, 다문화교육이 소수자 정치라는 차원에서 발생한 것은 사실이다. 그러나 오늘날의 다문화교육은 주류집단과 주변부집단을 함께 포용하는 민주주의의 정교화 논리가 타당한 관점으로 인정되고 있다. 따라서 일방적인 1차원적 동화주의 수업 방법보다는 4차원적 문화민주주의 수업 방법을 학교 교육과정 운영에서 우선 고려하고, 이를 운영할 수 있는 수업 전문가로서 교사를 양성하는 체제가 제도화되어야 할 것이다. 그래야 다문화가정 자녀들의 학습 과정 포함 여부에 상관없이 한국 사회에 적합한 다문화교육이 실행될 수 있다. 요컨대 다문화교육이란 다양한 차원에서 형평주의를 실현하려는 것이기 때문이다.

다섯째, 본 장에서 제시한 다문화수업 모형과 수업 방법들의 차원이 제대로 실행되기 위해서는 가정과의 연계와 자료의 집적, 일반화가 필수적이다. 소수 이주집단 출신 학생들이 가진 다문화 정체성의 자연스러운 형성과 발현, 그리고 한국 사회에의 기여를 위해서는 90%를 상회하는 다문화 모계 가정과의 연계교육이다. 이를 위해서는 정부기관 및 시민단체, 대학 및 연구기관 등 전문가와의 다문화 멘토링 제도 도입과, 다문화가정 학부모 초빙학습, 다문화 현장체험학습 등의 연계교육 구축 방안이 수립되고 실천되어야 할 것이다. 여기에 중요한 것은 다문화수업을 실질적으로 운영할 수 있는 교재와 자료의 개발 및 집적, 활용 등이 병행되어야 한다는 점이다. 다문화수업을 운영할 때 가장 어려운 점은 일반화된 자료의 부족이다. 소수종족집단들의 문화에 대한 이해와 글로벌 다문화 관점을 기르기 위한 수업 자료들이 집적되고 체계화되지 못한 것이 사실이다. 차제에 다문화 시민성 함양 차원에서 중앙 및 지방 교육기관과 도서관, 자치단체 등에 다문화 자료관 등의 개설이 온-오프라인에서 활발하게 진행되어 다문화교육의 활성화에 도움을 주어야 할 것이다.

03

다문화교육 방법론

모든 사람들이 알고 있으면서, 아무도 그것을 **어떻게 증명할 수** 있는가에 대해서는 생각하지 않는 것들 중 하나는, 한 국가의 정치는 그 나라의 문화 양상을 반영한다는 것이다.

1. 다문화사회와 시민성

모든 사람들이 알고 있으면서, 아무도 그것을 어떻게 증명할 수 있는가에 대해서는 생각하지 않는 것들 중 하나는, 한 국가의 정치는 그 나라의 문화 양상을 반영한다는 것이다. 그러나 정치 생활을 구성하는 일련의 사건들과 문화를 아우르는 신념 체계 사이에 작동하는 실질적인 중간 용어를 발견하기란 생각보다 어렵다(Geertz, 1973: 311).

최근 한국 사회의 다문화화(multiculturalization)와 관련된 논의가 활발하게 진행되고 있다. 이것은 세계화와 정보화에 따른 국제사회의 소통 횟수가 어느 시대보다도 더 많아졌다는 구조 변화와 함께, 총인구 대비 약 2.5%의 인구가 다문화가정을 꾸리고 한국에 거주하고 있다는 사실에 근거한 논의이다. 물론 전통적인 다문화 국가인 미국의 경우 다인종 · 다종족 비율이 약 28%, 프랑스, 독일, 이탈리아, 스위스 등 유럽 제국의 경우 10~13%로 추정되고 있다(Banks, 2007: vii). 이에 비하면 한국의 다문화 현상은 그리 우려할 만한 수준은 아니다. 그러나 세계 인구 대비 평균 디아스포라(Diaspora) 약 2.5%와(오경석, 2007: 22) 비교하면, 한국 사회의 다문화화도 글로벌 수준에 도달하고 있다.

다문화사회의 도래는 민주주의 국민국가(nation-states)에 새로운 과제들을 추가하고 있다. 글로벌 시대의 이주문제는 보편성을 띠고 있는 동시에 탈전통적인 양상으로 전개된다. 세계적 현상이면서도 단일주권, 단일민족, 단일

국가라는 전통적 국민국가체제에서 정치적 단일성의 해체와 약화를 요구하기 때문이다. 이것은 다문화를 전제로 민주주의를 어떻게 운영할 것인가의 정치체제 실천원리에 대한 문제를 제기하면서, 한편으로는 21세기 민주주의의 운영 주체이면서 22세기 정치체제를 준비해 나갈 시민들을 어떤 논리에 따라 형성해 나갈 것인가의 근본적인 문제와 연계되어 있다.

따라서 변화의 동인(motif)으로 문화적 정체성 문제에 대한 논의와, 다문화 사회에 적합한 시민 형성 논리를 문화적 국면에서 민주주의의 기본 원리들과 함께 검토해 볼 필요성이 있다. 정치체제를 운영하는 주체는 결국 시민들이 될 것이기 때문이다. 이러한 논의를 진행하기 위한 전제 개념이 문화와 다문화이다. 문화는 우리가 누구인가를 정의해 주는 지식, 신념, 가치들이다. 문화는 사회적으로 사고하고, 느끼고, 행동하는 방식을 결정하는 지침을 제공한다. 구체적으로 문화는 특정 집단의 예술, 문학, 언어, 의류, 발명품, 전통들이다. 문화는 모든 용인 가능한 집단행동 방식들로 구성되어 있다. 그래서 문화는 집단의 사고, 감정, 행동 방식의 총체를 의미하는 것으로 정의된다(Maxim, 2006: 52). 일련의 현상에 대한 해석체계인 셈이다.

다문화(multiculture)를 용어 그대로 정의하면, 여러 가지 종류의 문화, 다양한 문화, 문화적 다양성 등이 된다. 일반적으로 다문화는 인종, 종족, 성, 계층, 종교집단 등 소수집단의 문화들을 지칭하며, 그들 간 혹은 주류사회의 문화와 복합적으로 작용하면서 나타나는 것을 다문화 현상으로 정의한다(김용신, 2008: 8). 따라서 다문화 현상이 전통적인 국민국가에 발생하면 동일한 현상을 다른 관점에서 해석하는 패러다임의 불일치가 나타날 가능성이 크다. 동일한 장소와 공간에 여러 가지 문화들이 혼재하면 사회적 갈등이 촉발되는 원인을 다문화가 제공할 수 있다.

특히, 다른 문화에 대한 자기 문화의 우월성을 의미하는 자민족중심주의가 강한 사회일수록 다문화가 진행되는 과정에서 불필요한 갈등이나 소모적 논쟁이 계속될 수 있다. 물론, 이것을 자연스러운 현상으로 보려는 입장도 있다.

문화의 특성상 자기의 '문화 렌즈'(cultural lens)를 통해서 다른 문화를 보려 하기 때문에, 다른 문화에 대한 이해가 부족한 것은 당연하다는 논거에서다. 그러나 특정 문화 렌즈로 사회를 보는 것이 시민들의 다른 문화에 대한 무능력(inability)으로 발달되면 국가사회의 정치통합과 사회질서에 대한 합의에 심각한 위협 요인으로 작용할 수도 있음을 간과해서는 안 될 것이다.

21세기 글로벌 다문화사회의 시민은 다문화 능력(multicultural competence)을 필요로 한다. 새로운 세기의 시민은 종족, 인종, 문화, 공동체 안에서 유효하면서도 문화적 경계를 넘어서는 데 요청되는 지식, 태도, 기능을 습득해야 한다. 그들은 도덕적인 국가 시민문화의 구축과, 보편적 인권선언에서 구체화된 것과 같은 민주적 이상과 가치가 실현되는 공정한 공동체를 만들기 위해 참여해야 한다. 이러한 다문화 능력은 다문화사회의 시민적 소양을 의미한다는 점에서 다문화 시민성(multicultural citizenship)으로 표현할 수 있다. 문화적으로 다원화된 민주주의 국가의 과제 중 하나는 문화집단과 종족집단들이 공동체 문화요소를 유지하는 것과, 다양한 집단들이 구조적으로 포함된 국가를 건설하는 것이며, 동시에 그들이 충성심을 가지도록 하는 것이다. 즉 다양성과 단일성의 균형이 민주주의 국가의 핵심 목표가 되어야 하며(Banks, 2007: 20), 이러한 목표에 근본적으로 기여하는 것이 다문화 시민성이다.

그러므로 다문화사회의 시민 형성 논리는 다문화 시민성의 함양 차원에서 구성되고 실천되어야 한다. 소수문화집단의 실질적 동등성 확보를 위한 지식 구성, 형평 교수, 편견 해소 방법이 적용되어야 하고, 주류사회의 문화집단을 포함한 모든 청소년들이 다문화사회에 적합한 지식, 가치 · 태도, 기능을 발달시켜 나가는 것이 필요하다. 이런 관점에서, 본 장에서는 다문화 상황을 문화 정체성의 차이로 인한 갈등 가능성 구조로 판단하고, 다양한 정체성들의 존재를 이해 중심과 통합 중심의 관점에서 논의하며, 다문화사회의 시민 형성 이론으로서 기존의 동화주의, 융합주의, 문화다원주의에 대한 재성찰을 통해 문화민주주의 전략을 구안하고, 실행 방법을 모색하는 것을 목표로 한다.

2. 문화 정체성의 이해와 통합

다문화사회는 다양성과 역동성을 특성으로 한다. 광역과 협역 차원의 동일한 공간과 장소에 여러 가지 문화가 존재하면 서로 다른 생활양식과 준거가치가 함께 작동하여 일상을 꾸려 나가게 된다. 이때 상호 이해 우선이냐 통합 우선이냐의 문제가 발생한다. 이해 우선이란 글로벌 다문화 상황을 인정하고 새로운 질서에 관한 지식 구축을 허용하여 통합에 도달하려는 노력이며, 통합 우선이란 기존의 주류 지식에 따라 다문화를 해석하여 중심 문화 속으로 들여오려는 시도이다. 어느 것이나 문제는 있으나 '다른 것'을 인정하는 방식을 취해야만 자아와 타인의 공존이 가능하다는 민주적 원리가 해결의 중심 잣대가 되어야 할 것이다.

다문화사회에서 이해와 통합의 문제를 노정하는 핵심 개념이 문화 정체성 또는 종족성이다. 문화 정체성(cultural identity)은 서로에게 지속적으로 영향을 미치는 다양한 문화집단들의 귀속의식에서 비롯된다. 이러한 문화집단의 정체성은 사회의 지배집단과의 상호 작용과 여타 집단들 간의 권력관계에 영향을 미친다(Gollnick & Chinn, 2002: 21). 따라서 개인의 정체성은 권력관계 속의 지위(position)의 영향을 받는다. 백인 남성은 백인 여성과는 다른 지위를 가진 것으로 여겨지며, 마찬가지로 백인 여성은 흑인 여성과는 다른 지위를 가진 것으로 평가된다. 지위 차이는 다른 집단 구성원들을 보는 관점을 구속하는 것이다. 이러한 지위성(positionality)이라는 렌즈로 세상을 조망하면, 어떤 사람의 렌즈도 다른 사람을 판단할 수 있는 표준으로 간주될 수는 없다(Tiedt & Tiedt, 2005: 7). 그러므로 인간은 누구든지 자신이 가진 문화 정체성이라는 렌즈의 한계를 인식하고 현상을 해석해야 하는 것이다.

문화 정체성과 같은 맥락에서 종족성(ethnicity)은 문화집단 구성원들이 그들 자신과 다른 사람들을 판단할 때 결정적 영향을 미치는 정서라고 말할 수 있다. 그래서 종족성이 심화되면 자신의 문화가 최선이라고 생각하는 자민족중심주의(ethnocentrism)에 경도될 수 있다. 자민족중심주의는 자기의 '문화 렌즈'를 통해서 다른 문화를 보려 하기 때문에 극단적인 경우 객관적인 판단을 불가능하게 한다(Maxim, 2006: 53). 이러한 경향을 반영한 개념이 종족 정체성(ethnic identity)이다. 종족 정체성은 동화되기보다는 유지되는 속성이 강하므로 종족 정체성에 대한 존중과 이해가 선행되어야 효과적인 시민 형성이 이루어질 수 있다.

그러나 다원주의적 민주주의 사회에서 문화 정체성 혹은 종족 정체성이 항상 이해되고 존중되는 것은 아니다. 민주주의의 실천 과정에서 나타나는 필연적인 현상은 모든 시민들이 자유, 연대, 정치 참여에 대한 특수 권리를 확장하려 한다는 것이다. 이때 다원주의적 방식으로 그들이 소중히 여기는 다른 삶의 방식을 진전시키거나 방어하려는 권리를 사용하려 한다면 민주주의는 위험에 처할 것이다(Callan, 1997: 9). 즉 문화 정체성이 자유로부터 도출되는 자율성(autonomy) 개념과 연계되어 과잉 강조될 경우, 개인이 자신의 생활을 스스로 통제한다는 민주주의의 자기규제 정치원리는(Harrison, 1993: 162) 왜곡되어 특정 문화집단의 렌즈만 참을 조망할 수 있다는 거짓 논리에 빠질 수 있다.

이럴 경우 다양한 문화 정체성을 우월한 하나의 정체성 중심으로 동화시키려는 통합 우선의 관점이 설득력을 가질 수 있다. 하지만 통합 우선 논리가 가지고 있는 문제점은 민주주의의 중요한 가치인 평등의 실현을 저해한다는 것이다. 평등의 실현을 방해하는 주요 요인은 편견과 차별이다. 편견은 특정 집단 구성원에 대한 불신, 증오, 공포, 분노 등의 감정으로 나타난다. 차별은 편견과는 달리 태도보다는 행동에 주목하는 개념이다. 차별이 발생하는 이유는 개별적으로 그들이 강한 특권을 갖고 있다고 믿기 때문이며, 사회가 제도적으로 그것을 요구한다고 생각하기 때문이다(Gollnick & Chinn, 2002: 39－40). 이런 편견과 차별의 속성상 먼저 민주적 평등을 저해하는 원인을 제공할 가능성이 높은 것은 이주에 의한 다문화사회의 도래 이전부터 전통적으로 주류 중심 문화를 지켜 온 우월적 다수 집단과 개인들이다. 이들은 편견과 차별에 의해 '강요된 하나'(imposed unum)를 강조함으로써 기존의 특권을 유지하려 할 것이며, 다른 문화집단의 종족 정체성을 무시하거나 없애려고 시도할 것이다.

이러한 이해 우선, 통합 우선의 문제는 월드런(Waldron)의 논의를 통해서 풀어 볼 수 있다. 월드런(1996)은 종족 다양성이라는 맥락에서 문화와 정체성의 관계를 두 가지 모형으로 설명한다. 첫째는 '일인, 일문화'(one person, one culture) 모형으로 단일문화 모형으로 지칭된다. 이것은 각각의 개인들은 자기가 속한 특정 집단이나 공동체의 문화를 뜻하는, 하나의 문화 구조 내부에서 정체성을 형성한다는 주장이다. 둘째는 '일인, 다조각'(one person, many fragments) 모형이다. 개인들은 자기가 살고 있는 광범위한 사회의 영향을 받으면서 정체성을 형성한다는 전제를 가진다. 만일 사회가 다문화적이라면 개인의 정체성도 여기저기로부터의 다양한 문화 조각들을 포괄하게 될 것이다(p.91). 이것은 다문화 모형으로 표현할 수 있을 것이다. 단일문화 모형에서 개인의 문화 정체성은 하나의 집단에 의해 결정되므로 사실상 이해 논리가 투영될 여지가 이론적으로는 없다. 자신만의 문화 렌즈만 사용할 것이기 때문이다. 따라서 강력한 정치적 단일성을 요구하는 통합 우선의 논리가 선호될 것이다. 그러나 다문화 모형은 정체성 형성에 다양한 문화가 관여한다는 입장이므로 통합이 우선될 필요가 없다. 이미 다른 문화 정체성에 대한 이해가 전제되므로 문화적 혼합형태의 단일성에 도달할 수 있기 때문이다.

결과적으로 다문화사회에서의 문화 정체성은 소수자에 대한 이해 중심의 통합으로 진행되어야 정치적 민주주의의 구현에도 실질적으로 기여할 수 있다는 논리가 성립된다. 이것은 문화적 다양성의 존중이라는 차원에서도 정당화될 수 있는 소결이다. 실제로 다원주의적 민주주의자들은 특정 공동체와 전통이 갖고 있는 정체성이 청소년들, 특히 주류사회로의 동화 압력을 받고 있는 이주 청소년들의 건전한 심리적 성장에 도움이 된다고 주장한다. 소수집단 청소년들은 종종 우월한 지배문화로의 동화를 열망하며 노력한다. 하지만 그들은 소수문화와 지배문화 사이에 있는 자신을 발견하며, 동시에 그들의 가족과 공동체로부터 분리되어 있는 자신을 발견한다. 사회적 부적응과 갈등 양상이 외부로 표출되며 집단화되는 단초가 마련되는 것이다. 따라서 다문화사회에서 문화적 다양성에 대한 존중은 주류사회의 역사와 전통을 존중하는 것만큼이나 중요하며, 오히려 주류사회의 발전을 위해서도 선행될 필요가 있다. 문화 다양성이란 생물의 종 다양성처럼 인간사회를 풍요롭게 해 준다는 점에서 하나의 필수적 자원으로서 존중되어야 할 것이다.

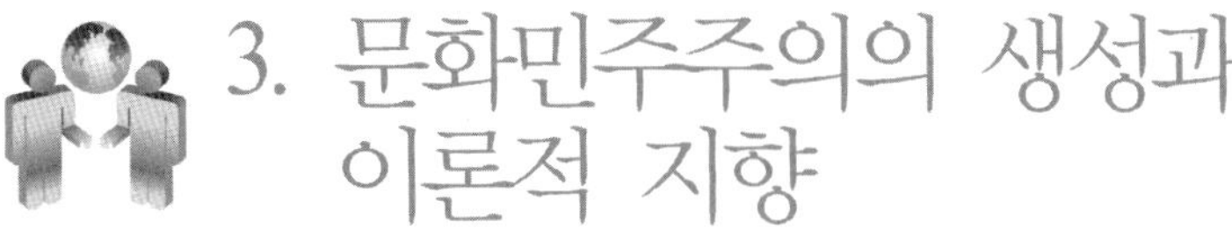

3. 문화민주주의의 생성과 이론적 지향

> 유색인종집단은 미국 시민이 되기 위해서 세 가지 주요 문제를 경험하였다. 첫째, 법률에 의해 합법적 시민권이 거부되었고, 둘째, 법적 장애물이 제거되고 나서는 주류 사회에 효과적으로 적응하는 데 필요한 문화적 · 언어적 능력을 키우기 위한 교육 경험이 거부되었으며, 셋째, 그들이 능력을 갖추었을 때조차 인종차별에 의해 주류 사회에 전적으로 참여하는 것이 거부되었다(Banks, 2007: xi).

1. 발달 담론으로서 문화민주주의

19세기 말 20세기 초 미국에서 발생한 이념인 문화민주주의(cultural democracy)는 민주적 국가의 개인과 집단은 그들이 정치적 자유를 누리듯이 문화적 자유도 누려야 한다는 관점이다. 다양한 문화 정체성에 대한 존중과 이해를 민주주의가 지향하는 정치적 자유의 확보 원리에 따라 구현하겠다는 것이 문화민주주의의 출발점이다. 문화민주주의는 종족적 정체성을 염두에 둔 이념이며, 소수집단에 대한 이해가 우선되어야 '진정한 하나'(authentic unum)로의 통합이 이루어질 수 있다는 논리 구조를 갖고 있다.

문화민주주의는 다수와 소수문화에 관한 담론인 유전학, 사회생물학, 문화박탈론, 통합주의, 문화차이론 등을 통하여 이론적 관점을 발달시켜 왔다(Banks, 2007: 48－52 참조). 유전학과 사회생물학은 지능과 인간행동에 영향을 미치는 결정요인으로서 유전자의 역할을 강조한다. 문화는 유전자의 확장과 우월하게 적응한 가치의 결과로 간주된다. 따라서 유전학과 사회생물학은 민주적 형평성에 반하는 정책과 교육관행을 정당화시키는 현상유지적 논리로 볼 수 있다.

문화박탈론은 주로 저소득층 청소년들이 그들이 속한 가정과 공동체의 역기능적인 사회문화적 특성으로 인하여 학업에 실패한다고 보는 환경결정론의 입장이다. 따라서 문화적 경험을 보상해 주면 청소년들의 학업성취도는 상승할 것이다. 그러나 문화박탈론은 저소득층 청소년들을 그들의 문화로부터 분리하고 학업실패는 학교가 아니라 그들의 문화에서 비롯된 것으로 본다는 점에서 개별 정체성을 부정하는 결과를 초래한다. 이 점에서 문화민주주의에서 이탈하는 것이다.

통합주의는 인종차별을 공적으로 철폐하는 정책을 강조한다. 이들은 다양한 인종과 종족 구성원들이 자유롭게 교류하고 소통하면 긍정적인 인종 태도를 기를 수 있고, 자발적으로 연대하는 사회 실현이 가능하다고 본다. 통합주의는 모든 학생들을 위한 동등한 교육기회를 보장하지만 법적 · 강제적 방식의 통합이 과연 문화민주주의와 일치하는가의 문제와, 분리주의와 통합주의 간 학업성취도의 차이에 관한 연구결과가 엇갈린다는 이론적 약점을 가지고 있다.

이와는 달리 문화차이론은 소수집단 학생들의 유전자나 문화보다는 사회제도로서의 학교 자체가 학업실패의 원인이라고 본다. 따라서 소수종족의 문화적 특성에 적합한 교수전략을 구사하면 주류집단과 주변부집단의 학업성취도 차이는 해소된다. 이 점에서 문화차이론은 문화민주주의와 유사한 접근방식을 가진다. 문화민주주의는 소수종족 청소년들이 그들의 가족과 공동체와의 연대를 유지할 권리를 보장하면서, 고유한 방언과 언어 등의 문화를 유지한 채 주류집단과 동등한 문화적 소양을 습득하기 때문이다. 요컨대 문화차이론과 문화민주주의는 사회적이고 교육적인 형평성을 소수자의 권리라는 측면에서 실질적으로 구현하는 논리를 지향한다는 점에서 같은 관점이다.

이처럼 문화민주주의는 인종, 종족, 문화, 계층적 다양성에서 비롯되는 문화 정체성을 부인하거나 약화시켜야 한다는 유전학과 사회생물학, 문화박탈론을 극복하고, 다양성에 대한 민주적 평등 원칙의 적용을 법적 강제를 통하여 확보하려는 통합주의를 거쳐, 소수집단들의 동등한 정체성 유지 권리와 함께 주류사회와의 소통 가능성을 주장하는 문화차이론으로 발전하여 왔다. 이러한 문화민주주의의 생성과 발달에 관한 논의를 문화적 다양성 개념을 준거로 비판적 관점에서 접근하면 단문화주의, 용광로 이론, 다문화주의로 재해석할 수 있다.

먼저 단문화주의(monoculturalism)는 다문화주의와 대비되는 개념으로 하나의 국가나 민족이 하나의 문화를 가진다는 가정에 입각한다. 국가나 민족의 강력한 동질성을 전제로 하며, 순혈주의, 단일민족주의, 자민족중심주의 등으로 나타난다(한경구, 2008: 90). 따라서 단문화주의는 우월한 문화집단의 존재와 가치를 공식적으로 인정하며, 이주민이나 소수자의 문화, 소수집단의 가치는 중심 문화로 동화시켜 통합하는 것이 최선이라고 본다. 유전학과 사회생물학처럼 문화민주주의가 나타나기 이전 혹은 초기의 문화 다양성에 대한 부정적 관점을 보여 준다.

다음으로 용광로 이론(melting pot theory)은 다양한 이민자 집단들에 다수 중심 문화 속으로 자발적으로 융합될 수 있는 기회를 제공해야 한다는 주장이다. 미국의 용광로 이론 옹호자들은 모든 종족집단들이 미국이라는 도가니(crucible)에서 하나로 혼합되면, 새롭고 위대한 문화가 창조된다고 본다(Maxim, 2006: 51). 그러나 기대와는 달리 미국이라는 용광로를 통해 주류사회와 이주사회의 융합이 발생하고, 새로운 문화가 창조되기보다는 앵글로 색슨, 청교도 중심 문화가 여타 소수문화들을 녹이는 일종의 문화적 동화현상이 지속되었다. 이는 문화 정체성들이 상호 영향을 주고받는 권력관계를 설정하기 때문에 나타날 수밖에 없는 정치적 현상으로 볼 수 있다. 오히려 동화에 대한 반작용으로 소수집단들의 종족 정체성이 강화되거나 새로 생겨나는 '역용광로 현상'(anti-melting pot)이 발생하여 미국 사회의 인종, 종족, 계층 간 통합 문제가 제기되고 있다.

단문화주의와 용광로 이론에 대한 비판으로 등장한 것이 다문화주의(multiculturalism)이다. 다문화주의는 문화적으로 다양한 구성원들이 동일한 정치체(polity)에 조화롭게 참여하며, 각각의 문화적 고유성을 보존하고, 다른 문화를 존중하는 것을 내용으로 하는 사회적 이념이다. 따라서 다문화주의는 국가가 지배문화의 관습과 가치들을 강제로 교육하는 것에 반대한다(Zaw, 1996: 123). 다문화주의는 호주 · 캐나다 등에서 주로 발견된다. 개인들이 자신의 고유한 문화를 유지할 수 있도록 보장하는 것이 헌법 원리와 사회의 이념과 가치에 합치한다는 생각이다. 개인과 집단의 권리를 모두 인정하고 평등한 접근을 보장하는 것이 사회 전체에 도움이 된다는 인식이다. 문화적 다양성과 사회 통합을 조화시키려는 시도라고 할 수 있다(한경구 2008, 93-94). 이런 점에서 다문화주의는 문화 정체성들을 다원주의적 민주주의에 의해 보장하려는 문화다원주의와 같은 관점을 갖고 있다.

그러나 다문화주의는 정치적 민주주의라는 측면에서 실질적으로 문화 정체성들 간 동등성과, 이의 실천적 적용을 보장하는 절차와 내용이 결여되어 소수집단이나 이주사회에 대한 정부 정책의 흐름에 좌우된다는 비판이 제기되고 있다. 실제로 한국 사회에서 국제결혼으로 준국민의 신분을 얻게 된 이주자들은 통합되어야 할 대상으로 간주되며, 이들에 대한 지원정책은 다문화주의로 표방된다. 국제결혼가정의 아동 또한 마찬가지다. 그러나 국제결혼을 한 이주남성의 경우 법적으로는 준국민임에도 불구하고 다문화주의의 대상도 아닐뿐더러 한국 사회 또한 그들을 적극적으로 받아들이지 않는다. 한국의 가부장제는 이주여성을 남편에게 종속된 존재로 파악하기 때문에 그들을 적극적으로 받아들이지만 또 다른 가부장인 이주남성은 받아들일 수 없는 것이다. 다음으로 이주노동자와 그 자녀들은 비국민으로서 단기 체류 후 본국으로 귀환해야 할 존재로 간주된다. 그렇기 때문에 사회 통합의 기제인 다문화주의는 적용되지 않는다(이선옥, 2007: 101). 이것은 다문화주의가 소수문화와 다양성에 대한 존중이라는 본질적인 영역을 훼손당하면서 정부의 이주정책에 따라 자의적으로 해석되고 적용된다는 것을 말해 주는 사례이다. 다문화주의의 현실 적용 과정에 대한 비판은 다음과 같이 요약할 수 있다.

> 다문화주의 담론의 공통적인 문제점들은 다음과 같이 정리할 수 있다. 첫째, 현재의 다문화주의 담론은 이주자들의 현실을 정확히 반영하지 못하고 있다. 둘째, 이주자 정책의 실패를 거듭해 온 정부가 주도하는 기이한 양상으로 전개되고 있다. 셋째, 다문화주의를 표방함에도 불구하고 정작 이주민 자신들의 목소리는 전적으로 배제되어 있다(오경석, 2007: 37-38).

따라서 다수의 중심문화와 소수의 주변부문화 간 소통을 통해 이해 중심의 통합을 추구하며, 문화 정체성의 유지를 보장하고 글로벌 다문화사회에 대응한다는 다문화주의의 기본 관점에 대한 이론적 차원의 재검토가 필요하다. 기존의 우월적인 주류사회의 문화와 권력에 의한 일방적인 동화주의와 다문화주의를 민주주의 원칙들에 의해 효과적으로 제어하면서 문화적 다양성을 담보해 내는 논리로서 문화민주주의를 고려해야 한다.

2. 문화다원주의에서 문화민주주의로의 지향

오늘날 용광로 개념으로 표상되는 단일 미국 문화 개념은 폐기되고 있다. 소수집단들은 용광로 속에서 성공하지 못하고, 단지 표준 미국 문화에 적응하기 위한 주변적 위치에 머물러 왔다. 따라서 용광로 대신 피자, 샐러드 볼,

모자이크와 같이 다양한 문화들이 고유성을 유지한 채 광역문화에 공헌해야 한다는 문화다원주의가 제기되었다. 문화다원주의(cultural pluralism)는 사회의 모든 부분들이 미국이라는 전체에 공헌한다는 철학적 관점이다(Maxim, 2006: 51). 고유한 개별성을 가진 각각의 문화들은 전체의 기획에 참여하고 공헌한다는 것이다. 뉴먼(Newman, 1973)은 문화다원주의에 관한 포괄적인 논의에서 다문화 현상의 대응 이론에 관한 기본 입장을 <표 3 - 1>과 같이 밝히고 있다.

〈표 3 - 1〉 문화다원주의 이론

문화다원주의의 수준	공식
동 화 이 론	A+B+C=A
융 합 이 론	A+B+C=D
고전적 문화다원주의	A+B+C=A+B+C
수정된 문화다원주의	A+B+C=A1+B1+C1

첫째, 동화이론(assimilation theory)에서 A, B, C는 서로 다른 사회집단이며, A는 우월한 지배집단을 나타낸다. 소수문화집단들이 가진 가치와 생활양식 등은 시간이 지남에 따라 다수주류집단의 그것에 동화되어 사라지는 형태이다. 일방적인 우월한 문화로의 흡수현상이 발생하며, 이주자와 그 자녀들이 가지고 있는 고유한 언어, 종교, 전통, 습관, 가치 등은 무시된다. 다문화사회의 시민 형성 과정이 소수자 적응교육 일변도로 흐를 가능성이 크다.

둘째, 융합이론(amalgamation theory)의 D는 A, B, C의 화학적 융합반응 형태의 아말감을 말한다. 한 장소와 공간에 존재하는 문화들은 그것이 소수문화이든 다수문화이든 필연적으로 접촉과 융합을 일으키게 되며, 결과적으로 새로운 형태의 문화를 창조한다는 관점이다. 전통적인 용광로(melting pot) 개념이 이상적 수준에서 실현된 문화융합 현상이 나타난다. 그러나 융합이론은 미국이라는 용광로에서 그랬듯이 소수문화와 주류문화 사이에는 이미 현실적인 권력관계가 발생해 있고, 따라서 주류사회의 가치와 전통으로의 통합이 이루어질 수밖에 없다는 점을 간과한다. 말 그대로 이념형적 차원의 '무유색성'(color－blindness)을 강조하는 입장이다.[04] 동화이론이 가지고 있는 문제점인 소수집단들의 사회 부적응과 기존 질서에의 반발이 그대로 나타날 수 있다.

셋째, 고전적 문화다원주의(classical cultural pluralism)에서 A, B, C는 서로 다른 사회집단들이며, 이들은 시간이 경과되어도 동일한 고유 정체성을 유지한다는 관점이다. 소수문화집단 간, 그리고 이들과 주류집단들 간의 문화 차이는 상호 교류에 의해 조정할 수 없을 정도로 크다는 전제를 갖고 있다.

따라서 문화 혼합으로 인한 사회적 갈등 양상을 사전 예방하기 위해서는 문화 간 고립주의 형태를 가져야 한다. 고전적 문화다원주의는 권력관계에서 약한 힘을 가진 소수집단들의 권리를 최대한 보장할 수 있다. 그러나 정치적 단일성과 사회 통합을 추구할 수밖에 없는 국민국가에 정치적 분리주의와 갈등을 초래할 수 있다는 점에서 비현실적이다.

무엇보다도 실제로 일어나는 빈번한 소통에 의한 문화 간 접촉과 변화를 부인하는 결과를 가져온다는 이론적 약점을 지닌다. 또한 고전적 문화다원주의가 악용될 경우 소수집단들의 장소와 공간 고립을 합법적으로 허용하여 자유민주주의 헌정체제의 기본 원칙을 위반할 수도 있을 것이다.

넷째, 수정된 문화다원주의(modified cultural pluralism)는 소수인종, 종족, 종교집단들이 주류사회의 지배적인 문화에 어느 정도 동화되는 것을 인정하면서, 다양한 집단들 간의 문화 변이 과정에서 서로 다른 소수집단들의 고유한 정체성이 유지된다는 입장이다.

뉴먼의 표현대로, "아프리카에 있는 아프리카 사람과 아프리카계 미국인은 서로 다르며, 아시아에 있는 아시아 사람과 아시아계 미국인은 다르다"는 관

04 공직에 지원하거나 회사에 입사원서를 낼 때, 사진과 이름, 출신대학 등을 기재하지 않고 일정한 기호로 처리하는 것이 '무유색성'(color－blindness)이다. 그러나 무유색성은 '무인종성'(race－blindness)이 가진 폐해를 그대로 가진다는 점에서 비현실적이라는 비판을 받는다.

점이다. 아프리카와 아시아라는 고유성이 그대로 인정되지만, 미국인이라는 공유된 문화를 형성한다는 논리이다. 이 점에서 수정된 문화다원주의는 동화, 융합, 고전적 문화다원주의보다 현실 모사 능력이 우월하다.

특히 고전적 문화다원주의가 엄격한 다문화주의를 취한다면, 수정된 문화다원주의는 느슨한 다문화주의를 옹호한다.

그러나 실질적인 민주주의 정치생활이 아프리카계 미국인과 아시아계 미국인, 주류 미국인 간 분리된 채 구성될 수 있다는 이론적 문제점을 지닌다. 사회구조 속에 숨겨진 차별이 공유된 문화 속에 존재하는 현실을 간과할 수 있으며, 이것이 오히려 소수집단들의 제도 참여와 문화 정체성 보존 허용이라는 정치적 수사에 의해 강화될 수 있다는 비판이다. 비록, 절차적 · 법적으로는 인종통합주의가 선언되었지만, 여전히 '분리되었지만, 동등하다'(separate but equal)는 인종차별주의가[05] 현실에서 나타날 수 있다는 것이다.

위와 같은 뉴먼의 문화다원주의 논의에 대한 비판적 성찰 과정이 함의하는 것은, 다문화사회에서 민주주의 원칙들을 실질적으로 정치생활에 구현할 수 있는 이론적 관점으로서 문화민주주의의 도입 필요성이다. <표 3 - 2>는 문화민주주의를 도시한 것이다.

〈표 3 - 2〉 문화민주주의 이론

문화민주주의 공식
$A+B+C=AI+BI+CI=I+D$
단 $I=A \cap B \cap C$, $N=I \cup D$

<표 3 - 2>와 같이 문화민주주의(cultural democracy)의 공식은 수정된 문

05 미국 연방최고법원의 '플레시 대 퍼거슨'Plessy v. Ferguson 판결(1896)은 '분리하지만 동등하다'(separate but equal)는 원칙을 제시하면서 사실상의 인종차별주의를 합헌으로 판단한 인종 분리의 정당화 판결이다. 플레시는 8/1은 흑인이고 8/7은 백인인 사람으로 루이지애나 주법에 의하여 아프리카계 미국인으로 분류된 사람이다. 그는 1892년 6월 7일 동부 루이지애나 철도의 백인 칸에 탑승하였다가 체포당하자 연방헌법 수정조항 13, 14조를 근거로 루이지애나 주정부에 대항하였다. 그러나 주법원의 퍼거슨 판사는 이를 기각하였다. 플레시는 연방최고법원에 상고하였으나 연방최고법원은 위와 같은 이유로 루이지애나 판결을 유지하였다. 이것을 달리 해석하면, '미국인이지만 역시 아프리카 사람이라서' 차별되어야 한다는 논리이다.

화다원주의를 보완하여 ‘A + B + C = AI + BI + CI = I + D’로 나타낼 수 있다. I는 민주주의 절차에 따른 개방된 헌정체제이며, D는 뱅크스(2007)가 말한 ‘진정한 하나’(authentic unum)이다. 민주주의에서 I는 절차적 정당성을 의미하며, D는 민주주의의 실현 모습으로 나타난 실질적 민주정치생활이다. 공식으로 표현하면, ‘I = A ∩ B ∩ C’이고, ‘N = I ∪ D’이다. 여기서 N은 민주주의 국민국가를 말하며, I는 최소헌정체제, D는 A, B, C의 문화접변과 융합에 따라 새롭게 등장한 실질헌정체제를 의미한다. 소수문화집단들이 최종적으로 합의할 수 있는 것은 자유, 정의, 평등, 인간 존엄성과 같은 기본적인 가치들이며, 중요한 것은 이들의 실현 양상으로서의 변환된 삶의 모습들이 될 것이다. 민주적 국가(N)에서 기본 가치(I)와 변환 정치 생활(D)의 차이가 크면 클수록 불안정한 헌정체제를 면치 못할 것이다.

문화민주주의가 정교한 민주주의의 실천 체계로 운영되기 위해서는 소수문화집단들이 정체성을 유지한 채, 기존의 우월한 주류문화집단의 정치적 영향력을 인정하면서, 민주적 원칙들의 엄격하면서도 실질적인 적용이 이루어지는 ‘진정한 하나’를 지향해야 한다. 이런 의미에서 문화민주주의는 절차적 정당성과 실질 생활의 형평주의(egalitarianism)로 표현할 수 있을 것이다.

4. 다문화사회의 시민 형성 방법

모든 학생들은 같지 않기 때문에 같은 방식으로 가르칠 수 없다. 그들이 가지고 있는 다른 욕구, 기능, 경험들은 교수전략의 개발 과정에서 고려되어야 한다. 각각의 학생들은 다양한 심리적 · 정신적 능력, 인종, 종족, 성, 언어, 종교, 계층적 배경을 갖고 있다. 민주주의 이념 차원에서 다문화교육(multicultural education)은 이러한 문화적 다양성과 교육에서의 동등성을 실현하려는 개념이다.

여기서 말하는 동등성이란 학생들의 출신 집단에 관계없이 사회적 혜택에 접근하는 것을 동일하게 보장해 주는 것을 말한다(Gollnick & Chinn, 2002: 6). 그러나 전통적인 교수 모형은 학생들의 삶에 영향을 주는 문화정체성을 간과하는 경향이 있다. '모두를 위한 하나의 가장 좋은 방법'이 있다는 확신을 작동시켜 온 것이다. 이렇게 단일 접근법(singular approach)이 모든 문화집단에 적용되어야 한다는 생각은 가장 동화된 집단을 제외한 모든 집단에는 사실상 쓸모없는 교육을 하게 만들었다(Maxim, 2006: 49). 여기서의 가장 동화된 집단이란 기존의 사회를 주도하는 다수 주류문화집단을 의미한다. 종족 정체성의 다양성은 강제로 통합되거나 주류사회에 대한 반발을 준비하게 될 것이다.

같은 관점에서 다문화 상황이 도래한 한국 사회에 단일 접근법을 적용하여 소수자에게만 다수자 사회에 적응할 것을 강조한다면, 결과적으로 소수자의 고유한 정체성을 무시하거나, 그들만이 지닐 수 있는 또 다른 문화적 가능성을 부정하는 결과를 초래할 수 있다.

또한 소수자의 정체성 재형성 과정에서 자신의 존재 근거를 상실하게 하는 결과를 초래할 수 있다는 점에서 문제가 된다. 그들이 한국에 거주하기 이전에 받았던 교육, 경험, 관계 등을 부정하게 하거나, 부정적인 것으로 교육하는 결과를 초래하기 때문이다. 나아가 이주자 부모의 정체성이 무시당하므로 부모가 낮은 자존감을 지니게 되면 이것이 그 자녀의 정체성에 혼란을 가중시킬 수 있다(양영자, 2007: 216 – 217).

소수 이주집단의 문화 정체성에 대한 부정은 종족적 소수에 대한 차별을 불러와 민주적 평등 원칙을 훼손하는 결과를 초래하게 되며, 결국에는 사회적 갈등으로 이어져 민주주의 운영을 주도하는 다수자 사회의 안정적 발전을 위협하는 요인으로 작용할 수 있다.

따라서 소수자에게 사회적 평등의 구현과 관련된 동등한 교육기회를 실질적으로 보장하여 민주주의의 평등 원칙을 적용하고, 이를 통해 고용과 충분한 수입, 정치권력과 같은 사회적 자본에 접근할 수 있는 자유를 구현할 수 있도록 해야 한다(Howe, 2000: 34).

또한 글로벌 시대의 다문화교육이라는 적극적 관점에서 민주주의 평등 원칙에 따른 소수자의 정체성 형성이 중요한 것은 직접적인 외국 경험 없이 다문화가정 자녀들과의 자연스러운 만남을 통해 이중언어, 다중언어와 문화를 습득할 수 있기 때문이다. 다문화 상황은 국내에서 글로벌 현상을 이해할 수 있는 좋은 기회를 제공해 줄 수 있다.

민주주의의 실천 차원에서 다문화교육이란 다원주의의 실행을 의미하는 것으로 그것의 목표는 학생들이 다양하고 민주적인 사회의 적극적인 참여자가 되도록 준비시키는 것이다(Koppelman & Goodhart 2005, 292). 이를 위해 학생들의 문화적 배경이 효율적인 교수와 학교 환경 개발에 사용되는 교육 전략을 구사해야 하며, 공식적인 학교 환경을 문화, 다양성, 사회정의, 민주주의 개념에 맞도록 변화시켜야 한다(Gollnick & Chinn, 2002: 5).

다문화교육 담당자들은 긍정적인 문화 정체성을 발달시키기 위해서 학생들을 동질 집단 소속의 개인이라기보다는 고유한 개별주체로서 보아야 하며, 학생들이 가지고 있는 문화적, 종족적 배경을 스스로 명료화할 수 있도록 도와주어야 한다(Manning & Baruth, 2004: 19).

소수집단 학생들이 주류사회의 개인처럼 행동하는 것을 옹호하는 것보다 자신의 정체성을 인식하고, 주류문화와 비교하며, 소통할 수 있도록 조장하는 것이 개별 학생과 사회 전체에 유익한 결과를 가져오기 때문이다. 그러므로 소수집단 학생들이 가진 문화적 이질성을 극복하고, 그들의 배경이 문제가 되지 않기 위해서는 문화적 다양성에 민감한 교수전략이 가장 효과적이다. 그들의 가정환경이나 문화 정체성이 학업실패로 이어지지 않도록 향상에 대한 지속적인 기대를 가져야 하며 개별적인 상호 작용을 시도해야 한다(Brophy & Alleman, 2007: 40). 이러한 의미의 문화반응 교수법(cultural responsive pedagogy)은 문화민주주의 논리와 맞닿아 있다.

문화민주주의 관점을 지향하는 문화차이론자들은 저소득층과 유색인종 학생들의 방언, 학습특성, 가정문화가 학습동기를 부여하고, 주류집단 학생들의 학습을 풍부하게 해 준다는 사실을 발견했다.[06] 이러한 차이들을 교육과정과 교수법에 반영한 문화반응 교수는 학업성취도의 향상에 기여하게 됨으로써 다수와 소수문화집단의 공유된 성공 가능성을 높여 준다.

이런 점에서 문화민주주의의 실행 전략이 될 수 있다. 결국 문화민주주의는 다문화사회 구성원들이 각각의 개별성을 유지하면서 동시에 공동체라는 총체성에 기여한다는 관점으로 요약할 수 있다. 이것을 한국적 상황에 대입하면, 다문화가정 자녀들은 각각의 언어와 문화를 그대로 유지하면서 한국 사회

06 이러한 문화반응 연구사례로는, Au(1980), Heath(1982), Ladson-Billings(1995), Phillips(1972), Piestrup(1973) 등이 있다.

의 시민으로서 성장해 나가 궁극적으로 한국의 민주주의에 공헌하는 인간이 된다는 논지이다.

5. '다수로부터의 하나'를 지향하며

다문화사회의 시민 형성은 새로운 이론, 접근법, 방법, 실천을 요구한다. 전통적인 국민국가(nation states)의 시민 형성 논리로 여겨지는 일방적인 통합이나 동화주의적 관점으로는 새로운 사회 변화 양상에 질서를 부여하고 인간적인 제도화를 실현하기 어렵다. 글로벌 세계와 소통하는 개인은 언제나 다양한 소수종족, 인종, 문화, 계층, 성 집단과 만나게 된다. 이들은 문화, 국가, 글로벌 정체성을 동시에 드러내는 다중적 존재이다. '다수로부터의 하나'(out of many, one)라는 민주주의의 기본 아이디어가 정교한 의미로 적용되어야 할 상황이 나타난 것이다.

이러한 필요성에 따라 본 장에서는 다문화사회의 문화 정체성을 종족 정체성과 등가개념으로 보고 이해와 통합의 관점에서 논의하였다. 다원주의에 기초한 민주주의의 평등 원칙은 사회적 소수자인 종족집단의 다양성을 인정하는 근거로 작동되어야 하며, 이해 중심의 통합이 다문화 민주주의 정치체제에 적합하다고 판단하였다. 이에 따라 문화적 다양성을 준거로 문화민주주의의 생성과 발달 과정에서 나타난 유전학, 사회생물학, 문화박탈론, 통합주의, 문화차이론, 단일문화주의, 용광로 이론, 다문화주의, 동화이론, 융합이론, 고전적 문화다원주의, 수정된 다문화주의를 비판적으로 검토하였다.

유전학과 사회생물학은 인종차별의 정당성을 과학적 인종주의를 통하여 설명하는 이론으로 지배집단의 우월성을 인정하는 단일문화주의와 동화이론으로 연결된다. 문화박탈론은 소수집단의 문화 정체성을 불필요한 것으로 간주하고 주류집단으로의 융합을 선호한다는 점에서 용광로와 융합이론의 관점에 서 있다. 통합주의는 법적 강제에 의한 인종통합주의를 실현하려는 것으로 문화 정체성의 혼합을 요구하는 관점이다. 통합주의는 제도화된 다문화주의로 볼 수 있으나 기본적으로 종족 정체성 간 평등을 개인 차원의 권리로만 본다는 모순을 갖고 있다. 이에 비해 문화차이론은 다원주의적 민주주의 원리를 다문화사회에 실현하려는 관점이므로 다문화주의나 문화다원주의와 동일한 이론적 입장을 취한다. 그러나 이들 세 이론을 통칭하는 다문화주의는 정치적 차원의 민주주의를 다문화 현상의 대응 전략으로 인식하지 않는다는 한계를 가진다. 그래서 다문화주의는 동화와 통합, 융합의 형태로 실천되는 불일치를 노정하는 것이다.

다문화사회에 적합한 시민 형성 논리는 문화적 다양성을 정체성의 관점에서 인식하고, 국가사회의 통합성을 이해 중심으로 지향하며, 다문화라는 새로운 형태의 질서체계에 적합한 민주주의 원리를 실천할 수 있는 정치적 조망을 지녀야 한다. 문화민주주의는 문화를 정치적 자유로 해석한 오래된 이념형적 이론이다. 문화민주주의는 문화다원주의 혹은 다문화주의와 동일한 이론적 관점을 취한다. 다만 민주주의라는 정치적 실천 원리를 다문화사회에 적용하여 소수자와 다수자 사회의 실질적인 동등성을 구현한다는 논리를 달리한다. 이런 점에서 문화민주주의를 정치적 다문화주의라고 해도 틀린 말은 아닐 것이다. 결국 문화민주주의에 따른 시민 형성은 주류와 주변부의 교류와 소통을 민주적 원리의 실천으로 이끌어 내는 변환과 개혁의 이미지를 갖고 있다. 누구나 다 알고 말할 수 있지만, 일상생활에서 정교하게 체계적으로 이론화되고 실천되기 어려운 인간의 존엄성, 이성과 자율, 합리적 사고와 의사결정, 동등한 기회의 보장을 다문화사회에 구현하려는 시도가 문화민주주의인 것이다.

다문화사회의 시민 형성 논리로서 문화민주주의가 한국 사회에 주는 시사점은 많다. 전통적으로 한국 사회는 '강요된 하나'가 지배해 온 문화적 특성을 가지고 있다. '권위주의적 하나'에 의해 구분된 지연, 학연, 소득, 이념, 문화, 세대 간 차이가 당연한 것으로 받아들여질 지경이다. 이것은 한국 민주주의의 발달과 성장을 저해할뿐더러 다문화사회의 도래에 따른 갈등과 긴장을 불필요하게 조장할 가능성이 있다. '다수로부터의 하나'가 아니라 '하나로부터의 하나'가 편견과 고정관념에 따른 구분을 정당화하는 논리가 되어 사회 전반에 적용될 경우 민주주의가 지향하는 자유와 평등, 정의의 이상 실현은 요원할 것이다.

04

다문화 정치교육

1980년대 후반 이후 급속하게 진행된 세계화와 정보화는 국제사회를 **지구촌으로** 현저히 축소시켰다. 언제 어디서나 시공간적 소통을 가능하게 해 주는 새로운 세계체제가 등장했으며, 정치사회 현상은 국제적 토대와 관련성을 가지고 이해해야 제대로 조망할 수 있게 되었다

1. 왜 다문화 정치교육인가

1980년대 후반 이후 급속하게 진행된 세계화와 정보화는 국제사회를 지구촌으로 현저히 축소시켰다. 언제 어디서나 시공간적 소통을 가능하게 해 주는 새로운 세계체제가 등장했으며, 정치사회 현상은 국제적 토대와 관련성을 가지고 이해해야 제대로 조망할 수 있게 되었다(권효숙 외, 2006: 101). 이처럼 상호 의존성이 심화된 국제사회는 많은 정치적, 경제적, 문화적 문제에 직면해 있다. 세계화는 문화교차적 흐름과 사회적 상호 작용 패턴의 속도와 심도가 깊어지고 범위가 확장되는 것을 말한다. 그러나 세계화가 문화와 문명을 아우르는 보편적인 글로벌 통합의 과정 혹은 조화로운 세계 사회의 출현은 아니다(Held & McGrew, 2002: 1). 이리에 아키라(1999)는 세계를 정치 · 경제 · 문화의 중첩된 판으로 보고, 주권국가와 UN 등 국제기구, 세계화와 반세계화 세력, 보편주의와 지역주의 간 협력과 갈등 양상이 글로벌 사회에서 지속된다고 해석한다(pp.237 – 240). 세계화는 정치 · 경제 · 문화의 틀이 상호 간섭적 성격의 체계로 귀속되면서 다면성과 다양성이 혼재하는 질서를 모색하는 방향으로 진행된다는 관점이다.

세계화 현상에 따른 시민 형성 논리를 국제이해교육, 세계교육, 다문화교육, 평화교육이라고 부른다.[07] 이러한 글로벌 교육의 목표는 민주주의, 지속 가능한 발전, 인권의 실현을 위한 가치, 태도, 행동을 증진시키기 위한 글로벌 평화 문화를 구축하는 것이다. 글로벌 교육은 상호 의존적 세계에서 함께 살아갈 학습자들을 준비시키는 전략, 정책, 계획을 의미한다. 따라서 글로벌 교육의 원리는 협력, 비폭력, 인권 존중, 문화적 다양성 인정, 민주주의와 관용에 기초해야 한다(Osler & Vincent, 2002: 2). 한국에서의 글로벌 교육은 학교, 지역, 국가, 세계 차원에서의 평화, 인권, 다문화적 가치를 반영하는 문화적 민주적 교육으로 나타나고 있다.

최근 한국 사회는 전통적인 단일민족이라는 문화 의식에 대한 재성찰과 함께 다문화사회에 대한 이해 움직임이 일고 있다. 통계청(2007)이 발표한 외국인과의 혼인 건수를 보면, 2004년 310,944명으로 총 혼인 건수 대비 11.4%를 상회한 이후, 2006년 332,752건으로 11.9%로 나타나 국민 10명 중 1명은 외국인과 결혼하는 추세로 분석되고 있다.[08] 이것은 세계화 흐름 중 하나인 다문화 상황의 한국적 재현 양상이라고 볼 수 있다. 다문화 상황이란 서로 이질적인 행위방식이 공존하는 상황으로 동일시 공간 내 서로 다른 의미부여 및 해석체계의 만남이라고 할 수 있다. 이러한 다문화 상황에서는 서로 다른 관점의 차이로 인하여 사람들 간에 오해와 갈등이 발생하기 쉽다(장원순, 2006: 28). 실제로 다문화 상황으로 인한 편견과 차별이 학교 교육에서 나타나 국제결혼가정 자녀의 17.6%가 외모와 언어 미숙 등으로 집단따돌림을 경험한 것으로 조사되었다(교육부, 2006: 5). 이러한 현상은 국제결혼가정 자녀의 85% 이상을 차지하는 초등학생들이 성장하면서 심화되어 한국 사회의 균열을 가져오는 새로운 갈등문제로 대두될 가능성을 지니고 있다.[09] 따라

07 국제이해교육(understanding for international education)은 유네스코 중심의 국제이해 및 협력, 평화, 인권, 민주주의, 관용을 위한 교육, 세계교육(world education)은 세계의 상호 의존성과 세계적 시각의 증진을 강조하는 교육, 다문화교육(multicultural education)은 다인종 간의 문화 차이에 의한 갈등 해소와 평화적인 공존을 위한 교육, 평화교육(peace education)은 폭력, 편견, 빈곤, 갈등에 관한 교육으로 정리할 수 있다(정두용 외, 2000: 17, 김현덕, 2000: 93-96 참조). 본 장에서는 이들이 세계화 현상의 심화에 따라 상호 연계 개념으로 강조된다는 점에서 글로벌 교육(global education)으로 통칭한다.

08 국적은 중국, 베트남, 일본, 필리핀, 몽골, 캄보디아, 미국, 우즈베키스탄 등이다.

09 국제결혼가정 출신 초 · 중 · 고 재학생은 2005년 6,121명, 2006년 7,998명, 2007년 13,445명으로 2년 사이에 두 배 이상 증가하였으며, 이 중 초등학생이 2005년 5,332명, 2006년 6,795명, 2007년 11,444명을 차지하는 것으로 조사되어(문화일보, 2007. 09. 27.) 향후 국제결혼가정 자녀의 재학생 수는 크게 증가할 것으로 예상된다.

서 다문화사회의 도래에 따른 사회구성논리의 개발과 실천이 필요한 상황이다.

전통적으로 다문화사회에 적합한 인간 형성 논리는 이해와 통합을 지향하고 있다. 대표적 다인종 국가인 미국은 이해의 논리를 우선하여 국제교육, 세계교육, 다문화교육, 세계시민성 교육의 이름으로 문화 간 이해를 추구하고 있으며, 중국은 통합의 논리를 우선하여 중화주의를 근간으로 하는 동북공정, 백두산공정 등을 시행하고 있다. 공통된 점은 어느 것이나 정치체계에 적합한 시민 형성 논리라는 점이다. 물론 정도의 차이는 있겠으나 다문화사회의 구성원 형성은 미국 민주주의나 중국 사회주의에 적합한 시민을 양성하려는 목표를 지닌 정치교육적 성격을 전제하면서 진행된다는 것이다.

우리나라는 주지하듯이 1945년 이후 국민적 합의에 따라 민주주의를 최선의 정체로 여기고 운영하는 국가이다. 다문화사회의 시민 형성 논리도 이에 부합되어야 함은 물론이다. 민주주의 사회는 개인의 인권 존중, 이성과 자율성, 합리적 사고와 결정, 동등한 기회의 보장을 특성으로 한다. 다문화 정치교육은 이러한 민주적 원리를 토대로 문화 간 이해와 통합을 지향해야 하며, 공동체 유지와 발전에 기여하는 방향을 가져야 한다. 이를 위해 다문화사회 구성원들의 시민성은 사회와 계층, 심리적 실체 안에서 지속적으로 재창조되어야 하며, 기존의 정태적 정치교육에서 벗어나 참여하는 정치교육, 함께하는 정치교육, 체험 위주의 정치교육, 생각하는 정치교육, 사고발달의 정치교육이 이루어질 필요가 있다. 다문화 정치교육은 공동체 중심으로 개인들이 연대하는 형태를 띠면서, 학습자의 참여와 체험, 생각하는 정치학습이 이루어져 강한 민주주의 시민으로 성장하도록 지원하는 과정이 되어야 한다.

2. 다문화 정치교육의 논리

다문화 정치교육은 다양한 인종, 종교, 문화를 배경으로 하는 시민사회 구성원들의 한국화(koreanizing)를 의미한다. 여기서 한국화란 한국이 지향하는 가치와 문화에의 융화를 말하며 문화 차이에 대한 인식을 기반으로 한다. 문화 간 이해(cross cultural awareness)에는 각 나라 문화 및 가치의 다양성에 대한 이해, 문화의 상호 비교, 이를 통한 문화와 가치의 보편성에 대한 인식, 타 문화의 관점에서 자기 문화 조망, 문화 간 상호 작용을 통한 세계문화의 개념 형성, 타 문화를 수용하는 태도, 전통 및 자기 문화에 대한 태도 등이 포함된다(김현덕 외, 2005: 17 - 18). 이러한 문화 차이에 대한 인식은 다른 사람에 대한 이해와 한국 사회에서 운영되는 민주주의 질서에 적합한 시민성으로 연결된다.

다문화 정치교육의 기본 논리는 사회구성주의에서 찾아볼 수 있다. 사회구성주의(social constructivism)는 선험적으로 인정된 보편적 타당성을 지닌 지식이란 존재하지 않으며(Burr, 1995: 3 - 4), 개인이 주로 사회문화적 배경을 지닌 기호 체계로서의 언어에 의해서 중재된 사회적 상호 작용을 통하여 맥락적 의미를 지닌 지식을 구성한다는 논리를 편다. 사회구성주의는 사회현상에 대한 비판적 이해를 할 것과, 이해 방식으로서 사용되는 범주나 개념은 역사문화적 한정성을 지닌 것이고, 지식은 일상생활에서 나타나는 사람들 사이의 상호 작용을 통해서 구성되며, 따라서 공동체의 사회적 구성은 수많은 가능성을 지닌다는 이론적 관점이다(Burr, 1995: 1-5 참조).

사회구성주의는 다문화사회에서의 시민 형성 논리를 제공한다. 다양한 인종적, 문화적 배경을 지닌 새로운 구성원들이 시민으로 등장하는 다문화 상황에서는 기존 사회 구성 원리들에 대한 비판적 검토가 필요하다. '우리들'의 가치들이 '그들'의 가치들과 어울려 새로운 질서를 만들어 내기 위해서는 기존 가치체계 혹은 지식의 새로운 구성을 허용해야 한다. 물론 허용의 심도와 방향은 다를 수 있다. 예를 들면 프랑스의 다문화 정책은 문화적 차이를 인정하되 통합하는 것이다. 정치교육의 목적은 교육과정에 기술된 대로 프랑스 문화와 언어의 지배적 역할을 증진시키는 데 있다. 이에 비해 독일, 이탈리아, 스위스는 비록 다문화주의(multiculturalism)를 정책으로 시행하지는 않지만, 소수 인종(ethnicity)들이[10] 그들의 문화와 언어를 유지할 권리를 존중하면서 통합을 추구한다(Grant & Lei, eds, 2001: 3). 프랑스가 통합 중심의 이해를 추구한다면, 독일 등은 이해 중심 통합을 지향하는 것으로 해석된다. 그러나 어느 것이나 새로운 시민의 등장을 인정하고, 이에 따라 가능한 사회 구성 대안들을 모색한다는 점에서는 동일하다. 사회구성주의가 주장하는 언어적 상호 작용과 비판적 이해를 통한 공동체의 구성 논리가 적용되는 것이다.

이러한 사회구성주의는 문화적 다원주의로 연결된다. 문화적 다원주의(cultural pluralism)는 샐러드 볼, 피자, 모자이크처럼 각각의 문화가 고유의 개별성을 보유하는 동시에 총체적인 디자인에 공헌하는 형태로 전개된다(Maxim, 2006: 51). 다문화사회 구성원들이 각각의 개별성을 유지하면서 동시에 공동체라는 총체성에 기여한다는 논리이다. 이것을 한국적 상황에 대입하면, 다문화가정 자녀들은 각각의 언어와 문화를 그대로 유지하면서 한국사회의 시민으로서 성장해 나가 궁극적으로 한국의 민주주의에 공헌하는 인

10 'ethnicity'는 소수 인종 혹은 문화적 소수를 의미하는 용어로 문화적 차이에 대한 긍정적 표현이다.

간이 된다는 논지로 나타난다. 이처럼 다문화 정치교육은 문화적 다원주의의 이론적 표현이라고 할 수 있는 사회구성주의 논리에 따라 이루어질 수 있다.

한편, 실천 원리로서 다문화 정치교육은 그것의 특성상 참여와 그것의 실현 수단인 의사소통 행위를 담고 있어야 한다. 참여와 소통은 민족 · 문화적 배경을 달리하는 사람들이 구성원인 다문화사회에서의 정치교육을 가능하게 하여 문화 간 이해와 공동체 내 통합을 달성할 수 있는 기본 수단이다. 전통적으로 시민 형성 과정으로서의 정치교육은 참여보다는 이론 지향적이라는 한계를 지니고 있다. 이론 지향 정치교육은 민주사회의 구성 원리를 구체화하거나 정치제도를 알아 가는 데 필요한 실제 정치경험을 체득시켜 줄 수 없다(Entwistle, 1993: 42). 다문화 상황에서 필요한 시민성은 혈연이나 지연에 의해서가 아니라 공동의 갈등을 공동으로 해결하고자 하는 데 공동의 관심을 가지고 공동으로 참여함으로써 결속된 이웃들의 속성을(Barber, 1992: 324) 의미하는 강한 민주주의에서의 시민성이다.

이런 점에서 다문화 정치교육은 참여를 핵심 요건으로 한다. 참여(participation)란 단어는 라틴어의 'par'에서 유래된 말이며 사전적 의미는 '같이한다'(share) 혹은 '부분을 취한다'(take part)는 뜻이다. 민주적 참여란 '사회의 구성원이 의사결정의 결과에 영향을 미치거나 영향을 미치고자 하는 행동'으로 정의할 수 있다. 참여의 목적은 의사결정 결과에 영향을 미치는 것으로 몇 사람 사이에 공유된 행동으로 나타난다. 이때 행동은 단순한 투표행위만이 아니라 시위, 집회, 캠페인, 청원에의 서명, 기부, 조직의 설립 및 조직에의 가입과 활동 등을 포함한다. 따라서 참여는 사회구성원이 스스로를 주장함으로써 부분적으로 그 사회 내에서 권력을 공유해 나가는 지속적인 과정으로 민주주의의 발전을 가져온다(김대환 외, 1997: 16－25). 다문화사회에서 참여의 실천은 문화적 편견과 갈등을 서로 인식할 수 있게 하여, 민주적 정치과정을 통하여 해결할 수 있는 기회를 부여하는 역할을 수행한다. 참여의 구체적 실현 방식은 의사소통이다. 의사소통이란 개별적으로 정의된 말로서 존재하는 것이 아니라 다른 말과 연계되는 방식에 의해 의미를 지니게 된다(Gergen, 1997: 33). 의사소통 과정에서 다문화사회를 구성하는 화자와 청자들은 합의된 실재(agreed reality)로 표현되는 민주시민성에 도달할 수 있게 된다. 따라서 의사소통과 참여의 활성화는 민주적 연대에 의한 다문화사회의 운영을 가능하게 해 주는 실천 원리이다.

 3. 다문화 정치학습 방법

다문화 정치교육의 방법적 틀은 사회구성주의 논리에 따라 참여와 의사소통 요소를 중심으로 만들어 볼 수 있다. 다문화 학습자들은 사회적 상호 작용에 참여함으로써 시민 정체성 형성을 뜻하는 맥락적 의미 구성을 한다.

또한 이러한 상호 작용은 언어에 의해서 중재된 활동이며, 생활 속의 정치 현상에 대한 적극적 인식 작용을 필요로 한다. 여기서 사회적 의미의 맥락적 구성은 총체적 정치학습으로, 언어에 의한 중재는 대화주의 정치학습으로, 생활정치의 적극적 인식은 풀뿌리 정치학습으로의 방법적 해석이 가능해진다.

1. 총체적 정치학습

미국의 경우 전통적으로 외국인 이민자의 미국화 정책을 용광로(melting pot)에 비유하여 추진해 왔다. 소수 인종집단들을 하나로 융해시키는 방향의 통합 논리를 지향한 것이다. 그러나 미국화가 문화적 다양성을 파괴하는 것은 아니며, 새롭고 독창적인 미국적인 어떤 것으로 많은 문화들을 결합시켜 나간다는 의미이다. 모든 인종들을 재형성화하여 새로운 총체적인 것을 구성해 내는 것이다(Maxim, 2006: 51). 이를 위해서는 다문화사회 구성원으로서의 개인과 구조로서의 사회가 연계되어 하나의 총체로 나타나야 한다.

사회구성주의의 주장처럼 실제 세계에서 개인과 사회는 분리되어 존재하지 않는다(Burr, 1995: 104). Sarup의 글을 보면 실재(reality)의 재현 양식을 알 수 있다.

> …이 과정은 무한한 것이 아니라 어떤 의미에서는 순환적이다. 기표(signifier)는 기의(signified)로 전환되어야 한다. 그리고 역으로 보면, 당신은 결코 기표 없이 최종적인 기의에 도달할 수 없다(Sarup, 1988: 35).

단어와 같은 기표는 다른 기표로부터 의미를 획득하는 것이다. 의미를 부여해 주는 다른 단어와의 관계가 있어야 비로소 단어는 의미를 획득하는 것이다. 마찬가지로 개인과 사회는 이분적으로 의미를 가지는 것이 아니라 연계된 총체성 안에서 비로소 의미를 확보할 수 있게 된다.

따라서 다문화 정치교육은 개인과 사회 수준에서 동시에 진행되어 민주주의라는 현상의 본질에 대한 총체적 인식이 가능하도록 운영되어야 한다. 다문화 정치교육의 운영 방법으로서 총체적 정치학습은 다음과 같은 성격을 지니고 있다.

첫째, 총체적 정치학습은 개인과 사회 수준을 모두 고려하는 학습 방법이다. 학습에서 개인적으로 의미 있는 정치지식이나 쟁점들은 사회적으로도 인정될 수 있는 것들이어야 한다.

둘째, 총체적 정치학습은 언어의 활성화를 강조한다. 언어란 개별성과 문화성을 그대로 반영한 것이다. 본래적인 것과 학습된 것의 발현이 언어인 것이다. 정치학습은 토론과 논쟁을 적극 활용해야 학습자의 정치사회화에 기여할 수 있다.

셋째, 총체적 정치학습은 사회화 과정 전반에 걸쳐 학습이 지속될 것을 요구한다. 따라서 정치학습은 교실에서 교과서를 통해서 이루어질 뿐만 아니라 가정과 학교 이외의 장소, 아동기부터 성인기까지 평생의 시간 지속되어야 한다.

넷째, 총체적 정치학습은 공동체의 지속 가능한 발전을 목표로 한다. 정치학습은 개인과 사회의 변증법적 상호 작용을 전제로 하므로 공유된 가치체계와 행동양식이 공동체 내부의 발전 원리로서 작동하게 된다.

다섯째, 총체적 정치학습은 생활정치학습을 지향한다. 민주주의 정치원리들이 일상 속에서 운영되는 모습을 학습자들이 체험함으로써 생활과 정치의 연계성을 이해하는 것이다.

2. 대화주의 정치학습

대화는 문화적으로 의미를 구축하는 일이며(Dixon－Krauss, 1996: 17), 사회적 기능을 지닌 언어라는 기제를 통해 가능하다.

언어에 의해서 중재된 사회적 행동 과정에 개인이 참여함으로써 의미를 지닌 인간의 행동이 나타나게 된다(Minick, 1996: 32－33). 학습과 교수활동에서 언어의 역할은 두 가지 관점에서 조망할 수 있다.

첫째, 언어를 단순히 사고의 운반자(carrier of thought)로 간주하는 관점이다. 아이디어 혹은 심상은 내적인 개념 결합에 의해서 생성되며, 그 결과 사고는 말, 쓰기에 의해서 표현되는 것이다. 둘째, 사회역사적 관점에서 사고는 기호적 중재자(semiotic medium)에 의해서 중재된다는 것이다.

비고츠키는 이것을 “사고는 표상되는 것이 아니며 언어에 의해서 완성되는 것이다.”라고 말한다(Wells, 1999: 139). 교실에서는 이러한 두 가지 관점이 그대로 수업 과정에서 나타나는 것이 사실이다.

그러나 보다 중요한 것은 후자일 것이다. 교수 · 학습 과정에서 나타나는 언어란 단순한 표준이나 단계의 일방적 전달이라기보다는 고등 사고 능력을 배양할 수 있는 대화체의 탐구로서의 의미가 강하며, 이것이 학습의 질적 수준을 높여 주는 결과로 이행할 수 있기 때문이다. 다문화 정치학습에서 대화는 다문화 상황에서 비롯되는 갈등을 해결하는 고등 사고 능력으로 작용하여 민주주의에 대한 신뢰를 구축하는 수단이 된다.

이러한 관점을 다문화 정치교육을 위한 대화주의(dialogism) 정치학습 모형으로 만들어 소개하면 삼각 대화(triadic dialogue) 모형으로 나타낼 수 있다 (Wells, 1999: 144 참조).

〈삼각 대화 모형〉

I: Teacher Initiation(교사 주도)

R: Student Response(학습자 반응)

F: Teacher Follow-up(교사 지원)

교사는 흔히 학생이 정답을 생산하도록 인용 형태의 대본을 도입한다. 그러나 다문화 정치학습에서 교사-학생의 상호 작용은 그러한 '겉 대화'(pseudo dialogue) 형태에 제한되어서는 안 된다.

교사 주도의 본질은 닫힌 질문보다는 제안과 견해 표명, 그리고 이에 대한 선택을 학생에게 보장하는 것이다.

교사의 수업 각본 그대로 학습자의 반응이 나타나도록 대화를 통제해서는 안 된다. 문화 간 이해가 가능하도록 학습자의 의미 구성 과정을 지원해 주는 담론으로서의 수업이 되어야 하는 것이다.

또한 교사는 학생의 성적에 대한 평가보다는 설명, 정당화, 확대된 견해, 학생의 관점을 표현하도록 요구해야 한다.

다문화수업에서의 문제해결이 철저히 진행되고 규명되도록 지원해 주는 것이 삼각 대화 학습의 요체인 것이다.

이러한 삼각 대화에 의한 학습 방식은 의미의 공동 구성이라는 '속 대화'(genuine dialogue)를 만들어 내며 학습의 결과로서 사고의 발전을 가져오게 된다. 이러한 대화주의 정치학습은 다음과 같은 성격을 지닌다.

첫째, 대화주의 정치학습의 토대는 자유로운 소통이다. 다문화적 문제해결을 위한 대화 당사자들 간의 언어적 의사소통은 개인적 수준에서의 화자적 이해와 사회적 수준에서의 청자적 이해를 연결시켜 민주주의의 원리인 합의에 의한 정치를 가능하게 한다.

둘째, 대화주의 정치학습은 참여자 간 평등을 전제로 한다. 대화 참여자들 간의 평등한 지위가 보장되지 않고서는 자유로운 견해 표명이 불가능하다. 이것은 학습자와 학습자, 교사와 학습자, 기타 환경이나 매체와의 관계에서도 지켜져야 할 원칙이다.

셋째, 대화주의 정치학습이 이루어지기 위해서는 민주적인 다문화수업 운영과 개방적 분위기의 유지가 필요하다.

대화란 화자와 청자 쌍방 간 의식 있는 행위이다. 상대방과 자신의 견해를 표명하고 인정하며 타협할 수 있는 민주적 절차에 따른 합의제 수업 운영이 필요하다.

넷째, 대화주의 정치학습은 언어적 상호 작용을 중심으로 한다. 학습자는 평소 언어 기능을 습득하도록 노력해야 한다.

기본적으로 듣는 능력과 말하는 능력, 쓰는 능력과 읽는 능력, 이해하는 능력을 갖추어야 한다. 이를 위해 그림, 도표, 신문, 잡지, 동영상, 인터넷 기사 등을 다문화수업 이외의 시간에도 활용하여 토론하는 연습을 해야 한다.

다섯째, 정치학습에 참여하는 주체들의 다양화가 실현되어야 한다. 삼각대화 학습방식이 함의하는 것은 교사와 학습자만 정치학습 과정의 주체라는 의미가 아니다.

교사 지원 형태의 방식으로 정치학습 환경은 얼마든지 재구성될 수 있다. 동료교사, 지역인사, 다른 반 학습자, 정치인, 학부모, 영상매체, 언론 동영상 등 다양한 형태의 참여 주체들이 정치학습에 관여할 수 있다.

다양성은 민주성의 기본 형성 조건이라는 점에서 학습 참여자 다양화는 중요하다.

3. 풀뿌리 정치학습

다문화 정치교육의 목표는 민주주의에의 참여를 준비하는 시민성의 계발이다. 대부분의 다문화주의와 다문화교육에 관한 논의는 민주주의라는 맥락에서 이야기되고 있으며, 시민참여를 핵심으로 한다(Ladson－Billings, 1992: 308). 풀뿌리 정치학습은 민주주의에 대한 체험학습이다.

시민참여를 실천하여 민주주의를 활성화시키고, 공동의 행복을 추구하는 방법을 알아 가는 과정을 말한다.

따라서 풀뿌리 정치학습은 다문화 정치교육의 목표와 직접적인 연관성을 갖는다. 풀뿌리 정치학습은 참여관찰 학습 방법으로서 정당, 의회, 공공기관, 시민단체 활동 참여하기 등이 있으나, 여기서는 선거활용 정치학습을 중심으로 논하기로 한다.

다문화 정치학습자들은 선거활용 정치학습에 참여함으로써 민주주의의 운영원리를 이해하고, 참여하지 않는 자의 권리는 공정한 합의 절차에 기속된다는 민주적 진리를 인식할 수 있다. 선거활용 정치학습은 참여란 무엇이고 민주주의란 무엇인가를 체험적으로 인식하게 해 주는 정치학습 방법이다.

문화적 간극을 좁히고 새로운 공동체의 구성 과정에 참여하는 경험을 함께 한다는 점에서 효과적인 통합의 논리를 가지고 있다.

우려가 되는 것은 교육 참여자들의 의식이다. 미성숙한, 그것도 언어적, 문화적 격차를 가진 학생들이 혼탁한 선거 과정에 참여하는 것이 바람직한가의 문제 제기이다.

생각건대 시민성을 함양하기 위한 최종적인 교육의 근거는 우리 사회가 직면하는 문제들과 논점들에 대한 해결에의 참여이다.

이러한 참여를 그만두는 것은 교육자로서의 책임을 회피하는 것이다(Engle & Ochoa, 1995: 21). 다문화 학습자들이 지역사회문제를 체험적으로 알고 익힐 기회를 부여하는 것이 다문화 정치교육의 타당한 논리이다.

중요한 것은 풀뿌리 민주주의가 실현되는 지방선거를 참여 관찰함으로써 지역사회에 대한 실제적 인식을 높일 수 있고, 실천 가능한 시민성을 구현할 수 있다는 점을 인식하는 일이다.

비록 공민권을 가진 유권자는 아니지만 가정마다 배달되는 선거홍보물의 정책 비교, 선거 유세 연설의 녹취 및 청취, 선거사무소 방문하기, 후보자 인터뷰하기, 학교 선거와 비교하기 등의 학습활동이 가능하다.

이러한 민주적 절차로서의 선거활용 정치교육에 관한 논점을 중심으로 풀뿌리 정치학습의 운영 원리를 제시하면 다음과 같다.

첫째, 풀뿌리 정치학습은 참여관찰을 비롯한 체험 위주의 학습을 원칙으로 한다. 일상적인 다문화수업은 교실에서 이루어진다. 교실에서 배운 지식이 실현되는 모습은 참여와 체험을 통해 알 수 있다. 실천 가능한 시민성의 함양은 지식이 실제 작동되는 모습을 관찰함으로써 더 제고될 수 있다.

둘째, 풀뿌리 정치학습의 주요 목표는 민주적 절차에 대한 이해가 되어야 한다. 민주주의의 실천 원리 중 가장 중요한 것이 절차적 공정성이다.

개인의 의견이나 여론의 투입 과정이 합의된 질서인 절차에 맞는다면, 산출로 나타난 결과는 존중되어야 한다. 민주적 공동체 구성 원리의 이해가 선행되어야 한다.

셋째, 자연스럽게 지역사회 이해학습과 연계되도록 한다. 지방선거란 지역공동체 혹은 마을 공동체의 현안 문제들이 그대로 제기되는 정책 경쟁의 장이다. 후보자들의 선거 홍보물을 분석 · 이해함으로써 우리 고장이나 지역의 발전 과제들이 무엇인지 파악할 수 있다.

넷째, 학교와 지역 유관 기관과의 협조 체제를 갖춘다. 풀뿌리 정치학습은 시작 단계인 만큼 아동들의 심리적 수준과 지역사회의 문화를 연계시켜야 하는 어려움이 있다.

초등학교 고학년 이상의 수준에서 사회조사학습의 한 형태로 도입하는 것이 좋으며, 점차적으로 참여관찰, 설문조사 등 체계적인 다문화 정치학습 방법들을 적용해야 한다.

다섯째, 선거는 누구나 참여할 수 있는 민주적 절차이며 대단히 흥미 있는 지역사회의 잔치이다. 또한 중요한 미래의 가치 체계를 점검하고 선택하는 정치 과정이다. 풀뿌리 정치학습은 다문화 학습자들의 민주정치에 대한 관심을 높이고, 정치참여 수준을 향상시킬 수 있는 기회를 제공한다. 선거는 학교와 학교 밖 사회에서 동시에 활용할 수 있는 다문화 정치교육의 실천적 소재임을 인식해야 한다.

한국 사회에서의 다문화 정치교육은 본질적으로 민주주의적 이상의 실현을 지향한다. 위에서 제시한 세 가지 다문화 정치학습 방법들은 한국이라는 민주적 공동체 안에서 소수 인종, 문화, 종교, 민족집단들이 동등하면서 실질적인 참여와 소통 기회를 보장하는 시민 형성 논리에 기초하고 있다. 이것은 커다란 틀로서 민주적 다문화교육이 모든 학생들에게 성별, 사회계층, 종족, 인종, 문화적 특성에 상관없이 동등한 교육과 학습 기회를 보장하려는 뿌리를 지니고 출발하였으며, 지속적으로 진행 중인 학교 교육 개혁 운동 성격을 내포한다는 점에서(Banks & Banks, eds, 2007: 3－4) 일관된 의미 체계라고 해석할 수 있다.

따라서 다문화 정치학습들은 상호 중첩된 의미를 지니고 실행된다고 볼 수 있다. 다만, 방법상 강조점의 차이는 존재한다.

총체적 정치학습이 사회적 연원과 전통에 따른 총체성을 강조한다는 점에서 통합중심 이해를 추구한다면, 대화주의 정치학습은 소통의 당사자들 사이의 평등한 관계를 중시한다는 점에서 이해중심 통합을 지향하는 것으로 볼 수 있고, 풀뿌리 정치학습은 정치사회적 의사결정 과정에 직접적이고 동등한 참여를 요건으로 한다는 점에서 이해와 통합의 균형을 추구한다고 정리할 수 있을 것이다.

4. 다문화 정치교육의 실천 방향

다문화사회의 도래에 따른 민주주의 사회의 시민 형성 논리로 사회구성주의, 참여와 의사소통을 살펴보고, 이에 따른 정치교육 방법으로 총체적 정치학습, 대화주의 정치학습, 풀뿌리 정치학습을 제시하였다.

주지하듯이 한국 사회는 다문화 상황이라는 새로운 갈등 요소 이외에도 계층, 이념, 체제, 지역 등 많은 균열 요소를 내포하고 있다. 따라서 다문화 정치교육의 논리는 이해와 통합으로 요약할 수 있다.

현실로서 나타난 다문화사회의 시민의식 제고 방법은 기존의 갈등 요소들에도 동일하게 적용될 가능성을 내포한 것들이다. 결국 다문화사회란 민주주의 원리의 역동적 실험장이기도 한 셈이다. 여기서는 이러한 점에 착안하면서 다문화 정치교육의 실천 방향을 제시하기로 한다.

첫째, 다문화 정치교육 차원에서 민주주의 학습을 가능하게 하기 위해서는 학교 교육과정의 개혁이 필요하다(Dilworth, 2004: 155). 교육과정과 교과서는 무정치적이거나 중립적인 것이 아니다. 사회적 쟁점에 대한 갈등이 회피되며 일방적 수용이 강조되는 경향을 지녀 왔다(Palonsky, 1987: 498).

이러한 교육과정은 인종, 문화, 종교, 가치 등을 달리하는 시민들로 구성된 다문화사회에서 효율적이지 못하다. 오히려 다문화 정치교육 과정은 갈등 상황을 전제하면서 담론과 성찰을 통한 적응, 대화, 타협을 강조하는 공동체 구축 과정으로 제시되어야 한다.

둘째, 다문화 정치학습이 이루어지는 교실 분위기는 학생의 태도에 영향을 준다. 민주적이고 개방적인 학급에서는 정치적 효율성이 높은 수준으로 나타나고 정치적 불만족과 냉소주의가 낮게 나타난다.

따라서 높은 수준의 개방성, 학생 참여, 자유 토론이 보장되는 민주적 교실이 의사결정을 잘하는 시민으로 성장하는 데 필수적이다(Palonsky, 1987: 499). 관용적이며 참여하는 교실 분위기는 비판적이며 깊이 생각하고 견문이 넓은 시민으로 발전하는 데 기여한다(Dewey, 1916: 172).

학교에서 부당한 대우에 대하여 불평할 수 있었다고 회상하는 어른들과, 교실 토론에 참가한 것을 회상하는 어른들은 민주적인 정치 업무에 종사하는 데 훨씬 더 유능하다고 느낀다(Almond & Verba, 1980: 173). 따라서 다문화 교실의 문화는 민주적이고 개방적이며, 토론과 관용, 비판과 성찰이 지배하여야 민주주의 발전에 기여하는 좋은 시민들을 길러 낼 수 있다.

셋째, 다문화 정치교육은 문화 반응 교육(cultural responsive education)의 기법들을 활용할 필요가 있다. 문화 반응 교육은 다문화 학습자들이 점차적이며 누적적으로 인종적, 문화적, 종족적 다양성을 이해하기 위한 지식, 기능, 태도 등을 함양해 나가는 방법이다. 문화 반응 교육은 문화적 소수 집단의 다른 유산들의 정통성을 인정하고, 학교와 가정의 의미 있는 교류를 허용하며, 다른 학습 스타일과 연계된 다양한 교수전략을 사용하고, 각각 다른 문화 유산을 존중하며, 다문화 정보, 자원, 자료 등을 학교의 모든 교육과정 운영에 반영하는 형태의 다문화교육이다. 문화 반응 교육의 구체적 방법에는 지역사회 알기, 가정의 지원을 요구하기, 모든 집단에 대해 동등한 주의를 기울이기, 교실을 다문화적 물건들로 채우기, 다문화 강사들을 교실에 초청하기, 다문화 경험들을 예술적 자원들로 그려 보기 등이 있다(Maxim, 2006: 56－57). 구체적인 정치학습 기법들을 제공해 준다.

넷째, 다문화 정치교육의 담당자로서 교사 교육의 목표와 내용은 문화적 다양성을 반영해야 한다. 교사는 문화사회적 소수 학생들의 정체성을 주관적 · 객관적으로 지원하기 위해 이민자의 배경과 의미를 알아야 하며, 문화와 언어 다양성을 반영하도록 교육과정 내용을 재구성할 수 있어야 하고, 의사소통과 행동 지향적인 기능을 습득하는 훈련을 접해야 하고, 생각의 다양성과 문화사회적 다양성을 수용하는 능력을 가져야 한다(Grant & Lei, eds. 2001: 20 - 22). 이를 위해 다양한 형태의 다문화 정치교육 교사 교육 프로그램이 개발되어 교원양성대학과 연수기관에 보급 · 적용되어야 한다.

05

사회과 다문화교육

일반적으로 문화는 인간집단 내에 공유된 **신념, 상징**, 해석들로 구성된다. 사회과학자들은 문화를 주로 인간사회의 상징적, 관념적, 정신적 국면으로 구성되는 것으로 본다.

1. 사회과와 다문화 현상

일반적으로 문화는 인간집단 내에 공유된 신념, 상징, 해석들로 구성된다. 사회과학자들은 문화를 주로 인간사회의 상징적, 관념적, 정신적 국면으로 구성되는 것으로 본다. 문화의 본질은 그것의 가공물, 도구, 혹은 다른 유형의 문화 요소가 아니라 어떻게 집단 구성원들이 그들을 해석하고, 사용하며, 인식하는가이다. 하나의 문화 속의 사람들은 같거나 비슷한 방식으로 상징, 가공, 행동의 의미를 해석한다. 이것을 바꿔 말하면, 다른 문화 사람들은 같은 현상을 다른 방식으로 해석하고 행동할 가능성이 상존하는 것이다.

인구 통계를 보면 한국 사회는 국제결혼, 이주노동자의 유입으로 외국인 인구가 총인구의 2.5%를 넘으면서 다문화사회로 전이하고 있다. 기존의 단일한 문화 체계로 간주되어 온 대한민국이라는 장소에 여러 가지 문화가 동시에 표현되는 다문화 현상이 실재화하고 있다. 따라서 전통적으로 다인종 국가인 미국과 소수인종과 종족집단의 이주를 오래전부터 받아들인 프랑스, 캐나다, 독일 등에서 나타난 문화 차이로 인한 사회적 갈등 양상이 우리나라에도 나타날 가능성이 있는 것이다. 실제로 다문화가정 자녀들이 학교에서 말씨, 피부색, 문화 등의 차이로 집단따돌림, 학습결손, 학교부적응 등의 어려움을 겪고 있으며, 이로 인해 학교를 다니지 않는 경우도 증가하고 있다(김현덕,

2007: 221－222). 이들이 성장한 연후에는 지금 학교에서의 문제점이 사회의 커다란 갈등 요인으로 전이되어, 국가 발전에 기여하기보다는 사회 통합과 문제 해결을 위한 사회적 비용 증대로 이어질 가능성이 있다.

여기서 직면하게 되는 중요한 문제는 정치사회적인 구조적 결함에 의한 문제까지 인종 혹은 문화적인 차이에서 파생되는 문제로 환원시키는 경우이다. 문제의 해결에 근접하기보다는 문제를 '문화화'함으로써 본질을 은폐할 수 있다는 것이다. 그리함으로써 문화적인 차이가 정치, 경제, 사회문제의 주범인 양 치부하는 논리가 통용될 소지가 있다(장정애, 2007: 55). 따라서 한국사회의 전개 양상과 관련지어 다문화가정의 다수 발생 현상이 장기 지속될 경우 예견되는 사회문제들을 문화갈등으로 단순 환원시키는 오류를 범하지 않기 위한 교육적 선행 논리의 개발과 실행이 필요한 시점이다. 물론 이것은 다문화 현상으로 인한 사회적 갈등 양상이 한국 사회 전반의 구조적 갈등 양상과 연계되어 새로운 사회문제로 대두되는 것을 예방하거나 감소시키려는 교육적 노력이기도 하다.

한편, 한국교육이 직면한 또 다른 과제는 정보통신기술의 급격한 발달에 따른 정보사회의 도래다. 정보기술의 발달은 사회 전반에 걸쳐 의사소통과 정보, 컴퓨터 기술의 확장된 공유를 가능하게 하여 사회적 수요와 기대치의 전환과 함께(Damarin, 1998: 11) 세계화 현상의 가속화와 심화를 불러왔다. 언제 어디서나 시공간적 소통이 가능한 새로운 세계체제가 등장한 것이다. 정치사회 현상은 고립되어 해석될 수 없으며 국제적 토대와 관련성을 가지고 이해해야 제대로 조망할 수 있게 되었다(김용신 외, 2006: 101). 즉 국내 다문화 현상에 대한 이해는 국제적 관점과 연계해야 하며, 국제사회에 대한 이해도 국내적 상황에 대한 이해와 연계해야 정확한 이해가 가능하다는 의미이다.

이와 같은 다문화와 정보화 · 세계화 현상을 이해하기 위한 교육적 시도를 총칭한 것이 글로벌 교육(global education)이다. 글로벌 교육에는 세계교육, 국제교육, 다문화교육, 국제이해교육, 평화교육, 인권교육, 민주주의 교육 등이 포함된다. 이처럼 글로벌교육은 다문화교육보다 광범위한 범주를 지칭하는 용어이지만 본질적인 핵심 구성 요소는 문화적 다양성과 문화 간 이해능력의 함양을 도모하는 것에 있다. 다만 글로벌교육이 세계 차원의 형평성(global equity)에 대한 검토와 계몽에 중심을 두는 것임에 비하여, 다문화교육은 국내 차원의 형평성(national equity)에 무게를 두는 것이라는 점에서 차이가 있다(Kobus, 1992: 224).

주지하듯이 2007개정 교육과정은 국가 · 사회적 요구사항을 대폭 확대 반영하고 있다. 그중 본 장과 관련된 범교과적 학습주제로서 민주시민교육, 국제이해교육, 다문화교육을 명시하고 있으며, 관련 교과 교육과정에서 대부분의 내용들을 다루도록 하고 있다(김용신 · 김남규 편, 2007: 44－45 참조). 여기서 말하는 관련 교과 교육과정의 핵심은 전통적인 사회인식교과로서의 사회과이다.

사회과는 전통적으로 인간관계와 시민 형성에 관련된 직접 교과이다. 따라서 사회변화에 적합한 인간과 시민 양성을 대전제로 사회과의 목표와 내용, 방법은 항상 민감하게 반응하고 변화하여 왔다. 1945년 해방 직후에는 일제 잔재의 청산과 민주주의 국가 건설을 위한 사회과가 요청되었으며, 1960~70년대의 국가 경제 발전 시기에는 과학주의 사회과가 실천되었고, 1980년대 민주화 시기에는 가치주의 사회과가 풍미하였으며, 1990년대 이후 정보화 시대의 도래에 따라 구성주의 사회과가 등장하였다. 지금은 2000년대 이후 새롭게 대두되고 있는 글로벌 다문화사회의 커다란 흐름에 대응하기 위한 사회과적 전환이 모색되어야 할 시점이다.

요컨대, 사회과는 학생들을 민주주의 사회의 시민 역할을 수행하도록 사회화하는 학제적(pandisciplinary) 성격의 교과이다(Brophy & Alleman, 2007: 166). NCSS(1994)는 사회과의 주요 목표를 학습자들이 상호 의존적 세계에서 문화적으로 다양하고 민주적인 사회의 좋은 시민이 되도록 지적이면서도 합리적인 의사결정을 할 수 있는 능력을 함양하는 것으로 본다(p.7). 따라서 민주주의

사회에 적합한 시민성 함양이라는 맥락에 기초하여 다문화 현상을 사회과 교육과정에 반영하고, 해석하고, 수업에 적용할 수 있는 것이다. 본 장에서는 '문화적으로 다양하고, 민주적인 사회의 좋은 시민'이라는 목표 관점에 중점을 두고, 사회과 다문화교육의 대상현상으로서 다문화 관련 개념들을 분석하고 적용하는 논리를 탐색하기로 한다.

2. 다문화 개념 분석과 관련 내용

다문화(multiculture)를 용어 그대로 정의하면 '다양한 문화', '여러 가지 종류의 문화', '문화적 다양성' 등이 된다. 다문화교육(multicultural education)은 다양한 문화에 대한 교육, 또는 여러 가지 종류의 문화를 학생들에게 이해시키기 위한 교육, 문화 다양성 교육 등으로 정의된다. 좀 더 구체적으로 말하면, 다문화교육은 국가 내부의 다양한 인종, 문화, 성, 계층 집단에 관한 학습이라는(Atwood, ed, 1991: 34) 정의가 가능해진다. 이때 다문화란 인종문화, 집단문화, 성 관련 문화, 계층문화로 이해된다. 이것은 틀린 정의는 아니지만 충분한 정의도 아니다. 왜 다문화 현상이 교육적 성찰과 실행의 대상이 되었는지에 관한 의미가 나타나야 비로소 다문화교육의 내용으로서 다문화 개념이 합의적 정의에 도달할 수 있다. 즉 다문화 현상이 나타나게 된 맥락과 지향하는 목표를 배경으로 하는 정의를 살펴보아야 다문화의 의미를 이해할 수 있게 되며, 비로소 다문화 개념의 핵심에 도달하게 된다. 여기서는 다문화교육에 대한 정의, 목표, 개념화 요소 등을 검토하여 다문화의 핵심 개념 요소로서 준거 개념(reference concepts)을 도출하기로 한다.

1. 다문화 개념 분석의 준거

다문화교육은 1960년대 미국에서 소수 인종집단의 권익 향상을 위한 시민권 확보 차원의 사회운동을 배경으로 한다. 특히 아프리카계 미국인들의 참여가 두드러졌으며, 점차 문화다원주의(cultural pluralism)라는[11] 이론적 배경을 갖추게 되어 사회적 약자를 고려하는 새로운 시민교육의 형태를 갖추게 된다. 한편, 유럽에서는 다인종, 다종족 국가인 프랑스, 독일, 이탈리아, 스위스 등에서 이해와 통합의 논리를 바탕으로 하는 문화 간 교육(intercultural education)의 형태로 다문화교육이 진행되었다. 이러한 사적 맥락을 배경으로 하는 정의는 다음과 같다.

먼저 Sleeter(1996)는 다문화교육은 아프리카계 미국인들이 주도한 직업, 권력, 자기결정권 등을 확보하려는 시민권 운동으로부터 비롯되었으며, 이것이 점차 변화를 위한 어젠더를 넓혀 인종, 성, 사회계층, 장애, 여성 등 다른 쟁점들로 옮겨 간 것으로 본다. 이에 따르면 다문화교육은 본질적으로 사회운동적 메타포(metaphor)를 지닌 것이다(p.239). 같은 차원에서 Kobus(1992)는 다문화교육을 시민권 운동이라는 역사적 맥락을 가지는 것으로 보며, 다문화교육을 위한 교육 프로그램들은 소수문화, 여성, 다종족, 집단 간 관계, 시민성, 이중언어, 특수교육에 관한 연구들을 포함한다고 규정한다(p.225).

Banks & Banks(2007)는 다문화교육을 포괄적인 사회 발전 측면에서 접근한다. 다문화교육은 다양한 집단의 요구와 열망을 반영하여 다양한 형태의 프로그램과 실천으로 출발하였으며, 교육적 형평성, 여성, 소수인종, 언어적 소수, 저소득층, 장애인과 관련된 광범위하면서 다양한 프로그램과 실천 국면을 총칭하는 개념으로 정의된다. 유색인종의 경험을 교육과정에 반영하거나, 소수인종과 여성의 경험을 교육과정에 포함하거나, 또는 문화적, 소수인종적,

11 문화적 다원주의는 샐러드 볼, 피자, 모자이크처럼 각각의 문화가 고유의 개별성을 보유하는 동시에 총체적인 디자인에 공헌하는 형태의 다문화교육으로 전개된다(Maxim, 2006: 51).

경제적 집단의 교육적 형평성을 증진하기 위해 노력하는 총체적 학교 교육을 의미하는 것으로 서술된다(p.7). 다문화사회의 도래라는 역사적 맥락에서, 김현덕(2007)은 미국의 다문화교육은 아프리카계 미국인들이 주도하였으며, 시민운동, 평등, 사회정의, 유색아동의 학업성취도에 중점을 두었고, 이후 다양한 문화권에서 온 이민자의 수가 늘면서 이민자 자녀의 각기 다른 사회, 문화적 배경을 고려한 교육으로 발전한 것으로 본다. 다문화교육을 다양성과 평등을 강조하는 교육으로 본 것이다(pp.217 – 218).

위와 같은 다문화교육의 정의로부터 공통적으로 도출되는 다문화 관련 개념 요소들은, 시민권(운동), 소수인종, 성(여성), 소수문화, 소수언어, 평등, 집단관계, 이중언어, 다양성, 사회정의, 사회계층, 장애인, 형평성, 총체성 등이다.

다음으로 목표 차원에서 Banks(2007)는 다문화교육을 학습 기회의 동등성에 도달하기 위한 목표 달성의 과정으로 본다. 다문화교육은 목표달성을 위한 아이디어 혹은 개념, 교육 개혁 운동, 과정이다. 다문화교육은 모든 학생들이 그들의 성별, 사회계층, 종족, 인종, 혹은 문화적 특성에 상관없이 학교에서의 학습 기회를 동등하게 가져야 한다는 아이디어이며, 다문화교육은 모든 사회계층, 성별, 인종, 언어, 문화집단의 학생들이 학습 기회를 동등하게 가지도록 학교와 다른 교육제도를 변화시키려고 노력하는 개혁 운동이고, 다문화교육의 목표는 완벽하게 충족될 수 있는 것이 아니기 때문에 모든 학생들을 위한 교육적 동등성을 끊임없이 증가시켜 나가야만 하는 진행 중인 과정인 것이다(pp.3 – 4). Kenehan과 Smith(1948)는 보다 구체적인 다문화교육을 위한 학습 목표를 다음과 같이 제시하고 있다(Sevier, 2002: 122 재인용).

- 다른 지역 출신의 다양한 사람들의 융합에 의한 결과로 나타난 문화, 제도, 전통에 대한 지식
- 다양한 행동 양식에 대한 인식
- 주로 사람들이 지속적으로 유지해 온 경험 때문에 갖게 된 정체성 이해
- 다양한 집단 구성원들 사이에 존재하는 기회의 불평등이 나타나게 된

조건에 대한 관심

- 개인과 집단들의 문화, 제도, 전통을 존중하는 태도

이러한 목표 관련 정의로부터 도출되는 다문화 개념 요소들은, 교육개혁 운동, 성별, 사회계층, 종족, 인종, 문화특성, 평등, 문화집단, 교육동등성, 융합문화, 제도, 전통, 다양성, 정체성, 타인존중, 타 문화 존중, 불평등 등이다.

한편, 다문화교육의 개념화 차원에서 Sleeter(1996)는 다문화교육을 네 가지로 개념 정의한다. 임상으로서의 다문화교육, 교수기법으로서의 다문화교육, 학문으로서의 다문화교육, 사회운동으로서의 다문화교육이 그것이다(pp.240－241).

첫째, 임상(therapy)으로서의 다문화교육에서 교사들은 학생들이 지닌 자기나 다른 사람에 대한 부정적 태도와 감정, 편견 등을 임상 치료해 주는 역할을 한다. 아동들에게 편견을 예방할 수 있는 적절한 정보와 경험을 제공하는 형태이다. 이것은 소수집단이나 인종의 전통이나 문화를 아동들에게 소개하여 긍정적 감정을 유도하는 데 한정적 효과를 나타낸다. 그러나 정치적 고려를 전혀 하지 않는다는 점에서 구경꾼 교육과정(tourist curricula)으로 전락한다는 문제를 지닌다.

둘째, 교수기법(teaching techniques)으로서의 다문화교육은 특별히 문화적으로 다양성을 지닌 학생들에게 일련의 교육과정과 교수전략들을 적용하는 것이다. 이것은 임상적 개념과 중첩되지만 특정 집단을 가르치는 교수기법의 습득을 강조한다는 점에서 다르다. 그러나 기법 자체에 매몰되어 더 넓은 정치적 노력과 연계되지 못한다는 문제가 있다.

셋째, 학문(academic discourse)으로서의 다문화교육은 다문화적 쟁점들을 지적인 관점에서 이야기하되 실질적인 사회변화 과정에는 관여하지 않는 개념 차원을 말한다. 다문화에 관한 사고를 명료화하고, 아이디어를 공유하며, 가치에 관한 설득을 진행하는 것은 좋으나, 사회정의 실현을 위한 어떠한 조직화된 운동과 직접적으로 연계되지 않는다는 점에서 무용하다.

넷째, 사회운동(social movement)으로서의 다문화교육은 위의 세 가지와는 전혀 다른 형태의 사회적 대화와 운동과 연계된 것을 의미한다. 권력을 지닌 우월 집단과 맞서는 형태이다. 예를 들면 제도적 변화를 추구하기 위한 집단 행동을 한다든지, 운동 강령에 따라 권력 추구를 도모한다든지, 다문화교육의 천부인권설에 기초한 기본적 운동이라는 점을 강조한다든지, 목표달성을 위해 공동체 구성원끼리 협동 등이 수행될 수 있다. 요컨대 사회운동으로서의 다문화교육은 다문화교육을 위한 합헌적 연대를 결성하고, 교사와 실행자의 기초 지식을 개발하며, 학교의 바람직한 변화를 위해 권력자들과 의사소통하는 형태를 띠는 적극적 개념이다.

여기에 NCSS(1992)가 제시한 다문화교육과정의 핵심 개념들을 덧붙여 제시하면, 소수종족과 문화적 다양성, 문화적 학습 스타일의 반영, 자존감 개발의 기회, 소수집단의 문화적 경험의 총체성, 갈등, 소수문화집단을 위한 대안들, 의사결정능력, 사회참여기능, 정치적 효능감, 민주주의, 문화 간 상호 작용, 소수문화집단에 대한 총체적 관점, 소수언어의 정당화, 두 가지 의사소통체계, 지역연계학습, 경험학습 등이다(pp.279 - 287 참조).

이와 같은 개념화로부터 도출되는 다문화 개념 요소는, 타인부정태도, 감정, 편견, 소수집단, 소수인종의 전통, 문화, 문화다양성, 정치연계, 사회변화, 사회정의, 조직화운동, 사회운동, 권력우월집단, 변화, 집단행동, 공동체협동, 연대, 의사소통, 문화학습, 총체성, 갈등, 소수문화, 의사결정, 사회참여, 정치적 효능감, 민주주의, 문화 간 상호 작용, 소수언어, 의사소통 등이다.

위의 다문화 개념 요소에 관한 논의를 종합하여 용어 반복성과 의미 중첩성을 기준으로 핵심 개념 요소인 준거 개념들을 도출하면 <표 5 - 1>과 같다. 세계화, 정보화, 국제이해, 상호 의존 개념은 다문화 현상과 관련된 이론적 배경으로부터 도출해 낸 준거 개념임을 밝혀 둔다.

〈표 5-1〉 다문화 준거 개념

시민권, 소수인종, 성, 소수문화, 소수언어, 평등, 집단관계, 이중언어, 다양성, 사회정의, 사회계층, 장애인, 형평성, 총체성, 사회운동, 종족, 문화집단, 융합문화, 정체성, 타인존중, 타 문화 존중, 편견, 소수집단, 소수전통, 문화다양성, 사회변화, 우월집단, 의사소통, 갈등, 의사결정, 사회참여, 민주주의, 문화 간 상호 작용, 세계화, 정보화, 국제이해, 상호 의존

2. 2007개정 초등 사회과 교육과정의 다문화 관련 내용

2007개정 초등사회과 교육과정은 역사, 지리, 일반사회의 전통적인 3영역을 유지하면서, 교육과정 진술의 대강화, 탄력적인 환경확대법의 적용, 심화과정 내용의 기본과정 포함을 원칙으로 하여, 각 학년별 6개의 대주제를 포함한 내용체계로 구성되어 있다. 이러한 학년별 6개의 교육과정 대주제가 학년별 교과서 단원과 일치된다는 예상을 한다면(김용신 · 김남규 편, 2007: 317-318 참조), 결국 학년별 6개의 단원주제가 설정되어 있는 것이며, 총 24개의 단원주제가 내용체계에 반영된 것으로 해석할 수 있다.

여기서는 <표 5-1> 다문화 준거 개념을 기준으로 <표 5-2> 2007개정 초등사회과 교육과정 내용체계에 나타난 다문화 개념과 관련된 대주제를 1차 도출하고, 대주제에 포함된 각각의 소주제들의 다문화 개념 관련성을 검토하여 다문화 관련 대주제를 2차 선정한 후, 대주제와 각각의 소주제들의 불일치, 부분 일치, 전면 일치를 다문화 준거 개념들의 맥락적 해석과 적용으로 분류하기로 한다.[12]

물론 이러한 분류 판정이 절대적 배타성을 확보한 범주화를 의미하는 것은 아니며, 다문화 개념에 대한 이론적 탐구로부터 도출된 상대적, 해석적 준거를 사용한 것임을 밝혀 둔다. 따라서 다문화 개념과 불일치 대주제는 다문화

12 여기서 말하는 대주제와 소주제는 2007개정 사회과 교육과정의 초등학교 내용체계와 학년별 내용에 나타난 단원주제와 각각의 학습주제를 의미한다(교육부, 2007: 3-12 참조).

교육의 대상 단원이 될 수 없다는 단언이 아니다. 상대적 범주화이므로 다문화 개념과의 불일치는 다문화교육과의 간접 관련 단원, 부분 일치는 중간 관련 단원, 전면 일치는 직접 관련 단원으로 해석될 수 있는 것이다. 또한 내용체계에 나타난 대주제만을 고려하여 소주제를 들여다본 것이 아니라, 2차 선정 과정에서 다문화 개념이 나타난 각각의 대주제와 소주제 간의 연계성을 함께 고려했다는 점을 아울러 밝힌다.

〈표 5-2〉 2007개정 초등사회과 내용체계

학년	역사 영역	지리 영역	일반사회 영역
3학년	ㅇ 우리가 살아가는 곳 ㅇ 우리 고장의 정체성	ㅇ 고장의 생활 문화 ㅇ 사람들이 모이는 곳	ㅇ 이동과 의사소통 ㅇ 다양한 삶의 모습들
4학년	-	ㅇ 우리 지역의 자연환경과 생활 모습 ㅇ 우리 지역과 관계 깊은 곳들 ㅇ 여러 지역의 생활	ㅇ 주민 자치와 지역 사회의 발전 ㅇ 경제생활과 바람직한 선택 ㅇ 사회 변화와 우리 생활
5학년	ㅇ 하나 된 겨레 ㅇ 다양한 문화가 발전한 고려 ㅇ 유교 전통이 자리 잡은 조선 ㅇ 조선 사회의 새로운 움직임 ㅇ 새로운 문물의 수용과 민족운동 ㅇ 대한민국의 발전과 오늘의 우리	-	-
6학년	-	ㅇ 아름다운 우리 국토 ㅇ 환경을 생각하는 국토 가꾸기 ㅇ 세계 여러 지역의 자연과 문화	ㅇ 우리 경제의 성장과 과제 ㅇ 우리나라의 민주정치 ㅇ 정보화 · 세계화 속의 우리

1차 분석 결과 다문화 개념과 관련된 대주제로 판명된 것은 3학년의 '우리 고장의 정체성', '고장의 생활 문화', '이동과 의사소통', '다양한 삶의 모습들', 4학년의 '주민 자치와 지역 사회의 발전', '사회 변화와 우리 생활', '여러 지역의 생활', 5학년의 '다양한 문화가 발전한 고려', '대한민국의 발전과 오늘의 우리', 6학년의 '세계 여러 지역의 자연과 문화', '우리나라의 민주정치', '정보와 · 세계화 속의 우리' 등이다.

2차 분석은 24개의 대주제와 각각의 대주제에 소속된 총 152개의 소주제들에 나타난 다문화 개념을 상호 비교 분석하여 다문화 관련 대주제를 선정하는 절차를 거쳤다. 그 결과 1차 분석에서 선정된 대주제 중 4학년의 '여러 지역의 생활'과 5학년의 '다양한 문화가 발전한 고려'가 불일치 대주제로 나타났으며, 새로 선정된 대주제는 없었다. '여러 지역의 생활' 대주제는 한국의 특정 지역에 한정된 생활을 의미하는 소주제들로 구성되었으므로 다문화 관련성을 확보할 수 없었고, '다양한 문화가 발전한 고려'의 경우에도 한국이라는 특정 국가의 역사적 단일 정체성에 한정된 소주제로 구성되어 역시 다문화 관련성을 발견할 수 없었다.

최종 분석은 대주제와 소주제의 다문화 개념 관련성을 종합 검토하는 절차이다. 그 결과 <표 5 - 3> 2007개정 초등사회과 다문화 관련 내용체계 분류에 나타난 것처럼 불일치 14, 부분 일치 8개, 전면 일치 2개 대주제로 분류되었다.

〈표 5 - 3〉 2007개정 초등사회과 다문화 관련 내용체계 분류

학년	불일치: 간접 관련 단원	부분 일치: 중간 관련 단원	전면 일치: 직접 관련 단원
3학년	ㅇ우리가 살아가는 곳 ㅇ사람들이 모이는 곳	ㅇ우리 고장의 '정체성 ㅇ고장의 생활 문화 ㅇ이동과 의사소통 ㅇ다양한 삶의 모습들	-
4학년	ㅇ우리 지역의 자연환경과 생활 모습 ㅇ우리 지역과 관계 깊은 곳들 ㅇ여러 지역의 생활 ㅇ경제생활과 바람직한 선택	ㅇ주민 자치와 지역 사회의 발전 ㅇ사회 변화와 우리 생활	-
5학년	ㅇ하나 된 겨레 ㅇ다양한 문화가 발전한 고려 ㅇ유교 전통이 자리 잡은 조선 ㅇ조선 사회의 새로운 움직임 ㅇ새로운 문물의 수용과 민족 운동	ㅇ대한민국의 발전과 오늘의 우리	-
6학년	ㅇ우리 경제의 성장과 과제 ㅇ아름다운 우리 국토 ㅇ환경을 생각하는 국토 가꾸기	ㅇ우리나라의 민주정치	ㅇ세계 여러 지역의 자연과 문화 ㅇ정보화 · 세계화 속의 우리

3. 다문화 개념과 내용 적용 논리

한 사회의 문화는 크게 중심문화(core culture)와 하위문화(sub culture)로 나눌 수 있다. 널리 공유하고 있는 중심문화를 광역문화(macroculture)라 하며, 중심문화의 일부분으로 상대적으로 작은 범위의 문화를 협역문화(microculture)라고 부른다. 광역문화와 협역문화를 구별하는 것은 중요하다. 주류문화의 특성, 규범, 가치들은 흔히 다양한 협역문화에 의해서 중재되거나 다르게 해석되고 표현되기 때문이다. 이러한 차이가 문화적 오해와 갈등, 제도화된 차별로 이어진다(Banks & Banks, eds. 2007: 7－8). 다문화교육은 광역문화와 협역문화의 상호 소통을 통하여 불필요한 사회적 쟁점과 문제의 발생을 예방하거나 감소시키는 역할을 수행해야 한다.

1. 기본 논리: 동화주의, 다문화주의, 균형주의

사회과 교육과정에 나타난 다문화 관련 개념과 내용을 사회과 수업에 적용하여 실천하기 위한 기본 논리는 동화주의, 다문화주의, 균형주의로 나누어 볼 수 있다.

첫째, 동화주의(principle of assimilation)는 우월한 문화 속으로 소수문화가 변환되는 과정을 의미하는 용광로 개념과 동일한 논리이다. 새로운 이주민의 동화는 이주민의 고유문화를 경시한다는 전제가 잠재되어 있다(Massialas & Allen, 1996: 255). 동화주의는 인종 간 갈등과 집단 간 긴장을 감소시키는 데 효과적이지 못한 방법이다. 언어적, 문화적, 종교적 소수집단의 구성원들은 중심문화 구성원들에 비하여 교육적 동등성을 실질적 수준에서 보장받기 어렵고, 따라서 주류사회로의 진입 가능성도 낮아지기 때문에 사회적 갈등 요소를 지니게 된다.

예를 들면, 1989년 프랑스 크레유의 중학교에서 세 명의 무슬림 여학생이 히잡을 벗으라는 학교 측의 권고에 불응하여 퇴학당한 사건은 신앙의 자유와 결부된 인권문제를 논란의 중심으로 끌어들였을 뿐만 아니라 문화갈등과 다문화의 문제를 프랑스 여론의 표면으로 부각시켰다(장정애, 2007: 58). 무리한 동화주의의 적용은 불필요한 사회적 갈등 양상으로 나타날 수 있는 것이다.

둘째, 다문화주의(multiculturalism)는 용광로 개념과 대조되는 접근으로 '다수로부터의 하나'(e pluribus unum; out of many, one)의 아이디어에 따른다. 이 입장은 사회의 문화적 다양성으로부터 국가의 단일성과 통합성이 이루어진다는 전제에 기초한다. 다문화주의 사회에서는 모든 종족과 인종집단들은 존중되며, 다양성이 사회적 풍요와 응집성, 생존에 기여하고, 모든 문화집단들이 동등한 성공 기회를 누리게 된다(Massialas & Allen, 1996: 258). 이러한 다문화주의는 일치를 위한 희생을 강요하는 전체주의와 같은 강압적 형태의 정체(polity)를 허용하는 동질적 관점을 완화시켜 준다. 다문화주의는 과정적 의미를 지닌 민주주의와 유사한 성격을 가지는 것이다(Ladson-Billings, 1992: 310).

그러나 다문화주의만이 평화롭고 조화로운 사회를 실현할 수 있는 유일한 관건인 양 주장하는 태도는 현실을 외면한 순진한 발상일 수 있다. 선한 의도의 다문화주의라 할지라도 최악의 경우에는 사회와 정치 통합에 대한 심대한 위협이 될 수도 있으며(장정애, 2007: 60), 악한 의도의 다문화주의일 경우에는 소수인종이나 문화집단이 그들의 정체성 속에 매몰되어 주류사회로부터 격리된 채로 연명할 수 있다는 위험한 논리가 잠재되어 있다.

셋째, 균형주의(principle of equilibrium)는 다문화 상황에서 작동하는 민주적 원칙에 주목한다. 민주주의가 존중하는 평등의 원칙, 자율성, 자유의 개념, 행복추구권과 같은 기본 원칙들을 준수하지 않는다면 그 어떤 다문화의 권리도 인정받기 힘들다(장정애, 2007: 65). 이러한 민주적 다문화주의가 겨냥하는 것이 다문화 능력의 함양이다. 다문화 능력(multicultural competence)은 시민 참여, 자유, 정의, 평등성과 같은 가치들의 함양을 말한다. 이것은 주변부에 머무르고 있는 소수문화집단의 구성원들이 주류사회(mainstream)의 보편 문화에 참여하고, 역으로 중심문화집단의 구성원들도 소수집단의 문화에 대한 민감성을 기를 때 발전될 수 있는 능력이다(Sevier, 2002: 118).

다문화사회의 광역문화와 협역문화 구성원들이 다문화 능력을 가지게 되면 동화주의의 비효율성과 다문화주의의 잠재적 위험성을 극복할 수 있는 방법을 개발하고 실천할 수 있을 것이다. 그러나 균형주의는 개인이나 소수문화집단의 개별 정체성과 사회나 국가 정체성을 어떻게 조정해 내는가의 실제 적용의 문제점을 지닌다. 실제 다문화 상황에서 다양한 문화에 대한 혼합적이고 절충적인 접근의 하나에 불과하다는 비판이 가능한 것이다.

위와 같은 세 가지 적용 논리의 관점에서 볼 때, 동화주의는 다문화 개념과 불일치 혹은 부분 일치 영역의 단원학습에, 다문화주의는 부분 일치 혹은 전면 일치 영역에, 균형주의는 전 영역의 단원학습의 운영 원리가 될 수 있다. 동화주의는 다문화 개념의 의미를 실제 수업에서 기피하려는 경향을 나타낼 것이므로 대주제와 소주제 모두 다문화 관련 내용이 아닌 수업에 적용되어 중심문화에의 몰입을 요구할 것이다. 다문화주의는 적극적으로 다문화 개념의 도입과 습득을 요구할 것이므로 대주제, 소주제 모두 다문화 관련 내용으로 이루어진 수업에 적합할 것이다. 균형주의의 경우, 다문화 개념과의 간접, 중간, 직접 관련 단원에 상관없이 실제 수업의 전개 과정에 따라 단순 다문화 관련 기법의 적용 수준 혹은 다문화 개념에의 몰입 수준까지 가변적 적용이 가능하다. 예를 들면 다문화가정 자녀들이 수업에 참여할 경우 민주적 다문화주의에 따라 간접 관련 수준의 대주제와 소주제일지라도 다문화교육의 소재로 적극 활용하는 것이 가능할 것이다.

2. 다문화 내용 통합 접근법

Banks(2007)는 다문화교육에의 수준별 접근법으로 기여 접근, 부가 접근, 변환 접근, 사회행동 접근의 네 가지를 제시하고, 덧붙여 실제 수업 적합성을 지닌 혼합 접근을 다음과 같이 소개하고 있다(Banks & Banks, eds. 2007: 251－263 참조).

① 기여 접근(contributions approach): 소수종족집단과 관련된 영웅, 문화적 요소, 휴일, 여타 구체적 요소들을 특정일, 기념일, 우연적으로 잡은 날에 교육과정에 반영하는 형태이다. 이것은 교육과정에 소수종족집단의 내용을 상대적으로 쉽고 빠르게 반영할 수 있으며, 종족집단의 영웅을 주류집단의 영웅과 동일하게 교육과정에 소개할 수 있으므로 교사와 교육자들이 많이 사용하는 방법이다. 그러나 종족집단에 대한 이해가 피상적이고, 그들의 생활 방식을 강조하면서 고정관념과 오개념을 강화시키는 경향이 있으며, 영웅과 문화적 요소의 선정이 주류문화의 준거에서 이루어진다는 문제점을 가진다.

② 부가 접근(additive approach): 종족집단과 관련된 문화적 내용, 개념, 주제, 관점 등을 교육과정의 구조적 변화 없이 부가적으로 반영하는 접근법이다. 실질적인 교육과정 개정이나 전문인력 동원이 요구되는 교육과정의 구조

적 변경 없이 소수문화집단의 내용을 가르치는 것이 가능하며, 기존 교육과정 구조 안에서 실행될 수 있다는 장점을 지닌다. 하지만 소수문화와 역사를 주류문화에 통합시키지 않는 경향을 강화시키며, 학습자들은 종족집단을 앵글로-유럽 중심의 관점에서 해석하고, 중심문화와 소수문화가 어떻게 연계되어 있는지 이해하기 어렵다는 문제가 있다.

③ 변환 접근(transformation approach): 교육과정의 기본 목표, 구조, 본질이 다양한 문화, 종족, 인종집단의 관점으로부터 도출된 개념, 사건, 쟁점, 문제, 주제들을 학습자들이 인식할 수 있도록 변화시킨 접근법이다. 학습자들은 다양한 인종, 문화집단들이 미국 사회와 문화 형성에 참여한 복합적인 방식들을 이해할 수 있고, 인종과 종족 편견을 감소시키며, 소수인종, 종족, 종교집단들이 그들의 문화와 관점이 반영된 교육과정을 학습할 수 있게 해 주고, 미국 문화와 사회의 발전과 본질에 관한 균형 잡힌 관점을 형성시켜 주며, 약자적 위치에 있는 소수인종, 문화, 종족집단들을 격려하는 효과를 지닌다. 이 접근법의 문제점은 실질적 교육과정 개정과 현직 교육이 요구된다는 것과, 다양한 인종, 문화집단의 관점이 서술된 교재를 개발해야 한다는 점, 그리고 제도화를 위한 교육과정 전문인력이 상시 투입되어야 한다는 것이다.

④ 사회행동 접근(social action approach): 학습자들이 중요한 사회문제와 쟁점을 인식하고, 자료 수집을 하며, 쟁점에 관한 가치를 명료화하고, 의사결정을 하며, 쟁점이나 문제를 해결하기 위해 성찰적 행동을 수행하는 접근법이다. 이것은 사고력, 가치분석, 사회행동, 자료 수집 기능을 향상시키며, 정치적 효능감을 개발시키고, 집단에서 실제로 행동하는 능력을 향상시킨다는 장점을 가진다. 문제점은 교육과정 계획과 자료개발에 상당한 노력이 필요하며, 교수단원의 운영에 장시간이 소요되고, 쟁점과 문제들이 공동체 구성원이나 학교 행정가에 의하여 논쟁의 대상이 될 수 있고, 학습자들이 실제로는 사회문제나 해결에 공헌하는 의미 있는 행동을 하기가 어려울 수도 있다는 것이다.

⑤ 혼합 접근(mixing and blending approach): 위의 네 가지 다문화 내용

통합 수준에 따른 접근법들을 실제 교육과정 운영 상황에서 혼합하여 적용하는 접근법이다. 기여 접근으로 수업이 시작되어 지적인 도전을 통하여, 부가 접근, 변환 접근, 사회행동 접근으로 이행해 나가는 형태를 취할 수 있는 것이다. 소수인종과 문화집단을 위한 시민권 운동의 영웅에 대한 탐구에서 시민권 개념으로, 그들의 시민권 운동에의 기여도 조사로, 가능한 소수집단 권익 실현 운동의 탐구와 실천으로 이행해 나가는 수업 전략을 예로 들 수 있다. 실질적 적용 가능성을 확보할 수 있으며, 소수문화집단에 대한 균형 잡힌 관점을 형성할 수 있다는 점에서 좋으나, 교육과정 운영 상황에 따라 크게 영향을 받아 비체계적 접근에 불과하다는 비판을 면하기 어렵다.

위의 접근법 중, 기여 접근과 부가 접근은 동화주의 논리가 적용 가능한 다문화 개념 간접 관련 단원 학습에 적용될 수 있을 것이다. 다문화 개념에 관한 피상적, 우연적, 일시적 학습은 소수종족, 소수문화집단에 대한 이해와 같은 다문화 현상을 경시하는 태도로 고착될 수 있을 것이며, 주류문화에의 통합 중심 논리에 경도될 것이다. 한편, 변환 접근과 사회행동 접근은 다문화주의 논리가 그대로 적용되는 다문화교육 접근법으로 볼 수 있다. 따라서 직접 관련 단원과 중간 관련 단원의 학습에 적용될 수 있다. 다문화 개념 관련 단원 자체가 교육과정 구조의 운영 측면에서 의도적으로 계획된다는 점에서 다문화 현상에 대한 심층 이해가 가능할 것이다. 혼합 접근의 경우에는 실제 다문화 관련 사회과 수업의 운영이라는 측면에서 보았을 때, 균형주의 논리의 유용성을 그대로 수업에 적용할 수 있는 방법이다.

4. 사회과 다문화교육의 과제

사회과 학습자는 사회과 수업에 참여함으로써 좋은 시민으로 성장하게 된다. 최근 좋은 시민으로서 갖추어야 할 중요한 소양으로 다문화사회에 대한 올바른 인식과 이해가 새롭게 추가되었다. 본 장에서는 2007개정 초등사회과 교육과정에 함의되어 있다고 추정되는 다문화 현상과 관련된 개념들을 추적해 보려는 의도로 출발하였다. 개정 고시된 교육과정의 내용 분석에 집중하여, 다문화 관련 내용체계를 사회과 수업에 어떤 논리로 적용할 수 있는가의 퍼즐을 풀고자 하였다.

이를 위해 먼저 다문화 개념을 다문화교육의 정의, 목표, 개념화 측면에서 맥락적 · 이론적 차원에서 도출하여 준거 개념으로 설정하고, 준거 개념을 토대로 초등사회과 내용체계에 나타난 대주제와 학년별 소주제를 상호 비교 분석함으로써 다문화 관련 내용체계를 분류해 내었다. 그 결과 다문화 개념과의 '불일치 – 부분 일치 – 전면 일치 대주제'를 추출하였고, 각각 '간접 관련 – 중간 관련 – 직접 관련 단원'으로 해석하였다.

이러한 결과가 시사하는 것은 교육과정 운영에 있어서의 선택과 필수의 문제라고 볼 수 있다. 즉 간접 관련 단원의 소주제들은 사회과 수업의 운영이나 교과서 개발에 있어서 다문화 관련 개념들의 기법적 · 부수적 반영 혹은 생략이 가능한 선택 사항이라는 것이다. 반면 6학년의 '세계 여러 지역의 자연과 문화' 단원의 경우처럼 직접 관련 단원의 소주제들은 다문화 개념으로의 해석과 필수 반영, 즉 다문화수업이 전반적으로 실행되어야 한다는 것이다.

이러한 시사점이 성립된다는 전제에서 덧붙인다면, 간접 관련 단원은 초급 다문화 단원, 중간 관련 단원은 중급 다문화 단원, 직접 관련 단원은 고급 다문화 단원으로 재해석할 수 있을 것이다. 여기서 '초급 – 중급 – 고급'의 의미는 초급의 경우에는 사회과 수업의 방법적 차원에서 다문화 관련 내용을 다룰 수 있다는 것이며, 중급은 방법과 내용의 차원에서, 고급은 방법과 내용, 목표의 차원에서 다문화수업이 이루어질 수 있다는 것을 말한다.

또한 사회과 다문화수업을 위한 적용 논리로는 동화주의와 다문화주의, 균형주의를 소개하였다. 주지하듯이 미국이나 유럽을 막론하고 다문화교육은 동화주의로부터 다문화주의로 이행되는 과정을 밟아 왔다(Grant & Lei, eds., 2001: 4 – 11 참조). 처음에는 다문화가정 자녀들에게 '헤엄치거나 가라앉거나'(swim or sink) 원칙을 적용하다가 소위 '학교의 실패'를 경험한 후, 소수집단들의 문화와 언어를 교육과정에 공식적으로 도입하였다. 모든 아동들이 다양한 문화와 언어에 노출되는 것이 교육적으로 유익하다는 입장이 설득력을 얻게 되면서 다문화주의로의 패러다임 전환이 이루어진 것이다.

좀 더 구체적인 다문화 개념과 내용의 적용 방법으로는 Banks(2007)의 기여, 부가, 변환, 사회행동, 혼합 접근을 살펴보았다. 기여 접근과 부가 접근은 임상적 차원의 다문화교육 수준에 머무르는 것이며, 동화주의에 기여할 수도 있는 접근법이다. 이에 비해 변환 접근과 사회행동 접근은 의도적이며 계획적인 교육과정 구조의 변경과 운영이 따르는 다문화교육 방법으로 다문화주의와 합치하는 접근이다. 혼합 접근은 기여 접근에서 사회행동 접근으로 이행할 수 있는 사회과 다문화수업의 실제에 부합되는 방법이다.

사회과 다문화교육은 많은 과제를 안고 있다. 다문화 현상을 교과의 직접적 주제와 소재로 도입할 것인가의 근본 과제, 만일 도입한다면 교육과정 운영

지침과 교재의 다문화 적합성 문제, 범교과 활동으로 운영되어 온 국제이해교육과의 관계 설정, 다문화 내용의 교과 통합 수준의 결정, 한국의 소수문화집단에 대한 이론적 · 경험적 고찰, 문화학습 스타일에 따른 방법 개발과 적용, 학교문화의 개혁, 정치사회적 다문화 환경의 조성 등의 문제가 지속적으로 연구 · 검토되어야 할 것이다.

06

다문화교육과정 운영의 실제

다문화교육의 목표에 대한 논의는 초기 **다문화교육을 주장한 사람들로부터** 끊임없이 제기된 문제이다. 다문화의 의식형태는 사회의 변환을 가져오는 것으로, 사회적으로 소외당하는 문화에 대한 관심뿐만 아니라 기존의 사회구조의 변혁을 동시에 포함하고 있다.

1. 다문화교육과정의 구조

1. 다문화교육의 목표

다문화교육의 목표에 대한 논의는 초기 다문화교육을 주장한 사람들로부터 끊임없이 제기된 문제이다. 다문화의 의식형태는 사회의 변환을 가져오는 것으로, 사회적으로 소외당하는 문화에 대한 관심뿐만 아니라 기존의 사회구조의 변혁을 동시에 포함하고 있다. 그 이론은 문화다원주의(cultural pluralism)와 기회의 평등(equal opportunity)을 포함하고 있는데 이것은 사회와 학교의 목표가 되었다(陳美如, 2000: 5). 다원적 민주주의 사회에서 원리처럼 거론되어 온 '능력에 따른 기회 균등의 원칙'을 '실질적으로 동등한 기회 실현의 원칙'으로 변화시키는 것이 다문화교육의 출발 목표라고 볼 수 있다.

다문화교육은 주로 교육을 통하여 학생들로 하여금 자기 문화의 의의를 이해하고, 자기의 문화를 긍정하며, 더 나아가 다른 문화를 이해하고 존중함으로써 세계의 평화와 공동번영이라는 목적을 달성하고자 하는 것이다(黃光雄, 1993: 3). 때문에 다문화사회에서 교육은 마땅히 학생들로 하여금 가정과 사회의 문화를 이해하도록 도움으로써 살기 좋은 시민사회를 건설하도록 하는 것이다.

Banks에 따르면 다문화교육의 구체적인 목표는 첫째, 개인들로 하여금 다른 문화의 관점을 통해 자신의 문화를 바라보게 함으로써 자기 이해를 증진시키는 것이다. 둘째, 학생들에게 문화적 · 민족적 · 언어적 대안들을 가르치는 것이다. 셋째, 모든 학생이 자문화, 주류문화 그리고 타 문화가 공존하는 다문화사회에서 요구되는 지식과 기능, 태도를 습득하도록 하는 데 있다. 넷째, 소수민족집단이 그들의 인종적, 신체적, 문화적 특성 때문에 겪는 고통과 차별을 감소시키는 데 있다. 다섯째, 학생들이 지구적(global)이고 평평한(flat) 테크놀로지 세계에서 살아가는 데 필요한 읽기, 쓰기 그리고 수리적 능력을 습득하도록 돕는 것이다. 여섯째, 학생들이 자신이 속한 문화 공동체, 국가적 시민 공동체, 지역 문화 그리고 지구적 공동체에서 제구실을 하는 데 필요한 지식, 태도, 기능을 다양한 인종, 문화, 언어, 종교집단의 학생들이 습득하도록 도와주는 것이다(Banks, 2007b: 2 – 8). Banks는 인종, 종족, 계층, 젠더, 종교, 지역, 문화 정체성의 상호 인정과 존중을 토대로 민주적인 공동체적 시민생활에 도달하도록 지원해 주는 것을 다문화교육의 실질적인 목표로 보는 것이다.

또한 Kendall(1983)은 다문화교육 목표를 5가지로 나누어 설명하고 있다. 첫째, 다른 문화와 가치뿐만 아니라 자신이 속한 문화와 그 가치를 존중하도록 아동들을 가르친다. 둘째, 다문화적, 다인종적 사회에서 성공적으로 살아갈 수 있도록 모든 아동들의 태도와 능력을 기른다. 셋째, 인종주의 등에 의해 영향을 많이 받는 유색인종의 아동들이 긍정적인 자아개념을 갖도록 한다. 넷째, 문화적 다양성과 인간으로서의 공통성을 긍정적으로 경험하도록 한다. 다섯째, 공동체의 독특한 참여자로서 함께 일하는 다양한 문화의 사람들을 경험하도록 한다(정선희, 1997: 10에서 재인용). 요컨대 Kendall은 타 문화에 대한 긍정적 이해를 바탕으로 인간사회의 다양성을 경험하는 과정을 다문화교육의 중심 목표로 설정하였다.

가장 포괄적 차원에서 Ramsey(1987)는 8가지 다문화교육 목표를 제시하였다. 첫째, 성차, 인종, 계층, 문화, 개인의 정체성에 대한 긍정적인 사고를 발달시키고, 타 집단에 대한 교류를 인식하고 인정하게 한다. 둘째, 아동들이 자신의 정체성, 감정이입, 다른 집단 사람들과의 관련성에서 좀 더 큰 사회의 일부로서 자신을 바라보게 한다. 셋째, 다른 사람이 살고 있는 다양한 방식에 대한 존경심과 진정한 가치를 인정할 수 있도록 한다. 넷째, 아동의 초기 사회적인 관계에서 타인에 대한 개방과 흥미, 다른 사람을 기꺼이 포함시키고자 하는 의지, 협력하고자 하는 욕구를 갖게 한다. 다섯째, 현 사회에 대한 실제적인 인식, 사회에 대한 책임감, 자신들의 가족과 이웃에 대한 확장된 개념을 발달시키도록 한다. 여섯째, 아동이 사회 환경 속에서 자발적이고 비판적인 분석을 하도록 하고 활동할 힘을 부여한다. 일곱째, 개인적인 스타일, 문화지향성, 언어적인 배경에 매우 적절한 방식으로 보다 큰 사회의 완전한 참여자가 되기 위하여 필요한 교육적, 사회적 능력을 발달시키도록 한다. 여덟째, 학교와 가족 간의 효과적이고 상호 보완적인 관계를 촉진시키도록 한다(노선하, 2004: 8－9에서 재인용).

위의 다문화교육 목표들을 요약 정리하면, 다문화교육은 자기 존중 의식과 자아 정체성의 긍정적 함양을 가장 기본적인 출발 목표로 설정해야 하며, 다른 소수 집단들 간의 상호 이해와 다수 집단과의 소통을 중간 목표로 삼아야 하고, 궁극적으로는 개인과 집단의 문화 정체성을 인정하면서 주류와 주변부의 경계를 완화하여 형평과 정의가 정립되는 민주주의 사회로의 통합에 기여할 수 있도록 모든 학생들에게 동등한 성공 기회를 실질적으로 보장하는 것을 목표로 하는 것이다.

2. 다문화교육의 내용

다문화교육에서는 어떤 내용을 가르쳐야 하는가 하는 다문화교육의 내용과 관련해서는 다문화교육에 대한 정의 및 목표를 통하여 유추할 수 있으나 이에 대한 구체적인 내용은 Bennett와 Banks가 제시한 다문화교육의 제 차원에 대한 분석을 통하면 보다 명확히 할 수 있다.

Bennett에 따르면 다문화교육은 형평[평등] 교수법(Equity Pedagogy),[13] 교육과정 개혁(Curriculum Reform), 사회적 정의를 위한 교육(Teaching toward Social Justice) 그리고 다문화 능력(Multicultural Competence) 등 4가지 상호작용하는 차원으로 구성되어 있다. 첫째, 형평 교수법은 학교와 교실의 환경, 교수와 학습에 있어서의 문화적 스타일, 학생들의 성취를 포함한다. 둘째, 교육과정개혁은 교육과정이론, 역사적 형평성, 텍스트, 미디어, 교육자료에서의 편견 요소 발견 및 감소를 포함한다. 셋째, 사회적 정의를 위한 교육은 사회적 실천, 대중문화에서의 문화와 인종, 인구통계적 양상을 포함한다. 넷째, 다문화 능력은 소수민족 정체성 개발, 소수민족 그룹 문화, 편견 감소 등을 포함한다(Bennett, 2007: 4 – 5). 다문화 능력은 사실상의 다문화교육을 수행하는 포괄 목표로서의 성격을 가진다. 형평 교수, 교육과정 개혁, 사회정의 교육을 함으로써 다문화사회에 적합한 시민적 소양을 함양할 수 있기 때문이다.

한편, Banks에 따르면 다문화교육은 내용통합(Content Integration), 지식구성과정(Knowledge Construction Process), 편견감소(Prejudice Reduction), 기회를 제공하는 학교문화와 사회구조(Empowering School Culture and Social Structure), 형평 교수법(Equity Pedagogy) 등의 5가지 차원으로 구성되어 있다. <표 6 – 1>의 다문화교육의 차원을 설명하면 다음과 같다.

13 'equity pedagogy'는 형평 교수법 혹은 평등한 교수법으로 번역할 수 있다. 필자는 소수 집단의 문화적 양상을 고려하여 학습 기회와 결과에의 도달을 동등하게 보장하는 교수법을 의미한다는 점에서 다수 집단과의 형평성을 강조하는 것으로 '형평'이라는 용어를 선호하되, '평등'이라는 번역들도 사용되고 있는 현실을 고려하여 맥락 및 장소에 따라 혼용하기로 한다.

첫째, 형평 교수법은 교사가 다양한 인종, 민족, 사회계층 집단에서 온 학생들의 학업성취도를 향상시키기 위하여 수업을 수정하고, 여러 문화적, 인종적 집단 내에 존재하는 독특한 학습 습관에 부합하는 다양한 교수법을 사용하는 것을 포함한다.

둘째, 내용통합은 교사들이 자신의 교과나 학문 영역에 등장하는 주요 개념, 원칙, 일반화, 이론을 설명하기 위해서 다양한 문화 및 집단의 사례와 내용을 활용하는 것을 의미한다.

셋째, 지식 구성 과정이란 특정 학문 영역에 내재하는 문화적 가정, 준거틀, 관점, 편견 등이 해당 학문 영역에서 지식이 형성되는 과정에 어떠한 영향을 미치는지를 학생들이 이해하고, 조사하고 판단할 수 있도록 교사가 돕는 것을 의미한다.

넷째, 편견 감소란 학생들의 인종적 태도의 특징 및 학생들의 인종적 태도가 교수법이나 교재에 의해 어떻게 달라질 수 있는가에 대한 것을 의미한다.

다섯째, 기회를 제공하는 학교문화화와 사회구조는 수업과 스포츠 참여에서 집단화하는 것, 학업 성취에서의 불균형, 민족적 인종적 동질성을 따라서 행해지는 교직원과 학생의 상호 작용 등은 모두 다양한 인종, 민족, 문화집단에서 온 학생들에게 기회를 부여하는 학교문화를 창조하기 위하여 면밀히 조사되어야 함을 의미한다(Banks, 2006: 4－5).

이들 중 지식 구성 과정과 내용 통합, 편견 감소는 교육과정의 목표, 교수방법과 기법 수준에서 한국의 학교 다문화교육에 그대로 적용 가능한 내용들이다. 그러나 형평 교수법이나 학교문화 개혁은 전문가로서의 교원 및 학교행정 관리직에 대한 정책적 판단, 이를 결정하는 정치적 요인들에 의하여 많은 영향을 받는 변수들이기 때문에 장기지속적인 다문화교육의 과제로 채택하여 점진적으로 해결해 나가야 할 것으로 본다.

〈표 6-1〉 다문화교육의 차원

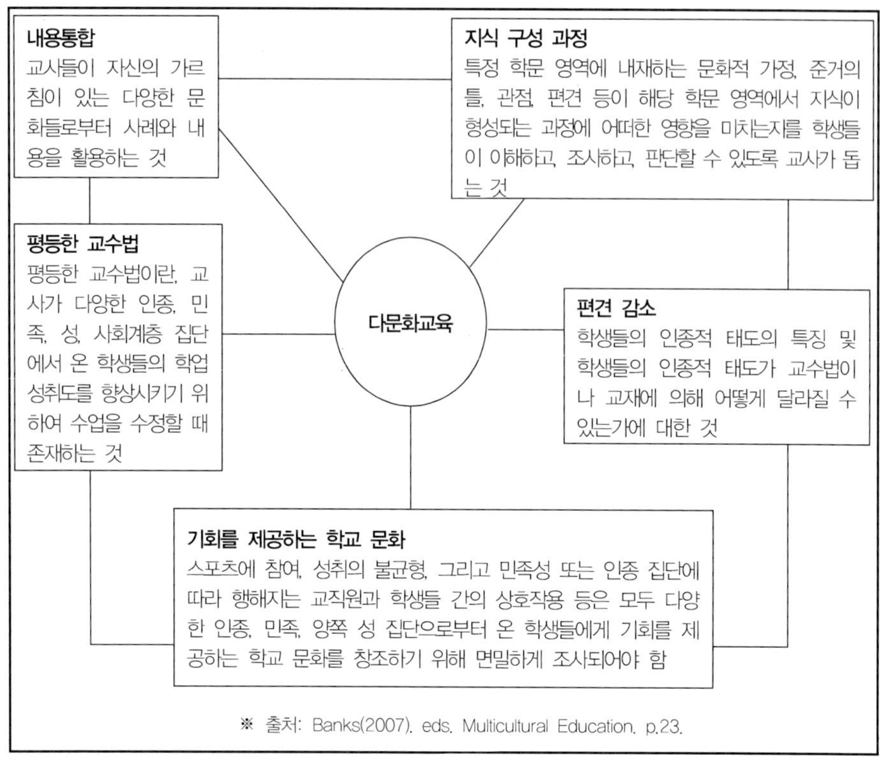
내용통합
교사들이 자신의 가르침이 있는 다양한 문화들로부터 사례와 내용을 활용하는 것
지식 구성 과정
특정 학문 영역에 내재하는 문화적 가정, 준거의 틀, 관점, 편견 등이 해당 학문 영역에서 지식이 형성되는 과정에 어떠한 영향을 미치는지를 학생들이 이해하고, 조사하고, 판단할 수 있도록 교사가 돕는 것
평등한 교수법
평등한 교수법이란, 교사가 다양한 인종, 민족, 성, 사회계층 집단에서 온 학생들의 학업 성취도를 향상시키기 위하여 수업을 수정할 때 존재하는 것
다문화교육
편견 감소
학생들의 인종적 태도의 특징 및 학생들의 인종적 태도가 교수법이나 교재에 의해 어떻게 달라질 수 있는가에 대한 것
기회를 제공하는 학교 문화
스포츠에 참여, 성취의 불균형, 그리고 민족성 또는 인종 집단에 따라 행해지는 교직원과 학생들 간의 상호작용 등은 모두 다양한 인종, 민족, 양쪽 성 집단으로부터 온 학생들에게 기회를 제공하는 학교 문화를 창조하기 위해 면밀하게 조사되어야 함
※ 출처: Banks(2007). eds. Multicultural Education. p.23.

3. 다문화교육의 방법

가. 이론적 접근법

국가 및 학교 교육과정에서 다문화교육을 구상하고 실행하는 이유는 다원적 민주주의 국가에 적합한 다양한 출신 배경을 가진 구성원들의 시민적 소양 함양이 필요하기 때문이다. 다문화교육은 다름 아닌 시민 형성논리를 함의하고 있는 것이다. 일반적으로 다문화교육이 지향하는 시민 형성논리는 이해와 통합이다. 어떤 논리를 우선하느냐에 따라 다문화교육의 방향은 달라진다.

통합 중심으로 다문화교육을 실행할 경우 광역문화 속으로 협역문화가 흡수될 것이 기대된다. 반면 이해 중심이 될 경우 다양한 주변부 협역문화들은 고유성을 유지한 채 광역문화와 함께 국가문화를 형성하게 된다.

통합 중심의 다문화교육 논리는 동화주의로 칭할 수 있다. 동화주의는 용광로 이론(melting pot theory)과 같은 의미로 사용되는 것으로 우월한 문화 속으로 소수문화가 변환될 것을 목표로 한다. 이러한 동화주의는 인종, 종족, 집단 간 갈등을 해소시키는 데 효과적이지 못한 이론적 입장으로 평가된다. 소수종족, 문화, 성, 종교, 계층 집단 출신 구성원들이 동등한 교육기회를 실질적으로 보장받을 수 없으므로 주류사회로의 진입 가능성도 낮을 수밖에 없으며, 따라서 언제나 사회적 긴장과 갈등상태가 나타날 수 있다.

이해 중심 다문화교육은 다문화주의로 표상된다. 다문화주의는 흔히 모자이크, 피자, 샐러드 볼로 통칭된다. 이것은 국가사회의 정치적 통일성과 단일성이 다양한 사회 구성원 집단들에 기초하여 이루어진다는 전제를 가진다. 다문화주의가 지배하는 국가사회에서는 모든 소수종족집단들이 다수 주류집단과 동등하고도 실질적인 평등을 누리며 살아간다. 따라서 동화주의에 잠재된 불필요한 사회적 긴장과 개인의 희생을 회피할 수 있으며, 민주적 합의 질서체계를 생성시킬 수 있다. 미국, 캐나다, 호주 등 전통적인 다문화 국가들은 다문화주의를 기본 노선으로 유지하면서 동시에 동화주의 노선을 겨냥하여 소위, '다수로부터의 하나'라는 민주주의의 모토에 도달하고자 노력하고 있다.

이러한 이론적 접근에 따라 Banks(2007)는 다문화교육의 이론적 접근으로부터 네 가지 수준의 접근법을 제시하고, 내용 통합의 차원에서 다시 구체적인 접근법을 소개하고 있다. 본 장에서는 일반적인 다문화교육의 접근법과 내용 통합 차원의 접근법을 검토하여 한국 다문화 양상의 전개에 적합한 수준의 접근법을 선정한 후, 다문화수업 모형과 수업안을 구안하기로 한다.

나. 실제적 접근법

Sleeter와 Grant(2007)는 다문화교육의 일반적인 접근법을 인간관계, 단일집단 연구, 다문화교육, 다문화사회정의 차원에서 설명한다(pp.68－73). 첫째, 인간관계 접근법(human relation approach)은 지구촌 시대의 학교는 인종, 계층, 성별, 장애에 상관없이 상호 존중되는 사회적 형평성의 실현을 목표로 하며, 모든 학생들 사이에 긍정적 감정을 고양하고, 집단 정체성을 증진시키며, 유색인종 학생에게 자부심을 가지게 하며, 고정관념을 감소시키고, 차별과 편견을 제거하는 것을 추구한다. 둘째, 단일집단 연구 접근법(single group studies approach)은 장애아 연구나 원주민 연구와 같이 특정 집단에 관한 연구를 말한다. 단일집단 연구 접근은 어떻게 특정 집단이 역사적으로 압박되어 왔으며, 무엇이 그 집단이 이루어 온 업적과 능력인가에 대해 이해하도록 하여 대상 집단의 사회적 위상을 고양시키는 것을 추구한다. 이 접근법은 학교지식을 중립적이라기보다는 정치적으로 보며, 유럽중심, 남성 우월적 교육과정에 대한 대안을 제시한다. 셋째, 다문화교육 접근법(multicultural education approach)은 압박받는 집단에 대한 차별과 편견을 감소시키고, 모든 집단들에 사회적 형평성과 동등한 기회를 보장하며, 다른 문화적 집단 구성원들 사이의 권력배분을 평등하게 하는 것을 목표로 한다. 이러한 목표는 학교가 모두 백인들로 이루어진 교외의 학교이든지, 혹은 다인종의 도시 학교이든지 상관없이 모든 학생들에게 적용되어야 하며, 이를 위해 총체적인 학교개혁을 시도한다. 다원주의와 동등성 원칙에 따라 개혁된 학교는 광범위한 사회개혁에 공헌한다고 본다. 넷째, 다문화사회정의 교육(multicultural social justice education)은 다른 접근법들보다도 더 직접적으로 인종, 사회계층, 성별, 장애에 기초한 압박과 사회구조적 불평등을 다룬다. 이 접근법의 목표는 모든 집단의 사람들의 이익, 특히 유색인종, 빈곤층, 여성, 장애자들의 이익에 더욱 기여하도록 사회변화를 위해 행동하는 미래 시민을 양성하는 것이다. 이것은 인종, 계층,

성별, 장애에 고도의 동등성을 보장하도록 사회를 재구축하려는 사회재건주의에 기초하고 있다.

위의 네 가지 접근법들은 관계중심, 사례중심, 형평중심, 재건중심 등 특성이 있으나 사실상 중첩적이다. 즉 이론적 접근 논리에 따라 명백히 구분하기 어려우며, 다문화 관련 개념들을 각각의 접근법에 따라 지도할 수는 있겠으나 개념들의 수준을 고려하여 체계적이고 구체적으로 교수하기에는 논리적으로 환원 반복적이다. 이러한 일반적인 다문화교육 접근법을 참고하여 구체적인 수준에서 보다 체계화한 것이 다음과 같은 내용 통합 차원의 수준별 다문화교육 접근법이다.

1) 기여 접근법

기여 접근법(The Contribution Approach)은 다문화교육의 방법 차원을 반영하여 수업안을 구성하는 것으로 다문화교육과 간접적으로 관련된 단원 주제의 수업을 진행하는 데 유용한 모형이다.[14] 사회적 소수자들이나 소수문화집단 구성원들이 역사적으로 존경하는 인물이나 이들의 자긍심을 높여준 이야기, 출신 국가의 독립기념일 혹은 승전기념일의 유래, 전래 동화, 신화 등 문화적 정체성을 확인하고 고양시켜주는데 도움이 되는 주제와 소재를 중심으로 다문화 수업을 진행하는 모형이다. 학교 교육과정의 교과학습 시간에 실행되기도 하지만 대부분의 기여 접근법에 의한 다문화교육은 행사성, 일회성, 시사성, 계기성을 벗어나지 못한다. 예를 들면, 창의적 체험활동 시간에 외국인 강사를 초빙하여 다른 문화에 대한 교내현장학습을 진행하거나, 행사

14) 기여 접근법은 원칙적으로 다문화 관련성이 없거나 최소에 그치는 교육과정 단원이나 주제를 다문화 관점에서 운영하기 위한 논리이다. 소수문화집단의 오래된 전통이나 관습에서 유래되는 전설과 기념일, 인물들을 다수문화집단 구성원들에게 소개하는 수준에서 다문화교육이 진행된다. 주류사회의 다수자들은 문화적 다양성을 띤 주제나 소재를 그들의 관점에서 선별하여 학교 교육과정의 운영에 도입한다. 따라서 주류사회로의 동화 혹은 융합을 전제로 하는 다문화교육 접근법으로 볼 수 있으며, 이때 소수자들의 문화적 정체성은 잠재적으로 탈피되어야 할 것으로 간주된다. 다문화화의 초기 단계나 동화주의 혹은 통합주의 전략을 구사하는 국가의 교육과정에서 흔히 발견되는 소극적이며 비체계적인 접근법이다. 다문화교육의 효과는 제한적이기는 하지만 유아나 초등학교 저학년의 편견해소에는 긍정적으로 작용한다.

활동의 하나로 국제연합의 날을 지정하여 각 국가나 지역의 특성을 소개하는 활동을 진행하는 경우 기여 접근에 해당된다.

2) 부가 접근법

부가 접근법(The Addictive Approach)은 다문화교육의 방법과 내용 차원을 반영하여 수업안을 구성하는 것으로, 다문화교육과 부분일치를 보이는 중간 관련 단원 주제의 수업에 활용할 수 있는 모형이다. 소수자들과 소수문화집단의 성공 사례나 일상생활을 다문화 수업의 직접적인 내용으로 도입한다는 점에서 다문화의 심도와 수준이 기여 접근법보다 제고된다. 하지만 기여 접근법과 마찬가지로 다수자의 주류사회 중심 주제와 소재로 이루어진 교육과정 운영을 위한 수단에 그친다는 점에서 한계가 있다. 공식 교육과정의 교과학습 시간에 본시 수업 목표를 달성하기 위한 하나의 수단으로 다문화 소재를 도입하는 형태를 띤다. 이 접근법은 문화적 다양성에 대한 긍정적 인식을 높여줄 수 있다는 장점을 가지고 있으나, 다수자 중심이며 비체계적인 다문화교육이라는 비판을 받는다.

3) 변환 접근법

변환 접근법(The Transformative Approach)은 다문화교육의 방법, 내용, 목표 차원을 반영하여 수업안을 구성하는 것으로, 다문화교육과 전면일치를 보이는 직접 관련 단원 주제의 수업에 적용할 수 있는 모형이다.[15] 기여 접근이나 부가 접근이 기존의 다수자 중심 교육과정 운영을 위한 단일 방향적 성격

15) Transformative Approach는 변혁 접근법, 전환 접근법, 변화 접근법 등으로 번역되어 사용된다. 여기서는 기존의 교육과정을 다문화적으로 변화시켜 전환의 관점에서 재구성하고 재편성하여 실행한다는 점에 주목하여 변환 접근법으로 통칭한다. 변환 접근법은 다문화 관련성이 비교적 많거나 강조된 교육과정 단원이나 주제를 운영하는 논리로 적용되며, 경우에 따라서는 소수문화집단을 위한 독립적인 교육과정을 구성하는 논리로 활용되기도 한다. 따라서 소수자들의 문화적 정체성을 그대로 인정하고 다수자들과의 소통을 통하여 이해와 통합의 다문화사회를 구현하려는 문화다원주의 혹은 다문화주의의 교육적 전략으로 활용된다. 이것은 문화적 다양성과 차이에 대한 인식을 긍정적으로 해주고, 정체성의 인정에 적극적이라는 점에서 민주주의 헌정체제가 지향하는 '다수로부터의 하나'(e pluribus unum) 원리와 일치하지만 사회적 통합과 연대 의식에는 부정적으로 작용한다는 비판이 있다.

의 다문화 수업을 진행하는 논리로 여겨진다면, 변환 접근은 다수자와 소수자가 함께하는 다중 방향적 논리를 담고 있다. 기존의 교육과정 내용은 다문화적으로 해석되며, 나아가서는 다문화 중심 교육과정으로의 개혁이 이루어진다는 점에서 변환적이다. 그렇지만 전통적으로 유지되어온 국가사회의 가치체계나 질서에 대한 변혁을 목표로 하는 접근법은 아니다. 현존하는 교육과정 제정 및 운영 권력의 틀 내에서 주류 정주사회와 소수 이주사회집단 간의 형평성을 적극적 관점에서 민주적 논리로 추구해 나가는 것이다. 사회과와 같은 다문화 관련 교과의 다문화 단원이나 학습주제를 정체성과 차이의 인정 차원에서 실행한다.

위의 세 가지 다문화교육 접근법 이외에도 Banks(2007)가 제시한 것에는 사회행동 접근법과 혼합 접근법이 있다. 사회행동 접근법은 다문화교육의 본질에 가까운 접근법이다. 본래 다문화교육은 소수인종의 시민권 확보 차원의 사회개혁 운동적 성격을 가지고 출발하였다. 즉 사회참여적 행동이 다문화교육의 핵심이 되어야 한다는 주장이다. 이것은 학습자들이 중요한 사회문제와 쟁점을 인식하여 문제를 해결하기 위해 성찰적 행동을 수행하는 장점이 있으나, 한국 사회의 현실을 고려할 때 사회적 갈등과 교육공동체의 이견을 노정할 수 있으므로 다문화 양상의 전개에 따라 추후 시도되어야 할 접근법으로 볼 수 있다. 한편 혼합 접근법은 일종의 프로젝트 방식의 학습법으로 기여, 부가, 변환, 행동 접근법을 순차적으로 다문화교육에 실행하는 것을 말한다. 따라서 일반적인 다문화교육 접근법이 가지고 있는 문제점을 그대로 포함하고 있다는 것과, 주제별, 차시별 수업을 진행해야 하는 현장 교과 수업의 특성을 고려할 때 체계적인 수업 모형으로 전환시키기에는 논리적 모순이 따른다. 그러므로 여기서는 기여, 부가, 변환 접근을 중심으로 다문화수업 모형을 도출하기로 한다.

기여 접근과 부가 접근은 다문화교육론자들이 평가하기에는 부족한 다문화학습 논리이다. 즉 주류사회로의 편입을 잠재적으로 관철하고자 하는 동화주의적 성격을 가진 것이 기여와 부가 접근이다. 그러나 다문화 양상의 초기 단계로 평가할 수 있는 한국 사회의 특성을 고려할 때 현장 적합성을 확보한 접근법으로 판단할 수 있기에 다문화수업 모형의 기본 논리로 선정하였다. 변환 접근의 경우에는 다문화주의를 그대로 수업에 실현시킬 수 있는 논리를 추구하므로 다문화사회의 주요 접근법으로 채택할 수 있을 것이다. 편견 해소와 형평 교수로 구분하여 변환 접근법을 모형화하기로 한다.

다. 다문화수업 모형

1) 다문화 기여접근 모형: MCA

MCA 학습 모형은 다문화 준거 개념이 전혀 들어 있지 않은 단원인 다문화 불일치 단원(간접 관련 단원)의 수업에 적용하는 학습 모형으로 이를 활용한 수업 방법은 수업의 도입 또는 정리 단계에서 다문화 관련 사례, 일화, 쟁점, 동영상, 사진, 삽화, 기사 등을 소개하는 것에 국한된다. 따라서 다문화와 관련된 사례의 언급은 전체 수업에서 1~2차례 또는 5분 이내의 분량이면 적당하다. 수업은 다문화 내용과는 전혀 관련 없이 진행되고 교사는 수업의 과정에서 한 가지 사례로서 다문화와 관련된 요소들을 언급하게 된다.

예를 들어 '일과 놀이'라는 대주제의 도덕 수업의 경우 도입 부분에서 동기유발을 위한 과정으로서 우리나라의 여가 생활 모습을 이야기해 보고, 다른 나라 사람들의 여가 생활 모습을 사진이나 삽화를 통해 제시하거나 사례 또는 일화를 통해 알려 주는 방법으로 진행되면 된다. 수업의 정리 단계에 적용할 경우에는 우리나라 사람들은 일에만 집중하여 여가생활을 즐길 줄 모르는데 이제는 우리도 다른 나라 사람들처럼 일할 때 열심히 일하고 놀 때 열심히 놀 줄 알아야 한다는 등의 교사의 언급을 통해 학생들이 다른 나라에서는 일과 휴식을 병행하고 있음을 인식하도록 하면 된다.

기여 접근은 우리나라에서 하는 특별 수업이나 계기 교육의 성격이 강하여 정규 교육과정과는 별도로 운영되어 그야말로 교육과정에 덧붙여지는 접근 방식이다. 따라서 MCA 학습 모형은 특별한 목적을 가지고 진행되는 교수-학습 모형에 적용할 수 있는 것으로 그 특징은 도입 또는 정리 단계에 다문화적인 요소를 첨가한다는 특징이 있다. 이 모형에서 중시되는 것은 수업 내용 자체가 다문화적인 것이 아닌 주류문화를 교육 내용으로 하는 수업이므로, 다문화적인 개념 또는 내용은 도입 및 정리의 단계에서 학생들의 주의를 환기시켜 다문화적인 내용을 인지하도록 하는 소재로서 투입되면 된다.

MCA 학습 모형은 일반적인 수업단계인 도입-전개-정리의 3단계로 이루어진다. 첫째, 도입 단계에서는 학습문제 제시에 앞서 학생들의 흥미를 이끌어 내는 동기 유발을 위한 자료로서 소수종족집단의 영웅, 공휴일 및 특정 문화재를 제시한다. 이렇게 함으로써 학생들에게 소수종족집단의 내용을 간단하고도 쉽게 이해시킬 수 있다. 둘째, 전개 단계에서는 다문화 개념 및 내용 요소가 언급되지 않은 채 일반 수업을 내용으로 학습활동이 이루어진다. 셋째, 정리 단계에서는 학습내용을 정리하면서 자연스럽게 소수집단과 관련된 내용을 언급할 수 있다. 하지만 이러한 다문화 내용에 대한 언급은 수업의 결과 및 정리를 돕기 위한 하나의 도구가 될 뿐 본시 수업과 관련된 핵심적 의미는 없다.

〈표 6-2〉 MCA 학습 모형의 단계

단 계	주요 학습 내용	다문화 개념 및 내용 적용
도입	- 동기유발 - 학습문제 제시	동기유발에서 다문화 관련 사례 언급
⇩		
전개	- 학습활동 1 - 학습활동 2 - 학습활동 3	주요 학습 내용에 다문화 관련 부분 반영 자제
⇩		
정리	- 학습내용 정리 및 내면화 - 평가	정리 단계에서 다문화 사례 언급

2) 다문화 부가접근 모형: MAA

MAA 학습 모형은 다문화 부분 일치 단원(중간 관련 단원)의 수업에 적용하는 학습 모형으로 이를 활용한 수업 방법은 수업의 내용이 진행되는 전개 단계에서 다문화 관련 자료 또는 텍스트를 제시하고 본시 주제 학습을 진행하는 수업방식을 취한다. 물론 MAA 학습 모형을 사용한 수업은 도입, 정리, 전개 단계에서 기법적 차원, 수업 내용(주요 사례)적 차원의 다문화 접근이 가능하며, 1차시의 수업에서 다문화와 관련된 내용을 1~3회 인용하거나 20분 이내의 수업 분량이 적당하다.

예를 들어 '대화와 갈등 해결'이라는 대주제를 가진 도덕과 수업에서 교사는 수업의 도입, 전개, 결말 부분에 다문화와 관련된 내용을 첨가하여 수업을 진행할 수 있는데, 이때의 수업목표는 다문화와는 무관한 것이지만 수업의 진행과정에서 일반 내용에 다문화적인 내용을 부가하여 수업을 진행한다. 즉 대화를 통한 갈등 해결 방안 모색이라는 수업목표 달성을 위해 다양한 갈등의 원인에는 다문화적 요소들을 포함하는 다양한 문화적 요인들이 있음을 제시된 자료와 이에 대한 해석을 통해 알고, 이를 위해서는 다문화 이해와 같은 방법도 있으나, 가장 중요한 것은 바로 대화를 통한 갈등 해결이라는 식으로 수업을 전개하면 된다. 따라서 이 수업에서는 전개 단계에서 갈등 해결을 위한 방법으로서의 다문화적인 사례 및 내용들을 추가할 수 있다.

부가 접근은 본래의 수업 목표는 그대로 두고, 목표 성취를 위해 다문화적 내용이 담겨 있는 자료, 즉 뱅크스의 다문화교육의 5가지 차원 중 '내용 통합'적 성격을 갖는 자료를 기존 수업에 접목하는 것이다. 내용 통합(Content Integration)이란, 교사들이 자신의 교과 분야나 학문 영역 가르침에 등장하는 주요 개념, 원리, 일반화 그리고 이론을 설명하기 위해 다양한 문화 및 집단으로부터 사례와 내용을 가져와 활용하는 것을 지칭한다. 따라서 MAA 학습 모형은 내용 통합의 수업에서 적용 가능한 학습 모형이다.

MAA 학습 모형 역시 기존의 모든 교수-학습 모형에 적용할 수 있는 것으로 그 특징은 기여 접근 모형에 비해 다문화 개념이나 관련 내용이 도입, 전개 또는 정리 단계 모두에 부가될 수 있다는 점이다. 따라서 이 모형에서 중시되는 것은 일반 수업 목표를 달성하기 위해 진행되는 수업에서 다문화 개념 및 내용을 함께 섞어 수업을 진행한다는 특징을 가지고 있다. 따라서 다문화 부가 접근 학습 모형에서는 기존의 교수-학습 모형에 다문화적인 내용을 부가하여 이를 주류문화를 이루고 있는 하나의 내용으로 수업의 전개 과정에서 반드시 포함시키게 된다. 그리고 이를 통하여 주류문화 속에는 소수문화가 들어 있음을 학생들이 인식하게 하면 된다. 하지만 MAA 학습 모형에서는 학습목표 자체가 다문화 이해를 위한 목표로 재구성되지는 않는다.

MAA 학습 모형은 일반적으로 문제인식-문제탐색 및 해결-적용-정리 및 발전의 4단계로 이루어진다. 첫째, 동기유발 단계에서 동기유발 자료로 다문화 개념과 관련된 내용을 부가할 수 있다. 둘째, 문제 탐색 및 해결단계는 학습문제를 탐색하는 과정 및 문제를 해결하는 과정에 다문화적 요소를 부가하는 것이다. 여기서 부가가 갖는 의미는 수업의 과정에서 주류 학습 내용에 소수문화와 관련된 내용을 부가하여 주류 학습 내용을 이해하는 데 도움이 되도록 하는 것이다. 셋째, 적용 단계에서는 개별 활동 및 모둠별 활동을 통해 주류문화 속에는 소수문화가 반드시 포함되어 있음을 알도록 한다. 넷째, 정리 및 발전 단계에서는 동기 유발에서와 마찬가지로 다문화 사례의 언급을 통하여 학습 내용을 내면화하도록 한다.

〈표 6-3〉 MAA 학습 모형의 단계

단 계	주요 학습 내용	다문화 개념 및 내용 적용
문제인식	- 동기유발 - 학습문제 확인	동기유발에서 다문화 사례 언급
⇩		
소수문화 관련 내용 부가 (문제 탐색 및 해결)	- 문제 탐색 - 문제 해결	주류문화 수업 내용에 소수문화 사례를 부가
⇩		
주류문화와 소수문화의 관계 인식(적용)	- 개별 활동 - 모둠별 활동	주류문화 속에 소수문화가 함께 존재함을 인식하는 활동
⇩		
정리 및 발전	- 학습내용 정리 - 학습내용의 내면화	정리 단계에서 다문화 사례 언급

3) 다문화 변환접근 모형: MTA

MTA 학습 모형은 다문화 전면 일치 단원(직접 관련 단원)의 수업에 적용하는 학습 모형으로 이를 활용한 수업 방법은 도입, 전개, 정리, 평가 단계에서 다문화 내용, 사례를 전적으로 제시하는 동시에 수업의 목표 역시 다문화적 지식 · 기능 · 가치태도를 함양할 수 있도록 조직되는 수업이다. 변환 접근법을 활용한 다문화수업은 수업의 목표를 다문화교육의 목표를 달성하는 것으로 파악하는 동시에 수업의 내용 및 방법에 있어서도 다문화 개념을 포함시켜야 한다. 즉 교사는 주도적으로 주류학생들을 대상으로 한 수업의 내용 및 방법에 있어서도 소수민족의 다문화적인 요소들을 이해할 수 있는 내용으로 수업을 진행해야 하며 학습목표 역시 다양한 민족집단의 입장에서 사건을 이해하고 이를 통하여 타 문화를 이해하는 능력과 이를 실천하는 능력을 기르도록 하여야 한다.

본 학습 모형을 활용한 수업은 교수 · 학습목표 자체가 다문화적인 지식 · 기능 · 가치태도 형성을 추구하는 것이기 때문에 교육과정 운영 방법 역시 다문화교육 목표 달성을 위한 수업으로 진행되며, 40~50분 수업 전체가 다문화 내용을 가지고 진행된다. MTA 학습 모형을 활용한 수업에서는 학생들의 참여를 유도하고, 상호적이며, 개별화되고, 협동적인 수업 전략으로 실행되어야 한다. 따라서 교사는 다양한 인종 · 문화 · 언어 · 성별 집단에 관심을 기울일 수 있도록 수업분위기를 조성하는 동시에 내용의 구성 역시 다문화적인 것으로 정해 주는 동시에 학생들에게 자신의 느낌과 감정을 표현하고, 또래 및 교우들과 상호 작용하며, 다문화적 쟁점이 논의될 때 분노와 자부심을 표현할 수 있는 충분한 기회를 제공하는 것이 필수이다. 예를 들어 '타 문화에 대한 편견 극복'이라는 대주제를 가진 도덕 수업의 경우 수업의 도입, 전개, 정리에 이르기까지 다문화적인 내용을 중심으로 수업이 진행되며 수업기법에 있어서도 자료제시 및 분석, 소집단 토론, 다문화체험 등 타 문화를 이해하고 이를 통해 편견을 극복할 수 있도록 다양한 소재 및 수업기법이 적용된다.

MTA 학습 모형은 MCA 학습 모형이나 MAA 학습 모형과는 본질적으로 다르다. MTA 학습 모형은 교육과정의 규준, 패러다임, 기본적인 가정을 변화시키고 학생들이 다른 관점에서 개념, 이슈, 주제와 문제를 조망해 볼 수 있도록 구성된 학습 모형이다. 이 학습 모형의 주요 목표는 학생들이 다양한 민족과 문화의 관점에서 개념과 사건 그리고 인물을 이해하고 지식이 사회적 구성물임을 이해하도록 돕는 것이다. 따라서 MTA 학습 모형을 적용한 수업을 통해 학생들은 다수자와 소수자 모두의 목소리를 읽고 들을 수 있도록 구성된다. 또한 사건과 상황에 대한 교사의 관점을 분석하며 사건과 상황에 대한 자신만의 해석을 만들어 보고 정당화해 보는 기회를 가진다. MTA 학습 모형의 중요한 목적은 비판적으로 사고하고 결론과 일반화를 도출하여 이를 증명하고 정당화하는 기능을 발달시키는 데 있다(Banks, 2008: 71).

가) MTA 학습 모형 Ⅰ(편견 해소 모형: PR－Model)

MTA 학습 모형 Ⅰ은 편견 해소를 위한 다문화교육에 적합한 학습 모형이다. 편견 해소(Prejudice Reduction)는 학생들이 자신과 다른 인종, 종족, 문화 집단에 대한 긍정적 태도를 발전시킬 수 있도록 돕기 위해 교사들이 사용하는 수업과 활동들을 말한다. 편견 해소를 위한 학습 모형으로서의 MTA 학습 모형 Ⅰ은 일반적으로 도입-전개-심화-실천-정리의 5단계로 이루어진다. 첫째, 도입 단계에서는 학습목표 달성을 위한 동기 유발 자료도 소수문화와 주류문화에 대한 언급을 하고, 학습문제도 타 문화에 편견 해소, 형평성과 관련된 갈등을 내포한 문제를 설정한다. 둘째, 전개 단계에서는 다문화가 공존하고 있음을 인식하도록 한다. 셋째, 심화 단계에서는 다양한 문화의 유사점과 차이점을 이해하고 이를 통하여 문화적 편견을 제거하도록 한다. 넷째, 실천 단계에서는 반편견 활동을 실행하여 편견을 감소시키거나 해소하고 새로운 가치를 실현하도록 한다. 다섯째, 정리 단계에서는 학습 과정을 통해 습득된 가치를 내면화한다.

〈표 6-4〉 MTA 학습 모형 Ⅰ의 단계

단 계	주요 학습 내용
갈등문제 제시 (도입)	- 동기유발 - 학습문제 확인
⇩	
다문화의 공존 인식 (전개)	- 주제 관련 사실 인식 - 다양한 문화의 공존 인식
⇩	
문화적 편견 해소 (심화)	- 다양한 문화의 유사점, 차이점 이해 - 문화적 편견 제거
⇩	
반편견 활동 실행 (실천)	- 편견 해소를 위해 할 수 있는 일 실천하기 - 실천 결과를 발표하고 반성하며 공유하기
⇩	
가치의 내면화 (정리)	- 학습내용의 내면화

나) MTA 학습 모형 Ⅱ(형평교수 모형: EP-Model)

MTA 학습 모형 Ⅱ는 형평 교수법을 활용한 수업에 적합한 학습 모형이다. 교사들이 다양한 인종, 문화, 성, 사회계층 집단에서 온 학생들의 학문적 성취를 촉진시키도록 그들의 교수 방법을 수정할 때에 형평 교수법(Equity Pedagogy)이 존재한다. 따라서 이것은 여러 가지 문화와 종족집단 내에 광범

위하게 존재하는 학습 양식과 일치되는 다양한 접근과 교수 방법을 사용하는 것을 포함한다.

MTA 학습 모형 Ⅱ는 문제해결학습을 응용하여 구안한 다문화의 공존 모색을 교육에 적용 가능한 학습 모형으로 문제 사태 제시－문제 원인 확인－문제해결－대안제시－검증의 5단계로 이루어진다. 첫째, 문제 사태 제시에서는 주류문화와 소수문화의 갈등상황을 통해 문제가 제기된 상황을 제시한다. 둘째, 문제 원인 확인 단계에서는 문제 발생의 이유에 대해 주류문화를 뒤집어 보면서 문제의 원인에 대한 가설을 설정한다. 셋째, 문제 해결 단계에서는 형평성 관련 문제가 발생하게 된 원인을 검증하기 위하여 문화의 다양성을 고려하여 정보를 수집하고 이를 통해 다문화 관련 문제의 발생 원인에 대한 잠정적 결론을 내린다. 넷째, 대안 제시 단계에서는 형평성 관련 문제 발생의 원인을 제거하기 위한 대안을 소수자의 입장에서 생각하여 제시한다. 다섯째, 검증 단계에서는 대안으로 제시한 내용을 관련 사례를 통해 확인하고 학습 내용을 정리한다.

〈표 6－5〉 MTA 학습 모형 II의 단계

단 계	주요 학습 내용
문화적 갈등 사태 제시 (문제 사태 제시)	- 관련 문제 상황 제시 및 문제 공감하기 - 문제 설정(학습문제 제시)
⇩	
주류문화 뒤집어 보기 (문제의 원인 확인)	- 문제 발생의 이유 - 가설 설정
⇩	
문화적으로 낯설게 보기 (문제해결)	- 정보수집 - 잠정적 결론 내리기
⇩	
소수자의 입장에서 생각하기 (대안제시)	- 대안제시
⇩	
다문화의 공존 모색 (검증)	- 관련 사례 확인하기 - 학습내용 정리

4. 다문화교육과정의 운영 절차

우리나라의 다문화 현상은 통계적으로 글로벌 수준에 거의 육박하고 있으나 아직 유럽 제국이나 미국 등 전통적인 다인종, 다민족 국가에 비교할 수준은 아니라고 말할 수 있다. 따라서 다문화사회로의 진입기에 이른 수준에서 대응 전략을 마련하고 실천해 나가야 할 상황으로 판단된다.

본 장에서는 이런 점을 고려하여 미국 등에서 실행하는 적극적이고 전면적 수준의 다문화교육을 의미하는 사회행동접근이나 사회정의교육접근을 다문화 개념의 기본 적용 전략으로 도입하지 않았다. 그러나 이것이 다문화교육의 핵심 접근이라고 할 수 있는 변환 전략을 부수적인 것으로 간주한다는 말은 아니다. 다문화교육은 기본적으로 문화다원주의와 문화민주주의를 실현할 수 있는 변환접근을 활용하는 것으로 인식되어야 한다. 다만 사회적 합의나 교육공동체의 동의를 구할 수 있는 수준에서, 또한 국가사회적 다문화 현상의 심도에 따라 다문화교육이 탄력적으로 운영되어야 할 필요성을 인정해야 한다는 것이다.

이에 따라 본 장은 다문화 기여접근 모형(MCA), 부가접근 모형(MAA), 변환접근 모형(MTA)을 주요 다문화교육 전략으로 도입 적용하였다. 다시 말해 한국적 다문화교육 접근법을 포괄 표상하면 '다문화 모형'(CAT 모형)으로 칭할 수 있을 것이다. 한국에서의 다문화 모형은 동화주의와 다문화주의를 동시에 반영한다. 기여와 부가접근 모형은 동화주의적이면서도 실용적인 면이 강하다. 교육과정의 근본적이고 구조적인 개정이나 변화 없이 교실에서 다문화수업을 진행할 수 있는 논거를 제공하기 때문이다. 아직 다문화수업전략에 대한 심도 있는 논의와 합의, 검증이 부족한 상황에서 다양한 교과와 비교과활동을 통하여 다문화 현상을 학습자들에게 인식시키기에 적합한 교수 모형이라는 것이다. 구체적으로 다문화 현상과 직접적인 관련이 없거나 미약한 교과, 단원, 주제들을 다문화적으로 교수할 수 있는 전략과 기법을 제공해 주는 모형이다.

또한 위에서 제시한 변환접근 모형은 다문화주의적인 성격이 강하다. 이것은 다문화 현상을 직접적으로 교수하여 학습자들에게 다문화적 사회현상을 적극적으로 인식시키고 글로벌 다문화사회에 적응할 수 있는 능력을 체계적으로 함양하게 해 주는 전략이다. 변환접근의 편견 해소 모형이나 형평교수 모형 모두 다양한 소수문화들을 문화다원주의 관점에서 조망하게 하는 다문화주의 수업 전략들이다. 따라서 다문화 개념과 직접적인 상관성을 가지는 교과와 단원, 주제들에 적합한 교수전략이며, 수업의 목표, 내용, 방법 등이 다문화적 요소를 함유해야 한다.

이러한 다문화 현상과 교수전략 등에 대한 기본 논의를 토대로 다문화 개념을 현장 수업에 적용하는 일반적인 절차를 제시한 것이 <표 6-6>의 다문화 개념 적용 절차이다. 본 절차는 '국가사회 상황인식-다문화 현상 파악-교육과정 분석-교과 및 단원 선정-주제 및 소재 선정-다문화수업 모형화-다문화수업 디자인-수업 실행-수업 평가-수업 결과 공유' 단계로 구성된다.

〈표 6-6〉 다문화교육과정의 운영 절차

적용 절차	주요 활동 내용
국가사회 상황인식	국가사회의 필요성 인식 개인, 국가, 글로벌 차원에서의 다문화 정체성 고려
⇩	
다문화 현상 파악	다문화 현상 관련 이론 및 개념 파악 지역 및 학교의 다문화 상황 조사
⇩	
교육과정 분석	교육과정의 다문화 관련 구조 분석 다문화 개념 적용 및 수업 운영 가능성 검토
⇩	
교과 및 단원 선정	학교 교육과정에 다문화교육 운영 계획 반영 사회, 도덕 중심의 다문화 관련 교과 단원, 활동 선정 다문화 간접, 중간, 직접 관련 단원 결정

적용 절차	주요 활동 내용
⇩	
주제 및 소재 선정	초급, 중급, 고급 다문화 주제 선정 일반적이고 포괄적인 다문화 소재 선정
⇩	
다문화수업 모형화	CAT 모형 적용 전략 수립 수준별, 단계별 다문화수업 운영 계획 구안
⇩	
다문화수업 디자인	다문화 단원 운영 세안 작성 본시 수업안 상세화
⇩	
수업 실행	다문화수업 모형 및 절차에 따른 수업 전개 다양한 수업 방법 및 기법 활용
⇩	
수업 비평	다문화수업의 외재적, 내재적 비평 자기평가, 동료평가, 학습자평가, 장학자평가, 전문가평가 등 다면 비평 수용
⇩	
수업 결과 공유	교과별, 학년별, 활동별 다문화수업 운영 결과 협의 수업의 총체적 국면에서 전략, 모형, 계획, 실행, 평가 사항 공유

위의 <표 6-6> 다문화교육과정의 절차를 설명하면 다음과 같다.

① 국가사회 상황인식: 다문화 현상에 대한 사회적 인식과 기본 정책 방향, 글로벌 차원의 다문화 패러다임을 이해한다.

② 다문화 현상 파악: 동화주의, 다문화주의, 균형주의 이론과 다문화 개념을 인지하고, 지역, 학교, 교실, 가정 등의 다문화 상황을 파악한다.

③ 교육과정 분석: 다문화적 관점이 나타난 국가수준 교육과정, 시도수준 운영지침, 지역수준 장학자료 등을 분석하고, 다문화교육과정 운영 방향을 검토한다.

④ 교과 및 단원 선정: 교육과정 분석 결과를 토대로 학교 교육과정 운영계획에 다문화수업 운영 계획을 반영하고, 중심 교과, 활동 등을 수준별로 세분화한다. 다문화 관련 직접, 중간, 간접 단원을 선별해 낸다.

⑤ 주제 및 소재 선정: 다문화수업을 운영할 수 있는 학습주제를 목표, 내용, 방법 차원에서 설정하고, 이에 따른 다양한 학습소재를 도입한다.

초급 다문화 관련 단원 주제는 기여접근, 중급 다문화 관련 단원 주제는 부가접근, 고급 다문화 관련 단원 주제는 변환접근을 추구한다.

⑥ 다문화수업 모형화: MCA, MAA, MTA 모형을 기본으로 단원 및 주제에 적합한 다문화수업 운영 전략을 수립한다. 각각, 방법, 방법과 내용, 방법과 내용 및 목표 차원의 전략을 구사한다.

⑦ 다문화수업 디자인: 구체적인 다문화 수업안을 단원안, 본시안으로 설계하고 학습자 활동을 상세화한다. 교사의 다문화 관련 수집 자료, 시청각 자료, 교육청 지원 자료, 교과서 자료 등을 다양하게 수업에 도입하도록 설계한다.

⑧ 수업 실행: 다문화 관련 수업 방법들로 인간관계접근, 단일사례연구접근, 다문화교육접근, 사회정의교육접근을 수업 전개 과정에서 적용하고, 기존의 수업 방법들인 현장학습, 협동학습, 개념학습, 자기주도학습, 역할놀이, 시뮬레이션게임 등을 기법 차원에서 고려한다.

⑨ 수업 평가: 다문화수업의 상황적, 배경적, 환경적 요인에 따른 외재적 비평과 학습자의 지식, 가치 · 태도, 기능의 성취에 따른 내재적 비평 관점에서 평가하고, 다양한 평가 기법들을 활용한다.

⑩ 수업 결과 공유: 다문화수업이 실행된 교과와 활동 중심으로 결과를 협의하고 공유한다. 초등은 학년과 교과별 공유, 중등은 교과와 활동별 공유가 주로 이루어지도록 한다. 공유 결과는 후속 다문화수업에 반영한다.

위의 다문화교육과정의 절차는 사실상 본 장의 전체적인 흐름을 나타내고 있다. 학교 다문화교육과정의 실질적 운영을 위한 이론적 배경과 관련 개념의 추출, 수준별, 단계별로 제시된 체계적인 다문화 개념의 적용 방안, 실행과 비평, 결과의 일반화 등을 내용으로 하는 핵심 절차는 2007개정 교육과정 내용체계에 나타난 다문화 관련 개념을 적용한 다문화수업 실행 방안을 구체적으로 요약해 주기 때문이다.

이러한 운영 과정에서 무엇보다도 유의해야 할 점은 지구촌 시대의 국가사회에서 실제적으로, 집중적으로, 효율적으로 전개되어야 할 다문화교육이 범교과 활동 혹은 재량활동이나 특별활동 속에 산개하여 선언적이거나 구호에 그치고 말아서는 안 된다는 것이다. 따라서 본 장에서 나타난 다문화교육을 운영할 수 있는 다문화 중심 교과와 다문화수업 모형, 다문화수업의 절차, 다문화수업의 비평 준거, 다문화 능력을 함양해 주는 다문화적 성격의 수업안 구성 등이 학교 교육과정에 반영되도록 일반화 과정 및 구체적인 자료 개발 등이 현장 혹은 현장지원 차원에서 다양하게 활성화되어야 할 것이다.

2. 도덕과 다문화교육의 실제

1. 도덕과 교육과정의 성격

2007개정 교육과정에 따르면 도덕과는 3학년에서 10학년까지 배우도록 되어 있다. 도덕과는 '도덕적 주체로서의 나', '우리 · 타인 · 사회와의 관계', '국가 · 민족 · 지구 공동체와의 관계', '자연 · 초월적 존재와의 관계' 등 4개 영역으로 이루어져 있다.

초등학교 단계에서는 일상생활에 필요한 도덕규범과 기본 생활 예절을 습득하고 기본적인 도덕적 판단력과 실천 능력을 함양하여, 공동체 속에서 다른 사람과 더불어 조화롭게 살아갈 수 있는 도덕적 능력과 태도를 지니도록 하는 것을 목표로 하고 있다. 초등학교 도덕과는 모두 36개의 지도요소로 구성되어 있는데, 3, 4학년에 각각 8개의 지도요소와 5, 6학년에 각각 10개의 지도요소를 포함하고 있다. 각 지도요소별 지도내용을 의미하는 내용요소는 각 지도요소에 3개씩 배정되어 있다.

중학교 단계에서는 도덕적 가치 · 규범에 대한 이해를 심화하고, 현대사회의 여러 가지 도덕 문제에 대한 올바른 가치 판단 능력과 실천 의지를 함양하여 합리적이고 바람직한 삶을 영위할 수 있는 도덕적 능력과 태도를 지니도록 하는 것을 목표로 하고 있다. 중학교 도덕과는 모두 31개의 지도요소로 구성되어 있는데, 중학교 1학년을 의미하는 7학년은 11개, 8학년은 12개, 9학년은 8개의 지도요소로 구성되어 있다. 지도내용을 의미하는 내용요소는 지도요소별로 3~5개씩 배정되어 있다.

고등학교 단계에서는 윤리학의 기초를 학습하고, 이를 토대로 개인의 도덕적 삶과 공동체의 도덕적 문제에 대해 주체적으로 성찰할 수 있는 반성적 사고력을 함양하여 자율적인 도덕적 판단력과 실천 능력을 지니도록 하는 것을 목표로 하고 있다. 고등학교 도덕과는 모두 8개의 지도요소로 구성되어 있는데, 고등학교 1학년을 의미하는 10학년은 8개의 지도요소로 구성되어 있다.

〈표 6-7〉 2007개정 초등학교 도덕과의 내용 체계

주요 가치 덕목	내용 / 영역	3학년	4학년	5학년	6학년
정직 자주 성실 절제 책임 용기 효도 예절 협동 민주적 대화 준법 정의 배려 애국 · 애족 평화 · 통일 생명 존중 자연애 사랑	도덕적 주체로서의 나	○ 도덕 공부는 이렇게 해요 ○ 소중한 나의 삶	○ 정직한 삶 ○ 자신의 일을 스스로하는 삶	○ 최선을 다하는 생활 ○ 감정의 올바른 관리 ○ 반성하는 삶	○ 자긍심과 자기 계발 ○ 자기 행동에 대한 책임감 ○ 용기 있는 행동
	우리 · 타인 · 사회와의 관계	○ 가족 사랑과 예절 ○ 감사하는 마음의 표현 ○ 친구 간의 우정과 예절	○ 약속을 지키는 삶 ○ 공중도덕 ○ 인터넷 예절	○ 이웃 간의 도리와 예절 ○ 서로 돕는 생활 ○ 대화와 갈등 해결 ○ 게임 중독의 예방	○ 준법과 규칙 준수 ○ 공정한 행동 ○ 남을 배려하고 봉사하는 삶
	국가 · 민족 · 지구 동체와의 관계	○ 나라의 상징과 나라 사랑 ○ 분단의 배경과 민족의 아픔	○ 우리나라 · 민족에 대한 긍지 ○ 통일의 필요성과 우리의 통일 노력	○ 북한 동포 및 새터민의 삶 이해 ○ 재외 동포에 대한 관심	○ 편견 극복과 관용 ○ 우리가 추구하는 통일의 모습 ○ 평화로운 세상
	자연 · 초월적 존재와의 관계	○ 생명의 소중함	○ 올바른 자연관과 환경 보호	○ 참된 아름다움	○ 사랑과 자비

〈표 6-8〉 2007개정 중 · 고등학교 도덕과의 내용 체계

내용 / 영역	7학년	8학년	9학년	10학년
도덕적 주체로서의 나	〈인간과 도덕〉 ○ 도덕의 의미 ○ 도덕적 탐구 ○ 도덕적 실천	〈일과 배움〉 ○ 일과 놀이 ○ 공부와 진로 ○ 계획과 성취	〈삶의 목적〉 ○ 자아 정체성 ○ 행복한 삶	〈인간과 자유〉 ○ 자유와 자율 ○ 도덕적 판단의 과정
우리 · 타인 · 사회와의 관계	〈예절과 도덕〉 ○ 가정생활과 도덕 ○ 친구와 우정의 의미 ○ 이웃에 대한 관심과 배려 ○ 사이버 예절	〈청소년과 도덕〉 ○ 청소년기와 비인간화문제 ○ 평화적 해결과 폭력예방 ○ 이성 교제와 성도덕	〈인간 존엄성과 인권〉 ○ 인간 존엄성과 소수자보호 ○ 양성 평등의 도덕적 의미	〈사회정의와 윤리〉 ○ 사회제도와 정의 ○ 사회윤리의 제 문제
국가 · 민족 · 지구 공동체와의 관계	〈나의 삶과 국가〉 ○ 바람직한 국가의 모습 ○ 국가 발전과 나	〈통일과 민족 공동체 윤리〉 ○ 민족의 삶과 통일의 필요성 ○ 북한 주민과 민족애 ○ 바람직한 통일의 모습	〈세계 평화와 인류애〉 ○ 타 문화에 대한 편견극복 ○ 세계 평화와 인류애의 실현	〈국가와 민족의 윤리〉 ○ 국가와 윤리 ○ 민족과 윤리
자연 · 초월적 존재와의 관계	〈환경과 도덕〉 ○ 환경과 인간의 삶 ○ 환경 친화적 삶의 방식	〈문화와 도덕〉 ○ 진정한 아름다움 ○ 예술과 도덕 ○ 과학과 도덕	〈삶과 종교〉 ○ 삶의 유한성 ○ 종교와 도덕	〈이상적인 삶〉 ○ 평화로운 삶의 추구 ○ 이상적인 인간과 사회

2. 도덕과 교육과정의 다문화 내용 체계 분석

〈표 6-9〉 2007개정 도덕과 다문화 관련 내용 체계 분류

학년	불일치: 간접 관련 주제	부분 일치: 중간 관련 주제	전면 일치: 직접 관련 주제
3학년	○ 도덕 공부는 이렇게 해요 ○ 소중한 나의 삶 ○ 가족 사랑과 예절 ○ 감사하는 마음의 표현 ○ 분단의 배경과 민족의 아픔 ○ 생명의 소중함	○ **나라의 상징과 나라 사랑** ① 태극기, 애국가 무궁화 등 우리나라상징들의 올바른 이해 ② 다양한 사례를 통한 나라의 중요성이해(문화다양성) ③ 나라 사랑에 관한 예화 읽기	○ **친구 간의 우정과 예절** ① 친구 간의 진정한 믿음과 우정 ② 친구 간에 지켜야 할 예절 (혼혈아, 입양아, 새터민 친구 등과 친하게 지내기)(소수집단) ③ 친구 간의 다툼과 갈등(집단따돌림, 학교폭력)에 대한 올바른 해결방법(타인존중)
4학년	○ 정직한 삶 ○ 자신의 일을 스스로 하는 삶 ○ 약속을 지키는 삶 ○ 공중도덕 ○ 인터넷 예절 ○ 올바른 자연관과 환경 보호	○ **우리나라 · 민족에 대한 긍지** ① 나의 행복과 나라 · 민족 발전 과의 관계(사회정의) ② 도덕과 예절을 비롯한 우리 민족의 자랑거리 ③ 오늘날 우리가 계승 발전시킬 수 있는 우리 민족의 전통 ○ **통일의 필요성과 우리의 통일 노력** ① 분단 비용 및 통일의 기대효과 등 통일의 필요성 찾기 ② 평화 통일을 위한 우리의 노력 ③ 민족 통합을 위한 우리의 자세(타인존중, 문화다양성)	-
5학년	○ 최선을 다하는 생활 ○ 감정의 올바른 관리 ○ 반성하는 삶 ○ 서로 돕는 생활 ○ 게임 중독의 예방 ○ 재외 동포에 대한 관심	○ **대화와 갈등 해결** ① 도덕적 갈등의 원인 ② 대화를 통한 평화적인 갈등의 해결과 그렇지 않은 경우(집단 관계) ③ 갈등에 대한 평화적 해결의 구체적인과정과 절차 ○ **참된 아름다움** ① 일상생활, 동화, 예화 등에서 아름다운 마음씨를 보여준 사례(타인존중) ② 아름다운 마음씨가 사람들에게 주는 것 ③ 아름다운 마음을 기르는 방법	○ **북한 동포 및 새터민의 삶 이해** ① 북한 동포의 생활상 및 문화적차이 알기 ② 북한 동포와의 인간적 교 류와 협력 방안(정체성) ③ 새터민이 우리 사회에서 적응하도록 돕는 방법(소수집단)

학년	불일치: 간접 관련 주제	부분 일치: 중간 관련 주제	전면 일치: 직접 관련 주제
5학년		○ **이웃 간의 도리와 예절** ① 이웃 간에 지켜야 할 기본적인 생활예절(타인존중) ② 다양한 현대 생활 예법 ③ 동양예절과 서양예절, 전통예절과 현대예절	
6학년	○ 자긍심과 자기 계발 ○ 자기 행동에 대한 책임감 ○ 용기 있는 행동 ○ 준법과 규칙 준수	○ **공정한 행동** ① 불공정한 일을 당했을 때의 느낌 ② 불공정한 행동이 가져오는 결과 ③ 공정한 사람이 되기 위해 실천 해야 할 일(사회정의) ○ **우리가 추구하는 통일의 모습** ① 우리 각자가 추구하는 통일의 모습평가 ② 통일의 과정과 그 이후 예상되는 문제점 ③ 바람직한 통일 한국의 미래상 설정(융합문화) ○ **평화로운 세상** ① 지구촌 시대에 세계 평화가 인류에 끼치는 영향(국제이해) ② 세계 평화와 인류애의 실현을 위해 노력하는 사람 ③ 세계 평화를 위한 우리의 역할과 자세 ○ **사랑과 자비** ① 성인들의 가르침의 의미와 근본정신 ② 사랑과 인 및 자비의 다양한 실천사례(타인존중) ③ 사랑과 인 및 자비의 삶에 비추어 나의 생활 반성해보기	○ **남을 배려하고 봉사하는 삶** ① 타인을 배려하지 않았을 때 나타나는 결과(타인존중) ② 구성원들이 서로 배려하고 봉사하는 공동체의 특징(타인존중) ③ 배려하고 봉사하는 사람들이 실천해야 할 일(타인존중) ○ **편견 극복과 관용** ① 예절, 관습 등을 포함한 다른 문화에 대한 우리의 편견(편견) ② 다양한 문화가 공존하는 사례와공존의 장점(문화다양성) ③ 다른 문화에 대한 이해와 존중(다양성)
7학년	○ 도덕의 의미 ○ 도덕적 탐구 ○ 도덕적 실천 ○ 가정생활과 도덕 ○ 사이버 예절 ○ 국가 발전과 나 ○ 환경과 인간의 삶 ○ 환경 친화적 삶의 방식	○ **친구와 우정의 의미** ① 학교생활과 친구 간의 갈등 ② 우정의 의미와 중요성 ③ 바람직한 친구 관계(타인존중) ○ **바람직한 국가의 모습** ① 국가의 필요성 ② 바람직한 국가의 모습(민주주의) ③ 공직자의 역할과 책임	○ **이웃에 대한 관심과 배려** ① 다양한 이웃과 나의 관계 ② 다른 사람을 배려하는 방법(다양성) ③ 봉사 활동의 의미와 방법 ④ 주변에서 볼 수 있는 타인에게 피해를 주는 사례(타인존중)

학년	불일치: 간접 관련 주제	부분 일치: 중간 관련 주제	전면 일치: 직접 관련 주제
8학년	○ 일과 놀이 ○ 공부와 진로 ○ 계획과 성취 ○ 청소년기와 비인간화 문제 ○ 평화적 해결과 폭력 예방 ○ 이성 교제와 성도덕 ○ 민족의 삶과 통일의 필요성 ○ 진정한 아름다움 ○ 예술과 도덕 ○ 과학과 도덕	○ **북한 주민과 민족애** ① 북한 주민의 생활에 대한 이해 ② 보편적인 인권 차원에서 본 북한 주민의 생활 ③ 민족 정체성과 민족 공동체의 의미(정체성, 평등)	○ **바람직한 통일의 모습** ① 민족의 동질성 확대와 이질성 극복을 위한 평화적 교류와 협력의 필요성 ② 우리 정부의 통일 노력 **(융합문화)** ③ 새터민의 사회 적응과 관련된 문제점과 해결 방안 **(편견)** ④ 통일 이후 예상되는 남북한 주민의 일상생활과 통일 한국의 미래상 **(다양성)**
9학년	○ 자아 정체성 ○ 행복한 삶 ○ 삶의 유한성 ○ 종교와 도덕	○ **세계 평화와 인류애의 실현** ① 평화의 소중함과 세계 평화를 위협하는 원인들 (상호 의존) ② 비폭력과 평화 ③ 남북한 상생의 추구 ④ 외국의 재난과 우리의 협조	○ **인간 존엄성과 소수자 보호** ① 인간 존엄성의 의미 ② 타인의 고통과 약자의 불행에 대한 공감(타인 존중) ③ 정당화가 가능한 역차별 사례(소수집단) ④ 소수자 보호를 위한 다양한 방안(소수집단) ○ **양성 평등의 도덕적 의미** ① 성역할 및 남성다움과 여성다움에 대한 의미와 문화 다양성(다양성) ② 한 성을 억압하거나 한 성에 특권을 부여했을 때의 부정적 결과(형평성) ③ 양성의 상호 보완성을 추구할 때의 긍정적 결과 ○ **타 문화에 대한 편견 극복** ① 문화의 다양성과 문화 상대주의적 태도(다양성) ② 다른 나라 풍습 중 우리가 존중해야 할 것 (편견) ③ 문화적 차이로 인한 편견이나 오해(편견) ④ 타 문화 이해를 위한 문화 체험, 문화 교류 (문화다양성)

학년	불일치: 간접 관련 주제	부분 일치: 중간 관련 주제	전면 일치: 직접 관련 주제
10학년	○ 자유와 자율 ○ 도덕적 판단의 과정 ○ 사회윤리의 제 문제 ○ 국가와 윤리 ○ 평화로운 삶의 추구 ○ 이상적인 인간과 사회	-	○ **사회제도와 정의** ① 사회제도가 추구해야 할 가장 기본적인 덕목(평등, 사회정의) ② 제도의 불공정으로 인해 나타나는 다양한 사회문제(형평성) ③ 사회정의의 의미(사회정의) ④ 정의로운 사회제도 ○ **민족과 윤리** ① 세계화 시대의 민족의 정체성과 기능의 변화(정체성) ② 자민족중심주의와 세계주의의 구체적 사례와 문제점(문화다양성) ③ 통일 등 민족공동체 형성을 지향하는 원동력으로서의 민족애 ④ 보편성과 특수성의 조화에 의한 한민족 공동체의 긍정적 역할(다양성)

다문화 준거 개념을 중심으로 교육과정 내용을 분석한 결과 도덕과에서 다문화 개념과 관련된 부분은 4개의 영역 가운데 '우리 · 타인 · 사회와의 관계'와 '국가 · 민족 · 지구 공동체와의 관계'의 2개 영역에 집중되어 있었다.

대주제에 해당하는 지도요소를 대상으로 1차 분석을 한 결과 다문화 개념과 관련된 부분은 '우리 · 타인 · 사회와의 관계'에서 10개의 지도요소와 '국가 · 민족 · 지구 공동체와의 관계'에서 13개의 지도요소가 있었다. 이 외에 '자연 · 초월적 존재와의 관계'에서 2개의 지도요소를 아울러 추출할 수 있었다.

2차 분석은 25개의 지도요소(대주제)와 그 하위 요소인 내용요소(소주제)를 교차 분석하여 다문화 개념에 전면적으로 일치되는지, 부분적으로 일치되는지를 판별하였다. 전면 일치와 부분 일치의 구분은 상대적 · 해석적 준거를 사용하여 분류하였으며, 내용요소에 다문화 개념의 내용이 들어 있으면 전면 일치로 판정을 하고, 내용요소에는 다문화 개념은 없으나 교육과정해설에 다문화 개념과 관련한 언급이 있으면 부분 일치로 판정하였다. 이렇게 2차 분석을 거친 결과 전면 일치 11개 지도요소와 부분 일치 14개 지도요소를 추출하였다.

최종 분석은 지도요소와 내용요소의 다문화 개념 관련성을 종합적으로 검토하였는데, 분석결과를 보면 3학년부터 10학년까지 총 75개의 지도요소 가운데 아래의 표에 나타난 것처럼 불일치 50개, 부분 일치 14개, 전면 일치 11개로 나타났다. 이를 세분화하여 보면 초등학교 과정에서는 36개 지도요소 가운데 4개의 지도요소가 전면 일치되었고, 10개의 지도요소가 부분 일치하여 전체 39%가량이 다문화 개념과 관련된 것으로 분석되었다. 한편 중학교 도덕에서는 총 31개의 지도요소 가운데 5개가 전면 일치, 4개가 부분 일치하여 29%가량이 다문화 개념과 관련된 것으로 나타났으며, 고등학교의 경우 8개의 지도요소 가운데 2개가 전면 일치로 나타나 전체 지도요소의 25%가 다문화 개념과 관련이 있는 것으로 분석되었다.

〈표 6-10〉 2007개정 도덕과 다문화 관련 내용 빈도

학년	불일치: 간접 관련 단원	부분 일치: 중간 관련 단원	전면 일치: 직접 관련 단원	총 단원 수
3학년	6	1	1	8
4학년	6	2	0	8
5학년	6	3	1	10
6학년	4	4	2	10
빈도수(%)	22(63.9%)	10(22.2%)	4(13.9%)	36(100%)
7학년	8	2	1	11
8학년	10	1	1	12
9학년	4	1	3	8
10학년	6	0	2	8
빈도수(%)	28(64.2%)	4(12.8%)	7(23%)	39(100%)

3. 도덕과 다문화수업의 실제

가. MCA 모형을 활용한 수업

1) 수업안

<table>
<tr><th colspan="2">교과</th><td>도덕</td><th>학년</th><td colspan="2">6학년</td></tr>
<tr><th colspan="2">대주제</th><td colspan="4">준법과 규칙 준수</td></tr>
<tr><th colspan="2">본시 주제</th><td colspan="4">우리가 지켜야 할 법과 규칙</td></tr>
<tr><th colspan="2">학습목표</th><td colspan="4">법과 규칙을 지키는 것의 중요함을 이해하고, 이를 잘 지키려는 바람직한 태도를 지닌다.</td></tr>
<tr><th colspan="2" rowspan="3">수업전략</th><td>수업 모형</td><td colspan="3">MCA 모형</td></tr>
<tr><td>학습 조직</td><td colspan="3">전체학습 → 모둠학습 → 개인학습 → 전체학습</td></tr>
<tr><td>다문화 관련 준거 개념</td><td colspan="3">×</td></tr>
<tr><th>단계</th><th>학습 과정</th><th colspan="2">교 수-학 습 활 동</th><th>시간(분)</th><th>자료(▶) 및 유의점(*)</th></tr>
<tr><td rowspan="2">도입</td><td>동기유발</td><td colspan="2">◈ 법을 어긴 내용의 사례 제시
- 교통사고, 법을 어겨 구속되는 장면 사진
- 교통법규에 관대한 중국과 엄격한 서양의 사례</td><td rowspan="2">5'</td><td rowspan="2">* 외국의 사례 인용을 통한 학생들의 호기심 유발. 중국에 대한 편견을 갖지 않도록 주의</td></tr>
<tr><td>학습문제 확인</td><td colspan="2">우리가 지켜야 할 법과 규칙에 대해 알고 이를 지켜야 하는 이유를 말할 수 있다.</td></tr>
<tr><td>전개</td><td>도덕적 규범 찾기</td><td colspan="2">◈ 가게에서 물건을 훔친 예화자료 읽고 이야기 나누기
- 물건을 훔친 것을 본 주인공은 어떻게 해야 할까?
- 내가 주인공이라면 어떻게 할까?
- 왜 그렇게 행동하여야 하나?</td><td>8'</td><td></td></tr>
<tr><td rowspan="2">전개</td><td>도덕적 감정 표현하기</td><td colspan="2">◈ 다른 법을 지키지 않아 겪게 되는 어려움과 고통에 대한 이야기 나누기
- 규칙을 어겨 손해를 본 경우와 규칙을 잘 지켜 칭찬을 받았을 때의 느낌은?
- 주변 사람이 법을 어겨 피해를 겪는 경우는?
- 남의 잘못으로 피해를 보게 된 느낌은?
◈ 법을 지켜야 하는 이유 토론하기
- 법은 왜 지켜야 하나?</td><td>12'</td><td>* 다문화 관련 내용 부분 반영 자제</td></tr>
<tr><td>도덕적 감정 공유하기</td><td colspan="2">◈ 준법과 관련하여 내 생활 반성하기
◈ 우리가 지켜야 할 법과 규칙 이야기하기</td><td>10'</td><td>-</td></tr>
<tr><td>정리</td><td>실천동기 강화</td><td colspan="2">◈ 모범 사례 소개
- 법 준수와 관련된 해외의 우수 사례 소개
◈ 정리
- 준법생활의 중요성과 실천 의지 다짐</td><td>5'</td><td>* 민주주의가 성숙한 나라일수록 법질서를 잘 지킨다는 사실 인식</td></tr>
</table>

2) 수업안 해설

본 수업은 법과 규칙의 준수와 관련한 도덕적 가치를 심화시키기 위한 수업이다. 따라서 다문화 준거 개념은 전혀 포함되어 있지 않은 단원에 다문화 교육 요소를 투입하여 진행하는 수업활동이다. 따라서 수업의 도입과 정리 부분에 다문화와 관련된 사실을 제시하여 소개하는 MCA 모형의 수업 방법을 채택하여 수업을 진행할 수 있다. 본 수업의 학습목표는 법과 규칙 준수의 중요성 이해와 이에 대한 올바른 가치와 태도의 형성이므로 이를 위한 학습문제는 우리가 지켜야 하는 법과 규칙에 대해 알고, 그 이유를 설명하는 것으로 설정한다. 때문에 본 수업은 법과 질서 준수라는 도덕적 가치의 내면화를 위한 일반적인 수업 형태인 도입－전개－정리의 3단계로 진행된다. 다문화 요소의 투입과 관련해서는 수업의 도입 단계에서 법을 어기는 사례를 한국과 중국 그리고 선진국의 예를 들면서 학생들이 호기심을 가지고 본시 학습에 임할 수 있도록 한다. 이어 도덕적 규범 찾기－도덕적 감정 표현하기－도덕적 감정 공유하기－실천동기 강화 등의 과정을 거치면서 학생들은 법을 지켜야 하는 중요성을 깨닫게 된다. 본 수업에서는 다문화와 관련된 사실에 대한 간단한 소개를 통하여 학생들은 자연스럽게 법을 잘 지키는 나라와 그렇지 못한 나라가 있고, 일반적으로 민주시민의식이 성숙된 나라일수록 법을 잘 지킨다는 사실을 알 수 있게 된다.

나. MAA 모형을 활용한 수업

1) 수업안

<table>
<tr><td>교과</td><td colspan="3">도덕</td><td>학년</td><td colspan="2">5학년</td></tr>
<tr><td rowspan="2">대주제</td><td colspan="6">대화와 갈등 해결</td></tr>
<tr><td colspan="6">갈등에 대한 평화적 해결의 구체적인 과정과 절차</td></tr>
<tr><td>본시 주제</td><td colspan="6">일상생활에서 부딪히는 다양한 도덕적 갈등 문제를 평화적으로 해결하는 방법을 제시할 수 있다.</td></tr>
<tr><td rowspan="2">학습목표</td><td>수업 모형</td><td colspan="5">MAA 모형</td></tr>
<tr><td>학습 조직</td><td colspan="5">전체학습 → 개인학습 → 모둠학습 → 전체학습</td></tr>
<tr><td>수업전략</td><td>다문화 관련 준거 개념</td><td colspan="5">다양성, 의사소통</td></tr>
<tr><td>단 계</td><td>학습 과정</td><td colspan="3">교 수-학 습 활 동</td><td>시간(분)</td><td>자료(▶) 및 유의점(*)</td></tr>
<tr><td rowspan="2">문제인식</td><td>동기유발</td><td colspan="3">◈ 납골당 건설 반대 시위의 모습을 담은 영상물 감상
- 무슨 문제가 발생하였나?
- 어떤 방식으로 문제를 해결하려고 하고 있나?
- 다른 나라에서는 어떻게 하는가?</td><td rowspan="2">5'</td><td rowspan="2">-</td></tr>
<tr><td>학습문제 확인</td><td colspan="3">다양한 갈등 문제를 평화적으로 해결하는 방법을 말할 수 있다.</td></tr>
<tr><td rowspan="2">소수문화 관련 내용 부가</td><td>문제사태 제시</td><td colspan="3">◈ 주위의 갈등에 대한 경험 이야기하기
- 갈등의 발생 및 과정에 대한 자신의 생각 이야기하기
- 외국인 노동자가 겪는 갈등 예시
◈ 갈등의 원인 이해하기
- 다양한 갈등의 원인 이야기하기</td><td rowspan="2">10'</td><td rowspan="2">* 갈등의 경험 및 해결 방법과 관련하여 다문화적인 내용 부가할 것</td></tr>
<tr><td>문제해결 방법 찾기</td><td colspan="3">◈ 갈등을 평화적으로 해결하는 방법 찾기
- 갈등을 평화적으로 해야 하는 이유 알아보기
- 다양한 갈등 해결 방법 찾기
- 대화를 통한 갈등 해결의 장점 알아보기</td></tr>
<tr><td>주류문화와 소수문화의 관계인식</td><td>실천동기 강화</td><td colspan="3">◈ 역할놀이
- 모둠별로 갈등상황을 가정하여 이를 평화적으로 해결하는 방법 역할 놀이로 표현하기
◈ 역할놀이에 대한 느낌을 적고 실천동기 다지기
- 역할놀이를 보고 느낀 갈등 해결 방법 학습지에 적고 의지 다지기</td><td>20'</td><td>* 다문화적 요인으로 생기는 갈등을 해결하는 역할놀이도 반드시 포함시키도록 한다.</td></tr>
<tr><td>정리 및 발전</td><td>학습정리 내면화</td><td colspan="3">◈ 학습내용 정리
◈ 실천동기 부여
- 부모님과의 갈등을 대화로써 해결하고 일기에 그 내용 정리하기</td><td>-</td><td>-</td></tr>
</table>

2) 수업안 해설

본 수업안은 다문화교육과 부분 일치를 보이는 단원에 대한 수업 계획이다. 즉 수업 주제 자체가 다양성과 의사소통이라는 다문화 준거 개념을 포함하고 있기 때문에 수업 모형은 다문화 부가 접근 모형인 MAA 모형을 사용할 수 있다. 본 학습의 목표는 일상생활에서 부딪히는 갈등 문제를 평화적으로 해결하는 방법을 모색하는 것이므로 학습문제를 다양한 갈등 문제를 평화적으로 해결하는 방법을 말해 보는 것으로 설정한다. 따라서 이러한 학습목표를 달성하기 위해서는 다양성 인정과 의사소통이라는 내용을 수업내용에 부가해서 수업을 진행할 수 있다. 우선 문제인식 단계에서 동기 유발로 우리나라의 갈등 문제를 제시하면서 동시에 외국의 갈등 문제를 함께 제시하여 우리 사회에는 다양한 갈등이 존재함을 인식하도록 한다. 학습문제 확인이 끝나면 갈등의 발생 원인 파악을 위한 활동에 들어가게 되는데 이때 우리나라의 다양한 갈등 상황에 대한 사례 가운데 소수문화 관련 내용의 부가로서 외국인 노동자들이 사주들과 겪는 갈등을 제시할 수 있다. 이어 갈등해결 방법 찾기에서는 사회적 갈등을 해결하기 위한 다양한 방법들 가운데 대화를 통한 평화적 해결이 최선임을 학생들이 찾을 수 있도록 하고, 소수문화와 관련된 외국인 노동자의 갈등 문제 역시 대화를 통한 해결이 최선의 방법임을 학생들이 알 수 있도록 한다. 또한 도덕적 의지를 강화하는 단계인 역할 놀이에도 외국인 노동자의 갈등과 대화를 통한 해결을 한 모둠 정도가 시연해 보도록 하여 우리 사회에는 다양한 갈등이 존재하고 있으며, 이에 대한 해결책은 바로 대화를 통한 해결임을 학생들이 체화할 수 있도록 한다. 정리 단계에서는 학생들 가정에서의 갈등을 스스로 해결해 보고 이를 일기로 써 보는 자기 평가의 시간을 갖도록 배려한다. 이 수업을 통하여 학생들은 갈등과 최선의 해결책으로서의 대화를 통한 해결이라는 학습목표의 변경 없이 우리나라의 갈등 가운데에는 외국인 노동자라는 소수자들의 갈등이 포함되어 있음을 인식할 수 있다.

다. MTA 모형 Ⅰ을 활용한 수업

1) 수업안

교과	도덕	학년	6학년
대주제	**편견 극복과 관용**		
본시 주제	**다른 문화에 대한 이해와 존중**		
학습목표	우리 사회에 존재하는 다문화 상황을 인식하고 문화 차이 때문에 차별하거나 경시해서는 안 되는 이유를 찾을 수 있다.		
수업전략	**수업 모형**	MTA 학습 모형 Ⅰ	
	학습 조직	전체학습 → 모둠학습 → 개인학습 → 전체학습	
	다문화 관련 준거 개념	문화다양성, 타인존중, 편견	

단 계	학습 과정	교 수-학 습 활 동	시간(분)	자료(▶) 및 유의점(*)
갈등문제 제시	동기유발 및 문제제기	◈ 서로의 코를 비비거나, 키스로 인사하는 사례 동영상 감상 - 동영상을 감상하고 드는 느낌은 무엇인가? - 왜 이들은 우리와 다르게 인사를 하는가? - 우리의 고개 숙여 인사하는 것과 비교할 때 어느 것이 더 낫다고 생각하는가?	5'	* 다문화와 관련하여 학생들의 편견을 확인할 수 있는 자료 제시
	학습문제 제시	우리가 사는 사회에는 다양한 문화가 공존하고 있음을 알고, 이를 편견 없이 받아들일 수 있는 바람직한 태도를 기를 수 있다.	1'	-
다문화의 공존인식	가치인식	◈ 우리 사회에 존재하는 다문화 상황 인식 - 우리 사회에 존재하는 다문화: 음식, 놀이, 문화, 언어 - 증가하는 다문화가정 - 외국인 노동자의 증가	5'	* 학생들의 경험을 토대로 이야기하게 하고 교사는 보충 설명
문화적 편견 해소	가치의개념화	◈ 음식을 통한 문화 차이 경험해 보기 - 포크로 땅콩 먹어 보기 - 숟가락으로 라면 먹어 보기 - 손으로 과일 통조림 먹어 보기 ◈ 음식에 따른 적합한 먹는 방법 알아보기 ◈ 문화적 차이에 대한 편견 해소하기 - 음식문화가 서로 다른 이유 말해 보기 - 나와 다른 문화를 멸시하면 안 되는 이유 말해 보기 - 다른 문화를 이해하기 위한 바람직한 방법 토의하기 - 서로 다른 문화가 공존하는 사회의 장점 토의하기	15'	* 음식문화 차이의 발생 원인이 그 나라의 특수한 환경적인 요인에 기인하고 있음을 이해할 수 있도록 유도
반편견 활동 실행	가치심화	◈ 다문화가정 친구들에게 마음 열기 - 다문화가정 친구들에게 자신의 마음 담아 편지 쓰기	11'	* 자신의 감정이 솔직히 드러나도록 편지 쓰기
가치의 내면화	정리 및 발전	◈ 편견 없는 다문화 이해에 대한 생각 다지기 - 서로 다른 문화를 이해하는 바람직한 자세 말해 보기	3'	-

2) 수업안 해설

본 수업안은 다문화교육과 전면 일치를 보이는 단원에서의 편견 해소를 위한 수업 계획이다. 즉 수업 주제 자체가 문화다양성, 타인존중과 편견 해소라는 다문화 준거 개념을 포함하고 있기 때문에 수업 모형은 MTA 학습 모형 Ⅰ인 PR－Model을 사용할 수 있다. 본 수업은 다문화교육과 직접적으로 관련된 주제를 가지고 있기 때문에 수업내용 자체를 다문화교육을 위한 내용으로 구성하고 도달해야 할 학습목표 역시 다문화 현상을 이해하고 이를 통해 문화 차이로 인한 차별이 옳지 않음을 이해하는 것으로 설정한다. 때문에 학생들은 수업의 전 과정을 통하여 문화가 서로 다른 상황을 이해하는 내용을 학습하게 된다. 이를 위해 학습문제는 문화적 편견을 해소하는 데 중점을 두어 타인의 문화를 편견 없이 받아들이는 태도 형성으로 제시한다. 학습의 과정에서 먼저 동기 유발 및 문제제기에서는 학생들이 이상하다고 느낄 수 있는 우리와는 다른 세계 여러 나라의 다양한 인사법을 동영상으로 제시하여 이들이 다르게 인사하는 이유와 이에 대한 학생들의 생각을 들어 봄으로써 수업을 위한 학생들의 흥미를 유도한다. 이어 학습문제를 제시하고, 다문화의 공존을 인식하는 단계에서는 우리나라에서 날로 늘어나고 있는 다문화적 상황을 실례를 통해 이야기해 봄으로써 현재 우리나라는 다문화사회로 진입하였음을 학생들이 이해하도록 한다. 이어 문화적 편견을 해소하는 단계로 이 단계에서는 학생들이 음식문화 체험을 통해 왜 서로 다른 음식문화가 발생하게 되었는지에 대한 이해를 통해 그동안 우리가 가지고 있던 편견이 옳지 않음을 깨닫도록 한다. 즉 서로 다른 지리적 상황이 서로 다른 음식의 발전을 가져오게 되었고, 그 결과 음식 먹는 법도 그 나라의 환경적 특수성에 따라 발전되어 왔다는 인식을 학생들 스스로가 하도록 하여 음식문화에 대한 편견을 해소하도록 지도한다. 이 활동을 토대로 학생들에게 서로 다른 문화를 이해하기 위한 바람직한 방법을 모둠별로 토의하여 보고, 다문화가 공존하는 사회의 장점을 생각해 보도록 함으로써 우리 사회에 존재하는 다문화 현상이 편견을 가지고 보아야 하는 문제가 아님을 인식시킨다. 이어 반편견 활동을 실행하는 단계로 학생들은 그동안 주위에서 본 다문화 상황에 대한 편견을 불식시키는 의미에서 그동안 차별을 했던 다문화가정의 학생들이나 외국인 노동자들에게 자신의 변화된 마음을 편지로 나타내 보게 한다. 마지막으로 정리 및 평가의 단계에서 교사는 학생들의 수업을 통해 다져진 편견 해소의 마음을 내면화시킬 수 있도록 지도한다.

라. MTA 학습 모형 Ⅱ를 활용한 수업

1) 수업안

교과	도덕		학년	9학년
대주제	**인간 존엄성과 소수자 보호**			
본시 주제	**소수자 보호를 위한 다양한 방안**			
학습목표	우리 사회에 존재하는 차별과 소외를 철폐하고, 소외받는 이가 없도록 하기 위한 다양한 방법을 찾아본다.			
수업전략	**수업 모형**	MTA 학습 모형 Ⅱ		
	학습 조직	전체학습 → 모둠학습 → 개인학습 → 전체학습		
	다문화 관련 준거 개념	소수문화, 평등, 시민권		

단 계	학습 과정	교 수 - 학 습 활 동	시간(분)	자료(▶) 및 유의점(*)
문화적 갈등사태 제시	문제사태 제시	◈ 사회적인 차별을 받고 있는 동남아 출신 가정주부 이야기를 담은 동영상 보기 - 이들이 한국 사회에서 살면서 힘든 점은 무엇인가?	5'	-
	학습문제 제시	우리 사회에 존재하는 차별과 소외를 철폐하고, 소외받는 이가 없도록 하기 위한 다양한 방법을 찾을 수 있다.	1'	-
주류문화뒤집어보기	차별 발생의 원인 가정	◈ 우리 사회에 존재하는 차별과 소외의 종류 이해하기 - 피부색, 성별, 종교, 장애, 인종, 사회적 출신 등 ◈ 차별의 원인 가정하기 - 왜 우리사회에서 이들은 차별받나?	5'	* 학급 내에 존재하는 차별경험 사례를 적극 활용
문화적으로 낯설게 보기	차별의 원인 확인	◈ 내 안에 존재하는 편견과 고정관념 등 차별의식 인식하기 ◈ 차별의 원인 분석 - 차별의 사례와 원인 관련 자료 수집 - 수집된 자료의 분류 및 해석 - 차별의 원인에 대한 잠정적 결론 내리기	14'	-

단 계	학습 과정	교 수-학 습 활 동	시간(분)	자료(▶) 및 유의점(*)
문화적으로 낯설게 보기	차별의 원인 확인	◈ 내 안에 존재하는 편견과 고정관념 등 차별의식 인식하기 ◈ 차별의 원인 분석 - 차별의 사례와 원인 관련 자료 수집 - 수집된 자료의 분류 및 해석 - 차별의 원인에 대한 잠정적 결론 내리기	14'	-
소수자의 입장에서 생각하기	차별철폐방법 모색	◈ 차별받는 자들의 고통 이해하기 - 장애 학생, 다문화가정의 학생 또는 외국인 노동자 초청 ◈ 차별이 철폐되어야 하는 이유 생각하기 ◈ 차별 철폐를 위한 개인 및 사회적 노력 토론 및 발표 - 평등한 사회적 분위기 조성 - 역차별, 소수자보호 입법, 장애인 우대제, 여성할당제 - 차별 해소를 위한 우리 자신들 스스로의 노력	17'	* 실제로 차별받는 자가 참여하여 이야기를 나눌 수 있으면 더욱 좋다.
다문화의 공존모색	정리 및 내면화	◈ 외국의 차별철폐 사례 확인 및 정리 ◈ 차별 없는 사회를 위한 마음 다지기	3'	-

2) 수업안 해설

본 수업안은 다문화교육과 전면 일치를 보이는 단원에서의 형평 교수법 실행을 위한 수업 계획이다. 이 수업은 수업 자체가 소수문화, 평등, 시민권 등 다문화 준거 개념을 포함하고 있기 때문에 MTA 학습 모형이 적합하고, 다양한 인종, 문화, 성, 사회계층에서 온 학생들이 학급의 구성원으로 포함되어 있는 학급의 수업에 적합한 모형이다. 물론 학급에 다문화가정이나 사회적 소수자가 없을 경우에도 얼마든지 실시가 가능하다. 본시 학습의 목표는 우리 사회에 존재하는 차별을 철폐하고 이를 위한 방법을 찾아보는 것이다. 따라서 학습문제는 우리 사회에서 소수자들이 차별받는 경우를 알아보고 이에 대한 차별을 철폐하는 방법을 학생들 스스로가 찾아보도록 하는 것이다. 수업의 진행은 우선 도입 단계에서 사회적인 차별을 받고 있는 동남아 출신 가정주부의 이야기를 담은 동영상을 보고 이들이 한국 사회에서 살면서 힘든 점에 대해 학생들이 자유롭게 이야기하도록 한다. 이 단계에서 장애인으로서 살아가기 힘든 한국 사회의 모습을 담은 자료를 사용해도 된다. 이어 학습문제를 제시하고, 차별발생의 원인을 가정해 보는 단계로 들어가는데 여기서는 우리 사회에 존재하는 다양한 차별과 소외현상을 알아보고, 이들에 대한 차별의 원인을 학생들이 가정해 볼 수 있도록 한다. 이 단계에서는 학생들 스스로가

장애, 종교, 사회계층 등의 차이로 인해 차별을 받았던 경험을 발표하게 함으로써 우리 사회에 다문화 현상으로 인한 차별현상이 심각함을 인식할 수 있도록 한다. 그리고 다음 단계인 차별의 원인 확인 단계에서는 그동안 학생들 스스로가 그동안 주류인으로서 당연하다고 생각하고 있었던 차별의식을 스스로 인식해 보도록 하고, 우리 사회에 만연되어 있는 차별의 원인이 무엇인지에 대해 수집한 자료를 통해 검토 분석한다. 이러한 검토분석 과정을 통해 사회적 차별의 원인이 우리 개인, 우리나라의 사회구조적 문제에서 기인함을 찾아내도록 한다. 이어서 차별받는 소수자들이 실제로 수업에 참여하여 자신들의 경험을 이야기해 줌으로써 학생들에게 그들이 겪는 차별의 고통과 차별은 반드시 철폐되어야 하는 것임을 깨닫도록 한 후 모둠별 토론을 통해 이러한 차별을 철폐하기 위한 방법을 찾아보도록 한다. 이어 정리 단계에서는 외국의 차별 철폐 사례를 제시하여 학생들에게 각 사회에서는 차별을 철폐하고, 다문화가 함께 공존하는 사회를 만들기 위해 노력하고 있음을 알 수 있도록 한다.

<수업 실행 자료>

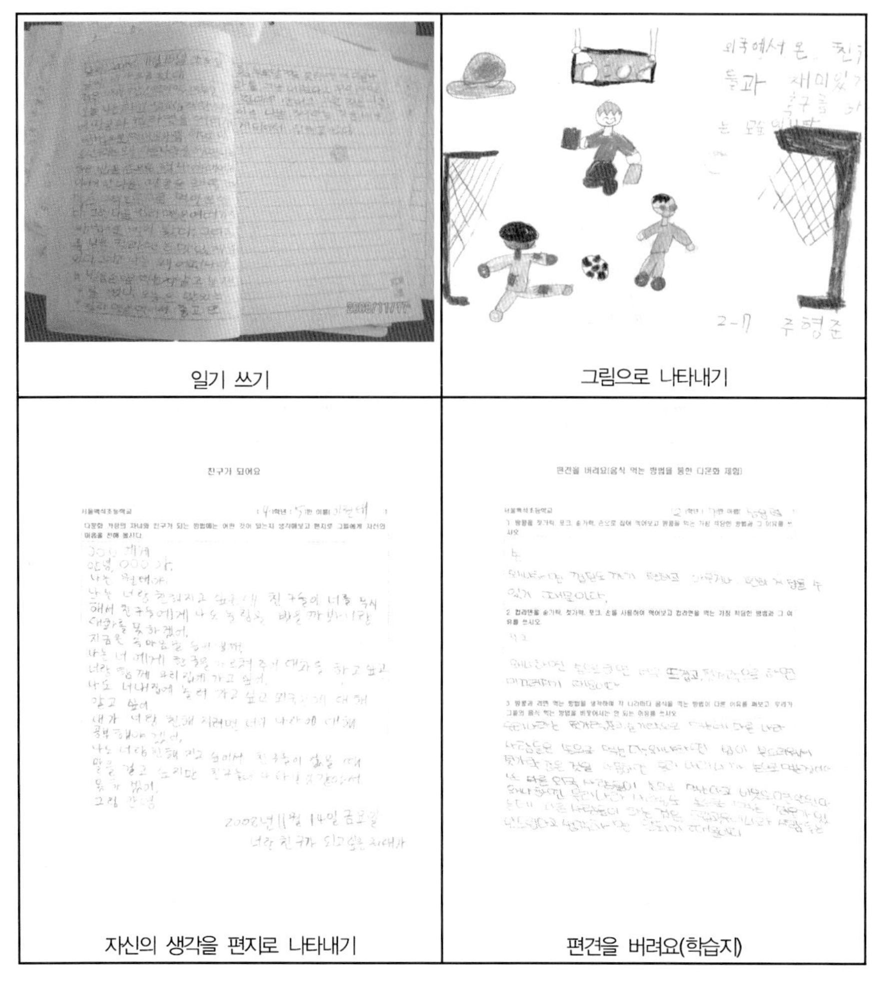

일기 쓰기

그림으로 나타내기

자신의 생각을 편지로 나타내기

편견을 버려요(학습지)

3. 사회과 다문화교육의 실제

1. 사회과 교육과정의 성격

사회과는 사회생활에 필요한 지식과 기능을 익혀 이를 토대로 사회현상을 올바르게 인식하고, 민주 사회 구성원에게 요청되는 가치와 태도를 지님으로써 민주 시민으로서의 자질을 갖추도록 하는 교과이다.

사회과는 지리, 역사 및 제 사회과학의 개념과 원리, 사회제도와 기능, 사회문제와 가치, 그리고 연구 방법과 절차에 관한 요소를 통합적으로 선정, 조직하여 사회현상을 종합적으로 이해하고 탐구한다. 또한 사회과에서는 우리의 삶의 터전인 국토의 이해를 바탕으로 우리 민족의 역사와 활동에 대한 종합적인 파악과 현실에 대한 역사적인 시각에서의 이해 및 한국인으로서의 정체성과 세계 시민으로서의 가치 · 태도 등에 관한 요소를 중시한다.

사회과는 학습자의 성장 발달 정도와 사회 · 문화적 경험을 고려하여 학교급별로 주안점을 달리한다.

초등학교에서는 학생들이 주변의 사회적 사실과 현상에 대하여 관심과 흥미를 가지며, 생활과 관련된 기본적 지식과 능력을 습득하고, 창의적인 자세로 일상생활을 할 수 있도록 한다. 이를 위하여 학생들은 사회적 사실과 현상을 이해하는 데 필요한 기본적인 사실과 개념을 배우고, 이를 자신의 주변 환경이나 문제에 적용할 수 있는 사고력을 지녀야 한다. 또한 이러한 지식과 사고를 사회적 행동으로 실천할 수 있는 적극적인 태도를 길러야 한다.

중학교에서는 초등학교에서의 학습을 바탕으로 각 영역에서 중요시하는 지식을 과학적 절차에 의하여 발견 · 적용하고, 개인적, 사회적 문제를 해결하는 능력을 길러 공동생활에 자발적으로 참여하는 시민 정신을 발휘하게 한다.

고등학교에서는 초등학교와 중학교에서 습득한 지식과 능력을 바탕으로 사회현상을 종합적으로 이해하고 비판적 사고와 합리적 의사 결정 능력을 함양하여, 사회 공동 문제 해결에 적극적으로 참여하는 시민 의식을 기른다(교육부, 2007).

〈표 6-11〉 2007개정 사회과의 내용 체계

학년	역사 영역	지리 영역	일반사회 영역
3학년	○ 우리가 살아가는 곳 ○ 사람들이 모이는 곳	○ 우리 고장의 정체성 ○ 이동과 의사소통	○ 고장의 생활 문화 ○ 다양한 삶의 모습들
4학년	-	○ 우리 지역의 자연환경과 생활 모습 ○ 우리 지역과 관계 깊은 곳들 ○ 여러 지역의 생활	○ 주민 자치와 지역 사회의 발전 ○ 경제생활과 바람직한 선택 ○ 사회 변화와 우리 생활
5학년	○ 하나 된 겨레 ○ 다양한 문화가 발전한 고려 ○ 유교 전통이 자리 잡은 조선 ○ 조선 사회의 새로운 움직임 ○ 새로운 문물의 수용과 민족 운동 ○ 대한민국의 발전과 오늘의 우리	-	-
6학년	-	○ 아름다운 우리 국토 ○ 환경을 생각하는 국토 가꾸기 ○ 세계 여러 지역의 자연과 문화	○ 우리 경제의 성장과 과제 ○ 우리나라의 민주정치 ○ 정보화 · 세계화 속의 우리
7학년	-	○ 내가 사는 세계 ○ 다양한 기후 지역과 주민 생활 ○ 다양한 지형과 주민 생활 ○ 지역마다 다른 문화 ○ 인구 변화와 인구 문제 ○ 도시 발달과 도시 문제	○ 개인과 사회생활 ○ 문화의 이해와 창조 ○ 우리의 생활과 법 ○ 인권 보호와 헌법

학년	역사 영역	지리 영역	일반사회 영역
8학년	〈한국사 영역〉 ○ 문명의 형성과 고조선의 성립 ○ 삼국의 성립과 발전 ○ 통일신라와 발해 ○ 고려의 성립과 발전 ○ 고려 사회의 변천 ○ 조선의 성립과 발전 〈세계사 영역〉 ○ 통일제국의 형성과 세계종교의 등장 ○ 다양한 문화권의 형성 ○ 교류의 확대와 전통사회의 발전	-	-
9학년	〈한국사 영역〉 ○ 조선사회의 변동 ○ 근대국가 수립 운동 ○ 대한민국의 발전 〈세계사 영역〉 ○ 산업화와 국민국가의 형성 ○ 아시아 · 아프리카 민족운동과 근대 국가 수립 운동 ○ 현대 세계의 전개	○ 자원의 개발과 이용 ○ 산업 활동과 지역변화 ○ 지역에 따라 다른 환경 문제 ○ 세계 속의 우리나라 ○ 통일 한국의 미래	○ 정치 생활과 민주주의 ○ 정치 과정과 참여 민주주의 ○ 경제생활과 경제 문제 ○ 시장 경제의 이해 ○ 국민 경제의 이해
10학년	○ 우리 역사의 형성과 발전 ○ 조선사회의 변화와 서구 열강의 침략적 접근 ○ 동아시아의 변화와 조선의 근대 개혁 운동 ○ 근대 국가 수립운동과 일본 제국주의의 침략 ○ 일제의 식민지 지배와 민족운동의 전개 ○ 전체주의의 대두와 민족운동의 발전 ○ 냉전 체제와 대한민국 정부의 수립 ○ 대한민국의 발전과 국제정세의 변화 ○ 세계화와 우리의 미래	○ 국토와 지리정보 ○ 자연환경과 인간 생활 ○ 문화 경관의 다양성 ○ 장소 인식과 공간 행동 ○ 지역 개발과 환경 보전	○ 문화 ○ 정의 ○ 세계화 ○ 인권 ○ 삶의 질

2. 사회과 교육과정의 다문화 내용 체계 분석

〈표 6-12〉 2007개정 사회과 다문화 관련 내용 체계 분류표

학년	불일치: 간접 관련 주제	부분 일치: 중간 관련 주제	전면 일치: 직접 관련 주제
3학년	○ 우리가 살아가는 곳 ○ 우리 고장의 정체성 ○ 사람들이 모이는 곳	○ **고장의 생활 문화** ① 오늘날의 의식주 생활의 특성에 대한 이해를 바탕으로 우리나라 생활 문화의 일반적인 경향을 파악한다**(정체성)**. ② 오늘날의 여가 생활의 모습을 파악하고 바람직한 여가 시간 활용의 의미를 이해한다. ③ 김치, 한복, 온돌 및 생활 도구 등에 담긴 조상들의 멋과 슬기를 알아보고 오늘날의 모습과 비교한다. ④ 의식주 및 생활 도구의 변천 과정과 오늘날 계승·발전된 모습을 이해한다. ⑤ 고장의 유물·유적을 통하여 조상들의 생활과 생각을 추론하고 우리나라의 문화유산을 아끼고 발전시키려는 태도를 갖는다. ○ **이동과 의사소통** ① 생활 속에서 가족의 이동·의사소통 이유를 조사하여 이동·의사소통의 필요성을 찾아본다. ② 우리 고장을 중심으로 주위에 있는 고장들의 위치와 명칭을 확인하고, 고장 간의 이동과 의사소통 방법을 조사하여 이를 그림지도로 나타낸다**(집단관계)**. ③ 옛날과 오늘날의 이동·의사소통 수단에 관한 자료를 수집, 비교하여 이동 방법이 변해 온 모습을 파악한다. ④ 이동·의사소통의 방법이 달라짐에 따라 생활의 변화된 모습을 비교, 조사한다. ⑤ 오늘날 이용되고 있는 이동·의사소통 수단 간의 비교를 통하여 수단의 차이가 서로 다른 생활 모습을 만들어 내는 구체적인 예를 조사한다. ⑥ 우리 고장과 주변 고장 간에 오가는 사람, 정보, 물자를 조사하고 이를 도표로 나타낸다. ⑦ 미래의 이동·의사소통 방법을 예상하여 변화될 고장의 생활 모습을 예측한다.	○ **다양한 삶의 모습들** ① 오늘날 학생들의 놀이, 친교, 단체 활동 등에 담겨 있는 문화적인 특징을 이해한다**(타인존중)**. ② 고장, 지역, 국가의 서로 다른 학생들의 문화를 알아보고 유사성과 차이점을 조사한다**(문화 다양성)**. ③ 다른 고장을 여행한 경험을 바탕으로 그 고장의 독특한 문화가 만들어지게 된 자연적, 인문적 특성을 이해한다. ④ 전통적 혼례와 상례, 제례의 특징을 알아보고, 옛날과 오늘날의 달라진 모습을 이해한다. ⑤ 설과 단오, 추석 등의 명절과 삼일절, 현충일, 광복절 등 기념일의 유래와 의미를 알아보고 다른 나라의 명절 및 기념일과 비교한다**(문화 다양성)**. ⑥ 서로 다른 문화에 대하여 이해하고 포용하려는 태도를 갖는다**(타 문화 존중)**.

학년	불일치: 간접 관련 주제	부분 일치: 중간 관련 주제	전면 일치: 직접 관련 주제
4학년	ㅇ 우리 지역의 자연환경과 생활 모습 ㅇ 경제생활과 바람직한 선택	ㅇ **여러 지역의 생활** ① 도시의 기능적인 특징을 알고, 인구가 도시로 집중하는 까닭을 다양한 방법으로 탐구한다. ② 지도와 통계 자료를 통하여 도시의 분포와 도시화 과정을 이해한다. ③ 대도시와 중소도시로 나누어 사람들의 생활 모습을 이해한다. ④ 여러 가지 사례를 통해 도시 문제의 복합적 성격을 이해하고 해결 방법을 알아본다. ⑤ 촌락 지역의 생활 모습을 자연환경 및 산업 활동과 관련지어 이해한다. ⑥ 촌락을 농촌, 어촌, 산지촌으로 구분하고, 그 특징을 비교한다. ⑦ 촌락의 생활 모습과 문제점을 이해하고 해결 방법을 알아본다. ⑧ 도시와 촌락이 상호 보완적인 관계를 가지고 있음을 이해한다 **(상호 의존).**	ㅇ **주민 자치와 지역 사회의 발전** ① 다양한 의견 차이와 갈등을 조정해 가는 민주적 정치 생활의 기본 원리를 이해한다**(민주주의).** ② 선거를 통해 대표의 의미 및 대의 민주주의의 기본 원리를 이해한다. ③ 중앙정부와 지방정부의 역할 분담을 이해하고, 지방자치단체가 하는 일의 개략을 파악한다. ④ 주민 참여와 자원 봉사의 경험을 통해 참여의 중요성을 깨닫는다**(사회참여).** ⑤ 지역 사회의 문제점을 조사하여 그 해결책을 모색해 보는 문제 해결 활동을 수행한다**(사회참여).** ⑥ 우리 지역의 바람직한 미래 모습을 상상해 보고, 그것을 실현할 수 있는 방법을 찾아본다. ㅇ **사회 변화와 우리 생활** ① 현대사회 가족 구성의 다양성을 이해하고, 바람직한 가족의 의미를 찾아본다**(소수문화).** ② 성 역할이 변화하고 있음을 이해하고, 양성 평등의 사회를 만들기 위한 방안을 모색한다. ③ 우리나라의 인구 구성의 변화에 따른 다양한 사회문제를 이해한다**(갈등).** ④ 현대사회에서 대중매체가 미치는 긍정적, 부정적 영향을 파악한다. ⑤ 현대사회에서 여가의 중요성을 알고, 바람직한 여가 활용 방안을 찾아본다. ⑥ 생활 방식의 다양성을 이해하고, 사회적 약자와 소수자 권리의 중요성을 이해한다**(소수집단).** ㅇ **우리 지역과 관계 깊은 곳들** ① 지역 간 교류의 여러 가지 사례를 찾아보고 상호 의존이 필요한 까닭을 이해한다**(상호 의존).** ② 우리 지역이 다른 지역과 밀접한 관계를 맺고 있음을 사례를 중심으로 이해한다 **(집단관계).** ③ 우리 지역과 자연적·인문적으로 관계가 있는 지역을 다양한 공간 규모에서 선정한다. ④ 우리 지역과 관계 깊은 다른 지역의 위치를 지도에서 확인하고, 자연적·인문적 특성을 조사한다. ⑤ 우리 지역과 관계 깊은 다른 지역을 비교하여 자연적·인문적 특성의 차이를 이해한다**(문화 다양성).** ⑥ 다양한 지도, 사진, 그래프, 도표를 통해 우리 지역과 다른 지역의 상호 관련성을 파악한다**(상호 의존).**

학년	불일치: 간접 관련 주제	부분 일치: 중간 관련 주제	전면 일치: 직접 관련 주제
5학년	○ 새로운 문물의 수용과 민족 운동 ○ 하나 된 겨레 ○ 다양한 문화가 발전한 고려 ○ 유교 전통이 자리 잡은 조선 ○ 대한민국의 발전과 오늘의 우리	–	○ **조선 사회의 새로운 움직임** ① 영조, 정조 시기에 문화가 크게 발달하였음을 사례를 들어 설명한다. ② 풍속화, 민화, 서민 문학을 통해 조선 전기와 달라진 새로운 생활 모습을 탐구한다**(사회변화).** ③ 도자기와 칠기 등 조선 후기에 사용된 생활용품을 조사하여 그 속에 담긴 조상의 지혜를 확인한다. ④ 서양에서 전래된 문물을 조사하고, 서양 학문과 천주교가 조선 사회에 미친 영향을 이해한다**(융합문화).** ⑤ 실학자와 농민 봉기 지도자를 사례로 사회 변화를 위한 조상의 노력을 알아본다**(사회변화).** ⑥ 조선 시기 여성의 생활과 사회적 지위 변화를 파악하고 생활을 개선시키고자 했던 여성의 노력을 이해한다**(성).**
6학년	○ 환경을 생각하는 국토 가꾸기 ○ 우리 경제의 성장과 과제 ○ 아름다운 우리 국토	–	○ **우리나라의 민주정치** ① 우리나라의 민주화 과정에 대한 이해를 바탕으로, 민주주의는 참여를 통해 만들어 가는 것임을 이해한다**(사회참여).** ② 헌법의 핵심적인 내용을 이해하고 그 외의 다양한 법들이 우리 생활을 위해 필요함을 인식한다. ③ 국회, 행정부, 법원의 구조와 기능을 권력 분립의 원리와 연관 지어서 이해한다. ④ 인권을 존중하는 태도를 기른다**(민권).** ⑤ 공공 생활에서 지켜야 할 기본적 의무를 자각하고 이를 준수하는 태도를 기른다. ⑥ 관용, 대화, 타협, 절차 준수 등 일상생활에서 민주주의를 실천하는 태도를 기른다**(사회참여).** ○ **정보화 · 세계화 속의 우리** ① 정보 사회의 의미를 이해하고, 정보화가 인간의 삶에 미치는 영향을 파악한다**(정보화).** ② 과학과 기술 발달의 방향을 이해하고, 그것이 일상생활에 미치는 영향과 문제점을 파악한다**(정보화).** ③ 세계화의 다양한 모습을 이해하고, 우리 삶의 변화를 이와 관련지어 파악한다**(세계화).** ④ 세계화와 관련하여 우리 문화의 고유성을 인식하고, 민족 문화의 세계화를 위한 방안을 창의적으로 모색한다**(정체성, 세계화).** ⑤ 변화하는 세계 속에서 분단으로 인해 우리 민족이 겪는 문제를 생각해 보고, 이를 해결할 방안을 모색한다.

<table>
<tr><th>학년</th><th>불일치: 간접
관련 주제</th><th>부분 일치:
중간 관련 주제</th><th>전면 일치:
직접 관련 주제</th></tr>
<tr><td>6학년</td><td>-</td><td>-</td><td>⑥ 세계 인류의 번영과 평화로운 삶을 위한 다양한 국제사회의 노력을 조사해 본다(국제이해).
○ 세계 여러 지역의 자연과 문화
① 우리나라와 관계가 깊은 세계 여러 지역을 선정하고 그 선정 기준을 제시한다(상호 의존).
② 세계지도 및 지구본의 기능을 활용하여 세계 각 지역의 위치를 확인한다.
③ 세계지도 및 해당 지역의 지도와 여러 가지 시사 자료를 활용하여 선정된 지역의 자연적 · 인문적 특성을 이해한다(문화 다양성).
④ 다양한 인종, 민족, 국가로 구성된 세계는 교통 · 통신의 발달에 따라 지구촌화되고 있음을 이해한다(세계화).
⑤ 지구촌에서는 여러 가지의 갈등과 문제가 발생하고 있으며, 이러한 문제의 해결을 위해 국제기구와 단체, 그리고 많은 사람들이 노력하고 있음을 이해한다(국제이해).
⑥ 세계 여러 지역의 문화 다양성을 이해한다(문화 다양성).
⑦ 변화하는 세계 속에서 우리나라의 역할을 깨닫고 이에 이바지하려는 태도를 가진다(세계화).</td></tr>
<tr><td>7학년</td><td>○ 우리의 생활과 법
○ 내가 사는 세계
○ 인구 변화와 인구 문제
○ 도시 발달과 도시 문제</td><td>○ 다양한 기후 지역과 주민 생활
① 세계 기온 분포도를 보고 기온이 대비되는 지역 간의 생활양식을 비교한다(문화 다양성).
② 세계 강수량 분포도를 보고 강수량 분포가 대비되는 지역 간의 생활양식을 비교한다(문화 다양성).
③ 우리나라의 기후 특성을 살펴보고 다른 나라와의 차이를 분석한다.
④ 눈이 많이 오는 지역의 주민 생활 특징을 조사한다.
⑤ 홍수, 가뭄, 태풍 등 자연 재해 발생 지역의 지리적 특성을 조사한다.
○ 다양한 지형과 주민 생활
① 인터넷 또는 시각 자료를 통하여 독특한 지형 경관을 살펴보고 세계 지형의 다양성을 이해한다.
② 세계의 대산맥과 대하천, 우리나라의 주요 산맥과 하천의 위치를 확인한다.
③ 화산과 지진 활동이 빈번히 일어나는 지역을 찾아보고, 그 지역에 살고 있는 사람들의 삶의 모습을 조사한다.
④ 산지 지역, 평야 지역, 해안 지역의 주민 생활 모습을 사례를 들어 지형과 연관 지어 설명한다(문화 다양성).</td><td>○ 개인과 사회생활
① 사회적 존재로서의 인간 및 사회화의 의미를 이해한다(정체성).
② 자아 정체성이 사회적 관계 속에서 형성됨을 이해하고, 이를 존중하는 태도를 가진다(정체성).
③ 일상생활 속에서 사회적 상호 작용 유형을 탐색하고, 그것의 사회문화적 의미를 분석한다(문화 간 상호 작용).
④ 사회적 관계의 의미와 유형을 이해하고, 개인과 집단의 바람직한 역할을 탐색한다.
⑤ 사회생활 속에서 나타나는 차이와 차별 현상을 이해한다(편견).
⑥ 사회 불평등 현상의 원인 및 해결 방안을 제시한다(평등).
○ 지역마다 다른 문화
① 구체적인 사례를 통해 세계에는 다양한 문화가 존재함을 파악한다(문화 다양성).
② 종교적 경관이 뚜렷한 지역을 사례로 그 지역의 주민 생활을 이해한다(타 문화 존중).
③ 문화 이식 또는 확산으로 인한 독특한 문화 경관의 형성을 사례 지역을 통해 설명한다(융합 문화).
④ 다양한 문화 축제를 그 지역의 특성과 관련지어 설명한다(문화 다양성).</td></tr>
</table>

학년	불일치: 간접 관련 주제	부분 일치: 중간 관련 주제	전면 일치: 직접 관련 주제
7학년	–	※ 생물학적 측면에서 인간의 환경 적응적 차원만 다루면 다문화교육(문화 다양성) 준거와 상관성이 희박하며, 환경에 따라 인간의 적응양태가 달라짐을 비교한다면 다문화교육(문화 다양성) 준거와 상관성이 있다고 판단함.	⑤ 우리나라를 중심으로 동아시아의 문화적 공통성과 상호 관련성을 설명한다(**상호 관련성**). ○ **문화의 이해와 창조** ① 문화의 의미와 특징을 이해한다(**문화다양성**). ② 문화를 바라보는 다양한 관점을 이해하고, 자문화 및 타 문화를 객관적으로 바라보는 능력과 태도를 가진다(**타 문화 존중**). ③ 대중문화의 의미와 특징을 이해하고, 대중매체 속에 담겨 있는 대중문화를 비판적으로 해석한다. ④ 문화 창조자로서의 인간의 모습을 이해하고, 바람직한 문화의 계승과 발전 방향을 탐색한다. ○ **인권 보호와 헌법** ① 인권 의식의 성장과 헌법의 관계를 이해한다(**민권**). ② 우리나라 헌법의 기본 원리와 헌법을 보호하는 수단을 이해한다. ③ 우리나라 헌법이 구현하려는 정부의 성격과 형태를 이해한다. ④ 자신의 기본권을 실현하며 타인의 권리를 존중하는 시민의식을 가진다(타인존중).
8학년	○ 문명의 형성과 고조선의 성립 ○ 통일제국의 형성과 세계종교의 등장	○ **삼국의 성립과 발전** ① 고구려의 성장과 팽창에 따른 대내외적인 변화를 설명한다. ② 백제의 변천 과정과 대외 활동 양상을 이해한다. ③ 신라의 영역 확장과 체제 정비과정을 연관 지어 파악한다. ④ 삼국이 발전하는 과정에서 나타난 공통점을 추출하고 이를 부여, 가야의 경우와 비교한다. ⑤ 삼국이 신분제 사회였음을 여러 사례를 통해 설명한다(**사회계층**). ⑥ 고대 문화의 발전상을 이해하고, 이웃 나라와의 교류 양상을 파악한다. ※ '문화 간 상호 작용'이라 함은 주류문화와 소외 문화와의 상호 작용으로 해석했으며, 따라서 국가 관계에서의 문화적 상호 작용은 다문화교육적 성향이 옅음. ○ **통일신라와 발해** ① 고구려의 대 수 · 당 전쟁 과정을 파악하고 역사적 의의를 설명한다. ② 삼국 통일의 과정을 이해하고 그 의의를 다각도로 평가한다. ③ 통일 이후 신라 사회의 변화 모습을 파악한다.	○ **고려 사회의 변천** ① 무신 정권과 농민 · 천민 봉기의 전개과정을 파악한다(**갈등, 소수집단**). ② 대몽 항쟁 과정을 알고 반원 자주화 노력을 설명한다. ③ 여러 가지 사례를 통해 고려 후기의 문화 변화를 설명한다. ④ 고려 말 신진 사대부가 성장하여 조선 건국에 주도적 역할을 하였음을 이해한다(**우월 집단**).

학년	불일치: 간접 관련 주제	부분 일치: 중간 관련 주제	전면 일치: 직접 관련 주제
8학년	-	④ 발해의 성립과 문화적 특징을 통해 고구려와의 관련성을 설명한다. ⑤ 통일 신라와 발해가 주변지역과 활발하게 교류하였음을 안다. ⑥ 신라 하대 사회의 동요와 후삼국의 성립 과정을 이해한다(**갈등**). ○ **고려의 성립과 발전** ① 고려의 통일은 후삼국 통합과 발해 유민 포용을 통해 이뤄졌음을 이해한다(**소수집단**). ② 고려 전기의 제도 정비를 통해 귀족 중심 사회가 형성되었음을 인식한다(**우월집단**). ③ 고려 전기 특징적인 사례를 통해 각 신분의 일상생활을 추론한다. ④ 여러 가지 사례를 통해 고려 전기의 문화적 특징을 파악한다. ⑤ 고려의 대외 관계를 전쟁과 문물 교류의 양상으로 나누어 설명한다. ○ **조선의 성립과 발전** ① 유교 이념에 따른 통치 체제가 수립되었음을 이해한다. ② 조선 전기에 이룩한 민족문화의 발전을 사례를 들어 설명한다. ③ 조선 전기 특징적인 사례를 통해 각 신분의 일상생활을 추론한다(**사회계층**). ④ 사림파가 등장한 이후 성리학적 사회질서가 확산되었음을 이해한다(**사회변화**). ⑤ 외세의 침략에 맞선 다양한 노력 중심으로 왜란과 호란의 전개 과정을 설명한다. ○ **다양한 문화권의 형성** ① 이슬람 제국의 형성 과정을 파악하고, 이슬람 문화권의 공통요소를 파악한다. ② 중세 유럽의 형성과정을 파악하고, 서유럽과 비잔틴 제국의 정치경제적 특징을 비교한다(**문화 다양성**). ③ 크리스트교를 중심으로 중세유럽문화의 특징을 파악하고, 르네상스를 계기로 새로운 변화가 나타났음을 이해한다. ④ 굽타왕조 이후의 인도의 정치 변화과정을 힌두교, 이슬람교 확산과 관련지어 파악한다. ⑤ 동남아시아의 국가 형성 과정을 파악하고 여러 나라의 문화를 비교한다(**문화 다양성**). ⑥ 수·당이 위·진 남북조의 분열을 수습하고 정치 제도의 발전을 가져왔음을 설명한다. ⑦ 동아시아가 하나의 문화권을 형성하였음을 여러 나라의 발전과정을 통해 파악한다.	-

학년	불일치: 간접 관련 주제	부분 일치: 중간 관련 주제	전면 일치: 직접 관련 주제
8학년	-	○ **교류의 확대와 전통사회의 발전** ① 송대의 경제 발전과 아시아 해상 교역의 확대 과정을 관련지어 파악한다. ② 몽골 제국의 성립으로 세계사의 단초가 열렸음을 안다(**세계화**). ③ 오스만 제국을 비롯한 서아시아 이슬람 국가의 발전과정을 파악한다. ④ 무굴 제국의 성립과 동남아시아 각국의 정치 발전을 지역별로 파악한다. ⑤ 신항로 개척과 국제 무역의 확대를 배경으로 유럽에서 절대왕정이 형성되었음을 이해한다(**세계화**). ⑥ 명, 청 제국의 성립과 발전 과정을 파악하고 다른 지역과의 교류 상황을 파악한다.	-
9학년	○ 정치 생활과 민주주의 ○ 경제생활과 경제 문제 ○ 시장 경제의 이해 ○ 국민 경제의 이해 ○ 산업화와 국민국가의 형성 ○ 아시아 · 아프리카 민족운동과 근대국가 수립 운동 ○ 현대 세계의 전개 ○ 자원의 개발과 이용 ○ 산업 활동과 지역변화 ○ 지역에 따라 다른 환경 문제 ○ 세계 속의 우리나라 ○ 통일 한국의 미래	○ **정치 과정과 참여 민주주의** ① 권력의 구조와 기능을 민주주의의 맥락 속에서 이해한다. ② 정치 참여의 다양한 수단과 방법을 모색한다. ③ 정치 과정에서의 행위 주체와 기능을 이해하고 적극적으로 참여하는 자세를 갖는다(**사회참여**). ④ 정치 발전의 과제를 시민 사회 및 정치 문화와 관련지어 이해한다. ⑤ 정치적 쟁점을 비판적으로 분석하고 해결 방안을 모색한다. ○ **조선사회의 변동** ① 정치 · 사회 질서의 안정을 위한 제도 개혁이 이루어졌음을 이해한다. ② 붕당정치가 세도정치로 변질된 사정을 알고, 그 문제점을 지적할 수 있다. ③ 조선 후기의 사회경제적 변화를 사회개혁론과 관련지어 파악한다. ④ 조선 후기 문화의 새로운 변화를 사례 중심으로 파악한다(**사회변화**). ⑤ 새로운 종교의 등장과 농민 봉기를 농민 의식의 성장과 연관 지어 설명한다(**갈등**). ○ **근대국가 수립 운동** ① 개항 이후 여러 세력이 추진한 근대개혁 운동의 성격과 의의를 이해한다. ② 열강의 침략에 맞선 주권 수호 운동의 흐름을 파악한다. ③ 일제의 침략 과정과 식민지배 정책의 내용을 설명한다. ④ 3 · 1운동의 성과와 의의를 파악하고, 대한민국 임시정부가 수립되었음을 안다. ⑤ 일제강점기에 국내외에서 전개된 다양한 민족운동을 파악한다. ⑥ 신문물의 수용에 따른 사회와 문화의 변화상을 이해한다(**문화 융합**).	-

학년	불일치: 간접 관련 주제	부분 일치: 중간 관련 주제	전면 일치: 직접 관련 주제
9학년	-	ㅇ **대한민국의 발전** ① 광복과 정부수립, 분단과 6·25 전쟁을 국내외 정세와 관련지어 파악한다. ② 1960년대부터 현재에 이르기까지 정치 변화 과정을 파악한다. ③ 경제 성장과 이에 따른 사회변동을 이해한다. ④ 북한 역사의 전개과정을 파악한다. ⑤ 남북 간 화해와 협력의 노력을 탐구하고 통일을 위해 노력하는 자세를 갖춘다(**의사소통**).	-
10학년	ㅇ 삶의 질 ㅇ 우리 역사의 형성과 발전 ㅇ 조선사회의 변화와 서구 열강의 침략적 접근 ㅇ 동아시아의 변화와 조선의 근대 개혁 운동 ㅇ 일제의 식민지 지배와 민족운동의 전개 ㅇ 전체주의의 대두와 민족운동의 발전 ㅇ 냉전 체제와 대한민국 정부의 수립 ㅇ 대한민국의 발전과 국제정세의 변화 ㅇ 국토와 지리정보 ㅇ 자연환경과 인간 생활 ㅇ 장소 인식과 공간 행동 ㅇ 지역 개발과 환경 보전	ㅇ **문화** ① 사회현상의 토대로서의 문화의 의미를 이해한다. ② 정치 현상을 문화의 관점에서 분석한다. ③ 경제 현상을 문화의 관점에서 분석한다. ④ 법 현상을 문화의 관점에서 분석한다. ⑤ 문화 현상에 대한 총체적 이해에 근거하여 사회적 쟁점을 해결하는 방안을 문화의 관점에서 모색한다(**총체성**). ㅇ **문화 경관의 다양성** ① 문화 경관의 의미를 이해하고, 다양한 경관의 지역적 차이를 분석한다(**문화 다양성**). ② 촌락 경관의 차이를 사례지역을 통해 비교·분석한다. ③ 촌락이 도시화되어 가는 과정을 사례를 통해 이해한다. ④ 선진국과 개발도상국의 도시를 사례로 도시 경관의 차이를 비교·분석한다.	ㅇ **정의** ① 사회정의에 대한 다양한 관점을 이해한다(**사회정의**). ② 정의를 둘러싼 다양한 쟁점을 정치적, 경제적, 법적 측면에서 파악한다(**사회정의**). ③ 개인적, 공동체적 관점에서 정의를 실현할 수 있는 방안을 제시한다(**사회정의**). ④ 민주 시민으로서 사회정의 실현을 위해 노력하는 자세를 가진다(**사회정의**). ㅇ **인권** ① 인권의 기본 개념과 관점을 이해한다 (**민권**). ② 인권의 발달 과정을 역사적 측면에서 이해한다(**민권**). ③ 현대사회의 인권 문제의 성격을 정치, 경제, 사회문화적 측면에서 이해한다 (**민권**). ④ 생활 주변의 인권침해 사례를 조사하고, 이를 해결하기 위한 활동에 참여하는 자세를 갖는다(**민권**). ㅇ **세계화** ① 세계화의 의미와 관계를 이해한다(**세계화**). ② 세계화가 정치·경제적, 사회문화적 측면에서 우리의 삶에 미치는 영향을 탐구한다(**세계화**). ③ 세계화에 대한 논의 과정에서 제기되는 주요 쟁점을 탐색한다(**세계화**). ② 세계화가 정치·경제적, 사회문화적 측면에서 우리의 삶에 미치는 영향을 탐구한다(**세계화**). ③ 세계화에 대한 논의 과정에서 제기되는 주요 쟁점을 탐색한다(**세계화**). ④ 세계화에 대한 주요 찬반 논리와 근거를 분석한다(**세계화**). ⑤ 세계화의 진행과정에서 발생할 수 있는 문제를 탐색하고, 여러 가지 해결 방안을 이해한다(**세계화**).

학년	불일치: 간접 관련 주제	부분 일치: 중간 관련 주제	전면 일치: 직접 관련 주제
10학년	-	-	○ **근대 국가 수립운동과 일본 제국주의의 침략** ① 청일전쟁과 러일전쟁을 거치면서 일본의 제국주의가 본격화되었음을 안다. ② 외세의 중국 침략이 확대되고 이에 맞서 반외세 근대 변혁 운동이 활발하게 전개되었음을 안다. ③ 동학농민운동의 배경과 전개과정을 알고, 이를 통해 농민군이 주장했던 사회개혁의 방향을 파악한다**(사회변화)**. ④ 갑오개혁, 독립협회 운동, 대한제국의 개혁이 근대국가 수립운동에서 차지하는 의미를 파악한다**(사회변화)**. ⑤ 국권 피탈 과정과 일제의 침략에 맞선 국권 수호 운동의 흐름을 파악한다. ⑥ 민권운동의 성장과 근대 문물의 유입으로 나타난 문화와 생활의 변화를 이해한다**(민권)**. ○ **세계화와 우리의 미래** ① 1980년대 후반 이후 국제 질서의 변화 방향을 탐구한다**(세계화)**. ② 6월 민주 항쟁 이후 민주화가 진전되고 시민 사회 운동이 활발해졌음을 설명한다**(민주주의)**. ③ 남북 간 화해와 협력을 위한 노력을 살펴보고, 평화 통일을 위한 과제와 방안을 탐색한다**(의사소통)**. ④ 동북아시아의 영토 문제, 역사 갈등, 과거사 문제 등을 탐구하여 관련국과의 바람직한 관계를 모색하는 자세를 갖는다. ⑤ 한국의 국제위상이 크게 높아졌음을 알고, 국제 공헌을 위한 방안을 탐색한다**(국제화)**.

2007개정 사회과교육과정을 다문화교육 준거 개념을 중심으로 분석한 결과 일정한 경향성과 문제점을 발견할 수 있었다.

첫째, 초등사회과교육이 중등사회과교육보다 다문화교육적 특성을 상대적으로 많이 내포하고 있었다. 초등학교 사회과교육과정은 일반사회, 지리 분야에서, 영역에 구분 없이 통합적 접근의 색채가 강하였으며, 우리 사회의 현실적 문제를 충실히 반영하고 있었다. 이에 따라 최근 화두가 되고 있는 다문화교육의 담론적 속성을 많은 부분에서 반영하고 있었다. 그러나 초등학교 사회과교육과정의 역사영역은, 본 장의 준거 개념 중 반다문화교육적 준거인 '우월집단'의 성격을 강하게 반영하기도 하였다.

중등사회과교육에서는 분과적 성격이 강하였다. 따라서 사회현상에 대한 통합적 접근을 필요로 하는 다문화교육의 철학과 속성을 반영하지 못하는 문제점이 드러났다. 그 결과, 지리나 역사적 개념을 이해시키기 위한 도구로서만 다문화교육적 내용을 반영하고 있었다.

둘째, 초 · 중등의 사회과교육과정 전체를 조망할 때, 다문화교육적 요소의 배치 빈도는 일반사회 영역에서 높았다. 이는 역사나 지리 영역보다 일반사회 분야가 사회현상을 반영하는 데 수월하거나 적극적이기 때문일 것이다. 다문화교육은 통합적 성향이 강하기 때문에 일반사회 영역의 교육과정 내용 선정에 좀 더 적합할 수도 있겠다.

셋째, 다문화교육적 관점에 대한 교육과정 진술의 명확성이 필요하다. 교육과정 분석 결과, 다문화교육적 준거 개념은 교육과정 곳곳에 분포되어 있었다. 그러나 이러한 다문화교육의 준거가 병렬적이며 산발적으로 분포되어 있어, 다문화교육적 관점에 중심을 두고 일관성 있게 단원을 전개하기에는 매우 어려울 것으로 판단된다.

다문화교육적 관점을 직접적으로 반영한 단원은 초등학교 4학년의 '사회변화와 우리 생활', 중학교 7학년에 '개인과 사회생활' 부분이다. 그러나 이러한 단원도 일반사회, 역사, 지리와 관련된 개념 획득을 위한 도구적 내용으로서 다문화교육 관련 내용이 활용될 가능성이 높다. 이처럼 다문화교육적 이념이 초 · 중등 일부 단원에 녹아 있기는 하나, 교육과정 단원 설명 부분에 명확하게 적시하지 않고 있어, 교재 제작과정의 내용 선정과 조직단계에서 변형되거나 변질될 가능성이 있다. 다문화교육적 관점을 교육과정에 명료하게 진술하지 않은 것은, 우리 사회가 다문화교육에 대한 명확한 방향성을 정립하지 못하고 있음을 반증하는 사례일 수도 있겠다.

넷째, 역사 영역에서 다문화교육적 요소들이 다량 발견되었다. 본 장의 준거 개념의 범위는, 다문화교육의 담론의 장을 인종, 민족, 성, 종교의 경계를 넘어 사회계층, 이념, 지역 문화집단 등으로 확장함에 따라, 역사적 사건에 내포되어 있었던 다양한 다문화적 요소들이 발견된 것이다. 기존의 국사 중심의 역사 교육은 민족 정체성 확립을 위한 도구 교과로서 반다문화적 특성을 함의하고 있는 것으로 간주하였다. 그러나 이번 사회과교육과정 분석을 통해 다문화교육에 있어 역사교육의 가능성을 발견할 수 있었다.

〈표 6-13〉 2007개정 사회과 다문화 관련 내용 빈도

학년	불일치: 간접 관련 단원	부분 일치: 중간 관련 단원	전면 일치: 직접 관련 단원	총 단원 수
3학년	3	2	1	6
4학년	2	1	3	6
5학년	5	0	1	6
6학년	3	0	3	6
빈도수(%)	13(54%)	3(13%)	8(33%) (일반사회 5, 역사 2, 지리 1)	24(100%)
7학년	4	2	4	10
8학년	2	6	1	9
9학년	12	4	0	16
10학년	13	2	4	19
빈도수(%)	31(57%)	14(26%)	9(17%) (일반사회 2, 역사 1, 지리 1)	54(100%)

3. 사회과 다문화수업의 실제

가. 초등 수업안

1) 수업안

<table>
<tr><td>교과</td><td colspan="2">사회</td><td>학년</td><td colspan="2">6학년</td></tr>
<tr><td>대주제</td><td colspan="5">아름다운 우리 국토</td></tr>
<tr><td>본시 주제</td><td colspan="5">자연적 특성에 따른 지역의 생활 모습 차이</td></tr>
<tr><td>학습목표</td><td colspan="5">지연적 특성과 생활 모습에 관계를 설명할 수 있다.</td></tr>
<tr><td rowspan="3">수업전략</td><td>수업 모형</td><td colspan="4">MAA 모형</td></tr>
<tr><td>학습 조직</td><td colspan="4">전체학습 → 모둠학습 → 전체학습</td></tr>
<tr><td>다문화 관련
준거 개념</td><td colspan="4">문화 다양성</td></tr>
</table>

<table>
<tr><th>단 계</th><th>학습 과정</th><th>교 수 - 학 습 활 동</th><th>시간(분)</th><th>자료(▶) 및 유의점(★)</th></tr>
<tr><td rowspan="2">문제인식</td><td>동기유발</td><td>◈ 에스키모인의 고래 사냥 및 주거 생활 동영상 제시
- 지역의 자연환경 확인
- 생활 모습 확인</td><td rowspan="2">5'</td><td rowspan="2"></td></tr>
<tr><td>학습문제
확인</td><td>자연적 특성과 생활 모습의 관계를 설명할 수 있다.</td></tr>
<tr><td rowspan="2">다문화
관련내용
부가</td><td>문제사태
제시</td><td>◈ 제주도의 생활 모습 사진 제시
- 생활 모습 확인
◈ 안데스 산맥의 고산지대 원주민 생활 모습 동영상 제시
- 생활 모습 확인
◈ 인도네시아 화산지대 생활 모습 관련 자료 제시
- 생활 모습 확인</td><td>10'</td><td>★각 지역마다 생활 모습이 다름을 확인한다.
★각 지역마다의 생활 모습의 다양성을 인지하도록 다문화적 자료를 제시한다.</td></tr>
<tr><td>문제해결
방법 및
가설 설정</td><td>◈ 각 지역마다 생활 모습이 다른 이유
- 각 지역의 생활은 자연환경에 영향을 받는다.'</td><td></td><td>★교사의 질문으로 학생들 스스로 가설을 설정할 수 있도록 안내한다.</td></tr>
<tr><td>지역에
따른
문화의
다양성
인식</td><td>문제 해결</td><td>◈ 자료 수집 및 분석
- 제주도, 안데스 산맥 고산지대, 인도네시아 화산지대의 자연환경 자료 수집 및 분석
◈ 검증
- 자연환경과 생활 모습을 양 축으로 설정한 매트릭스를 통해 자연환경과 생활 모습의 관계를 전체적으로 조망하고 관계 설명</td><td>20'</td><td>★자연환경과 생활 모습의 관계를 파악할 수 있는 매트릭스를 제시한다.</td></tr>
<tr><td>정리 및
발전</td><td>학습정리
내면화</td><td>◈ 학습내용 정리
◈ 실천동기 부여
- 우리나라에 있는 외국인들 중 우리나라 날씨가 적응이 안 되어 고생한 사례를 다양한 방법으로 수집하여 친구들에게 발표한다.</td><td></td><td>★주변의 외국인을 대상으로 한 인터뷰, 인터넷 자원 등을 활용한다.</td></tr>
</table>

2) 수업안 해설

본 수업안은 6학년 교육과정 중 지리 영역에 해당되는 '아름다운 우리 국토' 단원에 속한다. 본 단원은 다문화 분석 준거로 살펴보았을 때 전면 일치로 판정되었다. 수업 주제는 자연적 특성과 인간의 생활 모습 간의 상관성에 대한 것으로, 다문화교육과는 직접적 관계가 없다. 그러나 부가적 접근 모형은, 수업 주제나 목표가 다문화교육과 직접적으로 연관되지 않더라도, 수업 목표를 효과적으로 성취할 수 있도록 하기 위해 다문화교육 내용을 부가하는 것이 핵심이다.

자연적 특성과 생활 모습과의 상관성이 매우 높은 자료를 우리 국토의 범위에서 찾기에는 한계가 있다. 왜냐하면 지구촌적 관점에서 볼 때, 우리나라 영토는 작으며, 따라서 영토 내에서 여러 지역의 자연적 특성의 차이가 크지 않기 때문이다. 따라서 학습자들에게 생활 모습의 차이는 그 지역의 자연적 특성과 매우 밀접한 상관성을 맺고 있다는 일반화된 논리를 학습하도록 하기 위해, 지구촌 범위에서 교재 선정의 제유법적 원리를 적용하여 목표 도달에 효과적인 내용을 선정해야 할 것이다. 이러한 맥락에서 생활 모습의 극명한 차이를 보이는 자료를 수집하여 학습에 적용하는 것은, 본 수업 목표 도달에 효과적이면서도, 다문화교육의 차원에서 문화적 다양성을 학습자에게 인지시키는 부가적 산출도 기대된다.

나. 중등 수업안

1) 수업안

교과	사회	학년	7학년
대주제	**개인과 사회생활**		
본시 주제	**사회속의 차별의 사례와 극복**		
학습목표	차이와 차별의 의미를 이해하고, 우리 사회에서 차별의 사례를 조사하여 이를 극복할 수 있는 방안을 모색할 수 있다.		
수업전략	**수업 모형**	MTA 학습 모형 Ⅰ	
	학습 조직	전체학습 → 개인학습 → 모둠학습 → 전체학습	
	다문화 관련 준거 개념	타인존중, 편견	

단 계	학습 과정	교 수 - 학 습 활 동	시간(분)	자료(▶) 및 유의점(★)
갈등문제제시	동기유발 및 문제제기	◈ '일지매' 드라마에서 양반 출신 자제가 상민 출신의 자제를 차별하는 장면 제시 - 상황 확인 - 문제 인식	5'	-
	학습문제 제시	차이와 차별의 의미를 비교하고, 우리 사회에서 발생하는 차별의 사례를 조사하여, 이를 극복할 수 있는 방안을 모색할 수 있다.	1'	-
다문화의 공존 인식	가치인식	◈ 남성이 군입대하는 장면 제시 후 우리나라 군대의 성 비율 그래프로 제시 - 대한민국의 징병제는 차별적인 제도인가? 아니면 차이에 대한 사회적 공감 속에서 수립되었는가? ◈ 미국 공민권법 Civil Rights Act 제시 후 흑인 선거권 논의 - 남북전쟁 이후에도 20C 중반까지 이어져 온 미국의 흑인 선거권 제한은 차별인가? 차이인가?	10'	★사례를 통해 차이와 차별의 의미를 이해한다.
문 화 적 견 해소	가치의 개념화	◈ 차별의 원인 - 짐바브웨의 커스티 코벤트리(Kirsty Leigh Coventry) 이야기 - 아프리카 대도시(카이로) 사진 - 미국의 빈민가 사진 - 오프라 윈프리(Oprah Gail Winfrey) 사진 ◈ 우리 사회에서 발생하는 차별 사례 조사 및 방안 모색 - 사전에 조사해 온 차별 관련 사례들을 모둠별로 정리하고, 차별의 원인과 해결 방안을 모색한다.	15'	★학생들이 고정 관념을 탈피할 수 있도록 편견적 판단을 할 수 있는 자료를 제시하여 인지적 자극을 제공한다. ★외국인 근로자, 새터민, 조선족, 여성 등 우리 사회의 소수자에게 가해지는 차별적 행위들에 대한 자료를 사전에 수집한다.
반편견 활동 실행	가치심화	◈ 외국인 근로자를 위한 웹사이트를 검색하고, 우리의 차별적 행동에는 어떤 것들이 있으며, 외국인들은 어떤 피해를 입고 있는지 조사하고, 관련 웹사이트에 참여한다.	11'	-
가치의 내면화	정리 및 발전	◈ 만약 내가 미국 시민이라면 오바마와 매케인 후보 중 누구를 지지할 것이며, 그 이유는 무엇인가.	3'	-

2) 수업안 해설

본 수업은 중학교 1학년 사회에서 ‘개인과 사회생활’ 단원에 속한다. 주제는 우리 사회에서 발생하는 차별 사례를 인식하고 이를 극복하는 내용이다. 본 수업안의 목표는 차이와 차별의 의미를 이해하고, 우리 사회에서 차별의 사례를 조사하여 이를 극복할 수 있는 방안을 모색하는 것이다.

본 단원은 다문화교육과정 분석에서 ‘전면 일치’ 단원이며, 해당 주제도 다문화교육 목표와 직접적으로 관련 있는 주제로서, 수업 모형은 편견 해소 모형인 MTA 학습 모형을 적용하였다. 본 수업은 다문화교육 수업이며 목표 또한 다문화교육과 직접적으로 관련 있는 목표이다.

수업 내용 측면에서 학습자는 차이와 차별의 의미를 실제 사례를 통해 이해하게 되며, 이를 기초로 하여 차별은 편견과 타인존중의 결여에서 발생함을 다양한 자료를 통해 인식하게 된다. 특히 차별의 원인이 편견과 같은 근거 없는 고정관념이라는 것을 학습자가 인식하도록 하기 위해, 학습자 자신이 편견을 갖고 있음을 자인하도록 할 수 있는 다양한 사진 자료와 발문을 활용한다. 마지막으로 현재 진행 중인 미국 대통령 선거 운동을 학습 상황 말미에 도입하여 자신이 미국 시민이라면 어떤 후보를 선택할 것인지 논거를 들어가며 의견을 펼칠 수 있도록 하여 학습의 실제성을 높인다.

<수업 실행 자료>

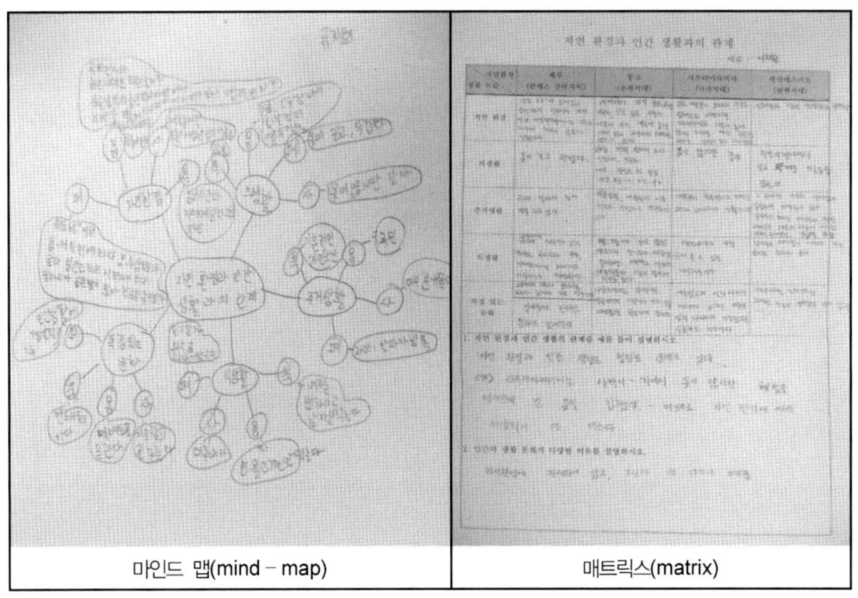

마인드 맵(mind - map)	매트릭스(matrix)

4. 국어과 다문화교육의 실제

1. 국어과 교육과정의 성격

국어 교과는 한국인의 삶이 배어 있는 국어를 창조적으로 사용하는 능력과 태도를 길러 국어를 정확하고 효과적으로 사용하게 하고, 미래 지향의 민족의식과 건전한 국민 정서를 함양하게 하며, 국어 발전과 국어 문화 창달에 이바지하려는 뜻을 세우게 하기 위한 교과이다.

국어 교과에서 학습자는 국어 활동에 대한 지식을 바탕으로 담화 또는 글의 내용을 정확하고 비판적으로 이해하고, 사상과 정서를 효과적이고 창의적으로 표현하는 능력을 향상시킨다. 또한 국어 현상을 탐구하여 국어를 깊이 있게 이해하고 국어에 대한 의식을 높인다. 그리고 문학에 대한 기본적인 지식을 바탕으로 문학 작품을 수용하거나 생산하면서 인간의 다양한 삶을 총체적으로 이해하는 능력을 기르고 심미적 정서를 함양한다. 이를 통해 국어 문화를 바르게 이해하고 존중하는 태도를 길러 성숙한 문화 시민의 소양을 기를 수 있다.

국어 교과의 교수 · 학습은 정확하고 효과적인 국어 활동, 국어의 발전 그리고 국어 문화의 계승과 발전에 요구되는 능력과 자질을 기르는 데 필요한 지식과 기능이 유기적으로 통합되게 운용한다. 특히 국어 교과의 학습은 학습자가 국어 활동에 능동적으로 참여하여 국어의 가치를 체험할 수 있게 운용한다. '듣기', '말하기', '읽기', '쓰기' 학습은 실제 상황에서의 주체적인 국어 활동을 강조함으로써 비판적이고 창의적인 국어 능력이 향상되게 한다. '문법' 학습은 언어 현상에서 규칙을 찾아내는 탐구 활동을 강조하고, 학습한 지식을 국어 사용 실제에 적용하는 활동을 강조한다. '문학' 학습은 문학 작품을 찾아 읽고 해석하며, 문학 작품을 생산하는 학습 활동을 함으로써 작품에 나타난 인간의 삶을 총체적으로 이해하고 문학적 상상력이 향상되도록 한다.

초등학교에서는 국어를 정확하고 효과적으로 표현하고 이해하는 능력과 국어 활동을 통한 사고력과 상상력을 기르는 데 중점을 둔다. 또한 국어에 대해 관심을 가지고 국어 활동을 즐기고 국어를 존중하는 태도를 강조한다. 중등학교에서는 국어를 정확하고, 비판적이며, 창의적으로 표현하고 이해하는 능력과 국어 활동을 통한 고등 사고력과 심미적 안목을 기르는 데 중점을 둔다. 또한 국어 문화에 대한 관심을 높이고 국어를 발전시키려는 태도를 강조한다(교육부, 2007).

〈표 6-14〉 2007개정 국어과의 내용 체계

학년＼영역	듣기	말하기	읽기
1학년	◦ 여러 가지 소리를 구별하여 듣고 흉내 낸다. ◦ 다른 사람의 말을 자연스러운 자세로 듣는다. ◦ 말의 재미를 느끼면서 시, 노래를 듣는다. ◦ 인물의 모습을 상상하면서 이야기를 듣는다.	◦ 여러 사람 앞에서 분명한 목소리로 자신을 소개한다. ◦ 일상생활에서 상대와 상황에 맞게 인사를 한다. ◦ 감정을 나타내는 낱말을 알맞게 사용하면서 대화한다. ◦ 일이 일어난 차례에 따라 이야기를 정리하여 한다.	◦ 낱말과 문장을 정확하게 소리 내어 읽는다. ◦ 의미가 잘 드러나도록 글을 알맞게 띄어 읽는다. ◦ 글을 읽고 대강의 내용을 이해한다. ◦ 글의 내용을 자신의 경험과 연관지어 이해한다.
	쓰기	**문법**	**문학**
	◦ 글씨를 바르게 쓴다. ◦ 대상의 특징이 잘 드러나게 소개하는 글을 쓴다. ◦ 주변에서 일어난 일에 대한 자신의 생각을 글로 쓴다. ◦ 인상 깊었던 일을 정리하여 그림일기를 쓴다.	◦ 한글 자모의 이름과 소리를 안다. ◦ 소리와 표기가 다를 수 있음을 이해한다. ◦ 문장부호의 이름과 쓰임을 안다.	◦ 반복적으로 나타나는 말의 재미를 느낀다. ◦ 문학 작품에서 재미있는 내용을 그림이나 말로 표현한다. ◦ 그림 동화 속의 그림을 이야기와 관련지어 이해한다(**'매체'에 할당된 부분임**).

학년 \ 영역	듣기	말하기	읽기
2학년	◦ 설명하는 말을 듣고 무엇에 대한 설명인지 추측한다. ◦ 칭찬이나 충고를 들으면서 말하는 이의 마음을 헤아린다. ◦ 대화를 나누면서 말하는 이에게 적절히 반응한다. ◦ 인물의 말과 행동에 주의하면서 인형극을 본다.	◦ 듣는 이를 고려하여 알고 있는 내용을 설명한다. ◦ 이야기 속 인물에게 하고 싶은 말을 조리 있게 한다. ◦ 여러 가지 말놀이에 즐겨 참여한다. ◦ 문학 작품에 나오는 인물의 말을 실감 나게 표현한다.	◦ 글의 분위기를 살려 효과적으로 낭독한다. ◦ 설명하는 글을 읽고 내용을 파악한다. ◦ 재미있는 글에 나타난 상황을 상상한다. ◦ 감정을 표현하는 글을 읽고 글쓴이의 감정을 파악한다.
	쓰기	**문법**	**문학**
	◦ 보고 들은 것 중에서 중요한 내용을 간추려 쓴다. ◦ 자신의 주장을 뒷받침하는 적절한 이유를 제시하면서 요청하는 글을 쓴다. ◦ 어떤 일을 함께하자고 제안하는 쪽지를 쓴다. ◦ 겪은 일이 잘 드러나게 일기를 쓴다.	◦ 소리를 혼동하기 쉬운 낱말을 정확하게 발음한다. ◦ 표기와 소리가 다른 낱말을 정확하게 표기한다. ◦ 낱말과 낱말 간의 의미 관계를 이해한다.	◦ 느낌을 살려 노래를 부르거나 시를 낭송한다. ◦ 문학 작품 속 인물의 모습과 행동을 상상한다. ◦ 이어질 내용을 상상하여 이야기를 꾸민다. ◦ 재미있는 말이나 반복되는 말을 넣어 글을 쓴다.
학년 \ 영역	**듣기**	**말하기**	**읽기**
3학년	◦ 안내하는 말을 듣고 중요한 내용을 정리한다. ◦ 훈화를 듣고 이야기에 담겨 있는 교훈을 파악한다. ◦ 전화 대화를 하면서 상대의 말을 예의 바르게 듣는다. ◦ 애니메이션을 보고 반언어적 · 비언어적 표현을 이해한다.	◦ 정확하고 알기 쉽게 안내하는 말을 한다. ◦ 이야기나 속담을 활용하여 주장하는 말을 한다. ◦ 전화 예절을 지키면서 대화를 한다. ◦ 겪은 일이나 들은 이야기를 인과 관계가 잘 드러나도록 말한다.	◦ 설명하는 글을 읽고 중심 내용과 세부 내용을 파악한다. ◦ 설명서를 읽고 제시된 절차와 방법을 정확하게 이해한다. ◦ 독서 감상문을 읽고 책의 내용과 책에 대한 감상을 구별한다. ◦ 만화나 애니메이션을 보고 인물의 성격을 시각적으로 표현하는 방식을 안다.
	쓰기	**문법**	**문학**
	◦ 일의 절차, 방법 등을 설명하는 글을 쓴다. ◦ 어떤 사실에 대한 자신의 의견이 잘 드러나게 글을 쓴다. ◦ 알맞은 낱말을 사용하여 감사하는 마음을 전하는 글을 쓴다. ◦ 글을 읽고, 자신의 생각과 느낌을 표현하는 글을 쓴다.	◦ 국어사전에서 낱말 찾는 방법을 안다. ◦ 소리가 동일한 낱말들이 여러 가지 의미로 사용되는 현상을 분석한다. ◦ 의도에 따라 여러 종류의 문장으로 표현할 수 있음을 설명한다.	◦ 문학 작품을 읽고 느낀 점을 말이나 글로 표현한다. ◦ 문학 작품에는 일상의 세계와 비슷한 상상의 세계가 담겨 있음을 이해한다. ◦ 이야기의 흐름을 파악하여 내용을 간추린다. ◦ 문학 작품 속 인물의 특성을 살려 새로운 이야기를 꾸민다.
학년 \ 영역	**듣기**	**말하기**	**읽기**
4학년	◦ 설명하는 말을 듣고 중요한 내용을 이해한다. ◦ 토의에서 자신의 의견과 비교하면서 다른 사람의 말을 듣는다. ◦ 소개하는 말을 듣고 능동적으로 반응한다. ◦ 이야기를 듣고 주제를 파악한다.	◦ 조사한 내용을 친구들이 이해하기 쉽게 발표한다. ◦ 회의의 절차와 방법을 알고 학급 회의에 참여한다. ◦ 듣는 이의 처지를 생각하면서 부탁, 거절, 위로의 말을 한다. ◦ 문학 작품에서 받은 감동을 적절한 표현을 사용하여 말한다.	◦ 필요한 정보를 찾기 위해 사전을 읽는 방법을 익힌다. ◦ 글을 읽고 어휘 사용의 적절성을 평가한다. ◦ 글쓴이가 제시한 의견의 적절성을 평가한다. ◦ 기행문을 읽고 여정과 감상을 정리한다.

학년 \ 영역	듣기	말하기	읽기
4학년	◦ 사건이나 행동의 변화가 잘 드러나게 이야기의 내용을 요약하여 쓴다. ◦ 다른 사람의 생각이나 행동을 변화시킬 목적으로 제안하는 글을 쓴다. ◦ 알맞은 내용을 선정하여 마음을 나누는 편지를 쓴다. ◦ 글과 그림이 잘 어울리게 그림책을 만든다.	◦ 표준어와 방언의 사용 양상을 이해한다. ◦ 국어 높임법을 이해한다. ◦ 문장을 구성하는 성분을 분석한다.	◦ 좋아하는 시를 분위기를 살려 암송한다. ◦ 구성 요소에 주목하여 문학 작품을 이해한다. ◦ 문학 작품에 나타난 인물의 삶의 모습을 이해한다. ◦ 문학 작품을 읽고 떠오른 느낌이나 생각을 바탕으로 감상문을 쓴다.
학년 \ 영역	듣기	말하기	읽기
5학년	◦ 발표를 듣고 매체 활용의 효과를 판단한다. ◦ 토론에서 상대의 주장과 근거가 적절한지 판단한다. ◦ 온라인 대화를 일상 대화와 비교하여 이해한다. ◦ 경험담을 듣고 비언어적 표현의 전달 효과를 파악한다.	◦ 대상의 특성에 맞는 표현을 사용하여 발표한다. ◦ 의견이 대립하는 논제를 정하여 규칙을 지키면서 토론한다. ◦ 공식적·비공식적 상황에서 적절한 칭찬이나 사과의 말을 한다. ◦ 학교 안팎에서 일어나는 일을 소재로 하여 촌극을 한다.	◦ 사건을 기록한 글을 읽고 인과관계에 유의하면서 사건의 흐름을 파악한다. ◦ 광고에 나타난 정보의 신뢰성을 평가한다. ◦ 다양한 서평을 읽고 서평의 특성과 기능을 이해한다. ◦ 전기문을 읽고 인물의 가치관, 신념, 삶의 모습을 평가한다.
	쓰기	문법	문학
	◦ 학교나 지역 사회에서 일어난 중요한 사건에 대해 보도하는 기사문을 쓴다. ◦ 다른 사람의 입장과 관점에 대하여 찬성하거나 반대하는 글을 쓴다. ◦ 상대의 마음을 헤아리며 사과하는 글을 쓴다. ◦ 상상한 것을 바탕으로 사건 사이의 관계가 잘 드러나도록 이야기를 쓴다.	◦ 반언어적 표현의 특성을 알고 의사소통에서의 역할을 이해한다. ◦ 단어의 사전적 의미와 문맥적 의미를 구별하고 효과적으로 사용한다. ◦ 시간 표현 방식을 이해한다. ◦ 말하는 이, 듣는 이, 상황, 매체 등에 따라 언어 사용 방식이 달라짐을 안다.	◦ 문학 작품에서 인상적인 부분을 찾고 그 까닭을 이해한다. ◦ 사건 전개와 인물의 관계를 파악한다. ◦ 문학 작품은 읽는 이에 따라 다르게 수용될 수 있음을 이해한다. ◦ 인물의 성격을 파악하고 역할 분담하기
학년 \ 영역	듣기	말하기	읽기
6학년	◦ 뉴스를 듣고 정보에 관점이 반영됨을 안다. ◦ 선거 유세를 듣고 주장하는 말의 적절성을 판단한다. ◦ 인사말에 영향을 미치는 사회적 맥락을 이해한다. ◦ 드라마를 보거나 듣고 이어질 내용을 예측한다.	◦ 면담의 절차와 방법을 알고 효과적으로 면담한다. ◦ 학습 상황이나 일상생활에서 제기되는 문제를 토의를 통하여 해결한다. ◦ 공식적·비공식적 상황에서 사회적 관계를 고려하여 적절한 인사말을 한다. ◦ 연극에서 반언어적·비언어적 표현의 특성을 살려 실감 나게 연기한다.	◦ 글에 나타난 글쓴이의 관점이나 의도를 파악한다. ◦ 논설문을 읽고 주장과 근거의 타당성과 적절성을 평가한다. ◦ 참여를 요구하는 글을 읽고 글쓴이가 추구하는 가치를 이해하고 평가한다. ◦ 웃음을 유발하는 글을 읽고 표현의 익살스러움과 재미를 느낀다.

영역 학년	듣기	말하기	읽기
6학년	◦ 다양한 매체에서 조사한 내용을 정리하여 요약하는 글을 쓴다. ◦ 문제에 대한 자신의 관점과 해결 방안이 잘 드러나게 연설문을 쓴다. ◦ 읽는 이의 마음을 고려하면서 축하하는 글을 쓴다. ◦ 여정, 견문, 감상이 잘 드러나게 기행문을 쓴다.	◦ 고유어, 한자어, 외래어, 외국어 개념을 알고 국어 어휘의 특징을 이해한다. ◦ 문장의 연결 관계를 이해한다. ◦ 문장에 쓰인 호응 관계의 적절성을 판단한다. ◦ 한글의 가치와 의의를 알고 우수성을 설명한다.	◦ 자신이 좋아하는 문학 작품을 듣고 그 이유를 설명한다. ◦ 문학 작품에 나타난 비유적 표현의 특성과 효과를 이해한다. ◦ 문학 작품을 다른 문학 갈래로 바꾸어 쓴다. ◦ 문학 작품에 나타나는 인물 간의 갈등을 이해한다.
영역 학년	듣기	말하기	읽기
7학년	◦ 수업을 듣고 교과 특성을 고려하여 중요한 내용을 메모한다. ◦ 광고를 보거나 듣고 설득의 전략을 파악한다. ◦ 주변 인물과 면담을 하고 결과를 분석한다. ◦ 재담에 나타난 재미있는 말의 발상과 의미를 파악한다.	◦ 대상의 특성을 살려 주변의 인물이나 관심사를 인상 깊게 소개한다. ◦ 대화 상대의 공감을 이끌어 낼 수 있도록 호소력 있게 말한다. ◦ 인터넷 게시판의 내용을 비판적으로 분석하고 인터넷 토론에 주체적으로 참여한다. ◦ 말의 내용이나 말하기 방식의 차이를 고려하며 대화를 나눈다.	◦ 읽기의 개념, 특성, 원리, 방법을 안다. ◦ 독자의 관점, 입장, 지식 등에 따라 글의 내용이 다르게 이해될 수 있음을 안다. ◦ 건의하는 글을 읽고 주장의 합리성과 수용 가능성을 평가한다. ◦ 특별한 경험을 기록한 글을 읽고 글쓴이의 경험에 비추어 자신의 삶을 성찰한다. ◦ 영화에 등장하는 인물의 가치관이나 사고방식을 비판적으로 이해한다.
	쓰기	문법	문학
	◦ 다양한 매체에서 내용을 선정하여 통일성 있게 설명문을 쓴다. ◦ 절차와 결과가 드러나게 보고서를 쓴다. ◦ 문제 해결 방안이나 요구 사항을 담아 건의하는 글을 쓴다. ◦ 여러 가지 표현 전략을 사용하여 격려하거나 위로하는 글을 쓴다. ◦ 자신의 생활 체험을 바탕으로 독자에게 감동이나 즐거움을 주는 글을 쓴다.	◦ 다양한 매체에 나타난 언어 사용 방식의 차이점을 파악한다. ◦ 관용 표현의 개념과 효과를 이해한다. ◦ 품사의 개념, 분류 기준, 특성을 이해한다. ◦ 표현 의도에 따라 사동 · 피동 표현이 달라 사용됨을 안다. ◦ 지시어가 글의 구조와 의미에 미치는 영향을 분석한다.	◦ 문학 작품에 드러난 인물의 심리 상태와 갈등의 해결 과정을 파악한다. ◦ 문학 작품의 전체적인 정서와 분위기를 파악한다. ◦ 역사적 상황이 문학 작품에 어떻게 나타나는지 이해한다. ◦ 시어와 일상어의 관계에 대한 이해를 바탕으로 노랫말을 쓴다.
영역 학년	듣기	말하기	읽기
8학년	◦ 강연을 듣고 이해하지 못한 내용이나 궁금한 점을 질문한다. ◦ 회의에서 다른 사람의 의견을 듣고 협력적으로 반응한다. ◦ 수업 대화를 듣고 수업 참여자 간 의사소통의 특성을 이해한다. ◦ 라디오 프로그램을 듣고 진행자의 말하기 특성과 효과를 평가한다.	◦ 공식적인 상황에서 매체를 활용하여 효율적으로 발표한다. ◦ 친구들 앞에서 학급 문제에 대한 의견을 호소력 있게 말한다. ◦ 말의 내용이나 말하기 방식의 차이를 고려하며 웃어른과 대화를 한다. ◦ 드라마의 인물이 되어 반언어적 · 비언어적 표현을 효과적으로 사용한다.	◦ 설명하는 글과 설득하는 글을 읽고 글의 짜임을 비교한다. ◦ 주장하는 글을 읽고 주장의 타당성을 평가한다. ◦ 시대적 · 사회적 배경, 문화적 전통 등을 고려하며 글의 의미를 해석한다. ◦ 자서전을 읽고 글쓴이의 삶을 시대 상황과 관련지어 이해한다. ◦ 다양한 풍자물의 매체 특성과 그 효과를 이해하고 비판적으로 수용한다.

학년 \ 영역	쓰기	문법	문학
8학년	◦ 분석의 방법으로 내용을 전개하여 설명문을 쓴다. ◦ 글을 쓰는 목적에 맞게 정보를 재구성하여 기사문을 작성한다. ◦ 사회적 쟁점에 대한 자신의 의견을 응집성 있게 쓴다. ◦ 목적, 독자, 매체가 쓰기의 내용과 형식에 미치는 영향을 고려하면서 글을 쓴다. ◦ 여러 가지 표형 방법을 활용하여 자신의 삶이 잘 드러나게 자서전을 쓴다.	◦ 남한과 북한의 언어 차이를 비교한다. ◦ 여러 종류의 어휘를 비교하고 그 사용 양상을 설명한다. ◦ 국어 단어 형성법을 이해하고 활용한다. ◦ 문장이 여러 가지 의미로 해석되는 현상을 이해한다. ◦ 담화나 글의 의미 해석에 상황 맥락이 관여함을 이해한다.	◦ 문학 작품의 아름다움과 가치를 파악한다. ◦ 다양한 시각과 방법으로 문학 작품을 해석하고 평가한다. ◦ 문학 작품의 세계가 누구의 눈을 통해 전달되는지를 파악한다. ◦ 문학 작품에 나오는 인물의 행동을 사회·문화적 상황과 관련지어 파악한다. ◦ 자신이 상상한 세계를 문학 작품으로 표현한다.
학년 \ 영역	**듣기**	**말하기**	**읽기**
9학년	◦ 시사 문제에 대한 심층 보도를 비판적으로 이해한다. ◦ 연설을 듣고 내용과 형식을 비판적으로 평가한다. ◦ 지역 방언을 듣고 언어의 다양성과 소통의 의미를 이해한다. ◦ 영화나 연극을 보고 자신의 경험이나 시대적 상황과 관련짓는다.	◦ 문제 해결을 목적으로 전문가를 선정하여 면담한다. ◦ 토의의 유형과 절차를 이해하고, 논제에 알맞은 방식으로 토의한다. ◦ 의견이 다른 상대와 협상을 통해 문제를 해결한다. ◦ 우리나라의 전통적인 해학 문화를 이해하고, 이를 재담에 활용한다.	◦ 실용적 정보를 담은 책을 읽고 정보의 효율성을 판단한다. ◦ 논평을 읽고 글쓴이의 태도와 표현의 효과를 평가한다. ◦ 선언문을 읽고 사회·문화적 배경과 글쓴이의 관점을 이해한다. ◦ 존평을 읽고 글쓴이의 태도와 관련지어 의미를 해석한다. ◦ 만화의 매체 특성을 고려하여 함축된 의미를 해석한다.
	쓰기	**문법**	**문학**
9학년	◦ 독자의 요구와 관심사를 고려하여 학교나 지역 사회를 홍보하는 글을 쓴다. ◦ 의견의 차이가 드러나는 문제에 대하여 적절한 근거를 들어 논증하는 글을 쓴다. ◦ 인용과 해설의 방법을 사용하여 책이나 글을 평가하는 글을 쓴다. ◦ 문체의 효과를 고려하며 조언하거나 충고하는 글을 쓴다. ◦ 영상 언어의 특성을 살려 영상으로 이야기를 구성한다.	◦ 언어의 규칙성, 사회성, 역사성, 기호성, 창조성 등을 이해한다. ◦ 국어의 음운 체계를 이해한다. ◦ 문장의 짜임새를 설명한다. ◦ 담화 또는 글 구성의 기본 개념을 이해한다. ◦ 한국어와 언어문화적 특성과 가치를 이해한다.	◦ 한국 문학의 대표적인 고전 작품을 찾아 읽고 그 가치와 중요성을 이해한다. ◦ 문학 작품에 나타난 사회·문화적 상황과 관련지어 창작 동기와 의도를 파악한다. ◦ 문학 작품에 대한 다양한 해석을 비교한다. ◦ 문학 작품 해석의 근거에 유의하여 비평문을 읽는다. ◦ 일상의 가치 있는 체험을 문학 작품으로 표현한다.
학년 \ 영역	**듣기**	**말하기**	**읽기**
10학년	◦ 강의나 발표를 듣고 목적에 따라 내용을 재구성한다. ◦ 토론을 듣고 찬성과 반대의 입장을 비교하여 논제를 깊이 있게 이해한다. ◦ 사회 방언을 듣고 언어적 다양성을 이해한다. ◦ 공연 예술의 소통 방식과 표현 특성을 이해한다.	◦ 인터넷 매체를 활용하여 효과적으로 자신을 소개한다. ◦ 자신과 배경 지식이 다른 청중에게 여러 자료를 활용하여 효과적으로 보고한다. ◦ 여러 가지 토론의 유형을 알고, 쟁점을 찾아 토론하여 문제를 해결한다. ◦ 생활 주변에서 발생하는 문제를 취재하여 보도한다. ◦ 예술 작품에 대한 생각이나 느낌을 발표한다.	◦ 사회적 규약을 담은 글의 특성을 알고 공정성과 합리성을 평가한다. ◦ 법률적 쟁점을 다룬 글을 읽고 사건의 개요와 판단의 취지를 파악한다. ◦ 여러 글을 읽고 전제나 가정을 비교 분석하고 평가한다. ◦ 면담 기사를 읽고 질문자의 질문 의도, 질문 전략, 질문 태도 등을 평가한다. ◦ 인기 도서를 읽고 책의 가치와 인기를 얻게 된 원인을 비판적으로 평가한다.

학년 \ 영역	듣기	말하기	읽기
10학년	◦ 면담을 통해 자료를 수집하여 주변 인물에 대한 전기문을 쓴다. ◦ 그림이나 사진, 그래프나 도표 등의 자료를 해석하는 글을 쓴다. ◦ 시사 문제에 대하여 자신의 관점을 명료하게 드러내는 시평을 쓴다. ◦ 청중이 공유하고 있는 체험, 사고, 가치를 고려하면서 시사문을 쓴다. ◦ 예술 작품에 대한 심미적 경험을 드러내는 비평문을 쓴다.	◦ 국어의 역사를 이해한다. ◦ 국어의 음운 규칙을 안다. ◦ 장면에 따른 표현 방식을 안다. ◦ 국어의 로마자 표기법과 외래어 표기법을 알고 정확하게 사용한다. ◦ 한글의 창제 원리와 한글의 독창성을 안다.	◦ 문학이 인간의 삶에 미치는 긍정적인 의미와 효과를 발견한다. ◦ 문학 작품에 드러난 작가의 개성을 이해한다. ◦ 인간의 보편적인 삶의 조건에 비추어 문학 작품을 이해한다. ◦ 문학 작품에 대한 비평적 안목을 갖춘다. ◦ 수용과 전승 과정에 유의하여 한국 문학의 전통을 이해한다.

2. 국어과 교육과정의 다문화 내용 체계 분석

〈표 6-15〉 2007개정 국어과 다문화 관련 내용 체계 분류

학년	불일치: 간접 관련 주제	부분 일치: 중간 관련 주제	전면 일치: 직접 관련 주제
1학년	◦ 여러 가지소리를 구별하여 듣고 흉내 낸다. ◦ 다른 사람의 말을 자연스러운 자세로 듣는다. ◦ 말의 재미를 느끼면서 시, 노래를 듣는다. ◦ 인물의 모습을 상상하면서 이야기를 듣는다. ◦ 여러 사람 앞에서 분명한 목소리로 자신을 소개한다. ◦ 일상생활에서 상대와 상황에 맞게 인사를 한다. ◦ 감정을 나타내는 낱말을 알맞게 사용하면서 대화한다. ◦ 일이 일어난 차례에 따라 이야기를 정리하여 말한다. ◦ 낱말과 문장을 정확하게 소리 내어 읽는다. ◦ 의미가 잘 드러나도록 글을 알맞게 띄어 읽는다. ◦ 글을 읽고 대강의 내용을 이해한다. ◦ 글의 내용을 자신의 경험과 연관지어 이해한다. ◦ 글씨를 바르게 쓴다. ◦ 대상의 특징이 잘 드러나게 소개하는 글을 쓴다. ◦ 주변에서 일어난 일에 대한 자신의 생각을 글로 쓴다.	-	-

학년	불일치: 간접 관련 주제	부분 일치: 중간 관련 주제	전면 일치: 직접 관련 주제
1학년	◦ 인상 깊었던 일을 정리하여 그림 일기를 쓴다. ◦ 한글 자모의 이름과 소리를 안다. ◦ 소리와 표기가 다를 수 있음을 이해한다. ◦ 문장부호의 이름과 쓰임을 안다. ◦ 반복적으로 나타나는 말의 재미를 느낀다. ◦ 문학 작품에서 재미있는 내용을 그림이나 말로 표현한다. ◦ 그림 동화 속의 그림을 이야기와 관련지어 이해한다('매체'에 할당된 부분임).	-	-
2학년	◦ 설명하는 말을 듣고 무엇에 대한 설명인지 추측한다. ◦ 칭찬이나 충고를 들으면서 말하는 이의 마음을 헤아린다. ◦ 대화를 나누면서 말하는 이에게 적절히 반응한다. ◦ 인물의 말과 행동에 주의하면서 인형극을 본다. ◦ 듣는 이를 고려하여 알고 있는 내용을 설명한다. ◦ 이야기 속 인물에게 하고 싶은 말을 조리 있게 말한다. ◦ 여러 가지 말놀이에 즐겨 참여한다. ◦ 문학 작품에 나오는 인물의 말을 실감 나게 표현한다. ◦ 글의 분위기를 살려 효과적으로 낭독한다. ◦ 설명하는 글을 읽고 내용을 파악한다. ◦ 재미있는 글에 나타난 상황을 상상한다. ◦ 감정을 표현하는 글을 읽고 글쓴이의 감정을 파악한다. ◦ 보고 들은 것 중에서 중요한 내용을 간추려 쓴다. ◦ 자신의 주장을 뒷받침하는 적절한 이유를 제시하면서 요청하는 글을 쓴다. ◦ 어떤 일을 함께 하자고 제안하는 쪽지를 쓴다. ◦ 겪은 일이 잘 드러나게 일기를 쓴다. ◦ 소리를 혼동하기 쉬운 낱말을 정확하게 발음한다. ◦ 표기와 소리가 다른 낱말을 정확하게 표기한다. ◦ 낱말과 낱말 간의 의미 관계를 이해한다. ◦ 느낌을 살려 노래를 부르거나 시를 낭송한다.	-	-

학년	불일치: 간접 관련 주제	부분 일치: 중간 관련 주제	전면 일치: 직접 관련 주제
2학년	◦ 문학 작품 속 인물의 모습과 행동을 상상한다. ◦ 이어질 내용을 상상하여 이야기를 꾸민다. ◦ 재미있는 말이나 반복되는 말을 넣어 글을 쓴다.	-	-
3학년	◦ 안내하는 말을 듣고 중요한 내용을 정리한다. ◦ 훈화를 듣고 이야기에 담겨 있는 교훈을 파악한다. ◦ 전화 대화를 하면서 상대의 말을 예의 바르게 듣는다. ◦ 애니메이션을 보고 반언어적 · 비언어적 표현을 이해한다. ◦ 정확하고 알기 쉽게 안내하는 말을 한다. ◦ 이야기나 속담을 활용하여 주장하는 말을 한다. ◦ 전화 예절을 지키면서 대화를 한다. ◦ 겪은 일이나 들은 이야기를 인과 관계가 잘 드러나도록 말한다. ◦ 설명하는 글을 읽고 중심 내용과 세부 내용을 파악한다. ◦ 설명서를 읽고 제시된 절차와 방법을 정확하게 이해한다. ◦ 독서 감상문을 읽고 책의 내용과 책에 대한 감상을 구별한다. ◦ 만화나 애니메이션을 보고 인물의 성격을 시각적으로 표현하는 방식을 안다. ◦ 일의 절차, 방법 등을 설명하는 글을 쓴다. ◦ 어떤 사실에 대한 자신의 의견이 잘 드러나게 글을 쓴다. ◦ 알맞은 낱말을 사용하여 감사하는 마음을 전하는 글을 쓴다. ◦ 글을 읽고, 자신의 생각과 느낌을 표현하는 글을 쓴다. ◦ 국어사전에서 낱말 찾는 방법을 안다. ◦ 소리가 동일한 낱말들이 여러 가지 의미로 사용되는 현상을 분석한다. ◦ 의도에 따라 여러 종류의 문장으로 표현할 수 있음을 설명한다. ◦ 문학 작품을 읽고 느낀 점을 말이나 글로 표현한다. ◦ 문학 작품에는 일상의 세계와 비슷한 상상의 세계가 담겨 있음을 이해한다. ◦ 이야기의 흐름을 파악하여 내용을 간추린다. ◦ 문학 작품 속 인물의 특성을 살려 새로운 이야기를 꾸민다.	-	-

학년	불일치: 간접 관련 주제	부분 일치: 중간 관련 주제	전면 일치: 직접 관련 주제
4학년	◦ 설명하는 말을 듣고 중요한 내용을 이해한다. ◦ 토의에서 자신의 의견과 비교하면서 다른 사람의 말을 듣는다. ◦ 소개하는 말을 듣고 능동적으로 반응한다. ◦ 이야기를 듣고 주제를 파악한다. ◦ 조사한 내용을 친구들이 이해하기 쉽게 발표한다. ◦ 회의의 절차와 방법을 알고 학급 회의에 참여한다. ◦ 듣는 이의 처지를 생각하면서 부탁, 거절, 위로의 말을 한다. ◦ 문학 작품에서 받은 감동을 적절한 표현을 사용하여 말한다. ◦ 필요한 정보를 찾기 위해 사전을 읽는 방법을 익힌다. ◦ 글을 읽고 어휘 사용의 적절성을 평가한다. ◦ 글쓴이가 제시한 의견의 적절성을 평가한다. ◦ 기행문을 읽고 여정과 감상을 정리한다. ◦ 사건이나 행동의 변화가 잘 드러나게 이야기의 내용을 요약하여 쓴다. ◦ 다른 사람의 생각이나 행동을 변화시킬 목적으로 제안하는 글을 쓴다. ◦ 알맞은 내용을 선정하여 마음을 나누는 편지를 쓴다. ◦ 글과 그림이 잘 어울리게 그림책을 만든다. ◦ 표준어와 방언의 사용 양상을 이해한다. ◦ 국어 높임법을 이해한다. ◦ 문장을 구성하는 성분을 분석한다. ◦ 좋아하는 시를 분위기를 살려 암송한다. ◦ 구성 요소에 주목하여 문학 작품을 이해한다. ◦ 문학 작품에 나타난 인물의 삶의 모습을 이해한다. ◦ 문학 작품을 읽고 떠오른 느낌이나 생각을 바탕으로 감상문을 쓴다.	-	-
5학년	◦ 발표를 듣고 매체 활용의 효과를 판단한다. ◦ 토론에서 상대의 주장과 근거가 적절한지 판단한다. ◦ 온라인 대화를 일상 대화와 비교하여 이해한다. ◦ 경험담을 듣고 비언어적 표현의 전달 효과를 파악한다. ◦ 대상의 특성에 맞는 표현을 사용하여 발표한다.	-	-

학년	불일치: 간접 관련 주제	부분 일치: 중간 관련 주제	전면 일치: 직접 관련 주제
5학년	◦ 의견이 대립하는 논제를 정하여 규칙을 지키면서 토론한다. ◦ 공식적·비공식적 상황에서 적절한 칭찬이나 사과의 말을 한다. ◦ 학교 안팎에서 일어나는 일을 소재로 하여 촌극을 한다. ◦ 사건을 기록한 글을 읽고 인과관계에 유의하면서 사건의 흐름을 파악한다. ◦ 광고에 나타난 정보의 신뢰성을 평가한다. ◦ 다양한 서평을 읽고 서평의 특성과 기능을 이해한다. ◦ 전기문을 읽고 인물의 가치관, 신념, 삶의 모습을 평가한다. ◦ 학교나 지역 사회에서 일어난 중요한 사건에 대해 보도하는 기사문을 쓴다. ◦ 다른 사람의 입장과 관점에 대하여 찬성하거나 반대하는 글을 쓴다. ◦ 상대의 마음을 헤아리며 사과하는 글을 쓴다. ◦ 상상한 것을 바탕으로 사건 사이의 관계가 잘 드러나도록 이야기를 쓴다. ◦ 반언어적 표현의 특성을 알고 의사소통에서의 역할을 이해한다. ◦ 단어의 사전적 의미와 문맥적 의미를 구별하고 효과적으로 사용한다. ◦ 시간 표현 방식을 이해한다. ◦ 말하는 이, 듣는 이, 상황, 매체 등에 따라 언어 사용 방식이 달라짐을 안다. ◦ 문학 작품에서 인상적인 부분을 찾고 그 까닭을 이해한다. ◦ 사건 전개와 인물의 관계를 파악한다. ◦ 문학 작품은 읽는 이에 따라 다르게 수용될 수 있음을 이해한다. ◦ 인물의 성격을 파악하고 역할 분담하기	-	-
6학년	◦ 뉴스를 듣고 정보에 관점이 반영됨을 안다. ◦ 선거 유세를 듣고 주장하는 말의 적절성을 판단한다. ◦ 인사말에 영향을 미치는 사회적 맥락을 이해한다. ◦ 드라마를 보거나 듣고 이어질 내용을 예측한다. ◦ 면담의 절차와 방법을 알고 효과적으로 면담한다.	◦ 고유어, 한자어, 외래어, 외국어 개념을 알고 국어 어휘의 특징을 이해한다(다양성).	-

학년	불일치: 간접 관련 주제	부분 일치: 중간 관련 주제	전면 일치: 직접 관련 주제
6학년	◦ 학습 상황이나 일상생활에서 제기되는 문제를 토의를 통하여 해결한다. ◦ 공식적·비공식적 상황에서 사회적 관계를 고려하여 적절한 인사말을 한다. ◦ 연극에서 반언어적·비언어적 표현의 특성을 살려 실감 나게 연기한다. ◦ 글에 나타난 글쓴이의 관점이나 의도를 파악한다. ◦ 논설문을 읽고 주장과 근거의 타당성과 적절성을 평가한다. ◦ 참여를 요구하는 글을 읽고 글쓴이가 추구하는 가치를 이해하고 평가한다. ◦ 웃음을 유발하는 글을 읽고 표현의 익살스러움과 재미를 느낀다. ◦ 다양한 매체에서 조사한 내용을 정리하여 요약하는 글을 쓴다. ◦ 문제에 대한 자신의 관점과 해결 방안이 잘 드러나게 연설문을 쓴다. ◦ 읽는 이의 마음을 고려하면서 축하하는 글을 쓴다. ◦ 여정, 견문, 감상이 잘 드러나게 기행문을 쓴다. ◦ 문장의 연결 관계를 이해한다. ◦ 문장에 쓰인 호응 관계의 적절성을 판단한다. ◦ 한글의 가치와 의의를 알고 우수성을 설명한다. ◦ 자신이 좋아하는 문학 작품을 들고 그 이유를 설명한다. ◦ 문학 작품에 나타난 비유적 표현의 특성과 효과를 이해한다. ◦ 문학 작품을 다른 문학 갈래로 바꾸어 쓴다. ◦ 문학 작품에 나타나는 인물 간의 갈등을 이해한다.	–	–
7학년	◦ 수업을 듣고 교과 특성을 고려하여 중요한 내용을 메모한다. ◦ 광고를 보거나 듣고 설득의 전략을 파악한다. ◦ 주변 인물과 면담을 하고 결과를 분석한다. ◦ 재담에 나타난 재미있는 말의 발상과 의미를 파악한다. ◦ 대상의 특성을 살려 주변의 인물이나 관심사를 인상 깊게 소개한다. ◦ 대화 상대의 공감을 이끌어 낼 수 있도록 호소력 있게 말한다.	–	–

학년	불일치: 간접 관련 주제	부분 일치: 중간 관련 주제	전면 일치: 직접 관련 주제
7학년	◦ 인터넷 게시판의 내용을 비판적으로 분석하고 인터넷 토론에 주체적으로 참여한다. ◦ 말의 내용이나 말하기 방식의 차이를 고려하며 대화를 나눈다. ◦ 읽기의 개념, 특성, 원리, 방법을 안다. ◦ 독자의 관점, 입장, 지식 등에 따라 글의 내용이 다르게 이해될 수 있음을 안다. ◦ 건의하는 글을 읽고 주장의 합리성과 수용 가능성을 평가한다. ◦ 특별한 경험을 기록한 글을 읽고 글쓴이의 경험에 비추어 자신의 삶을 성찰한다. ◦ 영화에 등장하는 인물의 가치관이나 사고방식을 비판적으로 이해한다. ◦ 다양한 매체에서 내용을 선정하여 통일성 있게 설명문을 쓴다. ◦ 절차와 결과가 드러나게 보고서를 쓴다. ◦ 문제 해결 방안이나 요구 사항을 담아 건의하는 글을 쓴다. ◦ 여러 가지 표현 전략을 사용하여 격려하거나 위로하는 글을 쓴다. ◦ 자신의 생활 체험을 바탕으로 독자에게 감동이나 즐거움을 주는 글을 쓴다. ◦ 다양한 매체에 나타난 언어 사용 방식의 차이점을 파악한다. ◦ 관용 표현의 개념과 효과를 이해한다. ◦ 품사의 개념, 분류 기준, 특성을 이해한다. ◦ 표현 의도에 따라 사동 · 피동 표현이 달라 사용됨을 안다. ◦ 지시어가 글의 구조와 의미에 미치는 영향을 분석한다. ◦ 문학 작품에 드러난 인물의 심리 상태와 갈등의 해결 과정을 파악한다. ◦ 문학 작품의 전체적인 정서와 분위기를 파악한다. ◦ 역사적 상황이 문학 작품에 어떻게 나타나는지 이해한다. ◦ 시어와 일상어의 관계에 대한 이해를 바탕으로 노랫말을 쓴다.	-	-
8학년	◦ 강연을 듣고 이해하지 못한 내용이나 궁금한 점을 질문한다. ◦ 회의에서 다른 사람의 의견을 듣고 협력적으로 반응한다. ◦ 수업 대화를 듣고 수업 참여자 간 의사소통의 특성을 이해한다.		-

학년	불일치: 간접 관련 주제	부분 일치: 중간 관련 주제	전면 일치: 직접 관련 주제
8학년	◦ 라디오 프로그램을 듣고 진행자의 말하기 특성과 효과를 평가한다. ◦ 공식적인 상황에서 매체를 활용하여 효율적으로 발표한다. ◦ 친구들 앞에서 학급 문제에 대한 의견을 호소력 있게 말한다. ◦ 말의 내용이나 말하기 방식의 차이를 고려하며 웃어른과 대화를 한다. ◦ 드라마의 인물이 되어 반언어적·비언어적 표현을 효과적으로 사용한다. ◦ 설명하는 글과 설득하는 글을 읽고 글의 짜임을 비교한다. ◦ 주장하는 글을 읽고 주장의 타당성을 평가한다. ◦ 시대적·사회적 배경, 문화적 전통 등을 고려하며 글의 의미를 해석한다. ◦ 자서전을 읽고 글쓴이의 삶을 시대 상황과 관련지어 이해한다. ◦ 다양한 풍자물의 매체 특성과 그 효과를 이해하고 비판적으로 수용한다. ◦ 분석의 방법으로 내용을 전개하여 설명문을 쓴다. ◦ 글을 쓰는 목적에 맞게 정보를 재구성하여 기사문을 작성한다. ◦ 사회적 쟁점에 대한 자신의 의견을 응집성 있게 쓴다. ◦ 목적, 독자, 매체가 쓰기의 내용과 형식에 미치는 영향을 고려하면서 글을 쓴다. ◦ 여러 가지 표형 방법을 활용하여 자신의 삶이 잘 드러나게 자서전을 쓴다. ◦ 여러 종류의 어휘를 비교하고 그 사용 양상을 설명한다. ◦ 국어 단어 형성법을 이해하고 활용한다. ◦ 문장이 여러 가지 의미로 해석되는 현상을 이해한다. ◦ 담화나 글의 의미 해석에 상황 맥락이 관여함을 이해한다. ◦ 문학 작품의 아름다움과 가치를 파악한다. ◦ 다양한 시각과 방법으로 문학 작품을 해석하고 평가한다. ◦ 문학 작품의 세계가 누구의 눈을 통해 전달되는지를 파악한다. ◦ 문학 작품에 나오는 인물의 행동을 사회·문화적 상황과 관련지어 파악한다. ◦ 자신이 상상한 세계를 문학 작품으로 표현한다.	◦ 남한과 북한의 언어 차이를 비교한다(다양성).	–

학년	불일치: 간접 관련 주제	부분 일치: 중간 관련 주제	전면 일치: 직접 관련 주제
9학년	◦ 시사 문제에 대한 심층 보도를비판적으로 이해한다. ◦ 연설을 듣고 내용과 형식을 비판적으로 평가한다. ◦ 지역 방언을 듣고 언어의 다양성과 소통의 의미를 이해한다. ◦ 영화나 연극을 보고 자신의 경험이나 시대적 상황과 관련짓는다. ◦ 문제 해결을 목적으로 전문가를 선정하여 면담한다. ◦ 토의의 유형과 절차를 이해하고, 논제에 알맞은 방식으로 토의한다. ◦ 의견이 다른 상대와 협상을 통해 문제를 해결한다. ◦ 우리나라의 전통적인 해학 문화를 이해하고, 이를 재담에 활용한다. ◦ 실용적 정보를 담은 책을 읽고 정보의 효율성을 판단한다. ◦ 논평을 읽고 글쓴이의 태도와 표현의 효과를 평가한다. ◦ 선언문을 읽고 사회 · 문화적 배경과 글쓴이의 관점을 이해한다. ◦ 촌평을 읽고 글쓴이의 태도와 관련지어 의미를 해석한다. ◦ 만화의 매체 특성을 고려하여 함축된 의미를 해석한다. ◦ 독자의 요구와 관심사를 고려하여 학교나 지역 사회를 홍보하는 글을 쓴다. ◦ 의견의 차이가 드러나는 문제에 대하여 적절한 근거를 들어 논증하는 글을 쓴다. ◦ 인용과 해설의 방법을 사용하여 책이나 글을 평가하는 글을 쓴다. ◦ 문체의 효과를 고려하며 조언하거나 충고하는 글을 쓴다. ◦ 영상 언어의 특성을 살려 영상으로 이야기를 구성한다. ◦ 언어의 규칙성, 사회성, 역사성, 기호성, 창조성 등을 이해한다. ◦ 국어의 음운 체계를 이해한다. ◦ 문장의 짜임새를 설명한다. ◦ 담화 또는 글 구성의 기본 개념을 이해한다. ◦ 한국 문학의 대표적인 고전 작품을 찾아 읽고 그 가치와 중요성을 이해한다. ◦ 문학 작품에 나타난 사회 · 문화적 상황과 관련지어 창작 동기와 의도를 파악한다. ◦ 문학 작품에 대한 다양한 해석을 비교한다.	◦ 한국어와 언어문화적 특성과 가치를 이해한다(다양성).	–

학년	불일치: 간접 관련 주제	부분 일치: 중간 관련 주제	전면 일치: 직접 관련 주제
9학년	◦ 문학 작품 해석의 근거에 유의하여 비평문을 읽는다. ◦ 일상의 가치 있는 체험을 문학 작품으로 표현한다.	–	–
10학년	◦ 강의나 발표를 듣고 목적에 따라 내용을 재구성한다. ◦ 토론을 듣고 찬성과 반대의 입장을 비교하여 논제를 깊이 있게 이해한다. ◦ 사회 방언을 듣고 언어적 다양성을 이해한다. ◦ 공연 예술의 소통 방식과 표현 특성을 이해한다. ◦ 인터넷 매체를 활용하여 효과적으로 자신을 소개한다. ◦ 자신과 배경 지식이 다른 청중에게 여러 자료를 활용하여 효과적으로 보고한다. ◦ 여러 가지 토론의 유형을 알고, 쟁점을 찾아 토론하여 문제를 해결한다. ◦ 생활 주변에서 발생하는 문제를 취재하여 보도한다. ◦ 예술 작품에 대한 생각이나 느낌을 발표한다. ◦ 사회적 규약을 담은 글의 특성을 알고 공정성과 합리성을 평가한다. ◦ 법률적 쟁점을 다룬 글을 읽고 사건의 개요와 판단의 취지를 파악한다. ◦ 여러 글을 읽고 전제나 가정을 비교 분석하고 평가한다. ◦ 면담 기사를 읽고 질문자의 질문 의도, 질문 전략, 질문 태도 등을 평가한다. ◦ 인기 도서를 읽고 책의 가치와 인기를 얻게 된 원인을 비판적으로 평가한다. ◦ 면담을 통해 자료를 수집하여 주변 인물에 대한 전기문을 쓴다. ◦ 그림이나 사진, 그래프나 도표 등의 자료를 해석하는 글을 쓴다. ◦ 시사 문제에 대하여 자신의 관점을 명료하게 드러내는 시평을 쓴다. ◦ 청중이 공유하고 있는 체험, 사고, 가치를 고려하면서 시사문을 쓴다. ◦ 예술 작품에 대한 심미적 경험을 드러내는 비평문을 쓴다. ◦ 국어의 역사를 이해한다. ◦ 국어의 음운 규칙을 안다. ◦ 장면에 따른 표현 방식을 안다. ◦ 국어의 로마자 표기법과 외래어 표기법을 알고 정확하게 사용한다.	–	–

학년	불일치: 간접 관련 주제	부분 일치: 중간 관련 주제	전면 일치: 직접 관련 주제
10학년	◦ 한글의 창제 원리와 한글의 독창성을 안다. ◦ 문학이 인간의 삶에 미치는 긍정적인 의미와 효과를 발견한다. ◦ 문학 작품에 드러난 작가의 개성을 이해한다. ◦ 인간의 보편적인 삶의 조건에 비추어 문학 작품을 이해한다. ◦ 문학 작품에 대한 비평적 안목을 갖춘다. ◦ 수용과 전승 과정에 유의하여 한국 문학의 전통을 이해한다.	–	–

2007개정 국어과교육과정을 다문화교육 준거 개념을 중심으로 분석한 결과 아래와 같은 점을 발견할 수 있었다.

첫째, 초등국어과교육과 중등국어과교육에서 다문화교육적 특성을 거의 발견할 수 없었다. 국어과교육과정의 성격에서 밝힌 바와 같이 '국어 교과는 한국인의 삶이 배어 있는 국어를 창조적으로 사용하는 능력과 태도를 길러 국어를 정확하고 효과적으로 사용하게 하고, 미래 지향의 민족의식과 건전한 국민 정서를 함양하게 하며, 국어 발전과 국어 문화 창달에 이바지하려는 뜻을 세우게 하기 위한 교과'이기 때문이다. 다문화교육적 특성을 갖기 위한 준거로 제시된 인종, 종교, 다양성 등이 녹아 있기보다는 한국인의 삶에 중점을 두고 있었다.

둘째, 초 · 중등의 국어과교육과정 전체를 조망할 때, 다문화교육적 요소의 배치 빈도는 문법 영역에서 1.8%로 나타났다. 이러한 결과는 아주 낮은 수치이지만 듣기, 말하기 등 5영역에서는 관련성이 모두 불일치로 나타났기에 1.8%를 차지한 문법 영역이 부분 일치로 상대적으로 많은 비중을 차지하였다. 다문화교육적 관점을 부분적으로 반영한 단원은 중학교 8학년 '남한과 북한의 언어 차이'로 남한과 북한의 언어 차이를 비교하여 이해하기, 남한과 북한의 언어 차이의 원인과 실태 파악하기, 남한과 북한의 언어 차이를 극복하는 방안 찾기로 구성되어 있어 '남한의 언어와 북한의 언어 차이를 비교'하는 부분이 다문화 준거 개념과 일치하여 부분 일치로 분류하였다.

마찬가지로 중학교 9학년 '한국어와 언어문화적 특성과 가치' 대주제는 언어문화적 특성과 언어의 관계 이해하기, 국어에 담긴 언어문화적 특성 파악하기, 세계화, 국제화 시대에 한국어의 위상 점검하기의 소주제로 구성되어 이 중 '세계화, 국제화 시대에 한국어의 위상 점검하기'만이 일치하므로 부분 일치로 분류하였다. 그러나 초등학교 국어과교육과정에서는 모두 불일치로 나타나 초등 국어과교육과정에서 다문화교육을 반영할 필요성을 느꼈다.

셋째, 초등 및 중등교육과정 모두 다문화교육적 요소들을 거의 발견할 수 없었다. 본 장의 준거 개념의 범위는 '시민권, 소수인종, 성, 소수문화, 소수언어, 평등, 집단관계, 이중언어, 다양성, 사회정의, 장애인, 형평성, 총체성, 사회운동, 종족, 문화집단, 융합문화, 정체성, 타인존중, 타 문화 존중, 편견, 소수집단, 소수전통, 문화다양성, 사회변화, 우월집단, 의사소통, 갈등, 의사결정, 사회참여, 문화 간 상호 작용, 세계화, 정보화, 국제이해, 상호 의존'에 중점을 두었으나 국어과교육과정에서는 이러한 요소들을 거의 발견할 수 없었다.

〈표 6-16〉 2007개정 국어과 다문화 관련 내용 빈도

학년	불일치: 간접 관련 단원	부분 일치: 중간 관련 단원	전면 일치: 직접 관련 단원	총 단원 수
1학년	22	0	0	22
2학년	23	0	0	23
3학년	23	0	0	23
4학년	23	0	0	23
5학년	24	0	0	24
6학년	23	1	0	24
빈도수(%)	138(99.3%)	1(0.7%)	0(0%)	139(100%)
7학년	27	0	0	27
8학년	27	1	0	28
9학년	27	1	0	28
10학년	29	0	0	29
빈도수(%)	110(98.2%)	2(문법 1.8%)	0(0%)	112(100%)

3. 국어과 다문화수업의 실제

가. 초등 수업안

1) 수업안

<table>
<tr><th>교과</th><td colspan="2">국어</td><th>학년</th><td colspan="2">6학년</td></tr>
<tr><th>대주제</th><td colspan="5">소중한 우리말</td></tr>
<tr><th>본시 주제</th><td colspan="5">고유어, 한자어, 외래어, 외국어 구별하기</td></tr>
<tr><th>학습목표</th><td colspan="5">우리 주변에서 사용하는 말 중에서 고유어, 한자어, 외래어, 외국어를 구별할 수 있다.</td></tr>
<tr><th rowspan="3">수업전략</th><td>수업 모형</td><td colspan="4">MAA 모형</td></tr>
<tr><td>학습 조직</td><td colspan="4">전체학습 → 개인학습 → 모둠학습 → 전체학습</td></tr>
<tr><td>다문화 관련 준거 개념</td><td colspan="4">다양성, 의사소통</td></tr>
<tr><th>단 계</th><th>학습 과정</th><th colspan="2">교 수-학 습 활 동</th><th>시간(분)</th><th>자료(▶) 및 유의점(*)</th></tr>
<tr><td rowspan="2">문제인식</td><td>동기유발</td><td colspan="2">◈ 여러 가지 음식 사진 보여 주기
- 송편, 탕수육, 피자, 콜라, 프라이드치킨, 닭볶음탕, 돈가스 등
- 이러한 음식들의 이름은 어느 나라에서 왔을까요?</td><td rowspan="2">5'</td><td rowspan="2">-</td></tr>
<tr><td>학습문제 확인</td><td colspan="2">우리 주변에서 사용하는 말 중에서 고유어, 한자어, 외래어, 외국어를 구별해 보자.</td></tr>
<tr><td rowspan="2">소수문화 관련 내용 부가</td><td>문제사태 제시</td><td colspan="2">◈ 주위에서 볼 수 있는 간판 이름 발표하기
- 간판의 이름을 발표하고 자신의 생각 이야기하기
- 교사가 찾은 간판 이름 예 제시하기
◈ 외국의 간판 사례 제시하기
- 미국, 일본, 중국 등의 해외 사례 제시하기</td><td rowspan="2">20'</td><td rowspan="2">* 간판의 이름들과 관련하여 다문화적인 내용 부가할 것</td></tr>
<tr><td>문제 해결방법 찾기</td><td colspan="2">◈ 평소에 흔히 쓰는 외래어나 외국어 말하기
- 옷, 학용품, 컴퓨터 용어 등과 관련한 예 발표하기
- 외래어나 외국어 대신 고유어를 사용할 수 있도록 해결 방법 찾기</td></tr>
<tr><td>주류문화와 소수문화의 관계인식</td><td>실천동기 강화</td><td colspan="2">◈ 일상용어들을 분류하기
- 모둠별로 고유어, 외래어, 외국어로 분류하기
◈ 일상용어들을 분류하며 느낀 점을 모둠별로 발표하기
- 모둠별로 발표하기</td><td>10'</td><td>* 외국어 분류 시 어느 나라 말인지도 살펴보게 한다.</td></tr>
<tr><td>정리 및 발전</td><td>학습정리 내면화</td><td colspan="2">◈ 학습내용 정리
◈ 실천동기 부여
- 텔레비전 프로그램을 시청하면서 고유어, 외래어, 외국어를 분류해 보기</td><td>-</td><td>-</td></tr>
</table>

2) 수업안 해설

본 수업안은 다문화교육과 부분 일치를 보이는 단원에 대한 수업 계획이다. 즉 수업 주제 자체가 다양성과 의사소통이라는 다문화 준거 개념을 포함하고 있기 때문에 수업 모형은 다문화 부가 접근 모형인 MAA 모형을 사용할 수 있다. 본 학습의 목표는 우리 주변에서 사용하는 말 중에서 고유어, 한자어, 외래어, 외국어를 구별해 보는 것이므로 학습문제를 우리 주변에서 사용하는 말 중에서 고유어, 한자어, 외래어, 외국어를 구별해 보는 것으로 설정한다. 따라서 이러한 학습목표를 달성하기 위해서는 다양성 인정과 의사소통이라는 내용을 수업내용에 부가해서 수업을 진행할 수 있다. 우선 문제인식 단계에서 동기 유발로 여러 가지 음식 사진을 제시하면서 음식의 이름들이 주로 고유어보다는 한자어, 외래어, 외국어 등을 사용하는 것이 많다는 것을 통해 우리 사회에는 음식 이름에도 외국의 영향을 받은 것들이 존재함을 인식하도록 한다. 학습문제 확인이 끝나면 갈등의 발생 원인 파악을 위한 활동에 들어가게 되는데 이때 우리나라에서 흔히 볼 수 있는 사례 가운데 소수문화 관련 내용의 부가로서 주위에서 볼 수 있는 간판 이름, 외국의 간판 사례를 제시하고 외국에서는 자신의 나라 말을 사용한 간판이 많음에 비해 우리나라에서는 그렇지 않다는 문제점을 발견한다. 이러한 문제를 해결하기 위한 방법 찾기에서는 우리 주위에서 흔히 사용하는 외래어나 외국어들을 발표하고, 이러한 문제점을 해결하기 위한 방법을 발표한다. 또한 실천 의지를 강화하는 단계인 일상용어 분류단계에서 모둠별로 고유어, 외래어, 외국어를 분류하고, 외래어나 외국어는 어느 나라 말인지도 살펴본다. 이러한 과정을 통해 우리가 쓰는 우리나라 말에도 다양한 문화의 말들이 녹아 있음을 알게 된다. 정리 단계에서는 일상적으로 우리가 주로 보는 텔레비전 프로그램을 시청하면서 고유어, 외래어, 외국어를 구별하는 시간을 갖도록 한다. 이 수업을 통하여 학생들은 우리나라 말이라고 여겼던 일상용어 속에 외국의 영향을 받은 말들이 많이 포함되어 있음을 알게 되고, 학습목표인 고유어, 외래어, 외국어를 구별하는 능력을 갖출 수 있다.

나. 중등 수업안

1) 수업안

교과	국어		학년	8학년
대주제	**남한과 북한의 언어생활**			
본시 주제	**남한과 북한의 언어 비교**			
학습목표	남한과 북한의 언어 차이를 비교할 수 있다.			
수업전략	**수업 모형**	MAA 모형		
	학습 조직	전체학습 → 개인학습 → 모둠학습 → 전체학습		
	다문화 관련 준거 개념	다양성, 의사소통		

단 계	학습 과정	교 수 - 학 습 활 동	시간(분)	자료(▶)및 유의점(*)
문제인식	동기유발	◈ 북한 뉴스 동영상과 영어권 뉴스 동영상 보여 주기 - 어떤 내용이라고 생각하나요? - 어느 나라 말이 더 친숙하게 느껴지나요?	5'	-
	학습문제 확인	남한과 북한의 언어 차이를 비교해 보자.	5'	-
소수문화 관련 내용 부가	문제사태 제시	◈ 새터민의 생활을 예로 새터민이 겪는 고통 제시하기 - 글을 읽고 자신의 생각 이야기하기 - 자신이 새터민이라면 어떤 고통을 겪을지 예상하여 발표하기	10'	* 새터민의 생활과 관련하여 다문화적인 내용 부가할 것
	문제 해결방법 찾기	◈ 새터민을 위한 언어교육 방법 발표하기 - 남한과 북한의 언어가 서로 다른 사례 조사하여 발표하기 - 새터민을 위한 언어교육 방법 발표하기		
주류문화와 소수문화의 관계인식	실천동기 강화	◈ 모둠별로 북한어로 새터민에게 편지 쓰기 - 편지를 쓰면서 남한과 북한의 언어가 다른 점을 이해하기 ◈ 편지를 쓰면서 느낀 점 발표하기 - 모둠별로 발표하기	20'	-
정리 및 발전	학습정리 내면화	◈ 학습내용 정리 ◈ 실천동기 부여 - 우리나라 광고를 북한어로 바꾸어 써 보기	-	-

2) 수업안 해설

본 수업안은 다문화교육과 부분 일치를 보이는 단원에 대한 수업 계획이다. 즉 수업 주제 자체가 다양성과 의사소통이라는 다문화 준거 개념을 포함하고 있기 때문에 수업 모형은 다문화 부가 접근 모형인 MAA 모형을 사용할 수 있다. 본 학습의 목표는 북한과 남한의 언어 차이를 비교해 보는 것이므로 학습문제를 남한과 북한의 언어 차이를 비교하는 것으로 설정한다. 따라서 이러한 학습목표를 달성하기 위해서는 다양성 인정과 의사소통이라는 내용을 수업내용에 부가해서 수업을 진행할 수 있다. 우선 문제인식 단계에서 동기 유발로 북한 뉴스 동영상과 영어 뉴스 동영상을 보여 주고 어떤 내용인지 파악하게 하고, 어떤 뉴스가 더 친숙한지를 질문해 본다. 학습문제 확인이 끝나면 갈등의 발생 원인 파악을 위한 활동에 들어가게 되는데 이때 우리나라에서 흔히 볼 수 있는 사례 가운데 새터민을 예로 들어 새터민의 고통 중 언어생활과 관련한 내용을 다룸으로써 소수문화 관련 내용을 부가한다. 또한 자신이 새터민이라면 어떤 고통을 겪었을지를 발표한다. 이러한 문제를 해결하기 위한 방법 찾기에서는 새터민을 위한 언어교육 방법을 모색하기 위해 남한과 북한의 언어를 비교해 보고, 방법을 찾아본다. 또한 실천 의지를 강화하는 단계에서는 새터민에게 북한어로 편지를 써 보는 새터민의 입장을 역지사지로 생각해 보는 활동을 한다. 정리 단계에서는 우리나라의 광고를 북한어로 바꾸어 보는 활동을 한다. 이 수업을 통해 남한과 북한의 언어를 비교하기 위해 새터민의 생활 속 고통을 짚음으로써 새터민을 이해하는 동시에 남한과 북한의 언어가 다르다는 것을 이해할 수 있다.

<수업 실행 자료>

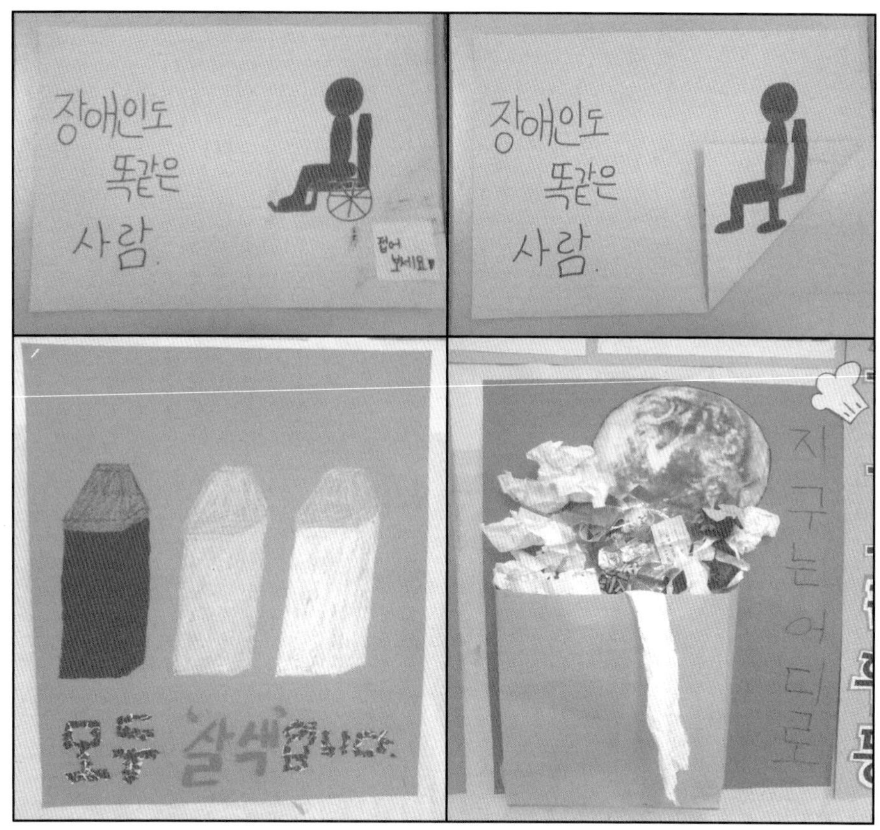

5. 재량활동 다문화교육의 실제

1. 재량활동 교육과정의 성격

1~10학년까지 재량활동 교육과정은 교과 재량활동과 창의적 재량활동으로 구성되어 있다. 교과 재량활동은 중등학교의 선택 과목 학습과 국민 공통 기본 교과의 심화 · 보충 학습을 위한 것이며, 창의적 재량활동은 학교의 독특한 교육적 필요, 학생의 요구 등에 따른 범교과 학습과 자기 주도적 학습을 위한 것이다. 초등학교의 재량활동은 창의적 재량활동으로 운영하고, 중학교의 교과 재량활동은 한문, 정보, 환경, 생활 외국어(독일어, 프랑스어, 스페인어, 중국어, 일본어, 러시아어, 아랍어), 기타의 선택 과목 학습 시간에 중점을 두어 운영하며, 고등학교 1학년의 교과 재량활동은 선택 중심 교육과정의 선택 과목 학습 또는 국민 공통 기본 교과의 심화 · 보충 학습으로 운영하도록 되어 있다.

〈표 6-17〉 2007개정 재량활동 내용 체계

구분	학교	초등학교						중학교			고등학교
	학년	1	2	3	4	5	6	7	8	9	10
교과 재량 활동	중등학교의 선택과목학습	–						한문, 정보, 환경, 생활외국어, 기타의 선택과목 학습 시간에 중점 운영			선택 중심 교육과정의 선택 과목 학습
	국민공통 기본교과의 심화·보충 학습	–						–			국민 공통 기본 교과의 심화·보충 학습
창의적 재량 활동	범교과 학습	민주 시민 교육, 인성 교육, 환경 교육, 경제 교육, 에너지 교육, 근로정신 함양 교육, 보건 교육, 안전 교육, 성 교육, 소비자 교육, 진로 교육, 통일 교육, 한국 문화 정체성 교육, 국제 이해 교육, 해양 교육, 정보화 및 정보 윤리 교육, 청렴·반부패 교육, 물 보호 교육, 지속 가능 발전 교육, 양성 평등 교육, 장애인 이해 교육, 인권 교육, 안전·재해 대비 교육, 저출산·고령 사회 대비 교육, 여가 활용 교육, 호국·보훈 교육, 효도·경로·전통 윤리 교육, 아동·청소년 보호 교육, 다문화교육, 문화 예술 교육, 농업·농촌 이해 교육, 지적 재산권 교육, 미디어 교육, 의사소통·토론 중심 교육, 논술 교육									
	자기 주도적 학습	※교육과정에 제시된 예시 없음주제 탐구, 소집단 공동 연구, 학습하는 방법의 학습									

2. 재량활동 교육과정의 다문화 내용 체계 분석

〈표 6-18〉 2007개정 재량활동 다문화 관련 내용 체계

학년	불일치: 간접 관련 주제	부분 일치: 중간 관련 주제	전면 일치: 직접 관련 주제
1~10학년	○ 환경 교육 ○ 경제 교육 ○ 에너지 교육 ○ 근로정신 함양 교육 ○ 보건 교육 ○ 안전 교육 ○ 소비자 교육 ○ 해양 교육 ○ 청렴·반부패 교육 ○ 물 보호 교육 ○ 지속 가능 발전 교육 ○ 안전·재해 대비 교육 ○ 여가 활용 교육 ○ 호국·보훈 교육 ○ 효도·경로·전통 윤리 교육 ○ 지적 재산권 교육 ○ 미디어 교육 ○ 논술 교육	○ 민주 시민 교육(민주주의, 사회 참여) ○ 인성 교육(타인존중) ○ 성 교육(성, 평등) ○ 진로 교육(의사결정, 세계화) ○ 통일 교육(평등, 상호 의존) ○ 한국 문화 정체성 교육(소수전통, 정체성) ○ 정보화 및 정보 윤리 교육(정보화, 타인존중) ○ 양성 평등 교육(평등, 성) ○ 장애인 이해 교육(평등, 장애인) ○ 인권 교육(사회운동, 타인존중) ○ 저출산·고령화 사회 대비 교육(형평성, 사회변화) ○ 여가 활용 교육(문화다양성) ○ 효도·경로·전통 윤리 교육(소수집단)	○ 국제 이해 교육(국제이해, 문화 간 상호 작용, 세계화, 상호 의존, 문화다양성, 타 문화 존중 등 다수) ○ 다문화교육(국제이해, 문화 간 상호 작용, 문화다양성, 타 문화 존중, 소수문화, 다양성, 편견 등 다수)

학년	불일치: 간접 관련 주제	부분 일치: 중간 관련 주제	전면 일치: 직접 관련 주제
1~10학년	-	○ 아동 · 청소년 보호 교육(타인존중, 소수집단) ○ 문화 예술 교육(문화집단, 타 문화 중) ○ 농업 · 농촌 이해 교육(사회변화, 상호 의존) ○ 의사소통 · 토론 중심 교육(의사소통)	-

재량활동의 다문화 개념과 관련해서는 창의적 재량활동의 범교과 학습 주제 35개를 대상으로 다문화 준거 개념(김용신, 2008)에 의해 다문화 개념과 관련된 주제를 도출한 후 불일치, 부분 일치, 전면 일치로 분류하였다. 분석 결과, <표 6 - 18>에 나타난 바와 같이 불일치 18개, 부분 일치 15개, 전면 일치 2개로, 약 50% 정도의 관련성을 나타냈다. 특히 '국제 이해 교육'과 '다문화교육'은 준거 개념 중 다수의 관련성을 나타내 다문화 관련성이 가장 높은 것으로 나타났다. 재량활동의 범교과 학습 주제는 관련 교과, 특별활동 및 학교 교육 활동 전반에 걸쳐 통합적으로 다루어지도록 하고 있으며, 따라서 학교별 운영 양상에 따라 다문화 관련성이 다양하게 나타날 수 있을 것이다.

3. 재량활동 다문화수업의 실제

가. 수업안

교과	재량	학년	6학년
대주제	다문화교육		
본시 주제	**타 문화에 대한 차별과 편견 극복하기**		
학습목표	우리 주변의 다문화가정이 겪는 어려움을 인식하고, 차별과 편견에서 벗어나 타 문화를 이해하고 수용하려는 태도를 가질 수 있다.		
수업전략	**수업 모형**	MTA 학습 모형 Ⅰ	
	학습 조직	전체학습 → 개별학습 → 모둠학습 → 전체학습	
	다문화 관련 준거 개념	평등, 타인존중, 편견, 소수문화 등	

단 계	학습 과정	교 수-학 습 활 동	시간(분)	자료(▶)및 유의점(*)
갈등문제 제시	동기유발및 문제제기	◈ 차이는 있어도 차별은 없다! - 광고 "제 이름은 배기철입니다" 시청하기 - 광수생각 "피부색" 만화 보기	5'	▶광고-국가인권위원회
	학습문제 제시	우리 주변의 다문화가정이 겪는 어려움을 인식하고, 차별과 편견에서 벗어나 타 문화를 이해하고 수용하려는 태도를 가질 수 있다.	1'	-
다문화의 공존 인식	가치인식 (전체 및 개별)	◈ 나의 주변 사람 둘러보기 - 외국인, 혼혈인, 새터민 등 다양한 사람들 ◈ 나의 편견 지수는 얼마? - 다문화가정에 대한 편견 지수 체크리스트 확인하기	5'	* 다문화 관련 사진 및 통계 자료를 통해 이해를 도울 수 있다. ▶편견 지수 체크리스트 활용
문화적 편견 해소	가치의 개념화 (모둠 및 전체)	◈ 다문화가정이 겪는 어려움 살펴보기 - 인권동화 "혼자 먹는 밥" - 내가 겪은 차별과 편견 사례 나누기 ◈ 차별과 편견을 해소할 수 있는 방법 토의하기 ◈ 상황극 만들어 실연하기	14'	▶인권동화-국가인권위원회 * 다문화가정에 대한 편견 사례를 간단한 상황극으로 만들어 직접 실연하도록 한다.
반편견 활동 실행	가치심화 (전체)	◈ 타인의 입장 되어 보기 "우리도 그들과 같다." - 외국에서 소외당하는 친구 - 도이치 드림 ◈ 생각의 전환 - 색안경을 벗으면 다르게 보여요. - 외국인 근로자는 우리 사회의 +a	10'	* 다문화가정에 대한 생각을 어떻게 바꿀 수 있는지 자유롭게 발표하도록 한다.
가치의 내면화	정리 및 내면화 (개별 및 전체)	◈ 타 문화에 대한 편견 극복 의지 내면화하기 -'함께하는 우리' 나무 만들기 (각 어린이들이 사과 모양의 종이에 실천다짐 내용 쓰고 사과나무 만들어 게시하기)	5'	-

나. 수업안 해설

본 수업의 대주제인 '다문화교육' 및 본시주제인 '타 문화에 대한 차별과 편견 극복하기'는 평등, 타인존중, 편견, 소수문화 등의 다문화 준거 개념을 살펴보았을 때 전면 일치에 해당한다. 따라서 본 수업안은 다문화교육과 전면 일치를 보이는 직접 관련 활동의 수업에 사용되는 '변환 접근법' 모형을 적용하였다. 변환 접근법을 활용한 수업 모형 중에서 MTA 학습 모형 Ⅰ인, 편견 해소를 위한 다문화교육 학습 모형(PR－Model)을 적용하여 계획하였다.

본시 수업에서는 우리 주변의 다문화가정이 겪는 어려움 중 가장 대표적인 차별과 편견에 대하여 살펴보고, 차별과 편견에서 벗어나 타 문화를 이해하고 수용하려는 태도를 갖도록 하는 것으로 목표를 설정하였다.

학습 과정을 살펴보면, 갈등 문제 제시 단계 중 동기 유발 과정에서는, '제 이름은 배기철입니다'와 '광수생각－피부색'이라는 두 편의 광고와 만화를 통해 '차이'와 '차별'의 의미를 이해하고 우리 안에 존재하는 '차별'에 대해 생각해 보도록 한다. 이어 학습문제를 제시하고, 학습을 안내한다.

다문화의 공존 인식 단계에서는, 달라진 우리 사회 구성원들의 모습을 살펴보고 외국인 노동자, 혼혈인, 국제결혼 가정 자녀, 새터민 등이 우리 주변에 함께 살고 있음을 인지하고, 편견 지수 체크리스트를 통해 그들에 대한 우리의 편견 지수를 스스로 확인해 보도록 한다.

문화적 편견 해소 단계에서는, 다문화가정이 겪는 차별과 편견에 대한 다양한 사례를 살펴보도록 한다. 인권동화를 활용하거나 학급 아이들의 직접 경험을 자유롭게 나누는 과정에서 차별과 편견에서 벗어나려는 마음을 가질 수 있도록 한다. 이어 차별과 편견 해소에 대한 모둠별 토의를 통해 다양한 방법들을 모색해 보도록 하고, 차별과 편견 및 해소 방법에 대한 간단한 상황극을 만들어 실연해 보도록 한다. 이때 학생들이 상황극을 만들기 어려워할 경우, 교사가 시나리오를 제공할 수 있다. 학생들은 이 과정에서 자신이 차별과 편견의 주인공이 되어 겪는 아픔을 느낄 수 있고 다문화가정의 입장에서 이해할 수 있게 된다.

반편견 활동 실행 단계는, 타인의 입장 되어 보기 활동과 생각의 전환 활동으로 구성되며, 생각의 전환 활동에서는 셀로판 안경을 쓰고 세상을 바라보면 세상이 다르게 보인다는 것을 스스로 체험함으로써 우리가 가진 차별과 편견이라는 색안경을 벗고 똑같은 눈으로 바라보아야 함을 인식할 수 있도록 한다.

마지막 단계인 가치의 내면화 단계에서는, 타 문화에 대한 편견 극복 의지를 내면화하는 활동으로 마무리한다. 학생들이 각자 학습 내용을 토대로 느낀 점과 앞으로의 실천 다짐을 사과 모양의 종이에 쓰고, 모두 수합하여 교실 게시판에 한 그루의 사과나무를 장식하고 수시로 확인하며 내면화할 수 있도록 한다. 사과나무에 공개한 다짐들은 수행 평가의 결과로도 활용할 수 있을 것이다.

본 수업을 통해 학생들은 우리 주변의 다문화가정이 겪는 차별과 편견의 아픔을 인식하고 그들을 돕기 위해 편견을 제거할 수 있는 방법을 모색할 수 있으며, 이러한 태도를 바탕으로 실천 의지를 확고히 할 수 있을 것으로 기대된다.

<수업 실행 자료>

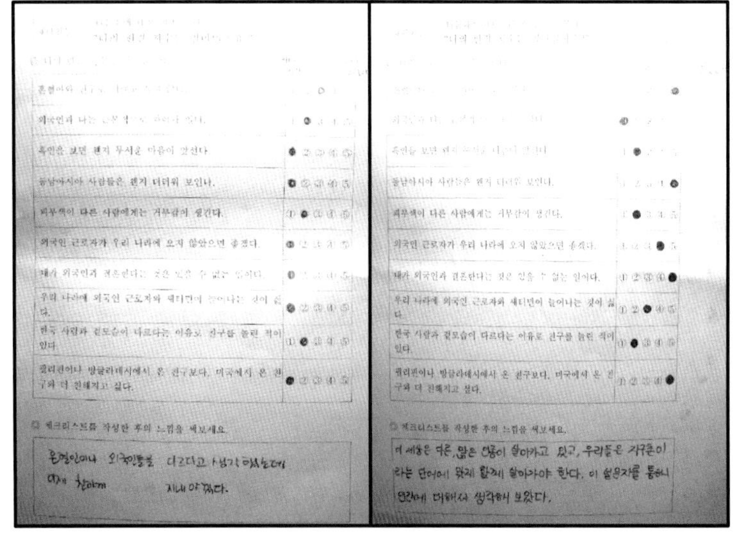

6. 특별활동 다문화교육의 실제

1. 특별활동 교육과정의 성격

특별활동은 교과와 상호 보완적 관련 속에서 학생의 심신을 조화롭게 발달시키기 위하여 실시하는 교과 이외의 활동으로, 다양한 집단 활동에 참여함으로써 학교생활에 잘 적응할 수 있게 하고, 민주 시민의 자질을 함양하게 한다. 또한 다양한 자기표현의 기회를 제공하여 학생의 개성과 소질을 계발 · 신장하고, 건전한 취미 함양 및 여가선용을 통하여 자아실현을 돕는다.

특별활동 교육과정은 자치 활동, 적응 활동, 계발 활동, 봉사 활동, 행사 활동의 5개 영역, 총 25개 활동으로 구성되어 있으며, 학년별 활동 내용이 구분되어 있지 않고 통합적으로 활동하도록 되어 있다. 각 영역별 구체적인 활동 내용은 예시적 기준이므로 지역의 특성과 학교의 실정, 학습자의 특성 등을 고려하여 선정하고, 융통성 있게 운영할 수 있다.

학년별 지도 중점을 살펴보면, 초등학교의 특별활동에서는 학생의 기본 생활 습관과 자율적인 생활 태도의 형성에 중점을 둔다. 중학교에서는 왕성한 활동력과 다양한 욕구를 건전한 방향으로 유도하고, 원만한 인간관계를 형성하는 데 중점을 둔다. 고등학교에서는 자아의 발견과 확립, 삶의 힘과 지혜, 남과 더불어 살아가는 방법 등을 체득하는 데 중점을 둔다.

〈표 6-19〉 2007개정 특별활동 내용 체계

학교 / 학년 / 영역	초등학교						중학교			고등학교
	1	2	3	4	5	6	7	8	9	10
자치 활동	○ 협의 활동 ○ 역할 분담 활동 ○ 민주 시민 활동									
적응 활동	○ 기본 생활 습관 형성 활동 ○ 친교 활동 ○ 상담 활동 ○ 진로 활동 ○ 정체성 확립 활동									
계발 활동	○ 학술 문예 활동 ○ 보건 체육 활동 ○ 실습 노작 활동 ○ 여가 문화 활동 ○ 정보 통신 활동 ○ 청소년 단체 활동									
봉사 활동	○ 일손 돕기 활동 ○ 위문 활동 ○ 캠페인 활동 ○ 자선 구호 활동 ○ 환경 · 시설 보전 활동									
행사 활동	○ 의식 행사 활동 ○ 학예 행사 활동 ○ 보건 체육 행사 활동 ○ 수련 활동 ○ 안전 구호 활동 ○ 교류 활동									

특별활동에서는 5개 영역의 하위 25개 활동을 대상으로 다문화 개념과 관련된 활동을 1차 도출하고, 각 활동에 포함된 세부 활동들의 다문화 개념 관련성을 검토하여 다문화 관련 활동을 2차 선정한 후, 활동과 각각의 세부 활동들의 불일치, 부분 일치, 전면 일치를 다문화 준거 개념(김용신, 2008)에 의해 분류하였다. 분석 결과 <표 6-20>에 나타난 바와 같이, 불일치 7개, 부분 일치 17개, 전면 일치 1개로 분류되어, 약 70% 정도의 관련성을 나타냈

다. 특히 행사 활동 중 '교류 활동'은 준거 개념 중 다수의 관련성을 나타내 다문화 관련성이 가장 높은 것으로 나타났다.

2. 특별활동 교육과정의 다문화 내용 체계 분석

〈표 6-20〉 2007개정 특별활동 다문화 관련 내용 체계 분류

영역	불일치: 간접 관련 활동	부분 일치: 중간 관련 활동	전면 일치: 직접 관련 활동
자치 활동	○ 협의 활동 ○ 역할분담 활동	○ 협의 활동(갈등, 의사결정) ○ 민주시민 활동(민주주의, 사회참여)	-
적응 활동		○ 기본 생활 습관 형성 활동(타인존중, 민주주의) ○ 친교 활동(소수문화, 소수집단) ○ 상담 활동(의사소통, 타인존중) ○ 진로 활동(의사결정, 세계화) ○ 정체성 확립 활동(정체성)	-
계발 활동	○ 보건 체육 활동 ○ 실습 노작 활동	○ 학술 문예 활동(다양성, 타 문화 존중, 국제이해) ○ 여가 문화 활동(문화다양성) ○ 정보 통신 활동(정보화, 의사소통) ○ 청소년 단체 활동(사회참여, 상호 의존)	-
봉사 활동	○ 환경 · 시설 보전 활동	○ 일손 돕기 활동(장애인, 사회참여) ○ 위문 활동(소수집단, 사회참여) ○ 캠페인 활동(사회참여) ○ 자선 구호 활동(소수집단, 상호 의존)	-
행사 활동	○ 보건 체육 행사 활동 ○ 안전 구호 활동	○ 의식 행사 활동(소수문화) ○ 학예 행사 활동(다양성, 타 문화 존중) ○ 수련 활동(문화다양성, 상호 의존)	○ 교류 활동(국제이해, 상호 의존, 문화 간 상호 작용, 타 문화 존중, 세계화, 정보화 등 다수)

3. 특별활동 다문화수업의 실제

가. 수업안

<table>
<tr><td>교과</td><td colspan="2">특활(계발활동)</td><td>학년</td><td colspan="2">8학년</td></tr>
<tr><td>대주제</td><td colspan="5">학술 문예 활동-국제 문화 이해</td></tr>
<tr><td>본시 주제</td><td colspan="5">문화 상대주의적 태도 기르기</td></tr>
<tr><td>학습목표</td><td colspan="5">다양한 문화를 이해하는 문화 상대주의적 태도를 지니고, 문화적 차이로 인한 갈등을 해결하려는 노력을 할 수 있다.</td></tr>
<tr><td rowspan="3">수업전략</td><td>수업 모형</td><td colspan="4">MTA 학습 모형 Ⅱ</td></tr>
<tr><td>학습 조직</td><td colspan="4">전체학습 → 모둠학습 → 전체학습 → 개별학습 → 전체학습</td></tr>
<tr><td>다문화 관련 준거 개념</td><td colspan="4">문화 다양성, 문화 간 상호 작용, 타 문화 존중, 갈등, 국제이해 등</td></tr>
<tr><td>단 계</td><td>학습 과정</td><td>교 수-학 습 활 동</td><td>시간(분)</td><td colspan="2">자료(▶)및 유의점(*)</td></tr>
<tr><td rowspan="2">문화적 갈등사태 제시</td><td>동기유발 및 문제사태 제시</td><td>◈ '문화 충격(culture shock)'에 대한 이야기 나누기
- 검은 웨딩드레스 이야기
- 외국 여행에서의 문화 차이 경험 나누기</td><td>7'</td><td colspan="2">-</td></tr>
<tr><td>학습문제 제시</td><td>다양한 문화를 이해하는 문화 상대주의적 태도를 지니고, 문화적 차이로 인한 갈등을 해결하려는 노력을 할 수 있다.</td><td>1'</td><td colspan="2">-</td></tr>
<tr><td>주류문화 뒤집어보기</td><td>문화차이 및 갈등의 원인 가정</td><td>◈ 우리 사회에 존재하는 문화적 차이 및 갈등 살펴보기
- 문화 차이 및 갈등에 관한 여러 가지 사례 나누기
◈ 문화 차이로 인한 갈등의 원인 가정하기
- 다양한 집단 간에 갈등이 왜 생겨날까?
- 갈등이 생기는 원인에 대한 가설 세우기</td><td>7'</td><td colspan="2">* 다문화가정 자녀가 속해 있는 실제 학급 내 갈등 사례 활용</td></tr>
<tr><td>문화적으로 낯설게 보기</td><td>정보 수집 및 문제 해결 (모둠)</td><td>◈ 세계 문화 체험하기
- 세계 여러 나라의 독특한 문화에 관한 자료 수집하기
- 음식, 의상, 특산물, 민속놀이, 생활양식, 예절 등
- 현지 특파원 보고 형식으로 기사문 작성하고 발표하기
◈ 문화 차이 이해하기
- 우리 문화와의 차이 발견하고 인정하기(잠정적 결론)</td><td>33'</td><td colspan="2">* 다양한 문화에 관한 자료 수집을 사전 과제로 제시한다.</td></tr>
<tr><td>소수자의 입장에서 생각하기</td><td>다른 문화의 관점에서 생각하기 (전체 및 개별)</td><td>◈ 실제 외국 거주 체험담 살펴보기
- 해외 거주 경험 있는 학생이 직접 발표하기
- 해외 거주 경험 있는 학부모나 자원 인사 초빙하여 듣기
- 해외 거주 체험담 사례 살펴보기
◈ 내가 만약 ㅇㅇ에 살았더라면…
- 세계 문화 체험 내용을 토대로, 베트남, 인도, 미국, 중국, 알래스카 등에서의 나의 하루를 상상하여 일기 쓰기
- 다른 문화 속에 존재하는 나의 모습을 통해 타 문화 이해하기</td><td>34'</td><td colspan="2">* 실제 해외 거주 경험이 있는 학생이나 학부모, 자원 인사를 적극 활용하여 간접체험이 가능하도록 한다.</td></tr>
</table>

단 계	학습 과정	교 수-학 습 활 동	시간(분)	자료(▶)및 유의점(*)
다문화의 공존모색	정리 및 내면화(전체)	◈ 자기중심적 생각에서 벗어나기 - 다른 문화를 인정하고 존중할 줄 몰랐던 자기중심적인 생각 변화시키기 ◈ 문화 상대주의적 태도 다지기 - 보는 관점에 따른 상대적인 해석(오리와 토끼, 미녀와 마녀 그림) - 문화 차이 이해를 통한 갈등 해결 노력의 마음 다지기 - 문화 상대주의적 태도를 다짐하는 서약서 쓰기	8'	▶자기중심적인 생각 변화: 학습지 활용 ▶상대적 관점에 관한 다양한 사진 자료 제시

나. 수업안 해설

본 수업의 대주제인 '학술 문예 활동－국제 문화 이해' 및 본시주제인 '문화 상대주의적인 태도 기르기'는 문화 다양성, 문화 간 상호 작용, 타 문화 존중, 갈등, 국제이해 등 다수의 다문화 준거 개념을 포함하고 있으므로 전면 일치에 해당한다. 따라서 본 수업안은 다문화교육과 전면 일치를 보이는 직접 관련 활동의 수업에 사용되는 '변환 접근법' 모형을 적용하였다.[16] 다양한 인종, 문화, 성, 사회 계층의 학생들이 학급의 구성원으로 포함되어 있는 학급에 활용 가능한 수업이므로, 변환 접근법을 활용한 수업 모형 중에서 MTA 학습 모형 Ⅱ인, 형평 교수법을 활용한 학습 모형(EP－Model)을 적용하여 계획하였다.

본 수업은, 계발활동의 활동 부서 중 '학술 문예 활동'하에 있는 '국제 문화 이해'반에 속해 있는 학생들(다양한 문화집단의 학생 포함)을 대상으로, 학기 초에 2차시를 블록타임으로 엮어서 실시하도록 구성하였다. 또는 행사활동 중 '국제 교류 활동'에도 활용할 수 있다.

본시 수업에서는 국제 문화 이해의 기본이 되는 문화 상대주의적 관점을 갖도록 하기 위하여, 다양한 문화를 이해하는 문화 상대주의적 태도를 지니고 문화

16 '2007개정 특별활동 교육과정 다문화 관련 내용 분석'에서는 분석 기준에 따라 학술 문예 활동이 부분 일치인 중간 관련 활동으로 분류되었으나, 특별활동의 계발활동 영역 특성상 세부 활동 부서에 따라 학습 주제 및 내용이 전면 일치일 수 있다. 따라서 본 수업안에서는 특별활동 교육과정 내용 체계에 제시된 영역별 세부 활동 중 '국제 문화 이해' 활동부서의 수업안을 예시로 제시하였다.

적 차이로 인한 갈등을 해결하려는 노력을 하는 것으로 목표를 설정하였다.

학습 과정을 살펴보면, 문화적 갈등 사태 제시 단계 중 동기 유발 과정에서는, '문화 충격'에 대한 이야기를 통해 문화적 차이에 대해 생각해 보도록 한다. 이어 학습문제를 제시하고, 학습을 안내한다.

주류문화 뒤집어 보기 단계에서는, 우리 주변에 존재하는 문화적 차이 및 갈등 사례를 다루고 갈등의 원인에 대해 학생들 스스로 자기만의 가설을 세워 보도록 한다. 예를 들어 문화적인 차이를 이해하지 않고 자기 문화만을 고집하기 때문에 갈등이 생긴다와 같은 가설을 세울 수 있다.

문화적으로 낯설게 보기 단계에서는, 세계 여러 나라의 다양하고 독특한 문화에 대한 자료를 수집하고 발표함으로써, 이 과정에서 문화적인 차이가 존재하고 이러한 차이들은 각각의 문화에서 인정되고 수용됨을 인식하게 된다. 이 문화 체험 활동의 자료 수집 및 발표를 위한 모둠을 구성할 때에, 소수문화집단의 학생들을 각 모둠에 따로따로 1~2명씩 포함시켜 리더가 되어 함께 조사하도록 한다.

소수자의 입장에서 생각하기 단계는 다른 문화의 관점에서 생각하는 활동으로 구성하였다. 실제 해외 거주 경험이 있는 사람들(학생, 학부모, 교사, 자원 인사 등)의 경험담을 통해 문화적 차이를 받아들이도록 한다. 이어서 이전 단계에서의 문화 체험 활동 내용을 토대로, 다른 문화 속에 존재하는 자신의 모습을 통해 타 문화를 이해하는 마음을 가질 수 있게 된다.

마지막 단계인 다문화의 공존 모색 단계에서는, 자기중심적인 생각에서 벗어나 다른 문화를 이해하는 문화 상대주의적인 관점을 가지고, 이러한 관점을 통한 갈등 해결 의지를 내면화함으로써 수업을 마무리한다.

본 수업을 통해 학생들은 다른 문화와 우리 문화 간에 발생하는 갈등의 원인을 인식하고, 타 문화를 이해하는 문화 상대주의적인 관점을 통해 이를 해결하고 실천하려는 태도를 지닐 수 있을 것으로 기대된다.

<수업 실행 자료>

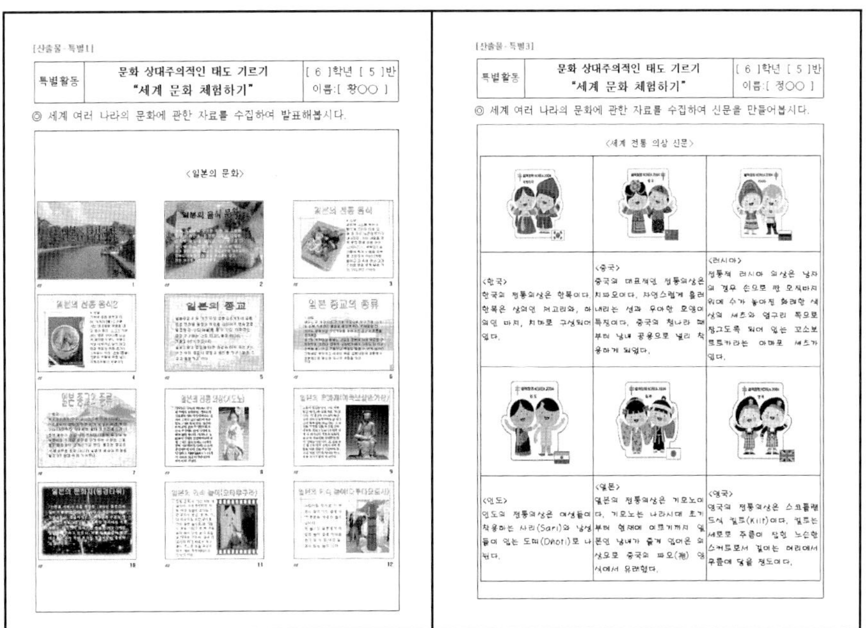

[산출물-특별1]

특별활동	문화 상대주의적인 태도 기르기 "세계 문화 체험하기"	[6]학년 [5]반 이름:[황○○]

◎ 세계 여러 나라의 문화에 관한 자료를 수집하여 발표해봅시다.

<일본의 문화>

[산출물-특별3]

특별활동	문화 상대주의적인 태도 기르기 "세계 문화 체험하기"	[6]학년 [5]반 이름:[정○○]

◎ 세계 여러 나라의 문화에 관한 자료를 수집하여 신문을 만들어봅시다.

<세계 전통 의상 신문>

<한국> 한국의 전통의상은 한복이다. 한복은 상의인 저고리와, 하의인 바지, 치마로 구성되어 있다.	<중국> 중국의 대표적인 전통의상은 치파오이다. 자연스럽게 흘러내리는 선과 우아한 모양이 특징이다. 중국의 청나라 때부터 남녀 공용으로 널리 착용하게 되었다.	<러시아> 전통적 러시아 의상은 남자의 경우 손으로 짠 모직바지위에 수가 놓아진 화려한 새상의 셔츠와 옆구리 쪽으로 잠그도록 되어 있는 고소보로트카라는 아마포 셔츠가 있다.
<인도> 인도의 전통의상은 여성들이 착용하는 사리(Sari)와 남성들이 입는 도띠(Dhoti)로 나뉜다.	<일본> 일본의 전통의상은 기모노이다. 기모노는 나라시대 초기부터 현재에 이르기까지 일본인 남녀가 즐겨 입어온 의상으로 중국의 파오(袍) 양식에서 유래했다.	<영국> 영국의 전통의상은 스코틀랜드식 킬트(Kilt)이다. 킬트는 세로로 주름이 잡힌 느슨한 스커트로서 길이는 허리에서 무릎에 닿을 정도이다.

7. 초등 통합 교과 다문화교육의 실제

1. 초등 통합 교육과정의 성격

초등학교 1, 2학년의 통합 교과 교육과정은 학생들의 발달 특성과 교육적 필요를 고려하여 교과와 교과 간의 통합 개념에서 벗어나 학생들의 생활 경험을 바탕으로 주제 중심의 통합적 운영이 이루어질 수 있도록 구성되었다. 통합 교과 교육과정은 '우리들은 1학년', '바른 생활', '슬기로운 생활', '즐거운 생활'의 네 교과로 나뉘어 있다.

초등학교 1, 2학년 통합 교과 교육과정은 학생들이 학교생활에 원만하게 적응하고, 기본 생활 습관과 규범을 익히며, 자신과 주위 현상에 대한 관계를 이해하고, 건강한 심신 발달을 이루도록 하는 데 목적을 둔다. 이러한 통합 교과 교육과정은 궁극적으로는 우리나라 교육이 추구하는 전인교육을 지향한다. 통합 교과 교육과정의 성격은 다음과 같다.

첫째, 초등학교 저학년의 발달 특성을 기초로 한 통합 교육과정이다.

둘째, 학생들의 생활 경험을 바탕으로 하는 교육과정이다.

셋째, 한 주제 아래 다양한 활동과 경험들이 통합되고 탄력적으로 운영되는 교육과정이다.

가. 우리들은 1학년

'우리들은 1학년'은 입학 초기의 한 달 동안 새로운 학교생활에 적응하는 것을 돕기 위해 생활 중심으로 구성된 통합 교과이다.

〈표 6-21〉 우리들은 1학년 내용 체계

학년	대주제
1학년	○ 친숙한 학교생활 ○ 바른 학교생활 ○ 즐거운 학교생활 ○ 슬기로운 학교생활

나. 바른 생활

'바른 생활'과는 개인 생활과 사회생활을 하는 데 필요한 기본적인 생활 습관, 예절, 규범을 알고 익히도록 하는 체험과 실천을 중심으로 구성된 통합 교과이다.

〈표 6-22〉 바른 생활 내용 체계

학년	대주제	학년	대주제
1학년	○ 내 일 스스로 하기 ○ 예절 지키기 ○ 다른 사람 생각하기 ○ 질서 지키기 ○ 나라 사랑하기	2학년	○ 내 일 스스로 하기 ○ 예절 지키기 ○ 다른 사람 생각하기 ○ 질서 지키기 ○ 나라 사랑하기

다. 슬기로운 생활

'슬기로운 생활'과는 자신과 주위의 구체적인 사회현상 및 자연현상을 서로 관련지어 이해하고, 일상생활에서 부딪히는 문제를 여러 가지 방법으로 해결하도록 하는 탐구 활동 중심의 통합 교과이다.

〈표 6-23〉 슬기로운 생활 내용 체계

학년	대주제	활동 주제	학년	대주제	활동 주제
1학년	나의 몸	ㅇ소중한 몸	2학년	자라는 우리들	ㅇ커 가는 내 모습
		ㅇ건강한 몸			ㅇ자라면서 달라지는 역할
	봄나들이	ㅇ봄맞이		살기 좋은 집	ㅇ집의 모양 살펴보기
		ㅇ학교 주위 둘러보기			ㅇ집 주위 환경 조사하기
	즐거운 여름	ㅇ여름철의 산과 들		우리 마을	ㅇ소중한 우리 이웃
		ㅇ여름철 건강과 안전			ㅇ우리 마을 살펴보기
	우리 가족	ㅇ우리 가족과 친척		알찬 하루	ㅇ낮과 밤
		ㅇ서로 돕는 우리 가족			ㅇ생활 계획 세우기
	가을마당	ㅇ가을의 산과 들		가게 놀이	ㅇ물건과 가게
		ㅇ가을 환경 꾸미기			ㅇ가게 놀이하기
	신나는 겨울	ㅇ날씨와 우리 생활		우리들의 한 해	ㅇ아름다운 우리나라
		ㅇ겨울철 건강과 안전			ㅇ한 해를 보내며

2. 초등 통합 교육과정의 다문화 내용 체계 분석

'우리들은 1학년'은 총 4개의 대주제로 구성되어 있다. 여기서 다문화와 관련된 내용은 '즐거운 학교생활'에서 찾을 수 있었다. 1차 분석에서는 다문화 관련 내용을 찾을 수 없었으나, 2차 분석에서 소주제를 분석한 결과 '즐거운 학교생활'의 활동 주제에 '다른 사람 배려하기'가 있어 다문화와 관련하여 부분 일치를 보이는 것으로 나타났다.

〈표 6-24〉 2007개정 우리들은 1학년 다문화 관련 내용 체계 분류

학년	불일치: 간접 관련 활동	부분 일치: 중간 관련 활동	전면 일치: 직접 관련 활동
1학년	○ 친숙한 학교생활 ○ 바른 학교생활 ○ 슬기로운 학교생활	○ 즐거운 학교생활 ① 나를 알리기 ② 새로운 친구 사귀기 ③ 다른 사람 배려하기**(타인존중)** ④ 더불어 생활하기	-

바른 생활은 1학년과 2학년에 각각 5개의 대주제로 구성되어 있다. 다문화와 관련된 내용은 1학년에 1개, 2학년에 1개의 대주제가 관련되는 것으로 나타났다. 즉 1학년의 '다른 사람 생각하기'가 다문화와 관련하여 부분 일치를 보였으며, 2학년에서는 '다른 사람 생각하기'와 '나라 사랑하기'에서 각각 다문화와 관련하여 부분 일치를 보이는 것으로 나타났다.

〈표 6-25〉 2007개정 바른 생활 다문화 관련 내용 체계 분류

학년	불일치: 간접 관련 활동	부분 일치: 중간 관련 활동	전면 일치: 직접 관련 활동
1학년	○ 내 일 스스로 하기 ○ 예절 지키기 ○ 질서 지키기 ○ 나라 사랑하기	○ 다른 사람 생각하기 ① 친구와 사이좋게 지내기**(타인존중)** ② 여럿이 함께 쓰는 물건 소중히 다루기 ③ 환경을 보호하기	-
2학년	○ 내 일 스스로 하기 ○ 예절 지키기 ○ 질서 지키기 ○ 나라 사랑하기	○ 다른 사람 생각하기 ① 다른 사람을 배려하고 약속 지키기 **(타인존중)** ② 이웃과 다정하게 지내기 ③ 생명을 보호하기	-

슬기로운 생활은 1학년과 2학년 각각 6개의 대주제로 구성되어 있다. 그 가운데 다문화와 관련된 대주제는 1학년에 1개, 2학년에 1개씩 있는 것으로 분석되었다. 1학년 대주제 '우리 가족'의 활동 주제 가운데 '우리 가족과 친척'이 있어 다문화 개념이 들어 있었고, 2학년 대주제 '우리 마을'의 활동 주제 가운데 '소중한 우리 이웃'에서 다문화 관련 요소를 찾을 수 있었다. 따라서 슬기로운 생활에서는 다문화와 관련하여 부분 일치하는 단원이 1학년과 2학년에 각각 1개씩 존재하는 것으로 분석되었다.

<표 6-26> 2007개정 슬기로운 생활 다문화 관련 내용 체계 분류

학년	불일치: 간접 관련 활동	부분 일치: 중간 관련 활동	전면 일치: 직접 관련 활동
1학년	○ 나의 몸 ○ 봄나들이 ○ 즐거운 여름 ○ 가을마당 ○ 신나는 겨울	○ 우리 가족 ① 우리 가족과 친척(**편견**) ② 서로 돕는 우리 가족	-
2학년	○ 자라는 우리들 ○ 살기 좋은 집 ○ 알찬 하루 ○ 가게 놀이 ○ 우리들의 한 해	○ 우리 마을 ① 소중한 우리 이웃(**편견**) ② 우리 마을 살펴보기	-

'즐거운 생활'과는 건강한 몸과 마음을 기르며, 창의적인 표현 능력과 감상 능력, 심미적인 태도를 함양하기 위해 다양하고 즐거운 놀이와 활동을 중심으로 구성된 통합 교과이다.

<표 6-27> 즐거운 생활 내용 체계

학년	대주제	학년	대주제
1학년	가족과 친구	2학년	봄
	동물과 식물		여름
	산과 들		가을
	하늘과 바다		겨울

즐거운 생활은 1학년과 2학년에 각각 4개의 대주제로 구성되어 있다. 음악, 미술, 체육활동을 주 내용으로 하는 즐거운 생활에서는 다문화와 관련된 내용을 찾기가 쉽지 않았다. 하지만 2학년의 경우 '가을'이라는 대주제의 활동 주제로 민속춤 추기가 있는데, 이 활동에서 다른 나라의 민속춤을 추어 보도록 하는 내용이 나온다. 따라서 이 활동을 근거로 2학년에서 1개의 단원이 다문화와 부분 일치하는 것으로 분석되었다.

〈표 6-28〉 2007개정 즐거운 생활 다문화 관련 내용 체계 분류

학년	불일치: 간접 관련 활동	부분 일치: 중간 관련 활동	전면 일치: 직접 관련 활동
1	○ 가족과 친구 ○ 동물과 식물 ○ 산과 들 ○ 하늘과 바다	-	-
2	○ 봄 ○ 여름 ○ 겨울	○ 가을 ① 동시를 여러 가지 방법으로 표현하기 ② 민속춤 추기(**다양성**) ③ 가을 소리 표현하기 ④ 여러 가지 재료로 가을 표현하기	-

3. 초등 통합 교과 다문화수업의 실제

가. 바른 생활

1) 수업안

교과	바른 생활	학년	2학년
대주제	**다른 사람 생각하기**		
본시 주제	**다른 사람 배려하기**		
학습목표	다른 사람을 배려하는 것의 중요함을 알고 이를 실천할 수 있다.		
수업전략	**수업 모형**	MAA 모형	
	학습 조직	전체학습 → 개인학습 → 모둠학습 → 전체학습	
	다문화 관련 준거 개념	타인존중	

단 계	학습 과정	교 수 - 학 습 활 동	시간(분)	자료(▶)및 유의점(*)
문제인식	동기유발	◈ '손에 손 잡고' 영상물 감상 - 어떤 모습인가? - 서로 손잡은 모습에 대한 느낌 이야기하기	5'	-
	학습문제 확인	다른 사람을 배려하는 것의 중요함을 알고 이를 실천할 수 있다.		
소수문화 관련 내용 부가	문제사태 제시	◈ 버스에서 노인에게 자리 양보하지 않은 경험 이야기하기 - 이에 대한 자신의 생각 이야기하기 - 왜 그렇게 생각하는지 이유 말하기	10'	* 학생들로 하여금 남을 배려하지 않았던 경험을 솔직히 이야기할 수 있도록 한다.
	문제 해결방법 찾기	◈ 버스에 노인과 어린아이가 있다면 누구에게 자리를 양보할지 이야기하기 - 노인에게 자리를 양보해야 하는 이유 - 어린아이에게 자리를 양보해야 하는 이유		

단 계	학습 과정	교 수-학 습 활 동	시간(분)	자료(▶)및 유의점(*)
주류문화 소수문화 관계인식	실천동기 강화	◈ 역할놀이 - 엘리베이터에서 이웃을 배려하는 상황 - 지하철에서 장애인이 배려받지 못하는 상황 - 우리말이 서툰 다문화가정의 아이가 발표시간에 무시당하는 상황 ◈ 역할놀이에 대한 느낌을 적기 - 학습지에 남을 배려하면 좋은 점과 남을 배려하는 방법 찾아 적어 보기 ◈ 남을 배려하는 실천동기 다지기 - 모둠별로 남을 배려하는 방법 발표하기 - 다문화가정의 학생들을 배려하는 방법 말해 보기	20'	* 다문화적 요인으로 인해 발생하는 사건을 역할놀이에 포함시키고, 실천동기 다지기에도 반드시 이 내용을 해결할 수 있는 방법을 포함시키도록 한다.
정리 및 발전	학습정리 내면화	◈ 학습내용 정리 ◈ 실천동기 부여 - 남을 배려하는 행동을 한 가지 해 보고 부모님 싸인 받아 오기	-	-

2) 수업안 해설

본 수업의 대주제인 다른 사람 생각하기는 '타인존중'이라는 다문화 준거 개념을 포함하고 있으므로 부분 일치에 해당한다. 따라서 본 수업안은 다문화 교육과 전면 일치를 보이는 다문화 부가 접근 수업 모형을 적용할 수 있다. 본 학습의 목표는 일상생활에서 겪게 되는 사례를 통해 남을 먼저 생각하는 배려의 마음을 실천하도록 하는 데 있다. 따라서 학습문제를 '다른 사람을 배려하는 것의 중요성을 알고 이를 실천할 수 있다'로 설정하고 이를 위해 2학년 학생들이 주변에서 흔히 경험하는 소재인 노인에게 자리 양보하기를 통해 학생들의 배려에 대한 가치를 심화할 수 있도록 수업을 구성한다. 우선 문제사태의 제시에서 노인에게 자리를 양보하지 않았던 경험이나 이를 본 경험에 대한 이야기를 통해 왜 노인, 어린아이에게 자리를 양보해야 하는지 그 당위성을 말할 수 있도록 하면서 수업을 진행한다. 이어 실천동기의 강화에서 학생들이 배려의 상황을 스스로 역할놀이를 통해 제시하도록 하는데 이때 다문화 요소를 부가한다. 배려와 관련된 다문화적인 요소의 부가는 우리말에 서투른 다문화가정의 친구 또는 외국인 노동자들의 자녀들이 교실에서 배려를 친구 또는 외국인도 역할극으로 함께 보여 준다. 그런 다음 역할놀이에 대한 느낌을 통해 남을 배려하는 방법을 말할 때에 배려의 필요성과 배려의 방법을 이야기하는 과정에서 다시 이들 다문화가정의 학생들에게 배려하는 방법도 자연스럽게 말할 수 있도록 유도한다. 그리고 학습 정리 및 과제에서 학생들로 하여금 수업에서 배운 것을 체현할 수 있도록 남을 배려하는 행동을 한 가지씩 해 볼 수 있도록 하는 과제를 부과한다. 본 수업에서는 배려라는 덕목을 학생들이 이해하고 실천하려는 과정에서 다문화가정 또는 외국인 노동자 가정에 대한 배려를 부가하여 어린 학생들이 자연스럽게 배려의 대상과 범위를 다문화적인 요소로까지 확대할 수 있도록 수업을 구성하면 된다.

<수업 실행 자료>

나. 즐거운 생활

1) 수업안

<table>
<tr><th>교과</th><th colspan="2">즐거운 생활</th><th>학년</th><th>2학년</th></tr>
<tr><td>대주제</td><td colspan="4">가을-민속춤 추기</td></tr>
<tr><td>본시 주제</td><td colspan="4">민속놀이 하기</td></tr>
<tr><td>학습목표</td><td colspan="4">간단한 놀이 도구를 만들어 민속놀이를 하고, 우리 민족 문화의 소중함과 아름다움을 느낄 수 있다.</td></tr>
<tr><td rowspan="3">수업전략</td><td>수업 모형</td><td colspan="3">MAA 모형</td></tr>
<tr><td>학습 조직</td><td colspan="3">전체학습 → 모둠학습 → 모둠학습 → 전체학습</td></tr>
<tr><td>다문화 관련
준거 개념</td><td colspan="3">다양성, 소수전통</td></tr>
</table>

<table>
<tr><th>단 계</th><th>학습 과정</th><th>교 수-학 습 활 동</th><th>시간(분)</th><th>자료(▶) 및 유의점(*)</th></tr>
<tr><td rowspan="2">문제
인식</td><td>동기유발</td><td>◈ 민속놀이에 관한 노래 부르기
◈ 우리나라 민속놀이 경험 이야기하기
- 우리나라의 민속놀이에는 어떤 것들이 있을까?</td><td rowspan="2">5'</td><td rowspan="2">▶노래 파일</td></tr>
<tr><td>학습문제
확인</td><td>간단한 놀이 도구를 만들어 민속놀이를 하고, 우리 민족 문화의 소중함과 아름다움을 느낄 수 있다.</td></tr>
<tr><td rowspan="2">소수문화
관련내용
부가</td><td>탐색
(전체)</td><td>◈ 우리나라 민속놀이 장면 동영상으로 시청하기
◈ 세계 여러 나라의 민속놀이 장면 동영상 시청하기</td><td>5'</td><td rowspan="3">▶민속놀이 동영상
또는 사진

* 지역의 실정, 학생의 수준을 고려하여 여러 가지 민속놀이를 선택할 수 있다. 적극적으로 참여할 수 있도록 지도한다.</td></tr>
<tr><td>표현 및 활동
(모둠)</td><td>◈ 민속놀이에 쓰이는 옷, 장신구, 놀이 도구 살펴보기
- 민속놀이에 쓰이는 도구 살펴보기
- 민속놀이에 쓰이는 도구 만들기
◈ 우리나라 민속놀이 하기
- 놀이 방법 및 규칙 익히기
- 민속놀이 하기</td><td>30'</td></tr>
<tr><td>주류
문화와
소수
문화의
관계인식</td><td>적용
(전체 및 모둠)</td><td>◈ 세계 여러 나라의 민속놀이 알아보기
- 우리나라에 살고 있는 외국인들의 민속놀이
- 베트남의 민속놀이 따까우, 거드엉
- 필리핀의 민속놀이 티니클링
- 일본의 민속놀이 죽방울
◈ 우리나라의 민속놀이와 비슷한 점 찾아보기
- 우리나라의 어떤 민속놀이와 비슷한가?
◈ 세계 여러 나라의 민속놀이 하기</td><td>35'</td></tr>
<tr><td>정리 및
발전</td><td>학습정리
(개별 및 전체)</td><td>◈ 학습내용 정리
◈ 민속놀이 소감문 작성하기</td><td>5'</td><td>▶소감문 활동지</td></tr>
</table>

2) 수업안 해설

본 수업의 대주제인 '가을-민속춤 추기'와 본시 주제인 '민속놀이 하기'는 다양성, 소수전통 등의 다문화 준거 개념을 살펴보았을 때 부분 일치에 해당한다. 따라서 본 수업안은 다문화교육과 부분 일치를 보이는 중간 관련 활동의 수업에 사용되는 '부가 접근법' 모형(MAA)을 적용하여 계획하였다.

본시 수업에서는 간단한 놀이 도구를 만들어 민속놀이를 하고, 우리 민족 문화의 소중함과 아름다움을 느끼는 것으로 목표를 설정하고 2차시 블록타임 수업으로 구성하였다.

학습 과정을 살펴보면, 갈등 문제 인식 단계 중 동기 유발 과정에서는, 민속놀이와 관련한 노래를 불러 봄으로써 학습에 흥미를 불러일으키고, 우리나라 민속놀이를 해 본 경험을 이야기함으로써 학습 의욕을 자극한다. 이어 학습문제를 제시하고, 학습을 안내한다.

소수문화 관련 내용 부가 단계에서는, 우리나라 민속놀이 장면과 세계 여러 나라의 민속놀이 장면을 동영상으로 살펴봄으로써 우리나라에 함께 살고 있는 소수민족의 문화에도 관심을 갖도록 한다. 표현 및 활동 과정에서는 우리나라 민속놀이에 쓰이는 옷, 장신구, 도구를 살펴보고 간단한 도구를 만들어 보도록 한다. 이어서 놀이 방법 및 규칙을 안내하고 기능을 익혀 모둠별로 민속놀이를 하도록 한다. 이때 민속놀이는 지역의 실정 및 학생의 수준에 따라 선택할 수 있으며, 학생들이 적극적으로 참여할 수 있도록 지도한다.

주류 문화와 소수문화의 관계 인식 단계에서는, 우리나라에 살고 있는 소수민족들의 민속놀이에 대하여 살펴보고, 우리나라 민속놀이와의 공통점 및 차이점을 찾아보도록 한다. 소수민족들의 민속놀이 소개 시, 다문화가정 학부모 및 지역 인사를 활용하여 보다 생생하게 민속놀이를 소개할 수도 있다. 이어서 모둠별로 다양한 소수문화의 민속놀이를 하도록 한다.

마지막 단계인 정리 및 발전 단계에서는, 학습 내용을 정리하고 민속놀이에 대한 소감문을 작성하는 것으로 학습을 마무리한다.

본 수업을 통해 학생들은 우리 민족 문화의 소중함과 아름다움을 깨달을 수 있으며, 다양한 민속놀이를 접해 봄으로써 우리 안에 함께 살고 있는 세계의 여러 민족과 나라의 독특한 문화적 특징을 느낄 수 있을 것이다.

<수업 실행 자료>

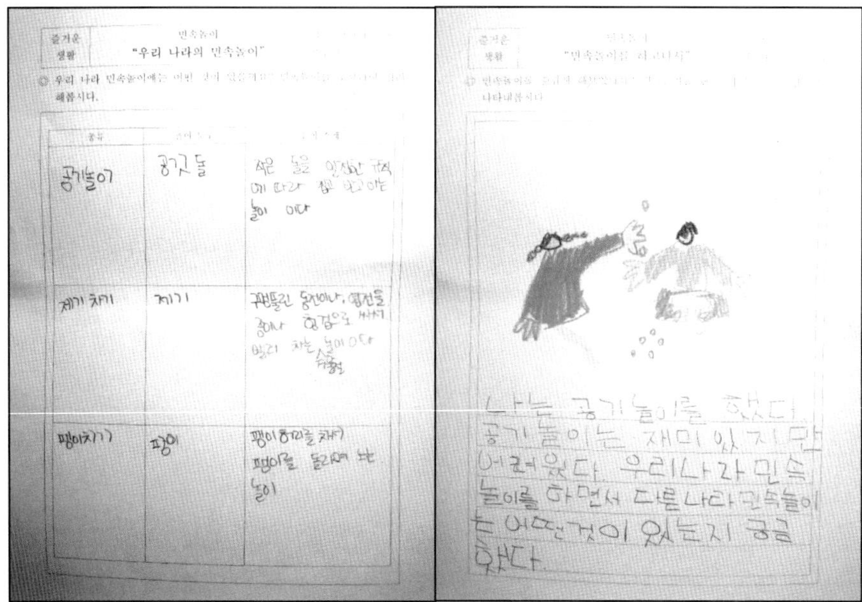

즐거운 생활 | 민속놀이 "우리 나라의 민속놀이"

◎ 우리 나라 민속놀이에는 ... 해봅시다.

공기놀이	공깃돌	작은 돌을 일정한 규칙에 따라 집고 받고 하는 놀이 이다
제기 차기	제기	구멍뚫린 동전이나, 엽전을 종이나 헝겊으로 싸서 멀리 차는 놀이이다
팽이치기	팽이	팽이허리를 채기 팽이를 돌리며 노는 놀이

즐거운 생활 | "민속놀이를 하고나서"

나타내봅시다

나는 공기놀이를 했다. 공기놀이는 재미있지만 어려웠다. 우리나라 민속놀이를 하면서 다른나라 민속놀이는 어떤것이 있는지 궁금했다.

다. 슬기로운 생활

1) 수업안

<table>
<tr><td>교과</td><td colspan="3">슬기로운 생활</td><td>학년</td><td>2학년</td></tr>
<tr><td>대주제</td><td colspan="5">살기 좋은 집</td></tr>
<tr><td>본시 주제</td><td colspan="5">집의 모양 살펴보기</td></tr>
<tr><td>학습목표</td><td colspan="5">여러 가지 집의 형태를 비교하여 관찰함으로써 집의 모습과 기능을 알고, 내가 살고 싶은 집을 구상할 수 있다.</td></tr>
<tr><td rowspan="3">수업전략</td><td>수업 모형</td><td colspan="4">MCA 모형</td></tr>
<tr><td>학습 조직</td><td colspan="4">전체학습 → 모둠학습 → 개별학습 → 전체학습</td></tr>
<tr><td>다문화 관련 준거 개념</td><td colspan="4">×</td></tr>
<tr><td>단 계</td><td>학습 과정</td><td colspan="2">교 수 - 학 습 활 동</td><td>시간(분)</td><td>자료(▶) 및 유의점(*)</td></tr>
<tr><td rowspan="2">도입</td><td>동기유발</td><td colspan="2">◈ 외국의 여러 가지 집의 모습
- 외국 여행에서 접해 본 다양한 집의 모습 이야기하기
- 세계 여러 나라 전통 가옥 사진</td><td rowspan="2">5'</td><td rowspan="2">▶여러 가지 집의 형태 사진
* 외국의 여러 가지 독특한 집의 모습을 보여줌으로써 학생들의 호기심 유발.</td></tr>
<tr><td>학습문제 확인</td><td colspan="2">여러 가지 집의 형태를 비교하여 관찰함으로써 집의 모습과 기능을 알고, 내가 살고 싶은 집을 구상할 수 있다.</td></tr>
</table>

단 계	학습 과정	교 수-학 습 활 동	시간(분)	자료(▶) 및 유의점(*)
전개	자유 탐색 (모둠)	◈ 여러 가지 형태의 집의 모양 비교하고 살펴보기 - 사진에 제시된 여러 가지 형태의 집의 모양 살펴보기 - 특징 찾기 - 공통점과 차이점 비교하기	8'	▶여러 가지 집의 형태 사진 및 활동지 * 우리나라의 다양한 집의 형태를 살펴본다.
	안내된 탐색 (모둠)	◈ 환경에 따라 다른 집의 형태 - 집의 형태가 다른 이유 토의하기(지형, 기후, 인구밀도 등) - 생활환경(자연환경, 인문환경)과 집의 형태 알맞게 연결하기 ◈ 집의 각 방의 쓰임새 - 내가 살고 있는 집의 구조 그려 보기 - 집 내부 공간의 쓰임 알기 - 집의 형태는 다르지만 기능이 비슷함을 알기	12'	* 평면도가 아닌 대략적인 그림을 그리도록 하여, 집의 크기 등이 비교되는 일이 없도록 한다.
	발전 (개별 및 전체)	◈ 내가 살고 싶은 집 그려 보고 이야기 나누기 - 집의 외부 그리기 - 집의 내부 그리기 ◈ 작품 발표하기	10'	* 학생들이 살고 싶은 집을 창의적으로 표현하도록 한다.
정리	학습정리 (개별 및 전체)	◈ 학습내용 정리 ◈ 학습일기 쓰기	5'	-

2) 수업안 해설

본 수업의 대주제인 '살기 좋은 집'과 본시 주제인 '집의 모양 살펴보기'는 다문화 준거 개념이 포함되어 있지 않은 단원에 다문화교육 요소를 투입하여 진행하는 간접 관련 활동으로, '기여 접근법' 모형(MCA)을 적용하여 계획하였다. 따라서 수업 내용 자체가 주류문화를 교육 내용으로 하는 수업이므로, 다문화적인 사례는 도입 단계에서 동기 유발 자료로 제시하는 것으로 수업을 구성하였다.

본시 수업에서는 우리나라의 여러 가지 집의 형태를 비교하여 관찰함으로써 집의 모습과 기능을 알고, 살고 싶은 집을 구상하는 것으로 목표를 설정하였다.

학습 과정을 살펴보면, 동기 유발 과정에서 세계 여러 나라의 집의 모습 사진을 살펴봄으로써 호기심을 불러일으키도록 한다. 이어 학습문제를 제시하고, 학습을 안내한다.

전개 단계에서는 '살펴보기가 주가 되는 활동'의 수업 과정을 적용하여 자유 탐색 - 안내된 탐색 - 적용 활동으로 구성하였다. 자유 탐색 단계에서는, 모둠별로 우리나라의 여러 가지 집의 형태를 살펴보면서 공통점과 차이점을 비교하여 발견하도록 한다. 안내된 탐색 단계에서는, 관찰 관점 및 기준을 정해주고 탐색하도록 한다. 예를 들어 자연환경 및 인문환경에 따라 집의 모양이 어떻게 다른지 자신의 집과 다른 집을 비교해 보도록 한다. 또한 집이란 사람이 살아가는 데 필요한 기본적인 공간을 갖추고 있음을 알게 하고, 자신이 살고 있는 집의 구조를 그려 봄으로써 공간의 쓰임새를 이해하도록 한다.

발전 단계에서는 살고 싶은 집을 그려 보고 이야기함으로써 기대를 가지고 창의적으로 표현해 보도록 한다.

마지막 단계인 정리 단계에서는, 학습 내용을 정리하고 간단한 학습일기를 쓰는 것으로 학습을 마무리한다.

본 수업을 통해 학생들은 여러 가지 집의 형태를 비교하여 관찰함으로써 집의 모습과 기능을 알고 살고 싶은 집을 구상할 수 있으며, 도입 단계에서 접하는 세계 여러 나라의 다양한 집의 형태를 접해 봄으로써 세계 여러 민족의 독특한 주거 문화적 특징을 느낄 수 있을 것이다.

<수업 실행 자료>

8. 다문화수업의 실행 평가

1. 평가 준거

다문화교육 교수 모형에 따른 수업안에 관한 평가는 외재적 준거와 내재적 준거를 모두 고려해야 한다. 외재적 준거란 다문화수업 모형이 학교와 국가사회, 교실의 상황에 적합한가의 문제이다. 교사가 의도하는 수업 모형에 관한 이론적 측면에서의 평가가 주가 될 것이다. 내재적 준거란 학습자들이 수업 과정을 겪으면서 습득하게 된 지식, 가치와 태도, 기능 등의 심도를 의미한다. 다문화수업이 진행된 후의 다문화 능력(multicultural competence)의 변이 양상이 수업 평가의 준거가 될 것이다.

이런 관점에서 전문가 비평 설문 문항을 구성하였다. 수업안의 다문화적 성격, 다문화수업안으로서의 고유성, 다문화 적합 교과 등은 외재적 비평이며, 다문화 능력의 함양, 현장 수업에의 실행 가능성, 다문화수업안의 보완점 등은 내재적 비평 준거에 해당된다. 다문화교육에 꼭 필요한 사항에 대한 질문은 다문화 전문가들의 인식과 조언을 수렴하려는 문항이다. 설문의 핵심 항목은 다음과 같다.

가) 수업안의 다문화적 성격: 형평성, 편견 해소, 소수문화, 종족, 인종, 계층, 다양성, 관용, 민주주의, 상호 존중, 국제이해, 세계화, 기회균등, 평등, 정의 등 다문화 개념의 반영 여부
나) 수업안의 다문화적 형식: 일반적인 수업안과의 차이와 그 이유
다) 수업안의 다문화 능력과의 상관성: 학습자들이 성취할 수 있는 내용, 사례, 절차에 대한 서술
라) 수업안의 실행 가능성: 현장 적용 가능성과 적용 방안
마) 수업안의 보완 사항: 다문화적 관점에서 수업안에 추가하거나 보완해야 할 내용, 절차 등
바) 다문화수업 적합 교과: 다문화 현상을 다루기에 적합한 교과와 그 이유
사) 다문화교육의 필요조건: 한국의 사회 상황에 따른 다문화교육의 전개에 필수적인 항목들

2. 수업안 평가 내용

다문화 관련 전문가 평가의 실행자들은 교수 1명, 연구원 1명, 초등교사 2명, 중등교사 1명, 초등 전문직 2명, 중등 전문직 3명 등 10명이다. 설문 방법은 직접 면접, 전화 면접, 전자 면접을 활용하였다. 초등은 초등 도덕 수업안을, 중등은 중등 사회과 수업안을 비평하였으며, 교수와 연구원은 초 · 중등에 대한 종합 평가를 하였다. 각각의 개방형 설문을 수합한 결과를 정리하면 다음과 같다.

가. 초등 다문화수업안 평가

<table>
<tr><th rowspan="2">평가 준거</th><th colspan="2">평가 내용</th></tr>
<tr><th>적합 내용</th><th>개선 내용</th></tr>
<tr><td>다문화적 성격</td><td>· 수업안에 다문화 개념이 충실히 반영됨
· 다양성과 국제이해
· 문화 다양성과 편견 해소</td><td>· 다문화 이해 소재로서 음식문화에 집중한 것의 보완</td></tr>
<tr><td>다문화수업으로서의 고유성</td><td>· 수업 단계를 다문화교육 내용에 맞게 재구성하였음
· 다문화 활동 후 반편견 활동을 실행하면서 내면화한 점</td><td>· 도덕, 사회의 일반적 수업안과 차이 없음
· 가치갈등 수업 모형과 유사
· 통합교과 수업안과 유사</td></tr>
<tr><td>다문화 적합 교과</td><td>· 도덕과로서 국제이해보다는 소수민족 문화를 이해하는 측면의 지도 가능
· 사회, 도덕으로 다양한 문화 이해가 가능하고 함께 살아가는 사회에 대한 이해를 추구하는 교과임
· 슬기로운 생활, 사회, 도덕으로 외국과 인종에 대한 이해 및 가치학습이 가능함</td><td>· 모든 교과와 교과 외 활동에서 다문화교육 실천</td></tr>
<tr><td>다문화 능력 함양</td><td>· 문화 다양성 함양
· 생활소재를 활용하고 문제점을 스스로 인식하게 한 점, 편견을 판단할 수 있는 자료로 가치개념화를 유도한 점이 긍정적임
· 음식을 다양한 방법으로 먹어 보는 경험이 다양성과 편견 해소에 도움</td><td>· 다양하면서도 구체적인 사례를 설명해야 함</td></tr>
<tr><td>수업 실행 가능성</td><td>· 문화 이해에 적용
· 수업 대상, 수업 시기를 고려하여 투입하면 실행 가능</td><td>· 소수문화에 초점을 두고, 가치심화 단계에서 편지 쓰기보다는 반추노트 작성이 좋음
· 음식을 외국 방식으로 먹어 보게 하는 것이 편견 해소에 도움</td></tr>
<tr><td>수업안 개선 · 보완</td><td colspan="2">· 소수문화, 소수민족이 우리나라에 적응하기 힘든 사례를 제시하고 이해를 돕는 과정 필요
· 동영상 자료 등 다문화와 관련된 많은 자료가 보완되어 학생들의 이해를 도와주어야 함
· 문화는 역사적으로 접변되어 왔으며, 다른 문화를 거부하면 퇴행하는 사례를 제시</td></tr>
<tr><td>다문화교육의 조건</td><td colspan="2">· 외국인 근로자에 대한 이해
· 우리들의 다문화 다인종을 보는 시각을 변화시키는 것이 소수집단의 적응력을 키워 주는 데 도움이 됨
· 인종에 따른 편견 해소를 위한 동영상 제작, 외국의 문화와 역사에 대한 자료 개발 및 보급
· 외국인 노동자 중 자격 기준 충족자를 초청하여 문화 강의 기회를 부여하고 긍정적인 만남의 광장 설치 등</td></tr>
</table>

나. 중등 다문화수업안 평가

평가 준거	평가 내용	
	적합 내용	개선 내용
다문화적 성격	· 다문화 개념과 일치하는 주제와 소재 · 인종 차별 소재 적합 · 다문화 개념 분포가 다양하게 제시되어 있음	· 구성의 완결성과 일관성 부족, 다문화수업 목표의 직접적 제시 필요 · 성공한 개인만을 다룬 점은 일반적인 다문화 사례가 아님 · 범주화하여 여러 차시 수업안으로 세분화할 필요
다문화수업으로서의 고유성	· 가치의 내면화 과정, 수업안의 형식 좋음 · 수업 단계가 기존 형식과 다르며, 교수활동과 학습활동이 통합되어 있음	· 사례가 일반화하기에 부족
다문화 적합 교과	· 윤리(도덕), 사회, 국어는 교과의 목적이 시민의식 형성이고 다양한 학습 자료 사용이 가능하므로 다문화교과, 도덕, 가정, 역사, 일반사회 · 일반사회, 지리, 도덕으로 교수요목 중 문화 관련 비중이 타 교과보다 높음 · 국어, 사회, 도덕, 가정의 관련 단원들	-
다문화 능력 함양	· 다문화수업 모형 절차를 제시하여 다문화 능력 함양에 긍정적으로 기여, 외국인 근로자 웹사이트 제시로 일반적 사례 학습 가능 · 피부색으로 차별받는 아이들, 국제결혼, 새터민, 외국인 마을 등 소재가 적합	· 사례는 가치 면에서 차이, 차별, 반편견 등 응집성이 부족
수업 실행 가능성	· 적절한 사진과 사례를 배분한다면 실행 가능 · 다문화 개념을 포괄하는 수업안으로의 실행 가능	· 차별 문제가 아닌 역경을 극복하고 성공해야 한다는 가치가 내면화될 듯함 · 전반적으로 논리적 비약이 있고, 다문화 핵심 개념인 상호 존중 사례 부적합 · 학습목표의 구체성 부족, 목표와 학습내용, 정리 및 발전 내용 불일치 문제
수업안 개선 · 보완	· 사례를 차별의 문제를 극복한 차이로 일관되게 제시하면 오프라 윈프리는 좋은 소재, 다양한 문화의 일반적 사례 제시 필요, 차이의 합리적 이유와 차별로 인한 부당성을 사고하도록 해야 함 · 동기유발 - 피부색으로 차별받는 아이들, 학습문제 - 다문화적 관점 기술, 가치인식 - 군대입대문제 부적절, 가치 개념화 - 상호 존중(오바마 당선), 가치심화 - 활동은 가치인식인데 여기서는 상호 존중 행동을 다룸	
다문화교육의 조건	· 인종적 편견 해소와 포용, 공존의식의 함양, 다양한 문화현상 소개, 학생들에게 다문화 체험기회 확대 및 경험 공유하기 · 국제이해, 문화 다양성, 상호 존중, 편견 없는 대화, 외국인 노동자 인식, 국제결혼을 소재로 해야 함	

다. 종합 평가

평가 준거	평가 내용	
	적합 내용	개선 내용
다문화적 성격	· 초등 – 편견 해소, 다양성, 상호 존중에 초점 · 중등 – 형평성, 인종, 계층, 민주주의, 기회균등, 평등, 정의에 초점 · 목표와 내용 면에서 편견 해소, 소수문화, 인종, 성, 다양성, 상호 존중, 평등, 정의 관련 요소를 반영	–
다문화수업으로서의 고유성	· 단순히 도입 – 전개 – 정리에 따르지 않은 점에서 차이 · 다문화 소양의 함양이라는 측면에서 구조화된 수업 · 수업안 내용 요소 중 다문화 전략 개념이 포함됨	· 다문화 변환학습 모형이 어떤 내용, 과정, 특성을 가진 모형인가에 대해 다른 학습 모형과 차별성이 드러났으면 함
다문화 적합 교과	· 사회과임 · 사회과는 사회현상에 대한 합리적인 인식을 추구하는 교과이고, 다문화 현상은 현대사회의 현상이며, 이에 대한 이해는 사회과가 담당해야 함	· 가치교육을 가능하게 하는 교과, 범교과, 탈교과 모두에 개방된 교육이 다문화교육임
다문화 능력 함양	· 초등 – 문화적 편견 해소 단계가 도움이 됨 · 중등 – 다문화 공존 인식 단계가 도움이 됨 · 소재 부분에서 긍정적임	· 가치개념화 이후 가치 심화, 정리 발전 과정이 이전 수업 단계에서 비약하고 있으며, 가치를 합리적 의사결정 방식이 아닌 주입 형식을 취하고 있음
수업 실행 가능성	· 초등 – 시청각 자료 활용, 참여 중심 수업이기에 실행 가능성 높음 · 중등 – 가치의 개념화 과정에서 교사의 구체적인 발문이 있으므로 실행 가능성 높음	· 수업 실행을 위해서는 가치의 개념화, 가치심화, 정리발전 단계의 소재, 심화과정에 대한 세부적인 분석, 종합 과정이 선행되어야 함
수업안 개선 · 보완	· 초등 – 가치 심화과정이 보다 구체적인 상황으로 제시되어야 하고, 가치 인식과정에서 현상을 인식하는 방법을 구체화해야 함 · 다문화 변환학습 모형으로서의 특성을 드러내도록 해야 함	
다문화교육의 조건	· 다문화교육의 지향에 대한 숙고 · 한국인의 형성과 초국적 시민성의 형성, 둘 사이의 관계 설정 방식이 중요한 과제 · 나의 지식, 가치, 인식의 오류 가능성을 인정하고 다른 사람의 가치를 존중하는 열린 마음을 가져야 함 · 다문화교육 내용을 담은 다문화교육 프로그램의 개발과 적용	

3. 평가 결과

초등 다문화수업안에 대한 평가를 정리하면, 첫째, 적합 내용은 수업안에 대해 다양성, 국제이해, 편견 해소 등의 다문화 개념을 포함하는 것으로 평가되었으며, 수업 단계가 다문화교육 차원에서 재구성되었고, 반편견 활동이 고유성을 나타냈으며, 국제이해와 공존공영의 생활, 인종에 대한 이해를 돕는 사회, 도덕이 다문화 교과로 인정되었고, 문화 다양성, 생활 소재의 활용, 가치 개념화 유도, 경험적 다양성으로부터의 편견 해소 등 다문화 능력의 함양이 가능하고, 문화 이해 영역에 교육과정 운영 시기별로 실행 가능한 것으로 나타났다. 둘째, 개선 내용은, 다문화 이해 소재는 일반적이어야 하며, 수업안이 도덕, 사회의 가치갈등 모형과 유사하고, 범교과 활동으로서 다문화교육이 인정되어야 하며, 소수문화는 소수문화적 틀 내에서 인식해야 한다는 비평이 나타났다.

초등 다문화수업안은 전반적으로 다문화교육으로서의 성격을 드러내는 것으로 인식됨을 알 수 있었고, 다문화수업안의 고유성과 다문화 능력의 함양에 기여하는 것으로 평가되었고, 사회, 도덕이 다문화 실행 중심 교과로 나타났다. 수업안 적용 과정의 보완점으로는 소수문화에 대한 이해를 돕는 구체적 자료의 제시, 일반적인 성격의 다문화 소재의 활용, 범교과 활동 속에서의 다문화교육 인식 필요 등이 나타났다. 이것은 다문화수업의 실행 과정에서 외국인 근로자, 다른 인종, 소수 집단에 대한 균형 잡힌 인식, 편견 해소 자료의 다양성 등이 반영되어야 한다는 것으로 해석할 수 있다.

중등 다문화수업안 평가를 보면, 첫째, 적합 내용으로는 인종차별 소재 등 다문화 개념이 고루 반영되었고, 가치의 내면화 과정 등 기존 수업안과 차별되고, 윤리(도덕), 사회(일반사회, 지리) 등이 다문화 교과로 공통 인식되었고, 다문화수업 모형이 다문화 능력 함양에 긍정적이고, 다문화 개념을 포괄 교수할 수 있다는 장점을 지닌 것으로 평가되었다. 둘째, 개선 내용은 성공한 개인만을 소재로 해서는 안 되며, 수업안 구성의 완결성, 일관성이 부족하여 해목표, 내용, 정리 및 발전 단계의 보완이 필요하다는 비평이 나타났다.

중등의 경우, 수업안의 다문화적 성격과 고유성, 다문화 능력 함양, 수업 실행 가능성 등에 대해 긍정적인 비평이 나타났으며, 다문화수업안으로서의 일관성과 소재의 편재성에 대한 보완을 요구받았다. 이것은 다문화수업안이 실행 과정에서 다양함, 문화현상과 상호 공존의식의 함양, 국제이해, 대화, 외국인 노동자, 국제결혼 등의 소재가 다문화수업안의 형식으로 재구성되어야 함을 시사한다고 평가할 수 있다.

종합적으로 본 장에서 제시한 2007개정 교육과정의 다문화 개념 적용을 위한 수업 모형과 수업안은 편견 해소, 다양성, 형평성, 인종, 계층, 민주주의, 소수문화, 성, 정의 등 다문화적 성격을 가진 것으로 평가되었고, 다문화 능력을 함양할 수 있는 수업 절차를 제시함으로써 문화적 편견 해소와 다문화 공존 인식을 가능하게 해 주며, 사회와 도덕 중심으로 다문화수업이 운영되어야 한다는 것을 발견하였고, 가치의 개념화와 참여 중심 수업안이라는 점에서 실행 가능하므로 현장 다문화수업 운영에 기여할 것으로 평가되었다. 다만 다문화수업 소재의 일반성 확보, 수업안의 보다 정교한 구조화, 다문화 현상의 범교과성 인식에 대한 비평은 향후 연구 결과와 제언에 반영되어야 할 사항으로 본다.

9. 학교 다문화교육의 운영과 제언들

우리나라는 세계화와 정보화에 따른 국가 간 소통의 획기적인 증가와 사회적 필요에 따라 급격히 다문화화(multiculturalization)되고 있다. 이미 약 2.5%의 인구가 외국계 한국인이거나 외국인으로서 국내에 거주하고 있으며 통계적으로 이런 현상은 심화될 것으로 추정된다.[17] 따라서 다문화사회의 도래로 인하여 촉발될 수 있는 불필요한 사회적 긴장과 갈등을 줄이고, 글로벌 다문화사회에 적합한 인간형성을 위한 새로운 교육논리가 필요한 상황이다.

현재 이런 새로운 사회현상을 반영해야 하는 2007개정 교육과정이 고시되어 순차 시행을 앞두고 있으며, 각 교과별 교과서와 교사용 지도서가 개발 중이다. 본 장은 다문화사회의 현상을 인식하고 교수할 수 있는 논리를 다문화교육으로 규정하고, 2007개정 교육과정 내용체계에 나타난 다문화 관련 개념을 분석하여, 학교 현장의 수업에 활용 가능한 다문화 개념의 적용 논리와 수업 모형, 수업안을 제시하는 것을 목표로 출발하였다.

물론 2007개정 교육과정의 모든 교과와 활동 영역을 다문화적 국면으로

17 우리나라의 다문화가정 자녀 현황 중 사회통계학적으로 의미가 있으며, 대다수를 차지하는 국제결혼가정 자녀는 2008년 기준 18,769명으로 2007년 대비 39.6%가 증가했다. 이 중 초등학생이 15,804명, 84.2%를 차지하여 중학생 2,205명, 11.7%, 고등학생 760명, 4%보다 월등히 높은 비율로 나타나고 있다. 또한 모가 외국인인 경우가 16,037명으로 90.2%를 차지하여 대부분의 국제결혼가정 자녀는 어머니가 외국 국적 보유 혹은 출신자라는 것을 알 수 있다. 서울의 경우 국제결혼가정 학생 수는 2,259명으로 전국 대비 12%의 비중을 차지하며, 통계적 경향성은 전국과 유사하다(교과부, 2008 자료 참조).

조망하여 다문화교육을 실시하면 한국 사회에 도래한 다문화 현상에 대한 이해와 적응, 비판이 가장 순조롭게 진행될 수 있을 것이다. 그러나 이것은 자칫 '알고 있으면서도 하지 않거나', '규정되어 있지만 시행되지 않는' 일상의 오류를 범할 수 있는 위험한 생각이다. 즉 무엇이 다문화 중요 교과이고 활동이며, 필수 단원이고 선택 단원이며 주제인지 이론적으로 규명하고 실천으로 전환시킬 수 있는 분석의 틀을 제시하는 것이 필요하다. 이런 관점에서 본 장은 다문화교육의 이론적 배경으로부터 분석의 준거 개념을 도출하고, 관련 교과별 내용체계를 분석하여, 다문화 개념의 기본 적용 논리에 따라 수업 모형과 수업안을 개발하고, 비평 과정을 거쳐 학교 현장에서 다문화교육과정과 수업을 운영할 수 있는 다문화 개념의 적용 절차를 제시하였다.

다문화교육의 이론적 배경에서는 다문화교육이 미국의 1960년대 흑인 중심 시민권 운동으로부터 출발하여 점차 여성과 소수종족, 소수문화집단, 젠더 등을 포괄하면서 확대되어, 현재는 주변부 문화집단인 소수 유색인종을 대상으로 하는 제한된 교육의 개념에서 벗어나 주류 문화집단인 다수 백인을 포함하는 교육으로 정의된다는 점을 논의하였다. 다문화교육이란 소수종족, 인종, 문화, 계층, 젠더 집단에 동등하면서도 실질적인 교육기회의 균등 보장을 실현하려는 목적을 가진 사회개혁 운동 성격을 띠고 있으며, 주류 다수문화와 주변부 소수문화 간 소통 기능을 수행하기 위해 모든 학생들을 대상으로 실천되는 교육으로 볼 수 있다. 즉 다문화교육을 국제결혼가정이나 새터민 혹은 외국인 노동자만을 대상으로 하는 교육으로 단순 규정해서는 안 되며, '다수로부터의 하나'(out of many, one)라는 모토에 따라 모든 사회집단 출신의 학생들이 함께 참여하는 적극적 개념으로 보아야 한다.

이러한 이론적 배경을 토대로 다문화 준거 개념을 도출하고, 이어서 다문화 중심 교과를 선별하였으며, 2007개정 교육과정 내용체계를 분석하였다. 다문화 준거 개념의 맥락적 아이디어들은 시민권, 소수문화, 종족, 인종, 계층, 여성, 다양성, 정체성, 융합문화, 이중언어, 사회참여, 형평성, 사회정의, 평등,

민주주의, 의사소통, 사회변화, 국제이해, 세계화 등이었다. 이들을 통섭적, 이론적으로 고려할 때 다문화 중심교과는 사회현상의 변화를 인식하고 설명하며, 상호 주관적인 합의의 질서체계를 모색하고 교수하는 사회 및 도덕과이다. 이것은 다문화수업안 비평 과정에서 전문가 설문 결과 사실로 입증되었다. 다만 우리나라의 다문화 현상의 심도가 전통적인 다인종, 다민족 국가에 비하면 출발점에 서 있다는 점과, 다문화교육이 국제이해교육 등과 함께 범교과활동으로 규정되고 인식되어 왔다는 점에 비추어 연관성이 있다고 추정되는 국어과, 재량 및 특별활동, 초등통합교과도 분석 대상으로 하였다. 관련 교과별 다문화 개념 분석 결과를 종합 요약한 것이 <표 6－29>이다.

〈표 6－29〉 교과(활동)별 다문화 개념 분석 결과

교과 및 활동		간접 관련 단원	중간 관련 단원	직접 관련 단원	총 단원 수
도덕과	초등	22(63.9%)	10(22.2%)	4(13.9%)	36(100%)
	중등	28(64.2%)	4(12.8%)	7(23.0%)	39(100%)
	소계	50(66.7%)	14(18.7%)	11(14.7%)	75(100%)
사회과	초등	13(54.2%)	3(12.5%)	8(33.3%)	24(100%)
	중등	31(57.4%)	14(25.9%)	9(16.7%)	54(100%)
	소계	44(56.4%)	17(21.8%)	17(21.8%) (일사 7, 역사 3, 지리 2, 기타 5)	78(100%)
국어과	초등	138(99.3%)	1(0.7%)	0(0.0%)	139(100%)
	중등	110(98.2%)	2(1.8%)	0(0.0%)	112(100%)
	소계	248(98.8%)	3(1.2%) (문법 3)	0(0.0%)	251(100%)
재량/특별	재량	18(51.4%)	15(42.9%)	2(5.7%)	35(100%)
	특별	7(28.0%)	17(68.0%)	1(4.0%)	25(100%)
	소계	25(41.7%)	32(53.3%)	3(5.0%)	60(100%)
초등통합		28(82.4%)	6(17.6%)	0(0.0%)	34(100%)
빈도수 합계(%)		395(79.3%)	72(14.5%)	31(6.2%)	498(100%)

<표 6－29>의 교과(활동)별 다문화 개념 분석 결과를 보면, 다문화 준거 개념과의 전면 일치를 뜻하는 직접 관련 단원에서 분석 대상 5개 교육과정

영역의 합계인 31개 중 사회과가 17개 54.8%, 도덕과가 11개 35.5%를 점하여 다문화 중심 교과는 사회과와 도덕과가 되어야 함이 나타났다. 한편, 재량 및 특별활동 영역은 3개의 직접 관련 단원과 32개의 중간 관련 단원이 나타나 다문화교육의 범교과활동적 성격을 드러냈다. 이것은 향후 전면적인 다문화 수업은 사회 · 도덕과에서 실행되어야 함을 논증하는 자료로 활용될 수 있으며, 여타 교과들은 방법 및 내용 사례적 차원에서 다문화수업이 진행될 수 있다는 의미이기도 하다. 국어과의 경우에는 다문화적 양상이 251개의 단원 중 3개의 중간 관련 단원으로 나타나는 것으로 판명되어, 모국어 중심 언어 관련 교과 혹은 단일 외국어 중심 언어 관련 교과의 경우에는 주로 방법적, 수단적 차원에서 다문화수업이 적용될 수 있음을 시사하였다. 또한 초등통합 교과의 경우에는 우리들은 1학년, 바른 생활, 슬기로운 생활, 즐거운 생활에 1, 2개씩 다문화 중간 관련 단원이 고루 분포되어 통합적 성격의 다문화 내용 사례가 적용될 수 있음을 알게 해 주었다.

이렇게 도출된 다문화 관련 단원과 주제들의 적용 논리와 수업의 실제에 관한 논의가 진행되었다. 다문화 개념의 적용 논리로는 이론적 측면에서 전통적인 동화주의와 이를 극복하기 위한 다문화주의가 검토되었으며, 실제적 측면에서 인간관계접근, 단일사례연구접근, 다문화교육접근, 사회정의교육, 기여접근, 부가접근, 변환접근, 사회행동접근, 혼합접근 등이 고찰되었다. 여기서는 우리나라의 다문화 현상의 전개 양상에 적합한 다문화교육의 수준별 접근법으로 기여접근, 부가접근, 변환접근이 이론적 체계화와 현실 적용 가능성이 가장 효율적으로 평가되었다. 이에 따라 각각 다문화수업 모형이 개발되어 다문화기여접근 모형(MCA), 다문화부가접근 모형(MAA), 다문화변환접근 모형(MTA)으로 명명되었다.

MCA 모형은 '도입－전개－정리'의 일반적 수업 절차에 따라 진행될 수 있으며, 다문화 간접 관련 단원에 방법 차원에서 적용되고, MAA 모형은 '문제인식－문제탐색 및 해결(소수문화 관련 내용 부가)－적용(주류문화와 소수문화의 관계) – 정리 및 발전’ 단계로 이루어지며, 다문화 중간 관련 단원에 방법 및 내용 사례 차원에서 적용될 수 있고, MTA 모형은 다시, 편견 해소 모형의 ‘도입(갈등문제 제시) – 전개(다문화 공존인식) – 심화(문화적 편견 해소) – 실천(반편견활동 실행) – 정리(가치의 내면화)’ 절차와, 형평교수 모형의 ‘문제사태(문화갈등 사례 제시) – 문제원인 확인(주류문화 뒤집어 보기) – 문제해결(문화적으로 낯설게 보기) – 대안제시(소수자 입장에서 생각하기) – 검증(다문화 공존모색)’ 단계로 분류 · 구성된다. MTA 모형은 다문화 직접 관련 단원에 적용할 수 있으며, 수업의 도입, 전개, 정리, 평가의 전 과정에서 다문화적 목표와 학습문제, 내용, 방법으로 실행된다.

다문화수업의 실제에서 도덕과에는 MCA, MAA, MTA 모형, 사회과에는 MAA, MTA 모형이, 국어과에는 MAA 모형이, 재량활동과 특별활동에는 MTA 모형이, 초등통합교과에는 바른 생활 MAA, 즐거운 생활 MAA, 슬기로운 생활 MCA 모형이 각각 적용되어 초등과 중등 수업안이 개발되고 실행 가능성이 검토되었다. 이러한 다문화수업안이 교사, 교육전문직, 교수, 연구원으로 이루어진 전문가 비평 집단에 의해 평가되었다. 평가 결과 개발된 수업안이 전반적으로 다문화적 성격과 다문화수업안으로서의 고유성, 일반화 실행과 다문화 능력의 함양 등에 기여할 것으로 비평되었으며, 다문화 적합 교과로는 사회(일반사회, 역사, 지리)와 도덕(윤리)과가 공통적으로 나타났고, 기타 국어, 가정, 범교과 영역 등이 일회적으로 거론되었다. 다문화수업안으로서의 개선 보완 사항으로는 다양한 소수문화집단의 일반적인 사례와 소재가 발굴 도입되어야 한다는 점과 수업안의 차별적 구조화 작업이 지속적으로 진행되어야 한다는 점이 지적되었다. 끝으로 다문화 개념의 적용 방안이 학교 교육과정의 운영이라는 관점에서 종합 절차적으로 제시되어 다문화수업의 실행 모듈을 설정하였다.

생각건대 글로벌 다문화사회의 좋은 시민(good citizen)이 되기 위해서 갖추어야 할 중요한 소양으로 다문화 현상에 대한 올바른 인식과 이해, 적응이 새롭게 추가되었다. 본 장은 2007개정 교육과정에 함의되어 있는 다문화 관련 개념들을 추적하여, 내용체계 분석을 실시하고, 분석 결과 나타난 다문화 관련 교과와 활동, 단원과 주제들을 적용하는 논리와 다문화수업 모형, 수업안의 개발, 실행 가능성 비평을 통하여 적용 방안을 제시하였다. 이러한 연구 과정과 결과에 따라 2007개정 교육과정에서의 다문화교육 운영 관련 제언을 하면 다음과 같다.

첫째, 21세기의 주역이며 22세기를 준비할 학습자들에게 다문화사회현상을 올바르게 인식시키는 일은 개인, 국가, 글로벌 정체성 형성 차원에서 매우 중요하다. 21세기 이후 세계는 국제, 국내적 소통이 복합적으로 진행되는 다중적 교류가 빈번해지는 글로벌 다문화사회이기 때문이다. 따라서 2007개정 교육과정의 운영 과정에 반드시 다문화 중심 교과와 단원, 주제 등이 지정될 필요가 있다. 물론 연구 결과 판명된 31개의 다문화 직접 관련 단원 모두를 전면 일치 다문화수업으로 구성하여 운영해야 한다는 것이 아니다. 적어도 사회과와 도덕과에서만큼은 다문화 현상을 인식하고 이해할 수 있을 정도의 비중을 두고, 국가수준 교육과정의 본래 의도에서 벗어나지 않는 범위에서 학교 교육과정의 설계와 실천에 다문화수업이 계획, 운영되도록 교육과정 운영지침이나 장학자료에 규정할 필요가 있다는 것이다.

둘째, 현재 진행되고 있는 교과서와 교사용 지도서 개발, 그리고 관련 교재 개발 과정에 다문화 개념을 필수와 선택으로 반영해야 한다는 점이다. 다문화 중심 교과와 활동, 직접 관련 단원과 주제를 명백하게 드러낸 글, 그림, 사진, 문제 등이 교과서에 일정 비율 반영되도록 강제 혹은 권고해야 한다. 또한 사회, 도덕과 교사용 지도서의 총론에 다문화학습 관련 수업 모형과 단원 주제들이 제시되어야 한다. 현장 교원들이나 교원양성대학의 예비교사들에게 다문화교육과정을 운영할 수 있는 기본 틀을 제공한다는 것은 대단히 중요하다. 이론에서 실천으로 체계적이고 구체화된 다문화수업 모형이나 수업안이 학교 현장의 교수-학습 과정에 가장 큰 영향력을 미칠 수 있는 교과서와 교사용 지도서에 반영된다면, 학습자들의 다문화 능력 함양과 지구촌 시대의 민주시민성 함양에 기여할 것으로 예상된다. 이때 고급 다문화 단원의 경우 필수로, 초급 다문화 단원은 선택으로 제시하면 더욱 효율적인 현장 다문화수업이 운영될 것으로 기대된다.

셋째, 다양하면서도 일반적인 다문화수업 자료를 개발하여 학교 현장에 보급할 필요가 있다. 연구 수행의 주요 고충의 하나는 다문화수업 모형에 따른 수업안의 개발 과정에서 다문화 개념에 부합되는 다문화교육 자료를 수집하는 데 많은 노력과 시간이 들었다는 점이다. 이것은 기존의 다문화교수전략이나 수업 모형이 이론적인 체계화 면에서 정교하지 못하여 현장 적합성이 부족하다는 점에 기인하기도 하나, 보다 중요한 원인은 다문화수업안이 다수 존재한다 할지라도 단편적이거나 편린적인 지식 구성에 활용할 정도에 그친다는 것이다. 즉 MCA 모형 활용 수준의 자료들은 있으나, MAA 혹은 MTA 모형을 적용할 경우 다양하게 제시해야 할 다문화 동영상, 사진, 그림, 만화, 글 등의 학습소재로서의 자료가 집적되어 있지 않은 것이 현실이다. 다문화수업을 수준별로 진행할 수 있는 웹 자료, 도서관 자료, 연수원 자료, 연구원 자료, 단위학교 자료, 시민단체 자료 등이 의도적으로 개발되어 현장 교사들에게 제공되어야 할 것이다.

넷째, 다문화수업을 운영할 수 있는 교원과 전문가 양성이 필요하다. 현재 서울교대에는 다문화2급전문가양성과정이 설강되어 있다. 이것은 국제결혼가정, 새터민, 외국인 노동자 등에게 한국 사회를 이해시키기 위한 전문가를 양성하는 과정이다. 마찬가지로 다문화 현상을 학습자들에게 소개하고 이해시키며 이에 적응할 수 있도록 지원해 줄 수 있는 전문적 능력을 갖춘 인적자원 확보가 필요하다. 이를 위해 교원양성대학과 교원연수기관, 교육행정기관 등에 일부 필수형 혹은 맞춤형, 선택형 과정으로 다문화 연수 과정을 개설하여, 현장 교원 및 예비교사들에게 다문화교육의 전문가적 소양을 함양할 수 있는 기회를 부여하도록 해야 한다.

다섯째, 국가사회 차원의 다문화교육 지원체제가 수립 · 운영되어야 한다. 법무부, 보건복지가족부, 교육과학기술부 등 주요 업무 부처를 중심으로 중앙으로부터 다문화사회 이해를 위한 다문화교육 전담관제도와 같은 실무 지원체제가 수립되어 지방으로 확산될 필요가 있다. 이것은 비교적 예산 확보와 배분이 수월하고 신속한 중앙 부처가 다문화교육 진흥의 책임을 져야 한다는 의미이다. 다문화교육 지원 담당관이나 부서에서는 교사와 학생들에게 다문화 현장학습 기회를 정기적으로 제공하고, 해외 다문화 체험 기회를 부여하며, 다문화 관련 사회시민단체들의 자발적 참여와 관심을 제고하는 등의 활동을 통해 다문화 현상에 대한 긍정적이며 발전적인 이해를 도모할 수 있을 것이다. 예산소요가 많아 실행하기 어려운 다문화 체험 프로그램 등은 다문화교육의 수요가 많은 초등교육 부문부터 순차적으로 확대해 나가는 절차를 밟아야 할 것이다.

07

학교 다문화교육의 현황과 과제: 조사 연구

우리나라 **다문화 교육이 국가 정책적 차원에서** 강조된 것은 비교적 최근의 일이다. 20세기에서 21세기로 전환하는 시점에서 한국 사회는 급속히 다문화화 되기 시작하였다.

1. 서론

1. 연구 목적 및 필요성

우리나라 다문화교육이 국가 정책적 차원에서 강조된 것은 비교적 최근의 일이다. 20세기에서 21세기로 전환하는 시점에서 한국 사회는 급속히 다문화화 되기 시작하였다. 1980년대 후반 이후의 경제발전과 민주화에 따른 노동시장의 구조적 변화는 외국인 근로자의 유입을 가속화시켰으며, 세계화와 소통체계의 혁신은 국민국가 간 경계를 넘어서는 교류를 활성화시켰고, 인권 및 교육 등 사회문제의 대두에 따른 출산율 저하 현상은 인구감소 문제와 연계되어 국제결혼의 증가로 나타났다.

이에 대한 해결 방안으로 2006년을 기점으로 외국인 이주자 정책이 무시 혹은 경시 정책에서 공존과 다문화주의 인정 정책으로 선회하기 시작하였다. 실제로 통계청 자료(2008)를 보면, 1996년부터 1998년의 외국인 등록자 수가 167,664명에서 182,788명 수준으로 9%대의 증가율을 보이던 것이 지속적으로 상승하여, 2006년부터 2008년의 자료는 632,490명에서 854,007명으로 25.9%의 증가율을 나타내고 있다. 여기에 미등록 불법체류 외국인 223,464명

(서울특별시교육청, 2008: 33)을 더하면 총인구 대비 2%에 이르는 외국인 이주자가 한국 사회 구성원으로 생활하는 것으로 추정된다.

인구통계학적 변동 추이가 함의하는 중요한 시사점은 한국 사회의 다문화화가 급속히 진행되고 있으며, 이런 추세가 지속된다면 2020년 이내에 외국인 이주자 500만 명 시대가 도래할 것이며, 우리나라도 프랑스, 영국, 독일, 이탈리아와 같이 다인종, 다종족 사회로 변화하게 된다는 것이다. 따라서 미국과 같은 태생적 다문화사회에는 이르지 못하겠으나 보편적인 수준의 다문화사회에 도달하여 국가 사회적 측면에서 긍정과 부정의 양면성이 그대로 드러날 것으로 예상된다.

지금까지의 우리나라 다문화교육의 지향점을 보면, 다문화화의 긍정 측면보다는 부정 측면의 개선에 주목하는 것으로 보인다. 소수자 중심의 한국 문화 및 한국어 교육, 계기적 성격의 다문화교육 활동, 비체계적 다문화교육과정의 운영, 이주자 분리교육에의 편향 등을 보았을 때, 다문화 상황으로 인한 사회적 갈등을 동화주의 혹은 통합 중심 전략으로 예방하거나 감소시키려는 다문화교육 전략을 구사하고 있는 것으로 평가할 수 있다. 특히, 소수자 대상 다문화교육 중에서도 결혼이민자와 그 자녀들에게 집중하고 있으며, 최근 급증하고 있는 북한이탈주민이나 그 자녀에 대한 관심은 부차적 수준에 그치고 있고, 불법체류자가 많은 외국인 근로자와 그 자녀에 대한 교육적 배려는 최소 수준에 그치고 있는 실정이다.

이러한 현상은 다문화교육이 가지고 있는 본래의 의미와 장점을 현실에 반영하지 못하는 것으로 볼 수 있으며, 아직 우리나라의 다문화화 심도가 2% 수준에 그치고 있으므로 초기 단계 통합 중심 다문화교육이 우선 적용될 필요가 있다는 잠재적 판단에 기인하는 것으로 볼 수 있다. 또한 한국적 다문화 상황에서 한국어를 구사할 수 있는 한국계 중국인과 북한이탈주민이 상당수를 점하고 있다는 것에서도 소극적 의미의 다문화교육이 실행되고 있는 것으로 추론할 수 있다.[18]

다문화교육은 통시적, 통공간적 의미를 지닌 현실과 이론을 통섭하는 교육 및 학술 영역이다. 다만, 그것이 우리나라의 경우 소수 이주자의 급증에 따른 사회 변화와 함께 인종 및 종족, 문화, 언어 등과 밀접하게 관련되어 등장했기 때문에 인종 다문화주의와 관련된 새로운 개념 혹은 영역으로 한정되어 실행되고 있는 것이다. 다문화교육은 다수자와 소수자, 주류와 주변부, 중심과 변방, 협역과 광역문화가 자연스럽게 일상적으로 소통하는 민주적 헌정체제를 겨냥하는 뚜렷한 목표와 내용 체계를 지니고 있다.

현재 진행 중인 다문화교육 담론과 실천 양상은 미래 다문화사회의 등장에 따른 부정적 요소를 해소시키려는 노력으로 보아서는 안 되며, 과거와 현재, 미래를 아우르는 차원의 사회적 형평성 추구, 민주주의의 정교한 실천을 학교 현장에 적용하여 문화 다양성을 기초로 국가 및 세계 발전에 기여할 수 있는 시민을 양성하는 교육으로 규정되어야 한다. 이런 관점은 소수자 중심의 다문화교육을 보다 적합한 수준에서 실천할 수 있게 해 주며, 나아가서는 매년 약 20~30%씩 증가하는 다문화가정 자녀의 한국 사회에의 적응과 글로벌 다문화 세계에서의 국제적 역할을 제대로 수행할 수 있게 해 주고, 기존의 한국 사회 구성원들의 글로벌 스탠더드와 경쟁력을 자연스럽게 높여 줄 수 있다는 점에서 유용하다.

실제로 교과부 자료(2008) 중 정확한 통계가 가능하며 향후 국력 구성 요소로 중요하게 여겨지는 결혼이민자 가정 자녀의 초중고 재학생 수의 변동 추이를 보면, 2005년 6,121명에서 2006년 7,998명으로 증가하여 30.6%의 증가율을 보였으며, 2007년 13,445명이 되어 2006년 대비 68.1%, 2008년 18,769명으로 2007년 대비 39.6%로 증가하는 양상을 보이고 있다. 특히 재학생 비율이 초등학교 84.2%, 중학교 11.7%, 고등학교 4.0%로 나타나 시간이 지날수록 학교 현장의 다문화화 현상이 가속화될 것으로 여겨진다. 이처럼 상식적

18 2008년 통계청 자료에 의하면, 결혼이민자 가정 자녀 수는 58,007명이며, 한국계 중국인(조선족) 자녀가 16,681명을 차지하여 28.8%로서 가장 높은 비율을 점하고 있다. 이어서 중국 10,889명, 베트남 8,194명, 일본 6,508명, 필리핀 6,378명, 미국 2,406명 등의 순으로 나타나 그 뒤를 따르고 있다.

수준에서 보더라도 다문화는 한국 사회의 일상으로 진행될 가능성이 높아지고 있다. 다수자와 소수자가 공감과 자존감을 공유하는 사회가 실현될 수 있도록 해 주는 다문화교육이 필요한 시점이다.

본 장은 성공적인 다문화교육이 실행되기 위해서는 학교 교육과정 운영이 다문화 현상에 대한 보편화된 이해와 통합 인식에 근거한 균형주의, 혹은 민주주의 원리의 정교한 실천 과정이 되어야 한다는 전제 아래, 한국 학교 현장에 적합한 다문화교육 실행의 중요 요인과 조건들을 발견하고 구조화하는 것을 주요 목표로 한다. 이를 위해 학교 현장의 다문화교육 운영 실태를 전국 교원을 모집단으로 하여 조사하고, 다문화교육의 본래 위상과 의미를 알맞게 해석하고 실천할 수 있는 개선 방안을 제시하기로 한다.

2. 연구 문제

한국 사회의 다문화교육은 지역, 각급학교, 시민단체, 정부기관 등 다양한 형태의 운영 방식을 갖고 있다. 그러나 어떤 형태를 취하든지 공통된 다문화교육에 대한 인식은 아직 소수자를 교육의 주체가 아닌 대상으로 간주한다는 점이다. 소수자가 주류사회의 문화에 직접적으로 소통하여 그들의 문화가 다수자의 문화와 어떤 점에서 다른지, 혹은 같은지에 대한 비교와 성찰을 할 수 있는 능동 차원의 수준에는 미치지 못하고 있다는 것이 현실이다.

물론 지역별 편차는 있으나 대부분 학교에서의 다문화교육도 마찬가지 양상을 나타내고 있다. 따라서 다문화교육의 전반적인 실태 조사를 위해서는 인종, 종족, 문화, 계층, 젠더별 소수자를 대상으로 하기보다는, 다문화교육을 이해하고 실천하는 데 관여하거나 관여할 수 있는 교육 주체로서의 교사와 교감, 교장을 포함한 교원을 대상으로 하는 것이 타당하다고 본다.

다문화화 현상의 초기와 다문화교육의 도입 단계에서 전문적인 교수 능력과 다문화가정 자녀들에게 직접적 영향력을 가진 교원들이 다문화교육에 대해 어떤 인식을 갖고, 어떻게 실천하고 있으며, 어떤 문제점이 있고, 그에 따른 개선 방안은 무엇인지에 관한 조사는 향후 다문화교육의 전개와 관련하여 매우 중요한 의미와 시사점을 제공할 수 있기 때문이다. 이런 점에서 본 장과 관련된 연구 문제들을 정리하면 다음과 같다.

연구 문제 1: 다문화교육에 대한 교원의 인식은 어떠한가?
연구 문제 2: 다문화가정 자녀에 대한 교원의 인식은 어떠한가?
연구 문제 3: 학교 다문화교육의 운영 실태는 어떠한가?
연구 문제 4: 학교 다문화교육의 개선 방안은 무엇인가?
연구 문제 5: 교원의 다문화교육 경험은 다문화교육의 인식에 어떤 영향을 미치는가?

다문화 시대의 시민성 교육을 강조하는 Banks(김용신 외 역, 2009)는 학교 다문화교육과정 운영에서 교사의 역할을 강조하고 있다. 그는 교사의 경우 다문화 교수학습 장면을 형평교수와 내용통합 차원에서 주도해 나가야 하며, 교감과 교장의 경우 교사와 함께 학교문화의 개혁에 기여해야 한다는 점을 시사한다. 또한 다문화교육을 담당하고 실천하는 교사의 직전 및 현직 양성 과정에서도 글로벌 다문화 시대에 적합한 시민성 교육을 위해서는 다문화교육에 대한 의식적 이수 과정이 필수적이라고 본다. 이는 학교는 성장 중인 학생들에게 성공 기회를 실질적으로 동등하게 보장해야 한다는 민주적 신조에 따른 견해라고 본다. 따라서 다문화화 현상의 심도에 상관없이 미국뿐만 아니라 한국에서도 동일하게 타당한 주장이며, 본 장이 지향하는 연구 주제와 문제에 논리적 기반을 제공하는 견해이기도 하다.

3. 연구 절차

본 장의 연구는 조사 연구의 일반적 절차에 따라 수행되었다. 첫째, 연구 주제 및 연구 문제의 설정을 통하여 연구의 기본 방향을 결정하였고, 둘째, 연구 주제에 따른 설문지를 개발하여 예비 조사 과정을 거쳐 설문 항목을 확정하였으며, 셋째, 본 조사를 위한 모집단 확정과 표본추출을 시행하였고, 넷째, 우편 조사 방식의 설문조사를 실시하였으며, 다섯째, 회송 설문지에 대한 1차 검토 및 최종 분석 대상 설문지를 선정하여 자료 처리 및 분석을 진행하였다. 끝으로, 조사 연구 결과를 도출하여 연구 주제에 대한 논의를 연구 문제 해결 관점에서 전개하였다. 특히 다문화교육과 관련된 정책연구과제라는 특성을 반영하여 '다문화교육의 개선 방안'이라는 소주제 항목을 추가하여 실태 분석 및 개선 방안을 구체화하는 분석적 논의를 구체적으로 진행하였으며, 결론 및 제언에 이를 요약 정리하여 제시하였다.

2. 이론적 배경

1. 다문화사회와 소수자 교육

다문화사회란 다양한 문화가 공존하는 사회를 말한다. 우리가 일반적으로 지칭하는 사회 단위에 해당하는 국가 규모에서 순수하게 단일 문화를 유지하는 것은 불가능한 일이라고 할 수 있다. 이것은 교류라는 측면에서 볼 때 한국 사회에서도 이미 오래전 일이다. 그런데 최근 들어 갑자기 다문화사회 얘기를 하게 된 이유는 급격하게 증가한 인구의 국제 이동 때문에 한국 사회에 이방인에 해당하는 사람이 많아져서, 한국이 가시적으로 다인종 다민족 사회가 되었기 때문이라고 볼 수 있다(박경태, 2008: 293 - 294 참조).[19] 이러한 다문화 상황에서 한국 사회에 적합한 시민 형성 대상으로 소수자에 대한 관심이 증가하고 있다.

소수자는 자율적 소수자, 이주 - 자발적 소수자, 비이주 - 비자발적 소수자의 세 가지 형태로 분류될 수 있다. 자율적 소수자는 정치, 경제, 사회적으로

19 과거 미군 부대 주변에서만 볼 수 있었던 외국인들을 이제 아무 데서나 쉽게 지나치게 되었다. 이태원의 이슬람사원, 안산 국경 없는 마을의 이주노동자들, 제주도 공장의 베트남 청년, 강원도 홍천의 몽골 새댁, 방배동 프랑스 서래마을, 동부이촌동의 일본인 마을, 동대문운동장 옆 러시아와 중앙아시아촌, 연희동의 화교, 일요일 오후의 대학로 필리핀 장터 등이 그것을 예증한다(박경태, 2008: 294).

주류 사회에 종속적이라기보다는 문화, 언어적으로 소수집단을 형성한다. 이주-자발적 소수자는 결과적으로 보다 좋은 경제적 풍요, 기회, 많은 정치적 자유 등을 향유하고 있기 때문에 자발적 의사에 따라 이주하였다고 믿는 사람들이다. 비이주-비자발적 소수자는 더 좋은 미래에 대한 기대를 선택하였다기보다는 노예, 정복, 식민화 때문에 이주하게 된 사람들이다. 이들은 이주사회가 참을 수 없을 정도가 되어도 돌아갈 고향이 없는 집단이며, 대부분 학교 부적응과 낮은 학업 성취라는 어려움을 경험하고 있다(Ogbu, 2000: 57). 우리나라의 경우 외국인 근로자, 결혼이민자, 북한이탈주민 등을 주요 소수집단으로 본다면, 비이주-비자발적 소수자와 이주-자발적]소수자의 성격이 혼합된 이주 소수집단들이 등장한 것으로 해석할 수 있다.

소수집단의 소수자들은 다중 정체성을 구성하고 있다. 특정 집단에 속한다는 것은 행동을 결정하는 것이 아니라, 특정한 형태의 행동을 더욱 가능하게 만들어 준다. 집단의 특성과 양상에 대한 지식이 우리로 하여금 한 개인의 분명한 행동이 아니라 있을 법한 행동을 예측할 수 있게 한다는 몇 가지 중요한 이유들이 있다. 대부분, 각각의 개인은 동시에 몇 개의 집단에 속해 있기 때문이다. <그림 7-1>에 나타난 것처럼 개인은 집단들 중 어떤 하나에 강한 일체감을 가질 수 있지만 동시에 다른 것들에는 거의 일체감을 느끼지 못할 수도 있다. 예컨대, 어떤 한 개인은 가톨릭교회와 같은 특별한 집단의 구성원이지만 약한 집단 동질감을 갖고 신앙주의에 많이 헌신하지 않을 수도 있다. 하지만 종교적 일체감은 또 다른 개인에게는 가장 강한 집단 일체감일 수 있다. 다른 집단에 부속된 동질감은 갈등을 유발하기도 한다.

특정 집단에서 학생들이 갖는 동질감의 수준, 그리고 집단 내에서 일어나는 사회화의 범위에 대해 더 많이 알면 알수록, 우리는 교실에서 학생의 행동을 더 정확하게 예측하고 설명하고 이해할 수 있다. 학생들의 삶의 특정한 때에 집단의 중요성에 대한 지식, 그리고 특정한 사회적 맥락 안에서 집단의 중요성에 대한 지식 또한, 우리로 하여금 학생들의 행동을 이해하도록 도울 것이다. 종족 정체성은 이전에 주류에 속했다가 종족 소수자의 일부가 되는 사람들에게 더 중요하게 될지 모른다. 소수집단 의식 혹은 집단 정체성은 집단이 위협을 느낄 때, 권리를 향상시키기 위해 사회적 움직임이 일어날 때, 또는 그들의 문화를 소생시키기 위해 시도할 때에 증진될 수 있다(Banks, 2007: 13 - 14). 소수집단이 가진 문화와 정체성에 대한 이해는 다문화교육의 출발점이며 핵심이라고 할 수 있다. 소수자들의 문화, 언어, 종교, 종족적 특성에 따른 교육과정 편성 및 운영, 교수 - 학습 지도가 이루어져 문화적 경쟁력을 고양할 수 있기 때문이다.

<그림 7 - 1> 개인의 다중 소수집단 의식

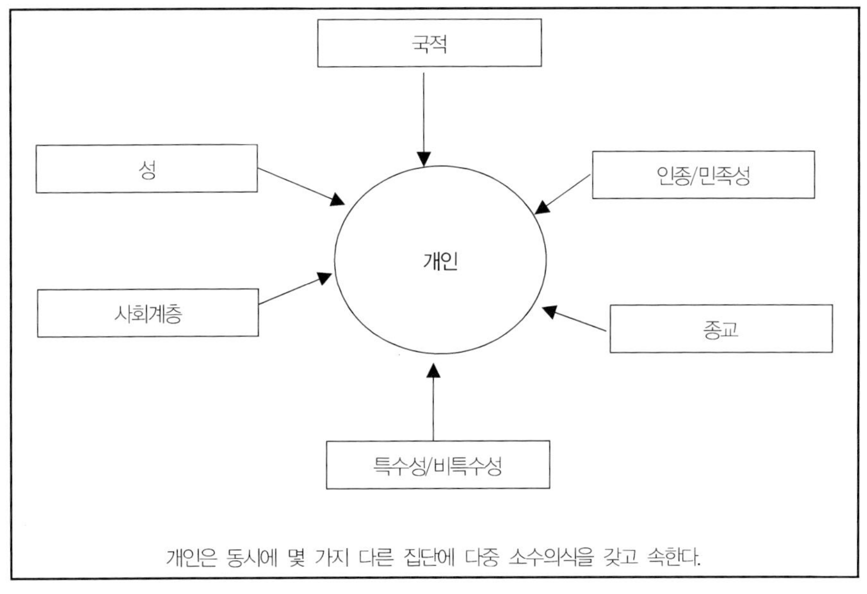

개인은 동시에 몇 가지 다른 집단에 다중 소수의식을 갖고 속한다.

여기서 중요한 문제는 한국 사회의 다문화교육에 대한 인식은 아직 소수자를 교육의 주체가 아닌 대상으로 간주한다는 점이다. 소수자가 주류사회의 문화에 직접적으로 소통하여 그들의 문화가 다수자의 문화와 어떤 점에서 다른지, 혹은 같은지에 대한 비교와 성찰을 할 수 있는 능동 차원의 수준에는 미치지 못하고 있다는 것이 현실이다. 이런 현상은 다문화교육이 가지고 있는 본래의 의미와 장점을 살리지 못하는 것으로 볼 수 있으며, 아직 우리나라의 다문화화 심도가 2% 수준에 그치고 있으므로 초기 단계 통합 중심 다문화교육이 우선 적용될 필요가 있다는 잠재적 판단에 기인하는 것으로 볼 수 있다. 또한 한국적 다문화 상황에서 한국어를 구사할 수 있는 한국계 중국인과 북한이탈주민이 상당수를 점하고 있다는 것에서도 소극적 의미의 다문화교육이 실행되고 있는 것으로 추론할 수도 있다.[20]

그러나 이주 소수집단의 다양한 정체성들을 광역문화 중심으로 구성된 교육과정 속에서 다룬다는 것은 변환을 강조해야 할 글로벌 다문화사회의 지식 적합성에 부합되지 않는다. 더 문제가 되는 것은 용광로(melting pot) 논리에 따라 기대되었던 다수자와 소수자들의 문화 정체성들이 융합되어 새로운 문화가 생성되고 운용되는 것이 아니라, 오히려 다수의 강요된 하나(imposed unum)를 거부하는 소수집단의 결속력을 강화하고 사회적 긴장감과 풀리기 어려운 쟁점들을 발생시키는 기제로 작동한다는 점이다. 불필요한 사회적 편견과 그로 인한 차별을 양산할 수 있다는 지적이다. 편견과 차별에 관한 Pat(2000)의 견해는 다음과 같다.

> 첫째, 다른 집단에 관한 사실이나 정보는 태도를 변화시키기에는 불충분하다. 둘째, 계층 편견은 인종 혹은 종교 편견보다 더욱 강하다. 셋째, 높은 수준의 자기 긍정 능력을 가진 사람은 낮은 수준의 편견을 가질 가능성이 크다. 넷째, 상호작용적 학습 경험 집단 활동을 해 본 학생은 교차 종족적 우애와 긍정적 태도를 발달시킨다. 다섯째, 편견의 인지적, 정의적, 행동적 구성요소들은 필수적으로 관련되어 있지는 않다. 여섯째, 영화나 다른 미디어들은 학생의 태도를 향상시킨다. 일곱째, 사회적 접촉은 일정한 조건하에서 편견을 감소시킬 수 있다(Pate, 2000: 102－105).

Pate의 일반화된 경험연구에 따르면 '차별이라는 결과로 이어지는 편견이

20 2008년 통계청 자료에 의하면, 결혼이민자 가정 자녀 수는 58,007명이며, 한국계 중국인(조선족) 자녀가 16,681명을 차지하여 28.8%로서 가장 높은 비율을 점하고 있다. 이어서 중국 10,889명, 베트남 8,194명, 일본 6,508명, 필리핀 6,378명, 미국 2,406명 등의 순으로 나타나 그 뒤를 따르고 있다.

라는 원인'은 다른 소수집단에 대한 상식화된 사실, 정보의 전달로는 불충분하며, 다양한 중재자들(mediators)을 활용한 상호작용 학습과 사회적 활동에의 적극 참여 등을 통하여 자존감을 고양하고 다양성에 대한 긍정적 태도를 함양하는 것으로 감소시킬 수 있다. 이러한 편견과 차별의 해소 전략은 Banks의 문화 정체성을 발달시키는 단계와 밀접한 관계가 있다.

Banks(김용신 외 역, 2009)는 자기용인(self-acceptance)을 타자를 용인하고 가치를 부여하기 위한 선행조건으로 보며, 제도화된 차별, 인종주의, 기타 형태의 주변화를 역사적으로 경험한 인종 · 문화 · 언어적 소수집단의 학생들은 자신들의 종족적, 문화적 유산을 수용하고 평가하는 데 어려운 시간을 보낸다고 판단한다. 따라서 교사들은 모든 학생들—주류학생, 유색인종 학생, 기타 주변화된 집단의 학생을 모두 포함—이 그들의 정체성 개발을 경험하고 촉진할 수 있도록 문화 정체성 발달단계를 자각하고 민감하게 대처해야 하는 것이다(pp.240-242 참조).

1단계 '문화심리적 속박'에서 개인은 자신의]문화집단에 대한 부정적인 고정관념과 신념을 내면화하며, 이 단계에서 문화적 자기부정이나 자존심의 저하 등의 사례가 나타난다.

2단계 '문화적 캡슐화'(encapsulation)는 문화적 배타성, 자신의 종족집단이 타 집단보다 강하다는 신념 등이 특징이다. 이 단계의 개인은 자신의 문화적 의식에 대해 새로 발견하는 경우가 많으며 자신의 문화집단에 대한 참여를 제한하려 한다. 그들은 자신의 문화집단에 상충적인 감정을 가지며 스스로 자신의 문화가 자랑스러운 것이라는 것을 확인하려 한다.

3단계 '문화정체성의 명료화'에서 개인은 자신의 개인적 태도와 문화 정체성을 명료화할 능력이 있으며, 자신의 문화집단에 대해 명료한 긍정적 태도를 개발한다. 이 단계에서 문화적 자부심은 인위적이라기보다는 진정한 것이다.

4단계 '초문화주의'(biculturalism)에서 개인은 건전한 문화 정체성에 대한 감각을 가지고 있으며, 자신의 문화공동체는 물론이고 다른 문화공동체에 대해서도 성공적으로 참여할 수 있는 심리적 특성을 갖고 있다. 또한 그들은 두 개의 문화 모두에서 영향력을 가지고 참여하려는 강한 열망을 갖고 있다.

5단계 '다문화주의와 성찰적 민족주의'의 개인은 명료화된, 성찰적인, 긍정적인 개인적 · 문화적 · 국가적 정체성을 가지고 있으며, 다른 인종 · 문화 · 종족집단에 대해 긍정적인 태도를 갖고 있다.

6단계 '글로벌주의와 글로벌 경쟁력'에서 개인은 성찰적이고 명료화된 국가 및 글로벌 정체성을 갖고 있다. 그들은 자신의 문화공동체, 자신의 국가 내에 있는 타 문화, 자국의 시민문화, 글로벌 공동체에서 효과적으로 기능하기 위해 필요한 지식, 기능, 태도를 갖고 있다. 6단계의 개인은 세계주의가 좋은 예로 세계 공동체의 모든 인간에 대한 서약(commitment)을 갖고 있다. 이들의 1차적인 서약 상대는 인간공동체가 아닌 정의 그 자체로 간주된다. 요컨대, 주변화된 문화 · 종족 · 언어 집단의 학생들이 국가가치에 대해 찬성하고, 그들로 하여금 세계주의자가 되게 하며, 그들의 지역공동체, 국가, 세계를 더 정의롭고 인간적으로 만들기 위하여, 그들의 정체성을 양육하고 지원하고 지지해야 한다.

우리나라의 경우 글로벌 다문화사회의 도래와 함께 한국인들이 인종과 민족이 다른 외국인에 대해서 지나치게 배타적이라는 비판이 커지고 있으며, 그 원인으로 한국 사람의 민족성이나 민족주의가 지적되고 있다. 전통적으로 한국인들이 지녀 온 외세 저항적 민족주의, 혈연 및 연고주의에 의한 단일성 등은 다문화사회에서 하나의 우월집단 이데올로기로 작동될 가능성이 있는 것이다. 그러나 민족이라는 개념이 혈연에만 기초한 생물학적 개념이라기보다는 사회문화적인 속성이 강하므로 피의 순수성만을 가지고 단일민족을 주장한다는 것은 무리이다(박경태, 2008: 21 – 22 참조).[21] 이것은 다문화사회가

21 박경태(2008)는 인종이라는 개념도 생물학적으로 보기 어려우며, 사회적, 지리적으로 규정된다고 보는 것이 타당하다고 본다. 그 사례로 1983년 루이지애나 주법원이 5대에 이르는 조상 중 한 명이 흑인이라는 이유로 여권신청서에 백인으로 기재한 여성에게 32분의 1 이상이 흑인이면 나머지가 백인이더라도 흑인으로 분류된다는 '피 한 방울의 법칙'(*one drop rule*)을 적용한 Susie Guillory Phipps 판결과, 범아시아 지역 출신 이민자들을 '아시아인이나 태평양 도서인' 범주로 규정한 것을 들고 있다(pp.22 – 23).

가져다 줄 수 있는 다양성을 활용한 풍요로움을 추구하는 점에서도 문제가 있다.

또한 다문화사회의 소수자 교육이 지향하는 평등이나 동등성은 문화민주주의 측면에서 인간주의의 실현을 추구하는 보편 가치로서의 성격을 지니는 동시에 경쟁력이라는 실용적 가치를 아울러 갖고 있다. 우리나라의 경우에도 최소한 문화 정체성의 명료화와 초문화주의 단계에 도달하여 글로벌 다문화사회가 주는 국가, 사회, 개인적 장점들을 살릴 수 있도록 글로벌 다문화교육이 고양될 필요가 있다. 아래 글에 나타난 것처럼 다문화란 글로벌 경쟁력을 담보해 주는 다양성이기 때문이다.

> 다문화는 글로벌 경제시대의 강력한 경쟁력이다. 리먼 쇼크 이후 월가가 있는 뉴욕이 몰락할 것이라는 주장이 나왔다. … 하지만 뉴욕의 경쟁력은 월가에만 있는 것이 아니다. 뉴욕은 금융뿐만 아니라 패션과 관광 등 문화산업의 중심지이다. 뉴욕은 시민의 36%가 외국 태생이라고 할 정도로, 전 세계 이민자들이 몰려 살고 있다. 다양한 국가에서 몰려온 사람들이 만들어 내는 문화 다양성은 뉴욕의 패션, 미술, 뮤지컬을 세계적인 수출 상품으로 만들었다. … 구글, 야후, 인텔, 애플 등 첨단 기업들이 모여 있는 미국 서부 실리콘밸리의 성장동력도 다문화다. 실리콘밸리의 과학자와 엔지니어 중 50%는 이민자이다. 인종과 국적이 아닌 오로지 실력만으로 기회가 부여되는 실리콘밸리의 다문화 전통은 전 세계의 인재를 빨아들이는 힘이다(차학봉, 조선일보, 2009.12.04. A4).

다수자와 소수자의 협진적 공존이 필수인 다문화사회의 소수자 교육은 학생들의 사회적 배경과 관련된 개념, 쟁점, 문제들을 비판적으로 검토하는 것이 되어야 하며, 학생들이 인종, 문화, 민족적 다양성을 이해하고 인정하는 데 필요한 지식, 기능, 가치 · 태도를 점진적으로 누적해 나갈 수 있도록 돕는 것이 되어야 한다(Maxim, 2006: 54).[22] 소수자들의 문화, 언어, 종교, 종족적 정체성에 따른 교육과정 편성 및 운영, 교수-학습 지도가 이루어지면 글로벌 차원의 문화적 경쟁력이 고양될 수 있기 때문이다.

22 Maxim(2006)은 다문화교육의 주요 방법으로 공동체 알기, 가족의 지원, 모든 집단에게 동등한 관심 갖기, 교실을 다양성으로 꾸미기, 교실에 다문화 강사 초빙하기, 예술 작품 만들기 등으로 구성된 문화 반응 교육(culturally responsive education)을 제시하고 있다(pp.54-57 참조).

전통적인 강대국들의 다문화교육, 평화교육, 문화 간 교육 등은 그대로 글로벌교육으로 전환될 수 있는 여건과 환경이 갖추어져 있다는 점에서 우리나라와 다르다. 우리의 경우 소극적 형태의 통합 다문화교육, 혹은 단순 이해 차원의 다문화교육을 지향해서는 다문화가 주는 잠재적인 강점과 이로 인한 현실적인 경쟁력을 확보하기 어려울 것이다. 글로벌 다문화사회에 적합한 소수자 교육이 협진의 논리에 따라 학교 현장에 보편화될 필요가 있다.

2. 다문화교육의 논리와 교원

민주주의 사회에서 시민적 동등성과 같은 기본 가치에 대한 인식은 종족 이주 집단들이 그들의 문화와 언어뿐 아니라 국가 시민문화에도 참여할 수 있도록 해 주는 중요한 요소이다(Banks, 2008: 133). 자유, 평등, 사회정의, 형평성과 같은 민주적 신조 가치들이 다문화교육의 기본 방향 설정의 기준으로 실제적으로 설정되어야 하며, 아울러 다문화교육의 내용 차원에 구체화되어 반영되어야 한다. 민주주의의 기본 원리들은 다문화교육의 다섯 가지 차원으로 적용될 수 있다. 다문화교육은 내용 통합, 지식 구성 과정, 편견 해소, 형평 교수, 학교 문화와 사회구조 역량 강화의 다섯 가지 차원으로 구성된다(Banks, 김용신 외 역, 2009: 132－134 참조).

첫째, 내용 통합은 교사가 자신의 전공이나 학제에 따라 핵심 개념, 원칙, 일반화, 이론을 묘사하기 위해 다양한 문화와 집단으로부터 사례와 내용을 이용하는 것을 말한다. 다양한 집단 간 문화 사례들과 정체성 관련 내용을 평등의 관점에서 교육과정과 교과서에 반영하고 실제 다문화 수업에 활용해야 한다는 것이다.

둘째, 지식 구성 과정은 교사들이 사용하는 방법, 활동, 문제제기로 구성되며, 이는 학생들이 학제 내에서 묵시적인 문화적 가정, 준거기준, 관점, 편견이 어떻게 지식 구성 과정에 영향을 미치는가를 이해하고 조사하며 결정하도록 돕는다. 기존의 지식 권력에 대한 의심, 즉 무엇인가 잘못되어 가고 있다는 자유에 바탕을 둔 기본 인식이 다문화교육의 지식관이 되어야 한다.

셋째, 편견 해소는 학생들의 인종 태도와 전략이 가진 특성을 나타내며, 교사들은 이를 이용해 학생들이 더욱 민주적인 가치와 태도를 갖도록 도울 수 있다. 아동들이 어릴 때 교사의 개입 효과가 크며, 성장함에 따라 인종 태도와 신념을 수정하는 것이 어려워진다. 가정으로부터 이미 가져오는 아이들의 고정관념들은 저학년 수준에서 정서적 인간관계 형성 측면의 접근으로 해소될 수 있으며, 고학년으로 갈수록 사회정의에 이르는 보편가치 존중의 전략이 필요하다는 것이다.

넷째, 형평 교수는 다양한 인종, 종족, 문화, 성 집단 소속의 학생들이 학업 성과를 쉽게 달성하도록 교사 스스로 교수법을 수정할 경우 나타난다. 문화 반응 교수법이 하나의 사례로서 소수집단 학생들의 학업 성과를 증진시키고 그러한 학생을 가진 교사의 능력을 향상시킨다. 민주적 교수-학습 원리로서 형평성에 토대를 둔 정교한 개별 문화 학습이 소수자들의 관점에서 실행되어 다수자들의 변화를 모색해야 한다는 논리이다.

다섯째, 학교 문화와 사회구조의 역량 강화는 학교를 복잡한 사회체계로 개념화한다. 즉 교육과정, 교습교재, 교사의 태도와 인식 등 교육을 구성하는 그 어떤 부분보다 큰 차원이다. 효과적인 학교개혁을 위해 필요한 시각은 학교의 일부가 아닌 체계 전반의 재구성을 요구하고 있다. 이것은 주로 교장, 교감과 같은 학교 관리자에 대한 기대이다. 다문화교육과정에서 사실상 다수자로서의 지위성을 갖춘 관리자들은 다문화교육을 실시할 수 있는 교육 외적 여건을 지역사회 및 관련 기관 단체들과 협력하여 조장해야 하며, 교내에서는 구체적인 다문화 교수-학습 분위기를 만들어 낼 책무가 있는 것이다.

물론, 민주주의 기본 가치와 함께 제시된 다문화교육의 내용 통합, 지식

구성 과정, 편견 해소, 형평 교수, 학교 문화와 사회구조의 역량 강화는 교사와 학교 관리자로 나누어 명백하게 구분되어 실천될 수는 없을 것이다. 다만, 내용 통합, 지식 구성 과정, 편견 해소, 형평 교수는 다문화 수업을 운영하는 교사와 직접적인 관련이 있고, 학교 문화와 사회구조의 역량 강화는 교장, 교감 등과 더 관련되어 있다는 점은 다문화교육의 실행 국면에서 고려되어야 할 부분으로 생각된다.

다문화교육에 적용 가능한 체계화된 다문화교육 방법은 내용 통합 접근법을 활용하여 정리할 수 있다. <표 7 - 1>에 나타난 것처럼 Banks(2007)는 다문화교육의 접근법을 기여, 부가, 변환, 사회행동 차원에서 분류 설명하고 있다. 이들은 서로 중첩적이고 상호 배타성을 확보하지는 못하지만 각각의 차원은 아래에 제시된 시민성 형성 수준과 관련되어 있다(Banks, 2008: 136).

- 법적 시민성(legal citizenship)은 시민성 분류에서 가장 피상적 수준이다. 국가 구성원으로서 권리와 의무를 가지고 있으나 어떤 의미 있는 방식으로도 정치 체계에 참여하지 않는 시민성이다.
- 최소 시민성(minimal citizenship)은 관례적으로 주요 후보와 쟁점을 가름하는 지방과 전국 선거에 투표하는 법적 시민에 적용되는 시민성이다.
- 능동 시민성(active citizenship)은 기존의 관례와 법에 따라 투표하는 것을 넘어서는 행동을 포함한다. 능동 시민은 항의 시위에 참여하거나 관례적 쟁점과 개혁에 관하여 공적인 연설을 실천한다. 능동적 시민의 행동은 기존의 정치사회적 구조를 지지하거나 유지하는 데 기여하며 도전하는 것은 아니다.
- 변환 시민성(transformative citizenship)은 기존의 법과 관례를 넘어서는 가치와 도덕적 원칙을 실천하는 시민 행동을 포함한다. 변환 시민은 비록 그들의 행동이 기존의 법과 전통, 혹은 구조에 도전하고, 이를 타파하며, 위반하더라도 사회 정의를 추구하는 행동을 실행한다.

〈표 7-1〉 다문화 내용 통합 접근법

접근법	정의	사례	장점	문제점
기여	종족집단과 관련된 영웅, 문화적 구성요소들, 휴일들과 다른 구별되는 요소들이 특정한 날이나, 경우, 기념일에 교육과정에 더해진다.	유명한 멕시코계 미국인들은 단지 Cinco ce Mayo 주간 동안 학습된다.(5월 5일) 아프리카계 미국인은 2월 아프리카계 미국인 역사 달에 학습되고 그 해의 다른 때는 거의 학습되지 않는다.	종족의 내용을 교육과정에 넣는데 상대적으로 빠르고 쉬운 방식을 제공한다. 교육과정에서 주류의 영웅 곁에서, 종족의 영웅에게 가시성을 준다.	종족 문화의 피상적 이해라는 결과를 낳는다. 종족집단의 삶의 방식과 문화재에 초점을 맞추고 고정관념과 오개념을 재강화한다. 교육과정에 포함될 영웅과 문화요소를 선택하는 데 주류의 기준이 사용된다.
부가	내용, 개념, 주제, 관점을 구조의 변화 없이 교육과정에 첨가하는 것으로 구성된다.	단원의 재개념화나 그 책을 이해하기 위한 배경 지식을 학생들에게 제공하지 않고 문학단원에 'The Color People'을 부가하는 것이다. 특정한 종족 집단에 초점을 맞추는 선택과목에서 핵심(core) 교육과정을 손대지 않은 채 종족 연구 과정을 부가하는 것이다.	잠재적 교육과정의 변화와 직원의 발전을 요구하지 않고서 종족의 내용을 교육과정에 첨가하는 것이 가능하다. 현존하는 교육과정 구조 내에서 보충할 수 있다.	종족의 역사와 문화는 미국 주류문화의 필수적인 부분이 아니라는 생각을 강화한다. 학생들이 어떻게 지배적인 문화와 종족 문화가 상호 연관되고 상호관계를 갖는지를 이해하는 것을 돕는 데 실패한다.
변환	학생들이 다양한 민족집단 및 문화 집단의 관점에서 개념, 이슈, 사건, 주제를 바라볼 수 있도록 교육과정의 구조를 변화시킨다.	미국 시민 혁명에 대한 단원을 앵글로 혁명론자들, 앵글로 애국자, 아프리카계 미국인, 인디언 그리고 영국인에 대한 혁명 의미로 기술한다. 20세기 미국 문학에 대한 단원에 윌리엄 포크너, 조이스캐롤 오츠, 랭스턴 휴기스, 스캇 마마데이, 솔 벨로, 막사인 홍 킹스턴, 루돌프 애냐 그리고 피리 토미스의 작품을 포함시킨다.	학생들이 다양한 인종적, 문화적 단체가 미국 사회와 문화의 형성에 참여하는 복합적 방법들을 이해하게 된다. 다양한 민족, 인종 그리고 종교적 단체들을 학교 교육과정에서 그들의 문화, 관습 그리고 균형 잡힌 관점에서 바라보게 해 준다. 희생되고 있는 종교적, 민족적 그리고 문화적 단체들에게 권한을 부여하도록 돕는다.	이 접근의 이행은 실제적인 교육과정 개정, 현장 연수 그리고 다양한 인종적, 문화적 단체의 균형 있는 관점으로 쓰인 자료들의 개별화와 발전을 요구한다. 이 접근법의 제도화를 위해 인재육성이 지속적으로 이루어지도록 해야 한다.
사회 행동	이 접근법에서 학생들은 중요한 사회문제나 이슈를 확인하고 적절한 자료를 수집하고, 사회 이슈에 관한 그들의 가치관을 분명히 하고, 의사결정을 하고 사회적 이슈나 문제를 해결하는 데 도움이 되는 성찰적 행동들을 취한다.	학급은 학교에서 인종 관계를 향상시키기 위해서 행동을 취하는 것을 선택하고 편견과 차별에 대해서 학습한다. 학급은 지역신문에 있는 민족단체들의 대우에 대해서 공부하며 지역신문사에 민족 단체들의 대우가 더 향상돼야 한다는 방법들을 제안하는 편지를 신문 발간인에게 쓴다.	학생들에게 그들의 생각, 가치, 분석, 의사결정 그리고 사회적 행동 기술을 향상시키는 것을 가능하게 해 준다. 학생들에게 정치적 영향력의 감지를 향상시키도록 도와준다. 학생들에게 집단 활동에 필요한 기술을 향상 시키도록 도와준다.	많은 자료들을 점검하고 교육과정을 계획하는 방대하고 중요한 일을 요구한다. 사회 공동체의 시민이나, 학교 교직원 같은 구성원에 의해 논쟁의 여지가 있도록 고려된 문제나 이슈들에 초점을 맞춰야 한다. 학생들은 현실적으로 사회문제나 이슈의 해결을 위해 미미한 행동들만 취할 수 있다.

(Banks, 2007: 262-263)

기여 접근법은 가장 소극적인 법적 시민성과 관련되어 있다. 변환학문 지식을 추구하지 않으며 단지 주류사회로의 통합을 목적으로 도구 수준에서 다문화교육을 진행한다는 점에서 사회변화를 이끌어 낼 가능성이 거의 없는 법적 수준의 시민성 형성 논리로 작용한다고 볼 수 있다. 부가 접근법의 경우에도 다문화 내용 사례의 교육과정 내용 부가라는 긍정적 측면이 있지만, 주류 사회의 문화 우월성을 잠재적으로 수용한다는 점에서 소극적 차원의 법적 시민성과 유사한 최소 시민성 형성 수준에 머무를 가능성이 크다. 이와 달리 변환 접근법은 소수집단과 다수집단의 소통을 교육과정 변환을 통해서 적극 추구한다는 관점에서 능동 시민성 형성에 기여할 가능성이 크다. 다만, 변환 학문 지식의 추구가 기존의 관점을 전제로 진행될 수 있다는 측면에서 보면 주류 사회의 현상유지에 무의식적으로 관여할 수 있다는 문제를 갖는다. 사회행동 접근법은 법과 관습을 넘어서 도덕적 정의 원칙의 적용을 받는다는 점에서 변환 시민성 형성을 추구하는 방법으로 규정할 수 있다. 변환 시민을 양성하기 위한 사회행동 접근은 순수 다문화교육의 방법과 시민 형성 차원이 될 수 있을 것이다. 그러나 학교 현장 적용의 문제점이 있다는 단점을 가진다.

한국의 다문화화 상황을 볼 때 특정 다문화교육 접근법으로 특정 시민성 형성에 집착할 수는 없을 것이다. 논리적으로는 기여와 부가 접근법에 의한 법적 시민성과 최소 시민성 함양이 비교적 초기 다문화화 단계에서 적용되고, 변환과 사회행동 접근법과 관련된 능동 시민성과 변환 시민성은 장기적 관점에서 심화된 다문화화 단계에 적용되어야 할 것으로 보인다. 그러나 일률적으로 다문화교육의 방향을 설정하고 시민성 형성과 관련된 접근법들을 실행해 나가는 것은 위험한 발상일 수 있다. 도시와 농촌, 수도권과 여타 지역, 지역에서의 특정 학교 환경, 교원의 다문화 인식과 지적 수준 등 많은 변수들을 고려해야 하기 때문이다.

이런 관점에서 글로벌 다문화사회에 적합한 다문화교육은 다문화화 상황을 반영한 구체적인 접근법과 시민성 형성 수준을 고려할 수 있는 다문화 교수-학습 방법의 도입이 요청되는 것이다. 여기서는 문화, 국가, 글로벌 차원을 모두 포함할 수 있으며, 동시에 기여 접근법에서 사회행동 접근법, 법적 시민성에서 변환 시민성을 탄력적으로 도입하여 운영할 수 있는 성찰적 의사결정 절차를 가장 구체적인 방법으로 제시하고자 한다.

글로벌시대의 특성상 21세기 학생들은 이전 시대의 학생들과는 달리 구체적인 사실들로는 설명될 수 없는 복잡한 이슈들을 다루어야 한다. 이를 효과적으로 하기 위해 학생들은 그들이 필요로 하는 정보를 어디에서 얻는지, 적절한 정보에 접근할 수 있도록 하는 질문들을 어떻게 만드는지, 가치뿐 아니라 인지적 측면에서 정보를 어떻게 평가하는지, 그 정보를 다른 정보들과 어떻게 통합하는지, 그리고 그들이 구성할 수 있는 최적 정보를 기반으로 어떻게 성찰적 결정을 내리는지를 알아야만 한다(Banks, 김용신 외 역, 2009: 154). 이러한 글로벌 다문화사회의 시민성 함양 과정으로서 실행될 수 있는 절차는 <표 7-2>와 같이 도시할 수 있다.

의사결정 중심의 다문화학습 과정에서 교사는 다문화 관련 학습문제를 도입하고, 사회탐구와 가치탐구의 병행 절차를 거쳐 대안을 모색, 서열화, 결정하여 책임 있는 사회적 행동을 실천할 수 있는 능력을 학습자들이 갖추도록 지원해 주어야 한다. 이러한 성찰적 의사결정 과정은 하나의 접근법이나 시민성 형성 수준을 지향하는 것은 아니다. 일견하면 사회행동 접근법과 변환 시민성과 가장 밀접한 관련이 있는 것으로 생각할 수 있으나, 의사결정 절차 자체는 어떠한 교조적 전제를 가진 것은 아니다. 학습자들로 하여금 다양한 소수집단들의 정체성 관련 문제와 소통의 문제를 민주주의 원리가 반영된 종합적 문제 해결 방식에 따라 해결할 수 있는 다문화 능력 함양 방법을 제시한 것으로 해석되어야 한다.

〈표 7-2〉 의사결정 과정

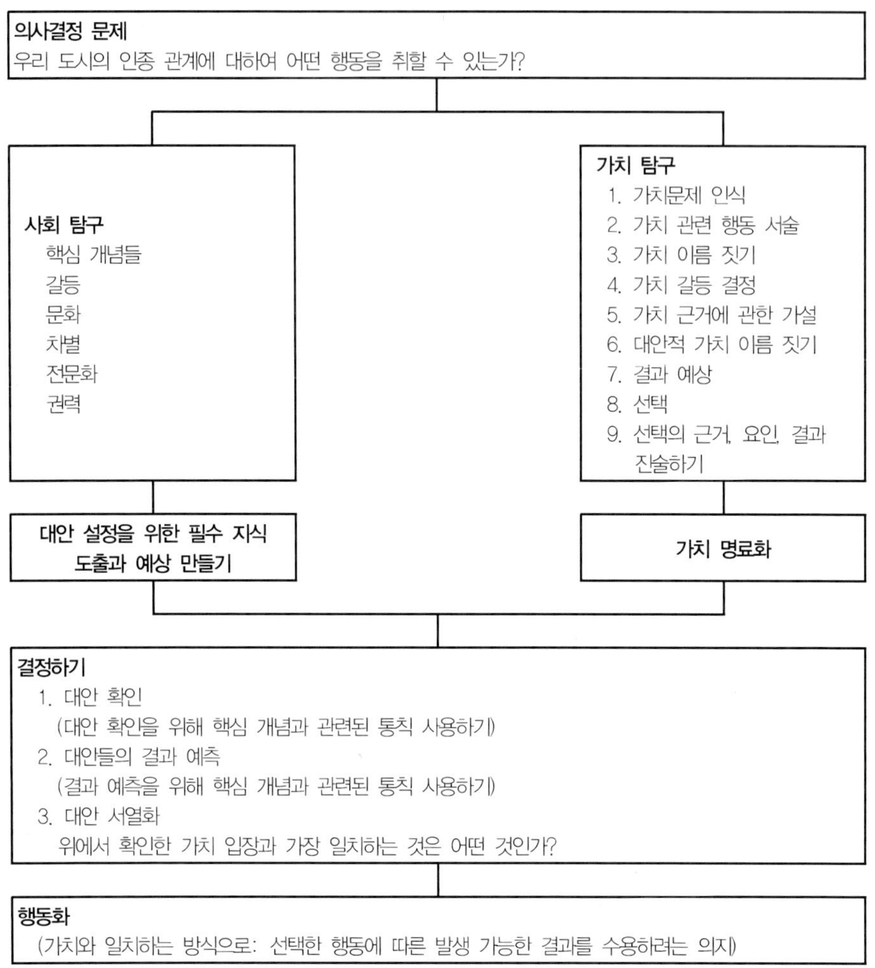

의사결정 문제
우리 도시의 인종 관계에 대하여 어떤 행동을 취할 수 있는가?
사회 탐구
핵심 개념들
갈등
문화
차별
전문화
권력
가치 탐구
1. 가치문제 인식
2. 가치 관련 행동 서술
3. 가치 이름 짓기
4. 가치 갈등 결정
5. 가치 근거에 관한 가설
6. 대안적 가치 이름 짓기
7. 결과 예상
8. 선택
9. 선택의 근거, 요인, 결과 진술하기
대안 설정을 위한 필수 지식 도출과 예상 만들기
가치 명료화
결정하기
1. 대안 확인
(대안 확인을 위해 핵심 개념과 관련된 통칙 사용하기)
2. 대안들의 결과 예측
(결과 예측을 위해 핵심 개념과 관련된 통칙 사용하기)
3. 대안 서열화
위에서 확인한 가치 입장과 가장 일치하는 것은 어떤 것인가?
행동화
(가치와 일치하는 방식으로: 선택한 행동에 따른 발생 가능한 결과를 수용하려는 의지)

※ 출처: Banks, J. A., and Banks, C. A. M., with Clegg, A.(1999). *Teaching strategies for the social studies: Decision-making and citizen action*(5th ed., p.455). N. Y. Longman.

위와 관련하여 다문화교육의 논리를 살릴 수 있는 가장 중요한 중재자로서의 역할을 수행하는 것은 학교의 교원이라는 사실을 인식하는 일이다. 다수자와 소수자의 소통이 가능하도록 개별 문화 정체성을 다문화교육과정에 반영하고, 이것이 국가 시민문화와 연결되어 글로벌리즘에 도달할 수 있게 다문화 교수-학습 과정안의 수립, 진행 절차, 모형들을 개발하여 적용하는 것은 다문화 수업을 직접 담당하는 교원들이라는 것은 명백하다.

우리나라의 경우 2006년 5월 교과부에서 다문화가정 자녀 교육지원 정책 수립 및 실천 이후 각 시도교육청과 각급학교에서 실천 사례 발표, 국제이해 교육, 자료 개발 등 다양한 형태로 다문화교육이 실행되고 있다. 2007년 교과부는 다문화사회통합프로그램 구축 차원에서 다문화가정 자녀 지원 계획을 수립하고 언어 및 문화 장벽 제거와 사회적 귀속감 및 다문화 감수성 증대를 목표로 학교를 중심으로 한 다문화교육, 다문화 이해를 위한 교육과정 개편 등 실천 방안을 제시하고 있다(김선미 외, 2008: 46－48). 그러나 다문화교육의 핵심 변인으로서 교원의 위상과 관련된 체계적 대안을 정책 모형화하여 제시하지는 못하고 있다.

한 인간으로서 교원은 자신의 문화적 시각, 가치, 희망, 꿈을 교실에 들여놓는다. 교원의 가치와 행태는 학생의 관점, 개념, 행태에 강한 영향력을 미친다. 또한 교원의 가치와 시각은 그들이 가르치는 내용을 매개하고 상호 작용시키며, 학생들의 소통, 지각되는 메시지에 영향을 준다(Banks, 김용신 외 역, 2009: 175 참조). 다문화교육에서 교원의 역할 수행에 따른 타당한 지위성 부여가 필요한 까닭이 여기에 있다. 향후 교사교육과정과 현직 연수과정, 학교 다문화교육과정 기획 및 실행 과정에서 교원의 적극적인 인식과 참여가 실질적으로 수행되어야 21－22세기에 적합한 글로벌 다문화교육과 국가 발전을 담보할 수 있다는 인식이 확산되어야 할 것이다.

3. 연구 설계

1. 연구 대상

전국의 초등학교, 중학교, 고등학교 교원을 모집단으로 학교 다문화교육의 전반적인 실태 분석을 실행하였다. 1차로 군집표본추출(cluster sampling)을 실시하여 지역별, 학교급별 표본을 학교 단위로 무작위 추출하였으며, 2차로 학교 단위에서 다문화 관련 담당교사, 연구부장 교사, 일반 교원을 대상으로 우편 조사 방식의 설문을 실시하였다.

1차 군집표본추출 단계에서 239개 학교가 추출되었으며, 각각의 학교에 3부씩 717개의 설문지가 배송되었다. 우편 조사(mail survey)의 특성상 평균 회수율이 10~20% 정도인 것을 감안하여 회수율 높이기 전략으로 선행 회송 보상 처리, 회송용 봉투의 편의성 고려, 설문지 디자인의 완성도 제고, 별도의 설문 안내문 동봉 등의 작업을 동시에 진행하였다.

설문 응답지가 150개 학교에서 450부 회송되어 형식적 회수율은 62.8%였다. 이 중에서 결측값이 발생하였거나 응답의 일관성과 논리성, 진실성에 문제가 있는 설문지 68부를 자료 처리 단계에서 제외하여 최종 분석된 응답지는 총 382부였다. 따라서 실질적인 응답지 회수율은 53.3%로서 일반적인 우편 조사의 경우보다 3~4배 높은 회수율을 나타낸 것으로 평가할 수 있다.

위와 같이 추출된 연구 대상의 배경 변인을 보면, 성별 변인으로 남자 186명(48.7%), 여자 196명(51.3%), 학교급별 변인은 초등학교 210개 교(55.0%), 중학교 75개 교(19.6%), 고등학교 97개 교(25.4%), 직명(직위) 변인은 교사 217명(56.8%), 부장교사 144명(37.7%), 교감 14명(3.7%), 교장 7명(1.8%), 교직경력 변인은 5년 미만 50명(13.1%), 5년 이상 10년 미만 45명(11.8%), 10년 이상 20년 미만 80명(20.9%), 20년 이상 207명(54.2%), 학교 소재지인 지역별 변인은 서울/경기 95명(24.9%), 광역시 97명(25.4%), 중소도시 57명(14.9%), 농어촌/읍면지역 133명(34.8%)으로 나타났다.

성별 비율이 약 5:5를 유지하고 있으며, 학교급별 변인에서 다문화 심도가 가장 큰 초등이 55.0%, 중등이 45.0%로 나타나 표본의 모집단 추정 타당도를 높여 주고 있다. 또한 다문화교육을 직접 담당하는 교사와 부장교사가 94.5%, 학교 교육과정 운영 책무성이 상대적으로 많은 교감과 교장이 5.5%를 차지하여 다문화교육의 직접 운영 실태 분석 자료를 제공하고 있다. 교직경력 변인 중 20년 이상 교원이 54.2%로서 가장 높은 비율로 나타난 점은 다문화교육의 전반적인 운영 양상을 학교 차원에서 조망할 수 있는 연구부장 등의 교원이 응답에 다수 참여한 것으로 볼 수 있다. 지역별 변인 중 서울/경기를 특별히 구분한 것은 이 지역의 다문화가정 자녀 재학생 비율이 경기 20.7%, 서울 12.0%로 전국 대비 32.7%를(교과부, 2008 자료) 차지하기 때문으로 다문화교육 실태 및 개선 방안 제공에 유용할 것으로 판단되어서이다. 서울/경기, 광역시와 중소도시, 농어촌/읍면지역의 비율이 약 5:5를 유지하여 응답된 점도 본 연구의 통계적 유용성 확보에 긍정적인 요소로 작용한다고 해석할 수 있다.

<표 7-3> 조사 대상 교원 정보(단위: 명, %)

<table>
<tr><td rowspan="2">성별</td><td>남</td><td>186(48.7)</td><td rowspan="4">교직 경력</td><td>5년 미만</td><td>50(13.1)</td></tr>
<tr><td>여</td><td>196(51.3)</td><td>5년 이상-10년 미만</td><td>45(11.8)</td></tr>
<tr><td rowspan="3">학교급</td><td>초</td><td>210(55.0)</td><td>10년 이상-20년 미만</td><td>80(20.9)</td></tr>
<tr><td>중</td><td>75(19.6)</td><td>20년 이상</td><td>207(54.2)</td></tr>
<tr><td>고</td><td>97(25.4)</td><td rowspan="5">학교 소재지</td><td>서울/경기</td><td>95(24.9)</td></tr>
<tr><td rowspan="4">직명</td><td>교사</td><td>217(56.8)</td><td>광역시</td><td>97(25.4)</td></tr>
<tr><td>부장교사</td><td>144(37.7)</td><td>중소도시</td><td>57(14.9)</td></tr>
<tr><td>교감</td><td>14(3.7)</td><td rowspan="2">농어촌/읍면지역</td><td rowspan="2">133(34.8)</td></tr>
<tr><td>교장</td><td>7(1.8)</td></tr>
</table>

2. 조사 도구

설문지는 1차적으로 문헌 연구를 통한 이론적 배경으로부터 학교 다문화교육의 주요 개념을 도출하고, 개념정의 및 조작정의 과정을 통하여 변인 및 지표로 전환하는 작업을 통하여 개발되었다. 학교 현장의 다문화교육 실태 파악을 통한 개선 방안을 제시하는 것이 연구 목적이므로 교원의 다문화교육에 대한 인식, 다문화가정 자녀에 대한 인식, 다문화교육의 운영 실태, 실행 방법 등이 개념화(conceptualization) 절차를 밟아 구체적인 설문 항목으로 전환되었다.

1차 개발된 설문지는 서울/경기 지역 초중등 교원 30명을 대상으로 예비조사를 거쳐 연구 문제 해결에의 접근성, 설문 용어의 명료성, 문항의 신뢰도와 타당도 등이 검토되었으며, 문제점에 대한 수정 및 보완 작업 후 최종 확정되었다. <표 7-4>의 설문 항목 구성을 보면, 응답자의 배경 특성을 알기 위해 설문 조사의 취지를 안내한 후 성별, 학교급, 직명(직위), 교직경력, 학교 소재지(지역별) 문항을 별항 1-5번으로 제시하였으며, 교원의 다문화교육에 대한 인식은 본 문항 1-22번, 교원의 다문화가정 자녀에 대한 인식은 23-31번, 학교 다문화교육의 실제 운영 양상은 32-43번, 다문화교육에 대한 응답자의 개인적 견해를 파악하기 위한 개방형 설문 등 총 44문항으로 이루어졌다.

〈표 7-4〉 설문 항목의 구성

문항 번호	주요 개념	변인	문항 수
1-5(별항)	응답자 배경	성별, 학교급, 직명, 교직경력, 학교 소재지	응답자 배경 5문항
1-22	교원의 다문화교육에 대한 인식	다문화교육 경험, 연수 경험, 연수 의도, 교육 대상, 필요성, 필요 이유, 중요성, 개념 이해, 관심도, 목표, 방법	22문항 (4번 중복응답, 5번 축쇄응답)
23-31	교원의 다문화가정 자녀에 대한 인식	다문화가정 자녀 재학률, 사회적 역할, 결혼이민자, 북한이탈가정, 외국인 근로자 가정, 다문화가정 자녀의 부적응, 부적응 이유	9문항 (23번 중복응답)
32-38	학교 다문화교육의 운영 실태	다문화교육 실시 횟수, 방법, 교수법, 미실시 이유, 자료, 문제점, 개선 방안	7문항 (32번 축쇄응답)
개방형 질문	다문화교육의 학교 현장 실행 방법	다문화교육의 현장 적합성 확보 방안 제언	1문항

3. 분석 방법

설문 자료 처리 및 분석은 SPSS 프로그램을 활용하였으며, 다문화교육의 기초 실태 파악은 기술 통계 위주의 빈도분석, 교차분석, 집단 변인 간 관계의 통계적 유의성은 x^2-검증과 t-검증 기법을 활용하였다.

첫째, 다문화교육에 대한 교원의 인식 중 다문화가정 자녀 교육 경험, 다문화교육 관련 연수 경험, 다문화교육 연수 이수 의도, 다문화교육의 대상에 대한 인식, 다문화교육의 필요성에 대한 인식, 다문화교육의 개념에 대한 이해는 빈도분석 위주의 기술 통계로 분석하였다. 다문화교육에 대한 교원의 관심도, 다문화교육의 목표 인지도, 다문화교육의 방법 활용도는 5점 척도로 구성하였으며, 빈도분석 및 t-검증, x^2-검증을 활용하여 응답자 배경 변인별 통계적 유의도 검증을 실시하였다.

둘째, 다문화가정 자녀에 대한 교원의 인식에서 다문화가정 학생 재학 유형, 다문화가정 자녀의 한국 사회에서의 역할 인식, 결혼이민자 자녀에 대한 인식, 북한이탈주민 자녀에 대한 인식, 외국인 근로자 자녀에 대한 인식, 그리고 각 유형별 문제점, 포용교육의 필요조건, 다문화가정 자녀의 학교 부적응 요인은 빈도분석 등 기술 통계량으로 측정하였다. 다문화가정 자녀의 재학 유무에 따른 교원의 다문화교육 인식 실태는 집단 간 평균 차이를 비교하는 t-검증을 활용하였다.

셋째, 학교 다문화교육의 운영 실태와 개선 방안에 대한 구체적 설문 항목 중 다문화교육의 실시 횟수, 다문화교육의 유형과 방법, 자료, 다문화교육 미실시 이유, 학교 현장에서 다문화교육이 이루어지기 어려운 장애 요인, 다문화교육의 실행을 위한 방안 등에 대해서는 빈도분석을 진행하였고, 교원 배경 변인별 특성과 순위척도들을 리코딩(recoding)하여 통계 처리하였다. 다문화교육에 대한 이해와 실천 양상이 다문화교육에 대한 교원의 인식에 어떤 영향을 미치는가에 대한 분석은 교원의 특성과 다문화교육 실천 변인들이 다문화교육에 대한 관심도와 목표 및 이해도에 어떻게 영향을 미치는가에 중점을 두고 t-검증을 활용하여 진행하였다.

4. 연구 결과

1. 다문화교육에 대한 교원의 인식

다문화교육에 대한 전반적인 인식 실태를 다문화가정 자녀 교육경험, 다문화교육 연수경험, 연수 의도, 다문화교육의 대상과 필요성, 다문화교육 구성요소 및 실행요소, 그리고 다문화교육에 대한 관심도 및 목표, 필요성으로 구분하여 분석하였다. 학교 다문화교육에 대한 일반적인 실태조사이므로]빈도분석을 주로 진행하였으며, 교육경험 및 연수 항목, 관심도, 목표, 방법에 대해서는 교원의 배경 변인별 t-검증을 실시하여 집단 변인 간 평균 차이의 통계적 유의성을 밝혀내었다. 다문화교육의 관심도, 목표, 방법과 교원의 배경 변인과의 관계는 교차분석을 실시하여 얻은 x^2값으로 관계 유무와 상관관계를 파악하였다. t-검증의 경우 성별 이외의 교원 배경 변인들은 리코딩 기법을 실시하여 독립집단 변인으로 전환하여 분석하였다.

가. 다문화가정 자녀 교육경험 및 연수에 대한 인식

<표 7－5>를 보면 교원의 다문화가정 자녀 교육경험은 '없다' 61.0%, '1년 이상 3년 미만' 19.4%, '1년 미만' 15.7%, '3년 이상 5년 미만' 2.1%, '5년 이상' 1.8%로 나타났다. 일반적으로 생각하고 있는 다문화교육에 관한 경험을 갖고 있는 교원이 39.0%이며, 다문화교육 경험이 있는 교원 중 대다수가 3년 미만인 것으로 해석할 수 있다. 이것은 2006년 이후 혼혈인과 국제결혼에 대한 관심이 높아지면서 다문화주의와 다문화교육이 본격적으로 논의된 것을 반영한 측정값으로 볼 수 있다.

교원의 특성에 따른 다문화가정 자녀 교육경험의 차이를 분석한 결과, 학교급 변인에서 통계적 유의성이 발견되었다. 학교급 변인의 평균값은 초등 3.3381, 중등 4.2093으로 $t = -5.282$, $p < .001$ 수준에서 유의미한 차이가 나타났으며, 이것은 중등학교 교원이 초등학교 교원보다 다문화가정 자녀 교육경험이 더 많은 것으로 분석할 수 있다. 초등과 중등의 총 재학생 수 등 다른 변인을 고려한다 할지라도 다문화가정 자녀의 재학 비율이 2008년 기준 초등이 84.2% 비율을 차지한 것으로 미루어 볼 때 초등교원에 대한 다문화교육이 더 강화되어야 할 것으로 판단된다. 물론, 초등학교에 재학하는 다문화가정 학생들이 점차 중학교와 고등학교로 진학할 것으로 가정하면 중등교원에 대한 다문화교육도 더 체계화되어야 할 것이다.

〈표 7－5〉 교원의 다문화가정 자녀 교육경험 기술 통계 및 배경 특성별 차이 검증

교육경험	빈도(명)	비율(%)	집단	인원	평균	표준편차	t
없다	233	61.0	남	186	3.8333	1.63713	1.182
			여	196	3.6327	1.67875	
1년 미만	60	15.7	초등	210	3.3381	1.71539	－5.282***
			중등	172	4.2093	1.45591	
1년 이상~3년 미만	74	19.4	교사	361	3.7341	1.65535	.181
			교감(장)	21	3.6667	1.77012	

교육경험	빈도(명)	비율(%)	집단	인원	평균	표준편차	t
3년 이상~5년 미만	8	2.1	20년 미만	175	3.6800	1.68509	-.545
			20년 이상	207	3.7729	1.64040	
5년 이상	7	1.8	수도 · 광역	192	3.8281	1.60060	1.158
			중소 · 농어	190	3.6316	1.71549	
합계	382	100	자유도: 380, ***p<.001				

※ 성별: 남/여, 학교급: 초등/중등, 직명: 교사 · 부장교사/교감 · 교장, 교직경력: 20년 미만/20년 이상, 학교 소재지: 수도권 · 광역시/중소도시 · 농어촌 집단 간 t－검증
평균: 평균은 변인(교육경험)의 심도에 따라 5점 척도로 리코딩한 값임(이하 같음).

<표 7－6>은 교원의 다문화교육 관련 연수 경험을 묻는 항목으로 '없다' 78.3%, '15시간 이하' 18.3%, '16 시간 이상' 3.4%로 응답되었다. 각 시 · 도 교육청별로 다문화교육 연수가 기획되고 실시되고 있지만 아직 21.7%의 비교적 소수 교원만이 연수를 이수한 것으로 해석할 수 있다. 특히 16시간 이상의 연수를 받은 교원은 3.4%에 불과해 체계적이고 효율적인 다문화교육 연수가 실시되지 못하고 있는 것으로 나타났다.

교원의 배경별 특성에 따른 다문화교육 연수경험의 통계적 유의성 분석 결과, 학교급 변인과 직명 변인에서 유의미한 결과가 나타났다. 학교급 변인의 평균값은 초등 1.4333이며, 중등 1.1395, t＝3.897, p<.001 수준에서 차이가 있는 것으로 파악되었으며, 직명 변인의 평균값은 교사 1.2770, 교감(장) 1.7143이고, t＝－2.629, p<.01 수준에서 유의미한 차이가 발견되었다. 다문화교육에 대한 연수를 초등학교 교원이 더 이수한 것으로 볼 수 있으며, 교감이나 교장 등 학교 관리자들의 다문화교육에 대한 관심과 연수 기회 접근성이 더 높다고 추정할 수 있을 것이다.

〈표 7-6〉 교원의 다문화교육 연수경험 기술 통계 및 배경 특성별 차이 검증

<table>
<tr><th>연수경험</th><th>빈도(명)</th><th>비율(%)</th><th>집단</th><th>인원</th><th>평균</th><th>표준편차</th><th>t</th></tr>
<tr><td>없다</td><td>299</td><td>78.3</td><td>남</td><td>186</td><td>1.2903</td><td>.75810</td><td rowspan="2">-.273</td></tr>
<tr><td rowspan="2">15시간 이하</td><td rowspan="2">70</td><td rowspan="2">18.3</td><td>여</td><td>196</td><td>1.3112</td><td>.73734</td></tr>
<tr><td>초등</td><td>210</td><td>1.4333</td><td>.92174</td><td rowspan="2">3.897***</td></tr>
<tr><td rowspan="2">16시간~30시간</td><td rowspan="2">5</td><td rowspan="2">1.3</td><td>중등</td><td>172</td><td>1.1395</td><td>.39478</td></tr>
<tr><td>교사</td><td>361</td><td>1.2770</td><td>.71550</td><td rowspan="2">-2.629**</td></tr>
<tr><td rowspan="2">31시간~45시간</td><td rowspan="2">1</td><td rowspan="2">0.3</td><td>교감(장)</td><td>21</td><td>1.7143</td><td>1.10195</td></tr>
<tr><td>20년 미만</td><td>175</td><td>1.3086</td><td>.77064</td><td rowspan="2">.181</td></tr>
<tr><td rowspan="2">46시간~60시간</td><td rowspan="2">3</td><td rowspan="2">0.8</td><td>20년 이상</td><td>207</td><td>1.2947</td><td>.72749</td></tr>
<tr><td>수도 · 광역</td><td>192</td><td>1.3646</td><td>.86369</td><td rowspan="2">1.676</td></tr>
<tr><td>61시간 이상</td><td>4</td><td>1.0</td><td>중소 · 농어</td><td>190</td><td>1.2368</td><td>.60133</td></tr>
<tr><td>합계</td><td>382</td><td>100</td><td colspan="5">자유도: 380, **p<.01,***p<.001</td></tr>
</table>

※ 성별: 남/여, 학교급: 초등/중등, 직명: 교사 · 부장교사/교감 · 교장, 교직경력: 20년 미만/20년 이상, 학교 소재지: 수도권 · 광역시/중소도시 · 농어촌 집단 간 t-검증

<표 7-7>은 향후 다문화교육 관련 연수를 이수할 의도가 있는가를 묻는 항목으로 '모르겠다'로 응답한 47명을 제외하고 보면, '있다' 85.4%, '없다' 14.6% 로 나타나 대다수 교원들이 다문화교육 연수 필요성을 인정하는 것으로 분석되었다. 그러나 차이 검증에서는 결측 처리한 '모르겠다' 응답자 47명을 포함하여 빈도분석을 하면, '있다' 74.9%, '없다' 12.8%, '모르겠다' 12.3%로 나타나 25.1%의 교원은 다문화교육 연수가 아직 필요한 시점이 아니라고 보거나 유보적인 태도를 가진 것으로 나타났다. 교원의 배경별 특성에 따른 다문화교육 연수 의도의 통계적 유의성 검증에서는 성별 변인에서 차이가 검증되었다. 평균값을 보면, 남자 1.2018, 여자 1.0828이며, t=3.360, p<.01 수준에서 통계적 유의성이 발견되었다. 남성 교원들이 여성 교원들에 비하여 더 적극적인 연수 의도를 가진 것으로 해석할 수 있다. 이것은 상대적으로 남성 교원들이 여성 교원들보다 다문화교육 연수 기회의 접근성이 어렵거나, 학교 교육에서 다문화에 대해 무관심한 것으로도 해석 가능하다. 남성 교원들의 연수 경험이 여성 교원들보다 뒤처진 것으로 밝혀졌기 때문이다.

〈표 7-7〉 교원의 다문화교육 연수 의도 기술 통계 및 배경 특성별 차이 검증

연수 의도	빈도(명)	비율(%)	집단	인원	평균	표준편차	t
있다	286	85.4	남	166	1.2018	.40914	3.360**
			여	169	1.0828	.27646	
			초등	186	1.1559	.36375	.557
			중등	149	1.1342	.34205	
			교사	315	1.1524	.35996	1.256
없다	49	14.6	교감(장)	20	1.0500	.22361	
			20년 이상	151	1.1656	.37292	.904
			20년 미만	184	1.1304	.33770	
			수도・광역	165	1.1394	.34741	-.350
			중소・농어	170	1.1529	.36099	
합계	335	100	자유도: 333, **p<.01				

※ 성별: 남/여, 학교급: 초등/중등, 직명: 교사・부장교사/교감・교장, 교직경력: 20년 미만/20년 이상, 학교 소재지: 수도권・광역시/중소도시・농어촌 집단 간 t-검증

※ '모르겠다'고 응답한 47명은 t-검증에서 결측 처리

나. 다문화교육의 대상과 필요성에 대한 인식

<표 7-8>은 다문화교육의 대상이 누구인지에 대한 질문은 중복 응답이 가능하도록 제시된 것에 대한 빈도분석 결과이다. 결혼이민자, 북한이탈주민, 외국인 근로자 가정 자녀가 대상이라는 응답이 49.2%로 가장 높은 비율을 나타냈다. 다문화교육은 소수자 대상교육이라는 일반적인 교원의 인식을 나타낸 것으로 볼 수 있다. 결혼이민자, 북한이탈주민, 외국인 근로자 가정 자녀와 함께 일반 가정 자녀도 다문화교육의 대상이라는 응답은 24.1%로 나타났다. 다문화교육이 소수자와 다수자의 포용교육이라는 입장을 가진 교원은 약 4/1 정도인 것으로 해석할 수 있다.

〈표 7－8〉 교원의 다문화교육 대상에 대한 인식

	빈도(명)	비율(%)
결혼이민자 자녀	10	2.6
북한이탈주민 가정 자녀	1	0.3
외국인 근로자 가정 자녀	19	5.0
일반 가정 자녀	4	1.0
결혼이민자, 북한이탈주민 가정 자녀	3	0.8
결혼이민자, 외국인 근로자 가정 자녀	41	10.7
북한이탈주민, 외국인 근로자 가정 자녀	17	4.5
결혼이민자, 북한이탈주민, 외국인 근로자 가정 자녀	188	49.2
결혼이민자, 외국인 근로자, 일반 가정 자녀	6	1.6
북한이탈주민, 외국인 근로자, 일반 가정 자녀	1	0.2
결혼이민자, 북한이탈주민, 외국인 근로자, 일반 가정 자녀	92	24.1
합계	382	100

<표 7－9>는 학교에서의 다문화교육이 어느 정도 필요한가를 묻는 질문 항목 분석 결과이다. 다문화가정 자녀가 없는 학급에서도 다문화교육을 실시해야 한다고 응답한 교원이 68.8%로 가장 많았다. 다문화교육이 소수자를 대상으로 하는 교육이라는 응답과 기술 통계량의 차이가 발생한 것은 한국 사회의 일반 가정 자녀들이 직접적인 다문화교육의 대상은 아니지만 학교에서의 다문화교육은 이들을 포함해야 한다는 견해를 표명한 것으로 해석할 수 있다. 즉 현실적으로 다문화교육의 대상은 소수 이주자 집단 자녀들이지만 학교 현장의 다문화교육은 다수자를 포함하는 방향으로 진행되어야 함을 나타낸 것으로 볼 수 있다. 또한 학급에서 다문화가정 자녀가 있을 때 정기적인 다문화교육이 필요하다는 응답이 26.7%로 나타나 소수자 대상 다문화교육의 필요성을 제기하고 있다. 다문화교육이 필요하지 않다는 응답은 1.8% 수준이었다.

〈표 7-9〉 교원의 다문화교육 필요성에 대한 인식 1

	빈도(명)	비율(%)
다문화가정 자녀가 없는 학급도 다문화교육을 해야 한다.	263	68.8
학급에 다문화가정 자녀가 있을 때 정기적 다문화교육이 필요하다.	102	26.7
학급의 다문화가정 자녀가 문제를 일으킬 경우에 필요하다.	7	1.9
학교에서의 다문화교육은 필요하지 않다.	7	1.8
기타	3	0.8
합계	382	100

※ '기타' 항목은 다문화교육이 필요하다는 항목에 중복 응답한 사례.

<표 7-10>은 다문화교육이 필요하다고 밝힌 응답자 375명을 대상으로 학교 다문화교육이 필요한 이유를 묻는 질문에 대한 응답 결과이다. 우리 사회의 통합과 긍정적인 정체성 형성을 위해서라는 응답이 36.8%로 가장 많았으며, 일반 가정 학생들의 다문화가정 자녀의 이해를 돕기 위해서라는 응답이 24.3%, 다문화가정의 증가와 사회적 관심이 높아지므로 필요하다는 응답이 22.9%, 다문화가정 자녀의 학교 적응을 위해서라는 응답이 6.4%였다. 사회 통합과 다문화가정 자녀에 대한 이해와 지원을 위해 필요하다는 응답이 67.5%로 나타나 교원 중 다수가 학교 다문화교육의 내재적 논리를 지향하는 것으로 분석되었으며, 다문화화 비율 증가와 이에 따른 언론 등 사회적 관심 때문에 학교에서 다문화교육을 해야 한다는 외재적 논리에 해당하는 응답 22.9%는 학교가 사회변화에 대응해야 함을 인식하고 있는 응답으로 해석할 수 있다.

〈표 7-10〉 교원의 다문화교육 필요성에 대한 인식 2

	빈도(명)	비율(%)
다문화가정의 증가와 사회적 관심이 높아지므로	86	22.9
일반 가정 학생들의 다문화가정 자녀의 이해를 돕기 위해	91	24.3
다문화가정 자녀의 학교 적응을 위하여	24	6.4
우리 사회의 통합과 긍정적인 정체성 형성을 위하여	138	36.8
일반 가정 학생들의 다양한 문화 이해를 위하여	9	2.4
기타	27	7.2
합계	375	100

※ '기타' 항목은 중복 응답한 사례

다. 다문화교육의 구성 및 실행 요소에 대한 인식

<표 7 - 11>은 다문화교육에서 가장 중요한 것이 무엇이냐는 질문 항목으로 교원이 다문화교육의 주요 구성 요소를 어떻게 인식하고 있는가에 관한 설문이다. 응답자들은 다문화교육에서 다양성을 이해하는 학교나 사회의 분위기가 60.2%라고 답하여 가장 중요한 것으로 인식하였다. 다음으로 다문화사회의 다양성에 대한 교사의 인식이 17.0%, 다문화사회의 이해를 반영한 교육과정 12.3% 순으로 나타났다. 다문화교육이 다양성에 관한 교육이며, 다문화교육의 성공적 실행을 위해서는 사회와 학교, 교사의 협력 체제 구축이 필요하다는 것을 함의하는 결과로 볼 수 있다.

〈표 7 - 11〉 교원의 다문화교육 구성 요소에 대한 인식

	빈도(명)	비율(%)
다문화사회의 다양성에 대한 교사의 인식	65	17.0
일반 가정 학부모의 이해와 도움	24	6.3
다문화사회의 이해를 반영한 교육과정	47	12.3
체계적으로 구성된 교육 내용	11	2.9
다양성을 이해하는 학교나 사회의 분위기	230	60.2
기타	5	1.3
합계	382	100

※ '기타' 항목은 중복 응답한 사례.

다음으로 <표 7 - 12>는 다문화교육의 실천을 위한 교육활동 유형 중 가장 중요한 것이 무엇이냐는 질문에 대한 분석 결과이며, 이에 대해 교육과정 개정을 통한 체계화된 문화의 다양성 교육이 중요하다는 응답이 32.7%, 일반 가정 자녀들의 다문화 이해 교육 31.2%, 다문화가정 자녀들의 한국어, 한국 문화 교육이 17.0%, 특별활동 및 재량활동 시간을 이용한 외국의 문화나 인물에 대한 학습이 14.9% 순으로 파악되었다. 학교에서 다문화교육이 체계적으로 실천되기 위해서는 무엇보다도 교육과정 개정 등을 통한 교과 내용 형

태의 문화 다양성 교육이 필요하다는 의미이며, 일반 가정과 다문화가정 자녀들의 상호 이해 교육이 중요하고, 기존의 형태처럼 범교과 활동 속에서 다문화교육이 자연스럽게 진행되는 활동도 유지되어야 한다는 것으로 해석할 수 있다.

〈표 7 - 12〉 교원의 다문화교육 실행 요소에 대한 인식

	빈도(명)	비율(%)
외국인 초청을 통한 외국 문화 경험	10	2.6
특별활동 및 재량활동 시간을 이용한 외국의 문화나 인물에 대한 학습	57	14.9
다문화가정 자녀들의 한국어, 한국 문화 교육	65	17.0
교육과정 개정을 통한 체계화된 문화의 다양성 교육	125	32.7
일반 가정 자녀들의 다문화 이해 교육	119	31.2
기타	6	1.6
합계	382	100

※ '기타' 항목은 중복 응답한 사례.

라. 다문화교육에 대한 관심도 및 목표와 방법에 대한 인식

교원의 다문화교육에 대한 관심도는 다문화교육의 개념 이해, 교육적 열의, 학습자 효과, 교과 시간 실행 의도, 자발적 참여 의도 측면에서 분석하였다. 먼저, <표 7 - 13>에 나타난 교원의 다문화교육의 개념 이해 정도 분석 결과, 다문화교육의 의미와 개념, 목표 등을 알고 있다고 긍정적으로 응답한 비율이 37.2%, 부정적 응답이 20.9%로 나타났다. 다문화교육에 대한 교육적 열의는 긍정 40.3%, 부정 10.4%로 응답하였으며, 학습자들에게 다문화교육이 미치는 교육적 효과에 대한 질문에는 긍정 53.4%, 부정 10.7%로 응답하였다. 모든 교과 시간에 다문화교육을 실행하려고 노력한다는 항목에 대해 긍정 32.2%, 부정 29.8%로 응답하였으며, 다문화교육 자료, 내용을 자발적으로 찾아 교육에 적용한다는 항목에는 긍정 24.9%, 부정 35.8%로 응답하였다.

전반적으로 우리나라 교원의 다문화교육 관심도는 높은 것으로 볼 수 있다.

특히, 다문화교육에 참여하려는 열의와 다문화교육의 학습자 효과 면에서 높은 긍정 응답이 도출되어 향후 다문화교육의 전망을 긍정적으로 해석할 수 있게 해 준다. 다만, 다문화교육의 교과 시간 적용 의도가 불명확하고, 다문화교육 자료와 내용에 대한 자발적 개발 노력이 미흡한 것으로 나타나 이에 대한 보완 방안이 강구되어야 할 것으로 판단된다.

〈표 7-13〉 교원의 다문화교육에 대한 관심도

	다문화교육의 개념 이해 수준		다문화교육에 대한 교육적 열의		다문화교육의 학습자 효과 인식		다문화교육의 교과시간 실행 의도		다문화교육에의 자발적 참여 의도	
	빈도	비율	빈도	비율	빈도	비율	빈도	비율	빈도	비율
전혀 그렇지 않다	14	3.7	7	1.8	5	1.3	28	7.3	33	8.6
조금 그렇지 않다	66	17.2	33	8.6	36	9.4	86	22.5	104	27.2
보통이다	160	41.9	150	39.3	137	35.9	145	38.0	150	39.3
조금 그렇다	108	28.3	144	37.7	163	42.7	100	26.2	73	19.1
매우 그렇다	34	8.9	48	12.6	41	10.7	23	6.0	22	5.8
합계	382	100	382	100	382	100	382	100	382	100

※ 빈도: 명, 비율: %.

아래의 <표 7-14>는 교원의 배경별 특성에 따른 다문화교육에 대한 관심도 차이에 대한 카이스퀘어 검증 결과이다. 먼저, 다문화교육의 개념 이해 수준 항목에서는 학교급과 교직경력 변인에서 통계적 유의성이 발견되었다. 학교급 변인은 $x^2=19.049(df=8)$, $p<.05$ 수준에서 유의미하다는 검증 결과이다. 이것은 학교급에 따라 다문화교육의 개념 이해 수준이 다르다는 의미이다. 학교급 변인의 평균값이 초등 3.3524, 중등 3.0465이므로 초등교원의 다문화교육 개념 이해 수준이 중등교원보다 높은 것으로 볼 수 있다.

교직경력 변인은 $x^2=22.822(df=12)$, $p<.05$ 수준에서 다문화교육의 개념 이해 수준에 영향을 미치는 것으로 파악되었다. 교직경력에 따라 다문화교육의 개념 이해 수준이 다르다는 의미이며, 교직경력 변인의 평균값이 20년 미만 3.0743, 20년 이상 3.7729로 나타난 것으로 보아 교직경력이 20년 이상인

교원이 20년 미만인 교원보다 다문화교육에 대한 개념 이해 수준이 높은 것으로 해석할 수 있다. 중견교원일수록 학교에서의 다문화교육 도입과 실시에 민감하게 반응한다고 볼 수 있을 것이다.

다문화교육의 교육적 열의 항목에서는 직명 변인이 유의미한 관계를 갖고 있는 것으로 밝혀졌다. 직명 변인은 $x^2=22.827(df=12)$, $p<.05$ 수준에서 통계적 유의성을 확보하고 있었다. 직명은 일반적으로 교원들 간의 직급을 말하는 것으로 직급에 따라 다문화교육에 대한 교육적 열의가 다르다는 의미로 해석이 가능하다. 직명 변인의 평균값이 교사 3.4737, 교감(장) 4.0476으로 측정된 것으로 보아 교감이나 교장 등 학교관리자일수록 일반 교사들보다 다문화교육에 대한 관심과 열의를 가진 것으로 볼 수 있다. 이것은 다문화교육이라는 학교 교육의 새로운 이슈와 변화에 더 빠르게 반응하는 관리자들의 속성을 반영한 것으로도 해석 가능하다.

다문화교육이 학습자들에게 영향을 미칠 수 있다는 의미의 효과 분석에서는 유의미한 관계가 발견되지 않았으며, 다문화교육의 교과시간 실행 의도 항목에서 학교급과 학교 소재지 변인에서 통계적 유의성이 검증되었다. 학교급 변인은 $x^2=16.515(df=8)$, $p<.05$ 수준에서 다문화교육의 교과시간 실행 의도에 영향을 미치는 것으로 파악되었다. 학교급 변인의 평균값은 초등 3.1190, 중등 2.8779이므로 초등교원이 중등교원보다 다문화교육 실행 의도를 갖고 있다는 추정이 가능하다.

학교 소재지 변인의 경우 $x^2=25.187(df=12)$, $p<.05$ 수준에서 통계적 유의성이 나타났다. 학교 소재지란 교원이 근무하는 학교의 지역을 말하는 것으로 서울 · 경기 · 광역시의 평균값은 3.0260, 중소도시 · 농어촌 읍면지역 평균값은 2.9947로 측정되었다. 따라서 수도권과 광역시 지역 학교 교원들이 중소도시와 농어촌 지역학교 교원들에 비해 다문화교육을 교과시간에 실행하려는 의도를 더 가진 것으로 볼 수 있다. 수도권과 광역시 지역 근무 교원들이 다문화 현상에 더 노출되었다는 것으로 볼 수 있으며, 농어촌 지역 근무 교원들

에 대한 더 많은 다문화교육 접근 기회를 제공할 필요가 있다는 의미로도 해석할 수 있다.

다문화교육에의 자발적인 참여 의도를 묻는 항목에서는 직명과 학교 소재지 변인에서 통계적으로 유의미한 관계가 교차분석에서 발견되었다. 직명 변인은 $x^2=26.783(df=12)$, $p<.01$ 수준에서 통계적 유의성이 나타났다. 평균값은 교사 2.8338, 교감(장) 3.3333으로 나타나 학교 관리자급 교원이 일반 교원보다 다문화교육에 자발적으로 참여하려는 의도를 지닌 것으로 파악할 수 있다.

학교 소재지 변인의 경우 $x^2=22.993(df=12)$, $p<.05$ 수준에서 다문화교육의 자발적 참여 의도에 영향을 미치는 것으로 분석되었다. 학교 소재지 변인의 평균값은 수도권과 광역시 지역이 2.8750, 중소도시와 농어촌 지역이 2.8474로 측정되어 비교적 수도권 · 광역시 지역 학교 근무 교원들이 다문화교육에 적극적으로 참여하려는 의도를 가진 것으로 추론할 수 있다. 서울과 경기 지역의 다문화가정 자녀 재학생 비율이 전국 대비 약 1/3을 점하여 여타 지역보다 높은 다문화화 현상과 관련된 결과라는 추정이 가능하다.

〈표 7-14〉 교원의 배경 특성별 다문화교육에 대한 관심도 x^2 검증

다문화교육에 대한 관심	성별 df=4	학교급 df=8	직명 df=12	교직경력 df=12	학교소재지 df=12
다문화교육의 개념 이해 수준	3.950	19.049*	20.153	22.822*	13.505
다문화교육에 대한 교육적 열의	8.596	8.497	22.827*	15.835	13.392
다문화교육의 학습자 효과 인식	5.592	8.263	18.752	19.744	20.517
다문화교육의 교과시간 실행 의도	6.308	16.515*	14.559	16.414	25.187*
다문화교육에의 자발적 참여 의도	3.621	11.600	26.783**	15.371	22.993*

*p<.05, **p<.01

교원의 다문화교육의 목표에 대한 이해 정도를 묻는 영역은 외국인 이주자와의 공존의식, 타 문화 이해를 통한 자아 정체성 형성, 문화 다양성 교재 활용, 세계시민생활에 필요한 지식, 기능, 태도 형성, 소수자의 고유한 정체성

형성 항목으로 측정되었다. <표 7 - 15>에 나타난 것처럼, 다문화교육의 목표로 외국인 이주자와의 공존의식이 중요하다고 본 긍정 응답은 74.3%, 부정 응답은 3.4%였다. 타 문화 이해를 통한 자아 정체성 형성은 긍정 74.3%, 부정 4.2%, 문화 다양성 교재 활용은 긍정 59.1%, 부정 11.3%, 세계시민생활에 필요한 지식, 기능, 태도 형성은 긍정 65.4%, 부정 9.7%, 소수자의 고유한 정체성 형성은 긍정 66.0%, 부정 8.9%로 응답하였다.

다문화교육 목표를 구성하는 모든 지표 항목들이 중요하다는 데 강한 긍정 응답이 나타난 것으로 해석할 수 있으며, 특히 이주자와의 공존의식을 가져야 한다는 것과 타 문화에 대한 이해를 함으로써 자존 의식을 형성하는 것이 중요하다고 응답하였다. 이주자와의 공존과 소수자의 정체성 형성을 다문화교육의 중요 목표로 긍정 인식한다는 점은 향후 학교 다문화교육의 전개와 방향 설정에 한국 사회의 소수자에 대한 인식이 중요하게 작용할 수 있음을 밝혀 주는 지표로 볼 수 있다.

〈표 7 - 15〉 교원의 다문화교육에 대한 목표 인식

	외국인 이주자와의 공존의식		타 문화 이해를 통한 자아 정체성 형성		문화 다양성 교재 활용		세계시민생활에 필요한 지식, 기능, 태도 형성		소수자의 고유한 정체성 형성	
	빈도	비율	빈도	비율	빈도	비율	빈도	비율	빈도	비율
전혀 그렇지 않다	3	0.8	2	0.5	4	1.0	7	1.8	6	1.6
조금 그렇지 않다	10	2.6	14	3.7	39	10.3	30	7.9	28	7.3
보통이다	85	22.3	82	21.5	113	29.6	95	24.9	96	25.1
조금 그렇다	182	47.6	184	48.1	161	42.1	170	44.5	173	45.3
매우 그렇다	102	26.7	100	26.2	65	17.0	80	20.9	79	20.7
합계	382	100	382	100	382	100	382	100	382	100

※ 빈도: 명, 비율: %

교원의 배경 특성에 따른 다문화교육의 목표 영역 항목과의 교차분석을 실시한 결과가 <표 7 - 16>에 나타나 있다. 외국인 이주와의 공존의식, 타 문화 이해를 통한 자아 정체성 형성, 세계시민생활에 필요한 지식, 기능, 태도 형성, 소수자의 고유 정체성 형성 항목에서는 유의미한 관계가 발견되지 않았

다. 문화 다양성 교재를 활용하는 것이 다문화교육의 목표로 중요하다는 항목에서만 성별 변인과의 통계적 유의성이 검증되었다. 이것은 교원의 배경 변인별 특성과 다문화교육의 목표 영역 항목과의 상관관계가 전반적으로 낮다는 것을 의미한다.

성별 변인은 $x^2 = 8.204(df = 4)$, $p<.05$ 수준에서 다문화교육의 목표로 문화 다양성 교재 활용이 중요하다는 항목과 유의미한 관계가 있음이 밝혀졌다. 성별 변인의 평균값은 남자 3.5323, 여자 3.7398로 측정되어 여성 교원이 남성 교원들에 비해 다문화교육의 목표 달성과 관련지어 문화 다양성 교재를 활용할 가능성이 높다는 분석 결과로 볼 수 있다.

〈표 7-16〉 교원의 배경 특성별 다문화교육 목표 인식 x2 검증

다문화교육 목표에 대한 인식	성별 df=4	학교급 df=8	직명 df=12	교직경력 df=12	학교소재지 df=12
외국인 이주자와의 공존의식	4.226	9.271	9.903	13.824	9.350
타 문화 이해를 통한 자아 정체성 형성	4.375	10.067	17.125	16.968	12.059
문화 다양성 교재 활용	8.204*	7.095	8.670	12.418	13.226
세계시민생활에 필요한 지식, 기능, 태도 형성	6.493	10.625	18.054	11.888	13.624
소수자의 고유한 정체성 형성	6.115	11.694	5.299	13.876	10.006

*p<.05

우리나라 교원의 다문화교육 방법에 대한 인식은 기여접근, 부가접근, 변환접근, 사회행동접근 차원에서 조사되었다. <표 7-17>에 제시된 것처럼 기여접근에 대한 긍정 응답은 30.9%, 부정 응답은 27.7%로 비슷하게 나타났다. 부가접근은 긍정 62.6%, 부정 9.7%, 변환접근은 긍정 45.3%, 부정 11.2%, 사회행동접근은 긍정 57.1%, 부정 12.8%로 응답하였다.

다문화교육의 방법에 대해 상대적으로 동화주의 접근 논리로 여겨지는 기여접근과 부가접근보다 다문화주의 논리를 지향하는 변환접근과 사회행동접근을 선호하는 경향이 나타났다. 다문화교육의 적극 참여 논리를 이해하는 것으로 추론할 수 있으며, 오개념과 구경꾼 접근이라는 비판을 받는 기여접근

에 대한 부정적 응답이 27.7%로 나타나, 다른 다문화교육 방법에 비해 약 2 - 3배 높은 것으로 분석되었다. 학교 다문화교육의 변환이 필요하다는 함의를 가진 결과로 해석할 수 있을 것이다.

〈표 7 - 17〉 교원의 다문화교육 방법에 대한 인식

	기여접근		부가접근		변환접근		사회행동접근	
	빈도	비율	빈도	비율	빈도	비율	빈도	비율
전혀 그렇지 않다	25	6.5	5	1.3	14	3.7	10	2.6
조금 그렇지 않다	81	21.2	32	8.4	67	17.5	39	10.2
보통이다	158	41.4	106	27.7	128	33.5	115	30.1
조금 그렇다	93	24.4	191	50.0	140	36.7	167	43.7
매우 그렇다	25	6.5	48	12.6	33	8.6	51	13.4
합계	382	100	382	100	382	100	382	100

※ 빈도: 명, 비율: %.

교원의 배경별 특성에 따른 다문화교육 방법 영역 항목과의 관계를 카이스퀘어 검증을 통하여 살펴본 결과, 기여접근과 사회행동접근에서는 유의미한 관계가 발견되지 않았으며, 부가접근과 변환접근 항목에서 성별 변인만이 통계적 유의성을 갖고 영향을 미친다는 것이 밝혀졌다. <표 7 - 18>에서와 같이 교차분석을 통한 부가접근 항목과의 관계에서 성별 변인은 $x^2 = 10.591(df = 4)$, $p<.05$ 수준에서 유의한 것으로 나타났다. 성별 변인 평균값은 남자 3.5108, 여자 3.7653로 측정되어 여성 교원이 남성 교원보다 다문화교육의 실행 방법에서 부가접근을 더 선호할 가능성이 크다는 의미이다.

다문화교육의 방법 영역에서 변환접근 항목과 성별 변인의 관계는 교차분석을 통하여 $x^2 = 13.230(df = 4)$, $p<.05$ 수준에서 통계적 유의성이 검증되었다. 변환접근 항목에서 성별 변인의 평균값은 남자 3.1613, 여자 3.4133으로 여성 교원들이 남성 교원들에 비해 다문화교육론자들이 선호하는 다문화교육방법인 변환접근을 학교 현장에 실행할 가능성이 큰 것으로 나타났다. 따라서 전반적으로 다문화교육을 실천하는 방법으로 여성 교원들이 남성 교원들

에 비하여 부가접근과 변환접근을 더 선호하는 것으로 해석할 수 있다.

〈표 7 - 18〉 교원의 배경 특성별 다문화교육 방법 인식 x2 검증

다문화교육 방법에 대한 인식	성별 df = 4	학교급 df = 8	직명 df = 12	교직경력 df = 12	학교소재지 df = 12
기여접근	4.486	11.896	21.024	14.759	17.174
부가접근	10.591*	13.068	2.991	5.212	13.431
변환접근	13.230*	8.800	16.102	10.233	9.333
사회행동접근	5.014	4.692	15.679	11.751	14.258

*p〈.05

2. 다문화가정 자녀에 대한 교원의 인식

다문화가정 자녀에 대한 교원의 인식 실태는 다문화가정 자녀의 재학 유무에 따른 인식, 다문화가정 유형별 교원의 문제점과 해결 방안 인식, 다문화가정 자녀에 대한 사회적 역할 기대와 학교생활 적응에 대한 인식 영역으로 분류하여 살펴보았다. 다문화가정 자녀가 학교에 재학하고 있느냐 아니냐에 따른 교원의 다문화교육 관심도, 목표, 방법에 대한 인식은 t - 검증 기법을 활용하여 통계적 유의성을 분석하였다.

가. 다문화가정 자녀의 재학 유무에 따른 교원의 다문화교육 인식 차이

다문화가정 재학 여부는 결혼이민자, 북한이탈주민, 외국인 근로자 가정 자녀의 유무를 중복 응답 형식으로 답하도록 구성되었다. <표 7 - 19>에 나타난 바와 같이 분석 결과, 재학생이 '없다'는 응답이 44.8%로 가장 많았으며, 결혼이민자 가정 자녀 40.1%, 외국인 근로자 가정 자녀 5.2%, 결혼이민자와

외국인 근로자 가정 자녀 5.0%, 북한이탈주민 가정 자녀 2.3% 순으로 조사되었다. 조사 대상 교원의 근무 학교에 다문화가정 자녀가 한 명이라도 '있다'는 비율이 55.2%를 점하여 다문화교육의 교과 및 교과 외 활동 반영 및 일반화 가능성이 필요하다는 것을 알게 해 준다. 또한, 국제결혼을 통한 외국계 모(부)를 가진 학생들이 주로 교원의 관심 대상이라는 정보도 제공해 주는 응답 결과로 볼 수 있다. 상대적으로 외국인 근로자 가정이나 북한이탈주민 가정 자녀에 대한 관심은 적은 것으로 추정되어 이에 대한 대응 방안 마련도 필요하다고 해석할 수 있을 것이다.

〈표 7-19〉 다문화가정 자녀 재학 유무

	빈도(명)	비율(%)
결혼이민자 가정 자녀	153	40.1
북한이탈주민 가정 자녀	9	2.3
외국인 근로자 가정 자녀	20	5.2
없음	171	44.8
결혼이민자, 북한이탈주민 가정 자녀	5	1.3
결혼이민자, 외국인 근로자 가정 자녀	19	5.0
북한이탈주민, 외국인 근로자 가정 자녀	2	0.5
결혼이민자, 북한이탈주민, 외국인 근로자 가정 자녀	3	0.8
합계	382	100

<표 7-20>과 같이 다문화가정 자녀 재학 유무에 따른 다문화교육 관심도 차이 검증에서 다문화교육의 개념 이해 수준 항목과 다문화교육에의 자발적 참여 의도 항목이 통계적으로 유의미한 차이를 나타냈다. 먼저, 다문화교육의 개념 이해 항목에서 '다문화가정 자녀가 재학하고 있다'의 평균값은 3.3733, 없다는 3.0175, $t=3.686$, $p<.001$ 수준에서 유의미한 차이가 발견되었다. 다문화교육에의 자발적 참여 의도 항목의 경우, 평균값이 재학생이 있다 2.9716, 없다 2.7251, $t=2.383$, $p<.05$ 수준에서 통계적 유의성이 검증되었다. 다문화가정 자녀가 재학 중인 학교의 교원들이 그렇지 않은 학교의 교원들에 비해 더 높은 수준의 다문화교육 개념 이해와 자발적 참여 의도를 가진 것으로

해석할 수 있다.

〈표 7-20〉 다문화가정 자녀 재학 유무에 따른 다문화교육 관심도 인식 차이 검증

			평균	표준편차	t
다문화교육에 대한 관심도 영역	다문화교육의 개념 이해 수준	있다	3.3733	.90349	3.686***
		없다	3.0175	.98503	
	다문화교육에 대한 교육적 열의	있다	3.5355	.83519	.742
		없다	3.4678	.94736	
	다문화교육의 학습자 효과 인식	있다	3.5640	.85045	1.092
		없다	3.4678	.86287	
	다문화교육의 교과시간 실행 의도	있다	3.0664	.98819	1.200
		없다	2.9415	1.03871	
	다문화교육에의 자발적 참여 의도	있다	2.9716	.97059	2.383*
		없다	2.7251	1.04623	

있다: 211명, 없다: 171명, 자유도: 380, *p<.05, ***p<.001

다문화교육의 목표 영역에서는 외국인 이주자와의 공존의식과 세계시민생활에 필요한 지식, 기능, 태도 형성 항목에서 통계적 유의성이 나타났다. <표 7-21>을 보면, 외국인 이주자와의 공존의식 변인의 평균값은 재학하고 있다 4.0616, 없다 3.8538, $t=2.492$, $p<.05$, 세계시민생활 변인은 평균값이 재학하고 있다 3.8483, 없다 3.6257, $t=2.324$, $p<.05$ 수준에서 유의미한 차이가 발견되었다. 이것은 다문화가정 자녀가 있는 학교의 교원들이 없는 학교의 교원들보다 외국인 이주자와의 공존의식과 세계시민생활 항목이 다문화교육의 목표로서 더 중요하다고 인식하고 있다는 분석 결과로 볼 수 있다.

〈표 7-21〉 다문화가정 자녀 재학 유무에 따른 다문화교육 목표 인식 차이 검증

			평균	표준편차	t
다문화교육 목표 영역	외국인 이주자와의 공존의식	있다	4.0616	.75024	2.492*
		없다	3.8538	.87899	
	타 문화 이해를 통한 자아 정체성 형성	있다	3.9716	.78628	.356
		없다	3.9415	.85892	
	문화 다양성 교재 활용	있다	3.7156	.85339	1.827
		없다	3.5439	.98345	
	세계시민생활에 필요한 지식, 기능, 태도 형성	있다	3.8483	.84275	2.324*
		없다	3.6257	1.02913	
	소수자의 고유한 정체성 형성	있다	3.8104	.84068	1.154
		없다	3.7018	.99938	

있다: 211명, 없다: 171명, 자유도: 380, *p<.05

한편, <표 7-22>에 나타난 것처럼 다문화교육의 방법에 대한 인식에서 다문화가정 자녀의 재학 유무는 변환접근 변인에서만 유의미한 차이가 발견되었다. 변환접근 변인의 평균값은 재학하고 있다 3.3791, 없다 3.1813이며, t=1.978, p<.05 수준에서 차이가 검증되었다. 이것은 변환접근을 다문화가정 자녀가 재학하고 있는 학교의 교원들이 그렇지 않은 학교의 교원들에 비해 보다 더 많이 다문화교육의 방법으로 활용할 가능성이 있다는 조사 결과이다.

〈표 7-22〉 다문화가정 자녀 재학 유무에 따른 다문화교육 방법 인식 차이 검증

			평균	표준편차	t
다문화교육 방법 영역	기여접근	있다	3.1043	1.01818	1.600
		없다	2.9415	.91997	
	부가접근	있다	3.6588	.82644	.442
		없다	3.6199	.88879	
	변환접근	있다	3.3791	.93010	1.978*
		없다	3.1813	1.02148	
	사회행동접근	있다	3.5735	.86633	.549
		없다	3.5205	1.01945	

있다: 211명, 없다: 171명, 자유도: 380, *p<.05

나. 다문화가정 자녀 유형별 인식 실태

결혼이민자 가정 자녀에 대한 인식에서 교원은 대부분 부모 중 한 분만 한국인이라도 그 자녀는 당연히 한국인이라는 견해를 가진 것으로 분석되었다. <표 7 - 23>에 나타난 바와 같이, 70.2%의 교원이 결혼이민자 가정 자녀를 그대로 한국인으로 간주하였으며, 문화는 다르더라도 한국인과 동등한 대우를 받아야 한다고 응답한 교원은 22.8%로 나타났고, 부모 중 한 분이 외국인일 경우 다른 민족이라고 응답한 교원은 3.1%에 불과하였다. 결국, 93.0%의 교원이 결혼이민자 가정 자녀를 한국인으로 본다는 항목에 긍정적으로 답한 것으로 볼 수 있다.

〈표 7 - 23〉 교원의 결혼이민자 가정 자녀에 대한 인식

	빈도(명)	비율(%)
부/모 중 한 분이 외국인이므로 그 자녀는 우리와 다른 민족이다.	12	3.1
부/모 중 한 분이 한국인이므로 그 자녀 또한 우리와 같은 한국인이다.	268	70.2
인종 문화가 다르기 때문에 한국에서 우리와 같은 대우를 받지 못한다.	12	3.1
인종 문화가 다르기 때문에 한국인은 아니지만, 우리와 같은 대우를 받아야 한다.	87	22.8
기타	3	0.8
합계	382	100

※ '기타' 항목은 중복 응답한 사례

한편, <표 7 - 24>의 결혼이민자 가정 자녀가 겪고 있는 문제점에 대한 인식에서 교원들은 피부색에 대한 놀림 31.9%, 서툰 한국어로 인한 어려움 26.2%, 한국인으로서의 정체성 미확립 22.8%, 외국인 부모와의 의사소통 어려움 16.2% 순으로 응답하였다. 일반적인 조사 연구 결과들이 시사하는 것과 같이 결혼이민자 가정 자녀들이 학교와 일상생활에서 피부색, 언어, 문화 차이로 인한 편견과 차별에 노출되어 있음을 나타낸 응답 결과로 볼 수 있다.

〈표 7-24〉 교원의 결혼이민자 가정 자녀가 겪는 문제점에 대한 인식

	빈도(명)	비율(%)
다른 피부색에 대한 친구들의 놀림	122	31.9
서툰 한국어로 인한 학교생활의 어려움	100	26.2
한국인으로서의 국가 정체성의 미확립	87	22.8
외국인 부모와 한국어로 의사소통이 어려움	62	16.2
기타	11	2.9
합계	382	100

※ '기타' 항목은 중복 응답한 사례.

북한이탈주민 가정 자녀의 학업 포기 요인에 대한 교원의 인식 실태는 <표 7-25>에 나타나 있다. 가장 많은 응답을 보인 항목은 새터민들에 대한 주위의 편견으로 45.2%를 점하였으며, 다음으로 남한 체제에 대한 부적응 29.6%, 어려운 교육내용 12.6%, 부정적 자아 10.5%로 분석되었다. 북한이탈주민 가정 자녀들이 일반적인 다문화가정 자녀들에 비해 언어적 소통이 가능하다는 장점에도 불구하고 학업 탈락률이 초등에서 고등으로 갈수록 상대적으로 높아지는 원인이 주로 편견과 부적응에 있다는 조사 결과이다.

〈표 7-25〉 교원의 북한이탈주민 가정 자녀의 학업 포기 요인에 대한 인식

	빈도(명)	비율(%)
남한의 체제에 적응하지 못함	113	29.6
주변 친구, 교사의 북한이탈주민에 대한 편견	173	45.2
어렵고 생소한 교육내용	48	12.6
부정적인 자아정체감	40	10.5
기타	8	2.1
합계	382	100

※ '기타' 항목은 중복 응답한 사례.

그렇다면 북한이탈주민 가정 자녀의 학교 적응 방안에 대해 교원들이 생각하고 있는 것은 무엇인가? <표 7-26>을 보면, 새터민 가정 자녀 교육의 학교 적응에서 가장 중요한 방안으로 일반 가정 자녀들에 대한 북한이탈주민 이해 교육으로 57.3%가 응답하였다. 소수자로서의 새터민 가정 자녀들이 한국 사

회에 적응하기 위해서는 다수로서의 일반 가정 자녀들에 대한 다문화교육이 절실하다는 결과로 해석할 수 있다. 이 외에 남한 체제에 대한 교육이 31.2%, 교과 보충 교육이 5.2% 순으로 나타났다.

〈표 7-26〉 교원의 북한이탈주민 가정 자녀의 학교 적응 방안에 대한 인식

	빈도(명)	비율(%)
일반 가정 자녀에 대한 북한이탈주민 이해 교육	219	57.3
우리나라 체제와 사회에 대한 보수교육	119	31.2
북한 이탈 자녀끼리 모여서 공부할 수 있는 환경	14	3.7
교과 교육에 대한 보충 수업	20	5.2
기타	10	2.6
합계	382	100

※ '기타' 항목은 중복 응답한 사례.

우리나라 교원들이 인식하고 있는 외국인 근로자 자녀에 대한 교육 방안은 <표 7-27>에 나타난 것처럼, 외국인 근로자 가정 자녀를 포용하는 학교 문화 44.5%, 일반 학생들의 외국인 근로자 가정 자녀에 대한 이해 35.1%, 외국인 근로자 가정 자녀에 대한 실질적인 취학 보장 정책의 시행 14.8% 순으로 응답되었다. 이것은 외국인 근로자 가정 자녀들에 대한 편견을 극복하기 위해서는 적극적인 형태의 포용 다문화교육이 필요하다는 분석 결과로 해석할 수 있다.

〈표 7-27〉 교원의 외국인 근로자 자녀의 교육 방안에 대한 인식

	빈도(명)	비율(%)
외국인 근로자 가정 자녀의 취학을 보장해 주는 정책	57	14.9
자녀의 학교 교육을 위한 보조금	13	3.4
일반 학생들의 외국인 근로자 가정 자녀 이해 교육	134	35.1
외국인 근로자 가정 자녀를 포용할 수 있는 학교 문화	170	44.5
기타	8	2.1
합계	382	100

※ '기타' 항목은 중복 응답한 사례.

다. 다문화가정 자녀의 사회적 역할 기대와 학교생활 적응 문제에 대한 인식

한국 사회에서 다문화가정 자녀가 어떤 사회적 역할을 담당해야 할 것인가를 묻는 질문에 대해서 '한국인과 같은 역할' 47.6%, '부모 국적 국가와 한국과의 중개 역할' 38.5%, '세계에 한국을 알리는 역할' 9.7%로 응답되었다. <표 7 – 28>에 나타난 것처럼 약 1/2 정도의 교원이 다문화가정 자녀들이 한국 사회에 통합되어야 한다고 인식하는 것으로 조사되었으며, 나머지 1/2 정도의 교원이 다문화가정 자녀들이 양국 정체성을 형성하여 한국 사회에 공헌해야 한다고 응답하였다. 향후 동화주의에 따른 통합 중심 다문화교육과 다문화주의에 따른 이해 중심 다문화교육 간 논쟁이 학교 다문화교육의 전반적인 분야에서 진행될 것임을 알려 주는 분석 결과로 볼 수 있다. 생각건대, 한국 사회의 다문화교육은 글로벌화를 향하여 진행되는 것이 바람직하며, 따라서 다문화가정 자녀들이 자연스럽게 양국 정체성을 형성하도록 지원해 주는 다문화교육이 구체적으로 시도되어야 할 것으로 본다.

〈표 7 – 28〉 교원의 다문화가정 자녀의 사회적 역할 기대에 대한 인식

	빈도(명)	비율(%)
한국인과 같은 역할	182	47.6
부모 국적 국가와 한국과의 중개 역할	147	38.5
세계에 한국을 알리는 역할	37	9.7
국내 거주 외국인의 위상을 높이는 역할	8	2.1
기타	8	2.1
합계	382	100

※ '기타' 항목은 중복 응답한 사례.

한국 사회에서 볼 수 있는 일반화된 다문화가정 자녀들의 학교생활에서의 문제점을 묻는 항목에 대한 응답 결과가 <표 7 – 29>에 나타나 있다. 교원들은 다문화가정 자녀들의 문제점을 '친구들과 어울리지 못함' 30.1%, '한국어

능력 부족' 20.2%, '문화 정체성 부재' 15.4%, '긍정적 자아 정체감 부재' 15.2% 순으로 응답하였다. 다문화가정 자녀들이 학교생활에 적응하기 위해서는 친구들과 어울릴 수 있는 학교 환경 조성과 정체성 형성 교육, 한국어 교육 등이 필요하다는 응답 결과이다.

〈표 7 - 29〉 교원의 다문화가정 자녀의 학교생활 문제점에 대한 인식

	빈도(명)	비율(%)
또래집단과 어울리지 못함	115	30.1
자기 국적 또는 부모의 국적에 대한 정체성 부재	59	15.4
한국어 능력이 떨어짐	77	20.2
긍정적 자아 정체감의 부재	58	15.2
교과학습을 따라오지 못함	36	9.4
나이에 맞지 않는 학년 배정에 따른 학교 부적응	5	1.3
기타	32	8.4
합계	382	100

※ '기타' 항목은 중복 응답한 사례.

위에서 나타난 다문화가정 자녀들의 학교생활 문제점을 학교 부적응 요인으로 재해석하여 응답하도록 제시한 설문 결과가 <표 7 - 30>이다. 가장 커다란 다문화가정 학생들의 학교 부적응 요인은 일반 가정 학생들의 다문화가정 학생들에 대한 편견으로 31.1%로 나타났으며, 이어서 다문화가정 자녀들의 낮은 수준의 문화적 환경에 따른 지적 결손이 22.3%, 한국인과 다른 외모와 문화 15.7%, 차이를 인정하지 않는 사회 분위기 13.9%, 다문화교육과정이 부족한 학교 교육 9.7% 순으로 응답되었다. 이러한 부적응 요인들을 제거하거나 감소시키기 위해서는 일반 가정 학생들과 다문화가정 학생들을 분리하지 않는 포용적 다문화교육과 실질적인 교육 기회의 동등한 보장, 다문화교육과정의 실행 등 대응 방안이 제시되어야 할 것이다.

〈표 7－30〉 교원의 다문화가정 자녀의 학교 부적응 요인에 대한 인식

	빈도(명)	비율(%)
한국인과 다른 외모와 문화 인식	60	15.7
낮은 문화적·계층적 환경에 따른 유아기부터의 지적 결손	85	22.3
일반 가정 학생들의 다문화가정 자녀에 대한 편견	119	31.1
교사들의 다문화가정 자녀에 대한 이해 부족	8	2.1
다문화가정 자녀를 고려하지 않은 학교의 교육과정	37	9.7
다문화가정과 일반 가정의 차이를 인정하지 않는 사회적 분위기	53	13.9
기타	20	5.2
합계	382	100

※ '기타' 항목은 중복 응답한 사례.

3. 학교 다문화교육의 운영 실태와 개선 방안

다문화교육의 운영 실태와 구체적인 개선 방안에 대한 조사는 다문화교육의 실행 횟수 변인에 대한 빈도분석과 교원 배경별 특성에 따른 통계적 차이 검증, 학교 다문화교육의 실행 유형과 교수 방법, 교수 자료에 대한 기술 통계, 다문화교육을 실시하지 않는 이유, 장애 요인, 개선 방안에 대한 실태 분석으로 진행되었다.

가. 다문화교육 운영 실태 및 실행 방법

학교 다문화교육의 실행 횟수는 <표 7－31>에 나타난 바와 같이 '실시하지 않음'이 48.4%로 나타나 가장 높은 비율을 차지했으며, 다음으로 연간 1~2회 36.7%, 월 1~2회 10.5%, 주 1~2회 2.6% 순으로 나타났다. 이것은 대부분의 학교에서 다문화교육의 필요성에 대한 인식에도 불구하고 실시하지 않거나 연간 학교 행사나 계기 교육 형태로 실시하는 사례가 85.1%의 비율을 점한다는 측정값으로 해석할 수 있으며, 다문화교육이 아직 출발 단계이며 학교 교

육과정에의 다문화교육 적용 방안 제시와 일반화 필요성을 말해 주는 것이다.

한편, 교원의 특성에 따른 다문화교육 실행 횟수의 차이 검증에서는 성별, 학교급, 교직경력 변인에서 통계적 유의성이 검증되었다. 먼저, 성별 변인의 평균값은 남자 1.5753, 여자 1.8724, $t=-3.316$, $p<.01$, 학교급 변인의 평균값은 초등 2.0524, 중등 1.3314, $t=8.634$, $p<.001$, 교직경력 변인 평균값은 20년 미만 1.5886, 20년 이상 1.8454, $t=-2.846$, $p<.01$ 수준에서 유의미한 차이를 가진 것으로 분석되었다. 이것은 여성 교원, 초등교원, 20년 이상 중견 교원일수록 학교에서 다문화교육을 실행할 빈도가 높아진다는 의미이다.

〈표 7-31〉 교원의 다문화교육 실행 횟수 기술 통계 및 배경 특성별 차이 검증

	빈도(명)	비율(%)	집단	인원	평균	표준편차	t
실시하지 않음	185	48.4	남	186	1.5753	.73318	-3.316**
			여	196	1.8724	.99179	
1년에 1~2회	140	36.7	초등	210	2.0524	.95453	8.634***
			중등	172	1.3314	.59289	
월 1~2회	40	10.5	교사	361	1.7147	.87498	-1.195
			교감(장)	21	1.9524	1.07127	
주 1~2회	10	2.6	20년 이상	175	1.5886	.79646	-2.846**
			20년 미만	207	1.8454	.94266	
매일/항상	7	1.8	수도 · 광역	192	1.7344	.88458	.147
			중소 · 농어	190	1.7211	.89151	
합계	382	100	자유도: 380, **p<.01, ***p<.001				

※ 성별: 남/여, 학교급: 초등/중등, 직명: 교사 · 부장교사/교감 · 교장, 교직경력: 20년 미만/20년 이상, 학교 소재지: 수도권 · 광역시/중소도시 · 농어촌 집단 간 t-검증

<표 7-32>는 다문화교육을 1회 이상 실시한다고 응답한 교원을 대상으로 다문화교육 실행 유형을 질문한 결과이다. 응답자들은 '필요한 상황마다 실시' 47.7%, '모든 영역과 전 교과에서 통합 실시' 23.9%, '특정 과목 실시' 17.8%, '특정 주제 선정 집중 실시' 10.1% 순으로 답하였다. 학교에서의 다문화교육이 일회성 계기 교육이나 행사 활동 중심으로 실행되고 있다는 추정이 가능하며, 범교과 활동 형식을 취한다고 볼 수 있다. 의도적인 교과 혹은 주제별 실시는 아직 미흡한 수준에 그치고 있다.

〈표 7-32〉 학교 다문화교육의 실행 유형 1

	빈도(명)	비율(%)
다문화교육을 모든 영역과 전 교과에서 통합적으로 실시한다.	47	23.9
특정 주제를 선정해 집중적으로 실시한다.	20	10.1
특정 과목에서 실시한다.	35	17.8
다문화교육이 필요한 상황이 생길 때마다 실시한다.	94	47.7
기타	1	0.5
합계	197	100

※ '기타' 항목은 중복 응답한 사례.

또한, 학교에서 다문화교육을 실시한다고 응답한 교원을 대상으로 다문화 교수 방법에 대해 질문한 결과가 <표 7-33>에 나타나 있다. 응답 결과를 보면, '자료제시를 통한 타 문화 소개' 활동이 84.8%를 점하여 대부분의 다문화교육 방법이 시청각 매체 혹은 기타 자료를 활용하여 진행되고 있음을 알게 해 준다. 비교적 적극적인 다문화교육 방법으로 여겨질 수 있는 '다문화 강사 초빙'은 6.6%, '조사 발표 학습' 5.1%, '견학 및 참여 학습' 3.5%로 나타났다. 체계적이고 다양한 형태의 다문화 교수-학습 방법의 개발과 보급이 필요하다는 해석이 가능하다.

〈표 7-33〉 학교 다문화교육의 실행 유형 2

	빈도(명)	비율(%)
학생들의 조사, 발표 활동	10	5.1
자료제시를 통한 다른 문화의 소개	167	84.8
다문화 강사초빙 활동	13	6.6
견학 및 참여 활동	7	3.5
합계	197	100

학교 다문화교육을 계획하고 실시할 때 참고해야 할 자료들은 무엇인가라는 설문에 대해 <표 7-34>와 같이 응답자들은 '지역화된 다문화 교수-학습안' 38.0%, '미디어 자료' 29.0%, '교육과정 지침 및 장학 연수 자료' 19.1%로 답하여 지역사회의 다문화 상황에 알맞은 교수-학습 계획안이 가장 필요

하며, 다음으로 시청각 미디어 자료와 학교 보급 자료 등이 요청된다고 보았다. 시 · 도 및 지역교육청의 실정에 맞는 적극적인 다문화 교수-학습 방법과 다양한 다문화 교수 자료의 집적 및 보급이 필요한 것으로 판단할 수 있다.

〈표 7-34〉 학교 다문화교육의 참고 자료

	빈도(명)	비율(%)
교육과정 지침 및 장학 연수 자료집	73	19.1
지역 학교 상황에 적합한 다문화 교수-학습 계획안	145	38.0
유네스코와 같은 연구기관에서 간행한 교육 활동집이나 학술지	23	6.0
신문, 방송, 인터넷 등의 매체	111	29.0
다문화교육에 대한 전문 서적	19	5.0
기타	11	2.9
합계	382	100

※ '기타' 항목은 중복 응답한 사례.

나. 다문화교육의 장애 요인과 개선 방안

학교에서 다문화교육을 실시하지 않는다고 응답한 교원을 대상으로 질문한 결과가 <표 7-35>에 제시되어 있다. 분석 결과, '다문화교육의 구체적 방법, 내용, 자료 부재' 28.1%, '다문화 기초 지식 부족' 22.1%, '다문화교육의 필요성 부인' 18.4%, '여타 교육활동으로 인한 다문화교육 시간 부족' 16.8% 순으로 파악되었다. 우리나라 교원들이 다문화교육의 구체적인 실행전략과 방법, 기법, 지식 등을 체계적으로 학습할 기회가 적다는 것을 예증하는 결과로 볼 수 있다. 유의해야 할 항목은 교원 중 약 5분의 1이 다문화교육의 필요성을 인식하지 못하고 있다는 사실이다. 이것은 다문화사회 현상을 이해하기 위한 교사교육이 적극 실시되어야 함을 나타내는 지표로 해석될 수 있다.

〈표 7-35〉 학교 다문화교육의 미실시 이유

	빈도(명)	비율(%)
다문화교육에 대한 필요성을 느끼지 못함	34	18.4
필요성은 느끼고 있으나 다문화교육에 대한 기초 지식이 부족함	41	22.1
구체적인 교육 방법이나 내용 및 자료의 부재	52	28.1
과다한 교육 분량으로 다문화교육을 실시할 시간이 없음	31	16.8
업무량의 과다로 다문화교육을 준비할 정신적, 시간적 여유가 없음	21	11.4
기타	6	3.2
합계	185	100

※ '기타' 항목은 중복 응답한 사례.

위와 같은 맥락에서 <표 7-36>은 학교에서 다문화교육이 제대로 실시되지 않는 이유에 대한 구체적인 요인을 묻는 질문 응답 결과이다. 여기에서 교원들은 '다문화교육에 대한 교사의 이해와 지식 부족' 30.6%, '문화 다양성보다는 우리나라 정체성 교육이 더 중요' 22.3%, '다문화가정의 보편성 부족' 18.3%, '다문화교육보다는 교과교육이 더 중요하다는 학부모 수요' 16.5%, '다문화교육의 학문적 성과 부족' 7.9% 순으로 응답하였다. 우리나라에 다문화교육이 필요하며 활발한 담론이 형성되고 있음에도 학교 현장에는 이에 대한 체계적 논의가 부족하며, 따라서 교원의 다문화교육 지식 습득 기회가 부족할 수밖에 없다는 해석이 가능하다. 또한 우리나라의 정체성과 전통이 문화 다양성을 강조하는 다문화교육보다 더 중요하다는 응답이 24.9%로 나타나 우리나라의 약 4분의 1의 교원이 사회통합과 동화주의를 잠재 인식하고 있는 것으로 추정되었다.

〈표 7－36〉 학교 다문화교육의 장애 요인

	빈도(명)	비율(%)
문화 다양성에 대한 인식보다 우리나라 국민으로서 정체성 형성이 더 중요하므로	85	22.3
부모들이 다문화교육보다는 기존의 교과교육을 더 필요로 하므로	63	16.5
다문화가정은 주변에서 흔히 접하기 어려우므로	70	18.3
우리나라의 전통적인 사회 정서와 맞지 않으므로	10	2.6
다문화교육은 아직 이론상 정립된 분야가 아니므로	30	7.9
다문화교육에 대한 교사의 이해 및 전문 지식 부족	117	30.6
기타	7	1.8
합계	382	100

※ '기타' 항목은 중복 응답한 사례.

학교 다문화교육의 개선 방안에 대한 질문에서 응답자들은 <표 7－37>에 나타난 바와 같이 '우리나라 상황에 적합한 다문화교육 교재 및 자료 개발' 40.3%, '다양하고 구체적인 다문화 수업방법의 제공' 24.9%, '체계적인 다문화교육 이론의 제시' 14.4%, '교사교육과 연수' 9.4%, '가정과 학교가 연계된 다문화교육 사례 보급' 8.6%로 답하였다. 학교 다문화교육의 장애 요인을 극복하고 시의적절한 형태의 체계화된 다문화교육을 실행하기 위해서는 다문화 관련 전문가와 정책수립 및 집행집단, 교육행정기관 및 연수기관, 학교, 지역사회, 다문화가정 지원 시민단체 등의 연계가 필요하며, 이를 통해 한국사회의 다문화 상황에 적합한 이론, 교수 전략, 교재 및 자료의 개발 및 지속적인 보급, 연수기회의 일반화된 확대, 성공적인 다문화교육 사례의 제시 등의 활동이 전개되어야 할 것이다.

〈표 7-37〉 학교 다문화교육의 개선 방안

	빈도(명)	비율(%)
체계적인 다문화교육 이론의 제시와 체계화	55	14.4
다양하고 구체적인 다문화 수업 방법의 제공	95	24.9
구체적인 교사 교육 혹은 교사 연수	36	9.4
우리나라 상황에 맞는 다문화교육 교재 및 자료 개발	154	40.3
가정과 학교가 연계된 다문화교육 실행 사례 보급	33	8.6
기타	9	2.4
합계	382	100

※ '기타' 항목은 중복 응답한 사례.

4. 교원의 다문화교육 경험에 따른 인식 실태

다문화교육 경험을 갖고 있는 교원과 그렇지 않은 교원 사이의 다문화교육에 대한 관심도, 다문화교육의 목표와 방법에 대한 이해도를 t-검증 기법을 중심으로 분석하였다. 여기서는 다문화교육의 교육경험, 연수경험, 실행 유무에 따른 차이가 다문화교육의 인식에 어떻게 영향을 미치는가를 중심으로 살펴보기로 한다.

가. 다문화가정 자녀 교육경험에 따른 인식 차이

교원의 다문화가정 자녀 교육 경험에 따른 다문화교육에 대한 관심도 차이를 분석한 것이 <표 7-38>이다. 분석 결과 다문화교육경험 유무는 다문화교육의 개념 이해 수준, 다문화교육의 교과시간 실행 의도, 다문화교육에의 자발적 참여 의도 변인에 통계적으로 유의미한 영향을 미치는 것으로 밝혀졌다. 다문화교육의 개념 이해 수준 변인의 평균값은 교육경험 있다 3.4027, 없다 3.0944, $t=3.108$, $p<.01$, 다문화교육의 교과시간 실행 의도 변인의 평균값은

교육경험 있다 3.1409, 2.9270, $t=2.024$, $p<.05$, 다문화교육에의 자발적 참여 의도 변인의 평균값은 교육경험 있다 3.0403, 없다 2.7468, $t=2.791$, $p<.01$ 수준에서 각각 통계적 유의성이 발견되었다. 교원의 다문화가정 자녀 교육경험은 다문화교육의 관심도 영역의 개념 이해, 교과 반영, 적극 참여 측면에 긍정적인 영향을 미치는 것으로 볼 수 있다.

〈표 7-38〉 교원의 다문화가정 자녀 교육경험에 따른 관심도 인식 차이 검증

			평균	표준편차	t
다문화교육에 대한 관심도 영역	다문화교육의 개념 이해 수준	있다	3.4027	.89985	3.108**
		없다	3.0944	.97362	
	다문화교육에 대한 교육적 열의	있다	3.5772	.87904	1.269
		없다	3.4592	.89023	
	다문화교육의 학습자 효과 인식	있다	3.5839	.88608	1.150
		없다	3.4807	.83605	
	다문화교육의 교과시간 실행 의도	있다	3.1409	.96577	2.024*
		없다	2.9270	1.03341	
	다문화교육에의 자발적 참여 의도	있다	3.0403	1.01262	2.791**
		없다	2.7468	.99581	

있다: 149명, 없다: 233명, 자유도: 380, *$p<.05$, **$p<.01$

다문화교육의 목표 영역에 대한 차이 검증에서 교원의 다문화교육경험은 문화 다양성 교재 활용, 세계시민생활에 필요한 지식, 기능, 태도 형성 변인에 대해 통계적으로 유의미한 영향을 미치는 것으로 조사되었다. <표 7-39>에 나타난 것처럼, 문화 다양성 교재 활용 변인의 평균값은 교육경험 있다 3.7718, 없다 3.5536, $t=2.281$, $p<.05$, 세계시민생활 변인의 평균값은 교육경험 있다 3.8993, 없다 3.6524, $t=2.533$, $p<.05$ 수준에서 각각 통계적 유의성이 검증되었다. 교원이 다문화교육경험을 갖고 있으면 문화 다양성 교재를 활용하고, 세계시민생활에 필요한 지식, 기능, 태도 등을 형성하는 다문화교육을 실행할 가능성이 크다는 분석 결과로 해석할 수 있다.

〈표 7-39〉 교원의 다문화가정 자녀 교육경험에 따른 목표 인식 차이 검증

			평균	표준편차	t
다문화교육 목표 영역	외국인 이주자와의 공존의식	있다	4.0470	.74739	1.504
		없다	3.9185	.85463	
	타 문화 이해를 통한 자아 정체성 형성	있다	3.9933	.80954	.671
		없다	3.9356	.82534	
	문화 다양성 교재 활용	있다	3.7718	.88624	2.281*
		없다	3.5536	.92750	
	세계시민생활에 필요한 지식, 기능, 태도 형성	있다	3.8993	.92813	2.533*
		없다	3.6524	.93043	
	소수자의 고유한 정체성 형성	있다	3.8322	.85742	1.203
		없다	3.7167	.94983	

있다: 149명, 없다: 233명, 자유도: 380, *p<.05

한편, <표 7-40>에 나타난 바와 같이 다문화교육의 방법 영역에는 다문화교육경험이 유의미한 영향을 미치지 않는 것으로 파악되었다. 이것은 다문화교육경험이 기여접근, 부가접근, 변환접근, 사회행동접근 변인에 유의미한 영향을 미치지 않는다는 의미이지 다문화교육의 수준별 방법 적용에도 영향을 미치지 않는다는 것은 아니다. 아래의 표에서 알 수 있듯이 다문화교육 경험이 있는 경우 기여접근 평균값은 3.0134임에 비하여, 사회행동접근 평균값은 3.5638로 나타나 다문화교육을 경험한 교원이 다문화교육론자들이 선호하는 방법을 실행할 가능성이 큰 것이다.

〈표 7-40〉 교원의 다문화가정 자녀 교육경험에 따른 방법 인식 차이 검증

			평균	표준편차	t
다문화교육 방법 영역	기여접근	있다	3.0134	1.05258	-.284
		없다	3.0429	.95043	
	부가접근	있다	3.6107	.87543	-.506
		없다	3.6609	.84132	
	변환접근	있다	3.3826	.94151	1.476
		없다	3.2318	.99456	
	사회행동접근	있다	3.5638	.93232	.234
		없다	3.5408	.94199	

있다: 149명, 없다: 233명, 자유도: 380

나. 다문화교육 연수경험에 따른 인식 차이

교원의 다문화교육 연수경험이 다문화교육에 대한 관심도 영역에 미치는 영향을 분석한 결과, <표 7 - 41>처럼 다문화교육의 개념 이해 수준, 다문화교육에 대한 교육적 열의, 다문화교육에의 자발적 참여 의도 변인에서 통계적 유의성이 발견되었다. 다문화교육의 개념 이해 수준 변인의 평균값은 연수경험 있다 3.6024, 없다 3.1070, t=4.269, p<.001, 다문화교육에 대한 교육적 열의 변인의 평균값은 연수경험 있다 3.7108, 없다 3.4482, t=2.403, p<.05, 다문화교육에의 자발적 참여 의도 변인의 평균값은 연수경험 있다 3.0843, 없다 2.7993, t=2.284, p<.05 수준에서 각각 유의미한 차이가 검증되었다. 다문화 연수경험이 교원의 다문화교육에 대한 관심도 영역에 긍정적으로 기여하고 있음을 밝혀 주는 분석 결과이다.

〈표 7 - 41〉 교원의 다문화교육 연수경험에 따른 관심도 인식 차이 검증

			평균	표준편차	t
다문화교육에 대한 관심도 영역	다문화교육의 개념 이해 수준	있다	3.6024	.85454	4.269***
		없다	3.1070	.95639	
	다문화교육에 대한 교육적 열의	있다	3.7108	.84867	2.403*
		없다	3.4482	.88981	
	다문화교육의 학습자 효과 인식	있다	3.6747	.84259	1.855
		없다	3.4783	.85650	
	다문화교육의 교과시간 실행 의도	있다	3.1928	1.05296	1.862
		없다	2.9599	.99583	
	다문화교육에의 자발적 참여 의도	있다	3.0843	1.07300	2.284*
		없다	2.7993	.98642	

있다: 83명, 없다: 299명, 자유도: 380, *p<.05, ***p<.001

<표 7 - 42>와 <표 7 - 43>에 나타난 것처럼 교원의 다문화교육 연수경험은 다문화교육 목표 영역과 방법 영역에 통계적 유의성을 갖지 않는 것으로 밝혀졌다. 이것은 통계적 유의성이 각각의 구성 변인 내에서 검증되지 않았다는 의미로 해석하는 것이 타당하다. 예를 들면, 다문화교육 방법 영역에서

다문화 연수경험이 있는 교원의 기여접근 평균값은 2.9518인 반면, 사회행동접근 평균값은 3.5663으로 나타나 연수경험이 다문화교육의 변인 간 관계에 영향을 미치고 있다는 추론을 가능하게 해 준다.

〈표 7-42〉 교원의 다문화교육 연수경험에 따른 목표 인식 차이 검증

			평균	표준편차	t
다문화교육 목표 영역	외국인 이주자와의 공존의식	있다	3.9639	.81817	-.060
		없다	3.9699	.81662	
	타 문화 이해를 통한 자아 정체성 형성	있다	4.0241	.91032	.830
		없다	3.9398	.79198	
	문화 다양성 교재 활용	있다	3.6024	.96196	-.408
		없다	3.6488	.90511	
	세계시민생활에 필요한 지식, 기능, 태도 형성	있다	3.8313	1.00994	.909
		없다	3.7258	.91503	
	소수자의 고유한 정체성 형성	있다	3.8313	.88095	.782
		없다	3.7425	.92535	

있다: 83명, 없다: 299명, 자유도: 380

〈표 7-43〉 교원의 다문화교육 연수경험에 따른 방법 인식 차이 검증

			평균	표준편차	t
다문화교육 방법 영역	기여접근	있다	2.9518	1.01096	-.827
		없다	3.0535	.98503	
	부가접근	있다	3.5783	.87123	-.760
		없다	3.6589	.84980	
	변환접근	있다	3.4337	.92648	1.513
		없다	3.2508	.98680	
	사회행동접근	있다	3.5663	.93955	.181
		없다	3.5452	.93791	

있다: 83명, 없다: 299명, 자유도: 380

다. 다문화교육 실행 유무에 따른 인식 차이

교원의 다문화교육 실행 유무는 다문화교육 관심도 영역에 전반적으로 긍정적인 영향을 미치는 것으로 분석되었다. <표 7-44>에 나타난 바와 같이

다문화교육의 개념 이해 t=6.256, 교육적 열의 t=4.307, 학습자 효과 인식 t=4.845, 교과시간 실행 의도 t=5.113, 자발적 참여 의도 t=5.159이며, 유의 수준은 모두 p<.001로 매우 높은 통계적 차이를 지닌 것으로 분석되었다. 다문화교육을 실행하고 있는 교원은 그렇지 않은 교원에 비해 높은 평균값을 가진 것으로 조사되었으며, 통계적으로 유의미한 것으로 판명되었다. 즉, 학교에서 다문화교육을 한 번이라도 실행한 교원은 다문화교육에 대한 관심을 더 많이 갖고 있으며, 향후 실행할 가능성도 크다고 볼 수 있다.

〈표 7-44〉 교원의 다문화교육 실행 유무에 따른 관심도 인식 차이 검증

			평균	표준편차	t
다문화교육에 대한 관심도 영역	다문화교육의 개념 이해 수준	있다	3.4975	.89571	6.256***
		없다	2.9135	.92846	
	다문화교육에 대한 교육적 열의	있다	3.6904	.82100	4.307***
		없다	3.8081	.91318	
	다문화교육의 학습자 효과 인식	있다	3.7208	.78780	4.845***
		없다	3.3081	.87675	
	다문화교육의 교과시간 실행 의도	있다	3.2589	.96837	5.113***
		없다	2.7459	.91998	
	다문화교육에의 자발적 참여 의도	있다	3.1117	.99371	5.159***
		없다	2.5946	.96288	

있다: 197명, 없다: 185명, 자유도: 380, ***p<.001

교원의 다문화교육 실행 유무에 따른 다문화교육 목표 영역 차이 검증에서 외국인 이주자와의 공존의식, 세계시민생활에 필요한 지식, 기능, 태도 형성 변인이 통계적 유의성을 확보한 것으로 분석되었다. <표 7-45>를 보면, 외국인 이주자와의 공존의식 변인의 평균값은 실행경험 있다 4.0761, 없다 3.8541, t=2.680, p<.01, 세계시민생활 변인의 평균값은 실행경험 있다 3.8629, 없다 3.6270, t=2.478, p<.05 수준에서 각각 차이가 검증되었다. 다문화교육을 실천한 교원들은 그렇지 않은 교원들보다 외국인 이주자와의 공존의식과 세계시민생활에 필요한 지식, 기능, 태도 형성에 긍정적으로 기여할 가능성이 크다는 의미이다.

〈표 7 - 45〉 교원의 다문화교육 실행 유무에 따른 목표 인식 차이 검증

			평균	표준편차	t
다문화교육 목표 영역	외국인 이주자와의 공존의식	있다	4.0761	.76217	2.680**
		없다	3.8541	.85675	
	타 문화 이해를 통한 자아 정체성 형성	있다	4.0305	.77531	1.787
		없다	3.8811	.85778	
	문화 다양성 교재 활용	있다	3.7107	.87046	1.585
		없다	3.5622	.95989	
	세계시민생활에 필요한 지식, 기능, 태도 형성	있다	3.8629	.88439	2.478*
		없다	3.6270	.97597	
	소수자의 고유한 정체성 형성	있다	3.8426	.85751	1.787
		없다	3.6757	.96836	

있다: 197명, 없다: 185명, 자유도: 380, *p<.05, **p<.01

<표 7 - 46>은 교원의 학교 다문화교육 실행 유무가 다문화교육 방법 영역에 대한 인식에서 부가접근과 변환접근 변인에 영향을 미치는 것을 보여 준다. 부가접근 변인의 평균값은 실행경험 있다 3.7766, 없다 3.4973, t=3.235, p<.01, 변환접근 평균값은 실행경험 있다. 3.4112, 없다 3.1622, t=2.510, p<.05 수준에서 각각 통계적 유의성을 갖고 있다. 다문화교육 실행경험을 가진 교원은 없는 교원에 비해 부가접근과 변환접근을 다문화교육 방법으로 활용할 가능성이 크다는 의미로 해석할 수 있다.

〈표 7 - 46〉 교원의 다문화교육 실행 유무에 따른 방법 인식 차이 검증

			평균	표준편차	t
다문화교육 방법 영역	기여접근	있다	3.0508	1.00380	.394
		없다	3.0108	.97796	
	부가접근	있다	3.7766	.75651	3.235**
		없다	3.4973	.92739	
	변환접근	있다	3.4112	.94679	2.510*
		없다	3.1622	.99218	
	사회행동접근	있다	3.6142	.92218	1.389
		없다	3.4811	.95035	

있다: 197명, 없다: 185명, 자유도: 380, *p<.05, **p<.01

5. 결론 및 제언

1. 연구 결과

연간 약 2,000만 명의 이주민이 발생하는 글로벌시대의 이주 소수자들은 이주 수용 국가(host countries) 내부에 정치, 경제, 사회적 쟁점들을 만들어 내고 있다. 특히 소수자들의 기본권을 보호하려는 자유민주주의와 경계를 유지하려는 주권 국가의 절대권 사이에 존재하는 부조화는 많은 갈등을 초래하고 있다. 글로벌 공동체는 아직 구현되지는 않았는데 국가의 주권은 침식되고 있는 것이 현실이다(Kegley & Raymond, 2007: 287). 이러한 글로벌 다문화 상황에서 소수자들의 주권 국가 내부에서의 민주적 기본 질서 형성에 직접적으로 관여하는 이들이 교원이다. 따라서 새로운 시민 형성 논리와 교수법, 체계적 지원을 실행할 수 있는 교원의 다문화교육에 대한 인식 실태는 곧 시민 형성의 수준을 가늠하게 하는 척도가 될 수 있으며, 앞으로의 방향성을 읽어 내게 해 줄 수 있다는 점에서 분석의 의의를 가진다.

이런 관점에서 우리나라 교원의 다문화교육에 대한 인식 실태를 다문화교육에 대한 전반적인 교원의 인식, 다문화가정 자녀에 대한 인식, 학교 다문화교육의 운영 실태, 교원의 다문화교육 경험에 따른 인식 실태로 나누어 분석하였다. 세부적으로 다문화교육에 대한 교원의 인식은 다문화가정 자녀 교육경험, 연수경험, 연수 의도, 다문화교육의 대상, 필요성, 다문화교육의 요소, 다문화교육에 대한 관심, 목표, 방법 측면에서 기술 통계, 교차분석, 차이 검증으로 논하였으며, 다문화가정 자녀에 대한 인식은 다문화가정 자녀의 재학과 그에 따른 인식 차이 검증, 다문화가정 자녀 유형별 인식, 사회적 역할 기대와 학교생활 문제를 기술 통계 중심으로 살펴보았고, 학교 다문화교육의 운영 실태는 다문화교육의 실행 횟수에 따른 차이 검증, 방법, 장애요인과 해결 방안의 기술 통계 측면에서 접근하였으며, 다문화교육 경험에 따른 인식 실태는 다문화가정 자녀 교육경험, 연수경험, 실천경험 유무에 따른 차이 검증을 중심으로 분석하였다.

먼저, 다문화교육에 대한 교원의 인식에서 우리나라 교원 중 다문화가정 자녀 교육경험을 갖고 있는 비율이 39.0%로 나타나 직접적인 다문화교육경험을 가지지 않은 교원이 61.0%로 대부분을 차지하고 있음이 밝혀졌다. 다문화교육이 아직 초기 단계에 머물러 있다는 것을 예증하는 결과로 볼 수 있다. 교원 배경 특성별 차이 검증 결과, 다문화가정 자녀 교육경험에서 학교급 변인, 연수경험에서 학교급 변인과 직명 변인, 연수 의도에서 성별 변인이 유의미한 차이를 가진 것으로 분석되었다. 중등교원이 초등교원에 비해 다문화가정 자녀 교육경험이 많은 것으로 나타났으며, 초등교원이 중등교원보다, 교감(장)이 교사들보다 연수경험이 더 많은 것으로 밝혀졌고, 남성교원이 여성교원보다 다문화교육 연수에 더 적극성을 보인 것으로 나타났다. 다문화교육의 실천 국면에서 초등과 중등의 균형이 필요하며, 교원들 중 다문화교육을 직접 담당하는 교사와 부장교사들에 대한 다문화교육 경험 기회의 부여가 필요하다고 볼 수 있다.

다문화교육의 대상 인식에서 교원들의 49.2%가 결혼이민자, 북한이탈주민, 외국인 근로자 가정 자녀를 다문화교육 대상으로 인식하여 일반적인 소수자

중심 다문화교육 인식 실태를 그대로 드러내고 있었으며, 일반 가정 자녀들까지 포함한다고 응답한 교원은 24.1%에 달하여 포용 다문화교육으로의 전환에 어려움이 있을 것으로 판단된다. 그러나 다문화가정 자녀가 없는 학급에서도 다문화교육을 실시해야 한다는 응답이 68.8%로 나타나 다문화교육의 필요성에 대해서는 대부분의 교원이 긍정하고 있는 것으로 분석되었다. 다문화교육의 대상에 대해서는 유보적이지만, 다문화교육의 필요성에 대해서는 적극적인 인식을 가진 것으로 해석할 수 있다.

다문화교육의 구성요소에 대해서는 다양성을 이해하는 학교나 사회 분위기라는 응답이 60.2%를 차지하였고, 다문화교육을 실천하는 교육활동으로 체계화된 문화 다양성 함양을 위한 교육과정의 운영 32.7%, 다수자에 대한 다문화 이해교육 31.2%로 나타났다. 교원들은 아직 한국 사회나 학교가 다양성을 존중하기에 미흡한 상황으로 인식하고 있었으며, 학교 교육과정에 다문화교육을 체계적으로 반영하여 다문화교육에 대한 필요성을 충족시켜야 한다는 견해를 가진 것으로 파악되었다.

다문화교육의 관심도, 목표, 방법에 대한 카이스퀘어 검증 결과, 다문화교육에 대한 관심도 영역에서 다문화교육의 개념 이해 항목은 학교급, 교직경력 변인과 유의미한 관계를 가진 것으로 검증되었으며, 교육적 열의는 직명, 교과시간 실행 의도는 학교급, 학교 소재지, 자발적 참여 의도는 직명, 학교 소재지 변인이 각각 통계적으로 유의미한 것으로 분석되었다. 전반적으로 다문화교육에 대한 관심도는 초등교원, 교감(장), 20년 이상 중견 교원, 수도권과 광역시 근무 교원들이 높은 수준에 있는 것으로 분석되었다. 학교급 간, 직급 간, 학교 소재지 간 차이를 좁힐 수 있는 다문화교육 접근 기회를 다양하게 부여하는 방안의 마련이 요청된다.

다문화교육의 목표 영역에서는 문화 다양성 교재를 활용하는 것이 목표 달성에 중요하다는 항목과 성별 변인만이 교차분석에서 유의미한 관계를 가진 것으로 나타났다. 이것은 교원의 배경 변인별 특성과 다문화교육의 목표 영역 항목과의 상관관계가 전반적으로 낮다는 것을 의미한다. 성별 변인이 통계적으로 유의하다는 것은 여성교원이 남성교원들에 비해 다문화교육의 목표 달성을 위해 문화 다양성 교재를 활용할 가능성이 높다는 분석 결과로 볼 수 있다.

다문화교육의 방법 영역은 전형적인 기여접근, 부가접근, 변환접근, 사회행동접근으로 분류하여 조사되었다. 카이스퀘어 검증 결과, 기여접근과 사회행동접근에서는 유의미한 관계가 발견되지 않았으며, 부가접근과 변환접근 항목에서 성별 변인이 통계적 유의성을 확보한 것으로 파악되었다. 여성교원들이 남성교원들에 비해 다문화교육 방법으로 부가접근을 더 선호하며, 다문화주의자들의 다문화교육 접근법으로 여겨지는 변환접근을 활용할 가능성이 높다는 의미로 받아들일 수 있다.

다음으로, 다문화가정 자녀에 대한 교원의 인식 실태 분석을 보면, 다문화가정 자녀가 재학하고 있다는 응답이 55.2%, 없다가 44.8%였다. 이미 대부분의 학교에 다문화가정 자녀가 한 명이라도 있다는 의미이다. 다문화가정 자녀 재학 유무에 따른 다문화교육 관심도 영역 검증 실시 결과, 다문화교육 개념 이해 항목, 자발적 참여 의도 항목이 통계적 유의성을 가진 것으로 판명되었으며, 다문화교육 목표 영역에서는 외국인 이주자와의 공존의식,]세계시민생활 능력 함양, 다문화교육 방법 영역에서는 변환접근 항목에서 유의미한 차이가 검증되었다. 다문화가정 자녀가 재학하는 학교의 교원들은 다문화가정 자녀가 없는 학교의 교원들에 비해 다문화교육에 대한 개념 이해, 자발적 참여, 공존의식, 세계시민생활 능력 함양, 변환접근을 더 선호하거나 적극적으로 대응할 가능성이 높다는 분석 결과이다.

다문화가정 자녀 유형별 인식 실태 분석 결과 93.0%의 교원이 결혼이민자 가정 자녀를 한국인으로 간주하거나 동등한 대우를 해 주어야 한다고 응답하였다. 향후 다문화 국가로 전환하여 나간다는 전제하에서 가장 중요한 국가발전의 핵심 인적 자원이 될 다문화가정 자녀 유형이 결혼이민자 가정 자녀라는 점에서 =긍정적인 인식 실태라고 파악할 수 있다. 결혼이민자 가정 자녀가 처한 문제점으로는 피부색, 언어 소통이 지적되었으며, 북한이탈주민의 학업 포기 요인으로는 주위의 편견과 체제 부적응, 교육내용의 어려움 등이 나타났다. 두 유형 모두 한국 사회의 발전 과정에서 커다란 요인으로 작용할 가능성이 크다는 점에서 보건대, 포용적인 사회와 학교 문화의 형성, 편견에 대한 교육적 대응 방안 마련, 문화적 형평성을 고려한 보충학습 교재의 개발 및 보급 등이 요청된다고 볼 수 있다.

다문화가정 자녀들에 대한 사회적 역할 기대에 대해 한국인과 같은 역할이 47.6%, 양국 혹은 다국 정체성 역할 수행이 48.2%로 나타나 전반적인 다문화교육 인식 실태 분석에서 중요하게 나타나고 있는 다문화 통합 중심과 이해 중심의 문제가 대두될 수 있음을 알게 해 준다. 중요한 것은 다문화가정 자녀들이 그들의 언어와 문화 고유성을 발전시키면서 한국 사회에 기여할 수 있도록 다문화교육의 실행 방향을 민주주의 원리에 터한 균형주의로부터 모색해야 한다는 점이다. 이를 위해서 선결되어야 할 과제는 다문화가정 자녀들에 대한 편견과 빈곤의 대물림, 차이를 인정하지 않는 전통적인 한국 사회의 분위기 등이라고 할 수 있다.

한편, 학교 다문화교육의 운영 실태와 개선 방안 조사 결과를 보면, 학교 다문화교육의 운영 실태를 실시 횟수를 중심으로 분석한 결과 실시하지 않음이 48.4%, 연간 1-2회 실시 36.7%로 나타나 85.1%의 교원이 학교에서 다문화교육을 거의 실행하지 않는다고 응답하였다. 다문화교육의 필요성에 대한 적극적 응답에 비해 실천 양상은 소극적인 수준에 머무른다고 평가할 수 있다. 교원의 배경 특성별 다문화교육 실행 횟수 차이 검증에서는 성별, 학교급, 교직경력 변인에서 통계적 유의성이 발견되었다. 여성교원과 초등교원, 20년 이상 중견교원들이 그렇지 않은 교원들에 비해 다문화교육을 더 많이 실천하고 있다는 분석 결과이다.

다문화교육을 실행한 경험이 있는 교원들 중 다문화교육의 실행 유형을 파악한 결과 필요한 상황마다 실시 47.7%, 범교과 실시 23.9%, 특정 과목 실시 17.8%로 나타나 아직 학교 다문화교육이 계기교육이나 행사활동 수준에서 실행되고 있다는 분석을 가능하게 해 준다. 또한, 84.8%의 교원들이 자료제시를 통한 타 문화 소개 수준의 다문화교육을 실행하고 있었으며, 자료로는 지역화된 다문화 교수-학습안, 미디어자료, 지침 및 장학자료 등을 선호하는 것으로 파악되었다. 비체계적이고 소극적 형태의 다문화교육이 학교 현장에서 적용되고 있는 상황으로 분석될 수 있다.

다문화교육의 실행에 있어서 장애 요인으로 다문화교육의 방법, 내용, 자료 부재, 기초 지식 부족, 다문화교육의 필요성 부인, 여타 교육활동으로 인한 다문화교육 시간 부족 등이 나타났으며, 이것은 학교 다문화교육이 제대로 운영되지 못하고 있는 이유에 대해 다문화교육에 대한 교사의 이해와 지식 부족 30.6%, 문화 다양성보다 국가 정체성이 더 중요 22.3%, 다문화가정의 보편성 부족 18.3%, 다문화교육보다 교과교육을 중시하는 학부모 수요 16.5%에 그대로 반영되는 것으로 판명되었다. 따라서 학교 다문화교육의 개선 방안으로 우리나라 상황에 적합한 다문화교육의 구체적인 방법과 지역화된 자료의 개발 및 일반화, 한국 사회의 다문화화 진행 속도와 파급 효과에 대한 교원의 인식 제고, 체계적인 교과교육 속으로의 다문화교육 실행 등이 논의되어야 하며, 이것은 현재 시점에서 학교 현장에 적용되어야 한다고 판단된다.

끝으로, 교원의 다문화교육 경험에 따른 인식 실태 분석에서 다문화가정 자녀 교육경험은 다문화교육의 관심도 영역에서 개념 이해, 교과시간 실행 의도, 자발적 참여 의도, 다문화교육 목표 영역에서 문화 다양성 교재 활용, 세계시민생활 능력 함양 변인에 통계적으로 유의미한 영향을 미치는 것으로 분석되었다. 또한, 다문화교육 연수경험은 다문화교육 관심도 영역의 개념 이해, 교육적 열의, 자발적 참여 의도 변인에 통계적 유의성을 확보하였고, 다문화교육 실행 유무는 다문화교육 관심도 영역의 개념 이해, 교육적 열의,

학습자 효과 인식, 교과시간 실행 의도, 자발적 참여 의도 등 전 항목에 긍정적 영향을 가진 것으로 분석되었으며, 다문화교육 목표 영역의 이주자와의 공존의식, 세계시민생활 능력 함양, 다문화교육 방법 영역의 부가접근과 변환접근 변인에 유의미한 영향을 미치는 것으로 파악되었다. 전반적으로 다문화교육 영역에 어떤 방식으로든 노출된 교원은 그런 경험이 없는 교원들보다 더 높은 수준의 다문화교육의 인식도를 갖고 있다는 분석 결과이다. 직접적이고 의도적인 다문화교육 접근 가능성을 교원들에게 제공하는 것이 가장 중요하다는 결론이다.

2. 제언

우리나라는 글로벌로 추동된 다문화사회로의 전이 과정에 있다. 국제교류와 소통체계의 발달에 의한 이주 소수자들과 그 자녀들이 한국이라는 새로운 사회에 어떻게 적응하고 기여할 것인가에 대한 문제가 주요 담론으로 등장하고 있는 것이 현실이다. 이 글은 향후 국력의 주요 구성 요소가 될 것이 명백한 다문화가정 자녀들이 한국 사회가 추구하는 민주주의 정치체계의 기본 가치를 습득하고 실천해 나가는 글로벌 다문화교육을 이에 직접적 영향력을 미치는 교원들의 인식 관점에서 접근한 것이다.

물론, 학교 다문화교육이 모든 것을 담아낼 수는 없을 것이다. 다문화란 이미 포괄적 형태의 글로벌 현상이기 때문이다. 따라서 학교에서의 다문화교육은 구체적인 전략과 방법을 기반으로 전개되어야 실효성을 확보할 수 있다. 여기서는 조사 연구 결과에 대한 경험적 논의에 터하여 학교 다문화교육의 지향점을 개선 방안을 중심으로 정리 · 제시하기로 한다.

첫째, 글로벌 다문화사회에 적합한 다문화적 경쟁력 제고를 위해서는 이주자 가정 자녀들이 부모의 국적이 선진국이든 후진국이든 관계없이 그들의 문화를 한국 사회에서 그대로 자연스럽게 활용할 수 있는 다양한 기회 제공을 통한 양국 혹은 다국 정체성 교육(multi－identities education)이 실행되어야 한다. 다문화가 가진 잠재력을 제대로 활용하려면 소수자의 언어와 문화 정체성이 한국 사회에서 유지되면서 문화중재자(cultural mediators)로서의 역할을 수행할 수 있도록 교육적 기회와 공간을 제공해야 할 것이다.

둘째, 일회적이고 사례 나열적인 구경꾼 프로그램 위주의 비체계 다문화교육을 넘어서는 다문화 연수프로그램의 개발과 적용이 필요하다. 이것은 범례 다문화연수(field model for multicultural training course)라고 칭할 수 있으며 연수강사로 다문화교육 전문가, 현장 적용 교원, 소수자들이 함께 참여하는 교육 프로그램을 의미한다. 교원들에게 다문화교육 접근 기회를 실제적으로 균등하게 보장하되 다문화교육 모범 사례 중심으로 다문화 연수가 이루어지도록 이론과 실제의 연결이 같은 장소와 같은 시간대에서 제공되어야 한다.

셋째, 한국 사회의 다문화화는 특정 지역별, 학교급별 편차가 큰 편이다. 따라서 다문화 국면과 심도의 전개에 따른 맞춤 다문화교육과 적절한 지원을 위한 지역교육청 차원의 다문화학습센터(multicultural learning center)의 설립과 운영이 활성화되어야 한다. 예를 들면, 외국인 근로자들이 많은 중소도시 지역의 학교에는 일반 가정 자녀들을 대상으로 하는 다문화 이해 교수－학습안과 자료의 보급이 필요하며, 결혼이민자 가정이 많은 농어촌 지역의 학교에는 일반 가정 자녀와 소수 이주자 가정 자녀들이 함께 참여하는 다문화 교재와 다문화적 소양을 지닌 교사의 지원이 필요하다. 온－오프라인 형태의 다문화학습센터는 이러한 요구에 유연하게 대응할 수 있을 것이다.

넷째, 학교 다문화교육과정의 체계적 편성과 실천이 이루어져야 한다. 가장 커다란 학교 다문화교육의 문제점은 아이러니하게도 범교과 활동 혹은 행사 및 계발활동 차원에서 다문화교육에 접근한다는 점이다. 이것은 다문화교육을 언제든지 해도 되지만, 필수적으로 실천할 필요는 없는 분야로 규정짓는다. 따라서 다문화교육은 비체계성을 띠고 운영될 수밖에 없는 것이다. 이러한 학교 다문화교육의 현실적 문제점을 타개하기 위해서는 다문화 중심 교과의 지정과, 교과시간에의 다문화교육 실행 등이 학교 교육과정 운영 과정에 반드시 반영되어야 한다.

다섯째, 다문화교육의 전문가이며 실천가로서 내용 통합, 지식 구성, 형평 교수, 학교 문화의 개혁 등을 지역과 학교, 상황에 맞게 구사할 수 있는 교원 양성이 필요하다. 현재의 교대와 사대 교육과정에는 다문화 교사로서의 소양을 함양할 수 있는 프로그램이 제한적이다. '다문화교육의 이해' 강좌가 개설되어 있기는 하나 교양 선택 과목으로 지정되어 있는 실정이다. 중심 전공을 지정하거나 필수과목화하여 체계적인 다문화 교원 양성 교육이 이루어지도록 조정되어야 할 것이다. 차제에 일부 교육대학원에 개설된 '다문화가정교육 전공'이 모든 교대와 사대의 필수 전공으로 확대될 필요가 있다.

여섯째, 효율적인 다문화교육의 실행을 위한 전략적 접근이 필요하다. 소수집단들이 가지고 있는 문화 정체성을 구체적으로 실현할 수 있는 다문화별 다문화교육 혹은 형평 다문화교육이 학교 현장에 적용되어야 한다. 예를 들면, 중국계 다문화교육, 베트남계 다문화교육, 일본계 다문화교육, 우즈베키스탄계 다문화교육, 몽골계 다문화교육, 필리핀계 다문화교육, 러시아계 다문화교육, 미국계 다문화교육 등이 실제 학교의 다문화 상황에 적용될 수 있도록 다문화교육의 총괄 지원 체계가 구축되어 학교 다문화교육 전개 과정에서 학습 중재자로서의 역할을 수행해야 한다.

글로벌 다문화사회의 새로운 시민 형성을 위한 우리나라의 다문화교육은 많은 가능성과 기회를 갖고 있다. 다문화교육의 본질이 민주주의 가치의 정교한 실천이라는 점에 착안하면 '다수로부터의 하나'라는 다문화교육의 모토를 어떻게 구현해 나갈 것인지에 대한 방향 설정이 가능해진다. 다문화사회에 적합한 시민 형성을 위한 다문화교육은 소수자에 대한 이해를 전제로 사회구성원으로서의 주체성을 인정하고, 다수자가 변화하여 새로운 다문화 상황을 민주주의 원리의 실질적인 실천 과정으로 활용해 나가는 방향으로 진행되어야 한다. 소수자가 주인공이 되면서, 다수자가 변화하는 포용 다문화교육으로의 지향이 이론적 · 실천적 차원에서 논의되고 실행되어야 할 시점이다.

참고 문헌 및 부록

교과부(2008). 다문화가정 자녀 현황. 교과부 자료.

교육부(2006). 다문화가정 자녀 교육지원 대책. 교육부 자료.

교육인적자원부(2007). 『초중등학교 교육과정 총론』, 교육인정자원부 고시 제2007－79.

교육인적자원부(2007). 『사회과 교육과정』, 교육인적자원부 고시 제2007－79.

구견서(2003). 『다문화주의의 이론적 체계』, 현상과 인식, 제90호.

구복실(2006). "도덕과에서 통일교육의 다문화교육 접근 연구", 서울대학교 석사학위논문.

권효숙 외(2006). 『사회과교육의 논리』, 서울: 교육과학사.

김대환 외(1997). 『참여민주주의와 한국 사회』, 서울: 창작과비평사.

김선미(2000). "다문화교육의 개념과 사회과 적용에 따른 문제", 『사회과교육학연구』, 제4호.

김선미 · 김영순(2008). 『다문화교육의 이해』, 서울: 한국문화사.

김용신 공편(2007). 『2007개정 초등학교 교육과정 해설』, 서울: 교육과학사.

김용신 외(2006). 『사회과교육의 논리』, 서울: 교육과학사.

김용신(2007). "다문화 정치교육의 논리와 방법: 탐색적 접근", 『사회과교육』, 제46권 4호.

김용신(2008). "초등사회과 교육과정의 다문화 개념 분석", 『사회과교육』, 제47권 2호.

김용신(2008). "다문화사회의 시민 형성 논리: 문화민주주의 접근", 『비교민주주의연구』, 제4집 2호.

김용신(2009). "다문화가정 자녀의 교육 실태, 문제점, 그리고 비전", 『교육정책포럼』, 통권 196호,

김용신(2009). 『다문화교육론서설』, 경기: 한국학술정보(주).

김현덕 외(2005). 『교실에서의 국제이해교육』, 서울: 교육과학사.

김현덕(2000). "국제이해교육의 개념과 방향", 『국제이해교육』, 창간호, 유네스코한국위원회.

김현덕(2007). "비슷하지만 다른 다문화교육과 국제이해교육", 『국제이해교육』, 봄 · 여름 통권 18호.

노선하(2004). "초등사회과 다문화교육을 위한 교수 · 학습 방안에 관한 연구", 청주교육대학교 석사학위논문.

류성환(2007). "현장에서의 다문화교육 사례", 오경석 외(2007), 『한국에서의 다문화주의』, 경기: 한울,

문화일보. 2007. 09. 27. 010면.

박경태(2008). 『소수자와 한국 사회』, 서울: 후마니타스.

박남수(2000). "다문화사회에 있어 시민적 자질의 육성－사회과를 통한 다문화교육의 모색", 『사회과교육』, 33호.
박남수(2007). "초등학교 교사들의 다문화교육에 대한 인식과 실천", 『사회과교육연구』, 14권 1호,
배미애(2004). "세계교육과 다문화교육의 연계 및 지리교과에서의 의의", 『교과교육학연구』, 제8권 1호.
백욱현(2006). 『면접법』, 서울: 교육과학사.
법무무(2007). 다문화사회를 위한 외국인 정책. 법무부 자료.
법무부(2008). 2008년 외국인 통계 결과. 법무부 자료.
양영자(2007). "한국의 다문화교육 현황과 과제", 오경석 외, 『한국에서의 다문화주의』. 경기: 한울아카데미.
오경석 외(2007). 『한국에서의 다문화주의』, 서울: 한울아카데미.
오성배(2008). 『북한이탈 청소년의 진로 관련 실태 탐색』, 한국 사회과교육연구학회 2008년도 학술대회 자료집.
유네스코아시아 · 태평양국제이해교육원 편(2008). 『다문화사회의 이해』, 서울: 동녘.
이민경(2007). 『프랑스에서의 다문화교육』, 아시아 태평양 국제이해교육원.
이선옥(2007). "한국에서의 이주노동운동과 다문화주의", 오경석 외, 『한국에서의 다문화주의』. 경기: 한울아카데미.
이원희(2008). "다문화 시대의 초등 교육과정", 『초등학교 다문화교육의 현황과 과제』, 서울교육대학교 초등교육연구원 2008학년도 초등교육 학술대회.
이종성(2006). 『델파이 방법』, 서울: 교육과학사.
장원순(2006). "우리 안의 차별과 배제, 일상적 삶에서의 다문화교육 접근법", 『사회과교육』, 제13권 제3호, 한국 사회과교육연구학회.
장정애(2007). "프랑스 문화갈등과 다문화의 시민윤리", 『유럽의 변화와 테러리즘』, 한국정치학회 추계학술회의 자료집.
전경숙(2008). "경기도 지역의 다문화가정과 일반 가정 청소년의 생활실태 조사", 『청소년상담연구』, 16권 1호,
정두용 외(2000). 『국제이해교육』, 서울: 정민사.
정선희(1997). "다문화교육에 관한 유아교사의 인식과 실태조사", 이화여자대학교 석사학위논문.
정탁준(2008). "다문화가정 학생들을 위한 반편견 교육방법 연구", 『초등학교 다문화교육의 현황과 과제』, 서울교육대학교 초등교육연구원 2008학년도 초등교육 학술대회.
조영달(2008). "한국 다문화교육의 현황과 정책", 『초등학교 다문화교육의 현황과 과제』, 서울교육대학교 초등교육연구원 2008학년도 초등교육 학술대회.
陳美如(2000). 『多元文化課程的理念與實踐』, 臺北: 師大書苑.
최관경(2007). "다문화 시대의 교육적 과제", 『초등교육연구』, 제22권.
통계청(2007). 2006년 혼인 통계 결과. 통계청 보도자료.
한경구(2008). "다문화사회란 무엇인가?" 유네스코아시아 · 태평양국제이해교육원 편, 『다

문화사회의 이해』. 경기: 도서출판동녘.

한승준(2007). 『조사방법의 이해와 SPSS 활용』, 서울: 대영문화사.

黃光雄(1993). 『多元文化教育』, 臺北: 臺灣書店.

황혜원(2007). "중등 사회과 교사들의 다문화교육에 대한 인식 연구", 서울대학교 석사학위논문.

Almond, G. A. & Verba, S.(1980). *The Civic Culture Revisited.* Boston. Little, Brown and Co.

Arendt, Hannah(1958). T*he Human Condition*. Chicago. University of Chicago Press.

Atwood, Virginia A. ed.(1991). *Elementary School Social Studies*. Washington, DC. NCSS Publishing.

Au, K. H. P.(1980). "Participation structures in a reading lesson with Hawaiian children", *Anthropology and Education Quaterly* 11: 2,

Banks, J. A. & Banks, C. A. M. eds.(2007). *Multicultural Education*. N. J. John Wiley & Sons.

Banks, J. A. and Banks, C. A. M, with Clegg, A.(1999). *Teaching Strategies for the Social Studies: Decision－Making and Citizen Action*. N. Y. Longman.

Banks, J. A.(2007). *Educating Citizens in a Multicultural Society*. N. Y. Teachers College Press.

Banks, J. A.(2008). "Diversity, Gorup Identity, and Citizenship Education in a Global Age", *Education Researcher*, Vol.37, No.3. pp.129－139.

Banks, J. A., 김용신 외 역(2009). 『다문화 시민교육론』, 서울: 교육과학사.

Banks, J. A., 모경환 외 역(2008). 『다문화교육 입문』, 서울: 아카데미프레스.

Banks, J. A., Cortés, C. A. M, Merryfield, C. E., Moodley, M. M., Murphy－Shigemantsu, K. A., Osler, S., Par., C. A., and Parker, W. C.(2005). *Democracy and Diversity: Principles and Concepts for Educating Citizens in a Global Age*. Seattle. University of Washington. Center for Multicultural Education.

Banks, James A.(2006). *Cultural Diversity and Education: Foundations, Curriculum, and Teaching*. Pearson/Allyn and Bacon.

Barber, B., 박재주 역(1992). 『강한 민주주의』, 서울: 인간사랑.

Bennett, Christine I.(2007). *Comprehensive Multiculutural Education: Theory and Practice*. Pearson/Allyn and Bacon.

Brophy, Jere and Alleman, Janet(2007). *Powerful Social Studies for Elementary Students*. Canada. Thomson Wadsworth.

Burr, V.(1995). *An Introduction to Social Constructionism*. London. Routledge.

Byrnes, Ronald S.(1997). "Global Education's Promise: Reinvigorating Classroom Life in a Changing, Interconnected World", *Theory into Practice*. 36(2).

Callan, Eamonn.(1997). *Creating Citizens*. Oxford: Clarendon Press.

Damarin, Suzanne K.(1998). "Technology and Multicultural Education: The Question of Convergence", *Theory into Practice*. 37(1).

Dewey, J.(1916). *Democracy and Education*. N. Y. Macmillan.

Dilworth, Paulette Patterson(2004). "Multicultural Citizenship Education: Case Studies from Social Studies Classroom", TRSE. Vol.32(2).

Dixon－Krauss, L. ed.(1996). *Vygotsky in the Classroom*. N. Y. Longman.

Engle, S. H. & Ochoa, A. S.(1988). *Education for Democratic Citizenship*. N. Y. Teachers College Press.

Engle, S. H. & Ochoa, A. S., 정세구 역(1995), 『민주시민교육』, 서울: 교육과학사.

Entwistle, H., 이해성 역(1993). 『민주주의와 정치교육』, 대전: 목원대출판부.

Erickson, Frederick(2007). "Culture in Society and in Educational Practices", in Banks, J. A. and Banks, C. A. M. eds.(2007). *Multicultural Education*. N. J. John Wiley & Sons.

Eunsook Lee Zeilfelder, 평택대학교 다문화가족센터 편(2007). 『한국 사회와 다문화가족』, 경기: 양서원.

Galston, William(1992). *Liberal Purpose*. Cambridge. Cambridge University Press.

Geertz, Clifford.(1973). *The Interpretation of Cultures*. NY: Basic Books.

Gergen, K. J.(1985). "The Social Constructivist Movement in Modern Psychology", *Americanl Psychology*. Vol.40.

Gibbs, R.(1997). "Asymmetry and Mutuality: Habermas and Levine", *Philosophy and Social Criticism*. Vol.23(6).

Glasersfeld, E. v.(1988). "The Reluctance to Chance a Way of Thinking", *Irish Journal of Psychology*. Vol.9.

Gollnick, D. M and Chinn, P. C.(2002). *Multicultural Education in a Pluralistic Society*. N. Y. Macmillan.

Grant, Carl A. and Lei, Joy L. eds.(2001). *Global Construction of Multicultural Education*. N. J. Lawrence Erlbaum Associates, Publishers.

Gutmann, A.(1987). *Democratic Education*. N. J. Princeton University Press.

Harrison, Ross.(1993). *Democracy*. London: Routledge.

Heath, S. B.(1982). "Questioning at home and at school: A comparative study", G. Spindler, ed., *Doing the ethnography of schooling: Educational anthropology in action*. Prospect Heights, IL: Waveland.

Held, David and McGrew, Anthony(2002). *Globalization/Anti－Globalization*. Cambridge. Polity Press.

Holmes, Emma E.(1991). Democracy in Elementary School Classes. *Social Education*.

March.

Howe, Kenneth R.(2000). "Philosophical Perspectives on Multicultural Education", in Noel, Jana. *Notable Selections in Multicultural Education.* Connecticut. Dushkin/ McGraw－Hill.

Howe, Kenneth.(2000). "Liberal Democracy, Equal Educational Opportunity, and the Challenge of Multiculturalism", Noel, Jana. *Notable Selections in Multicultural Education*. Connecticut: McGraw－Hill.

Kegley, Charles W. and Raymond Gregory A.(2007). *The Global Future*. CA: Wadsworth.

Kenehan, K and Smith, M.(1948). *Culture Patterns of the People of Colorado.* Unpublished manuscript. Project for Intergroup Education. Western History Archives. Co. Denver Public Library.

Kobus, Doni Kwolek(1992). "Multicultural/Global Education: An Educational Agenda for the Rights of the Child", *Social Education.* 56(4).

Koppelman, K. L. and Goodhart, R. L.(2005). *Understanding Human Differences: Multicultural Education for a Diverse America*. Boston. Allyn & Bacon.

Ladson－Billings, G.(1995). "Toward a theory of culturally relevant pedagogy", *American Educational Research Journal*, 32: 3,

Ladson－Billings, Gloria(1991). "Coping with Multicultural Illiteracy: A Teacher Education Response", *Social Education*. March.

Ladson－Billings, Gloria(1992). "The Multicultural Mission: Unity and Diversity" *Social Education.* Vol.56(5).

Ladson－Billings, Gloria(1996). "Your Blues Ain't Like Mine, Keeping Issues of Race and Racism on the Multicultural Agenda", *Theory into Practice.* 35(4).

Manning, M. Lee and Baruth, Leroy G.(2004). *Multicultural Education of Children and Adolescents.* San Francisco: Pearson.

Massialas, Byron G. and Allen, Rodney F.(1996). *Critical Issues in Teaching Social Studies* K－12. Boston. Wadsworth Publishing Co.

Maxim, George W.(2006). *Dynamic Social Studies for Constructivist Classroom.* N. J. Merrill Prentice Hall.

Minick, Norris(1996). The Development of Vygotsky's thought, in Danials, Harry, *An Introduction to Vygotsky.* London. Routledge.

NCSS(1992). "Curriculum Standards for Multicultural Education", *Social Education.* 56(5).

NCSS(1994). *Curriculum Standards for Social Studies: Expectation of Excellence*. Bulletin 89. Washington, DC. Author.

Newman, William.(1973). *A Study of Minority Groups and Social Theory.* NY: Harper & Row.

Noddings, Nel(2005). *Educating Citizens for Global Awareness.* N. Y. Teachers College Press.

Noel, Jana, ed.(2000). *Notable Selections in Multicultural Education.* Connecticut. Dushkin/McGraw－Hill.

Ogbu, John U.(2000). "Adaptation to Minority Status and Impact on School Success", in Noel, Jana. *Notable Selections in Multicultural Education.* Connecticut. Dushkin/ McGraw－Hill.

Osler, Audrey and Vincent, Kerry(2002). *Citizenship and The Challenge of Global Education.* London. Trentham Books.

Palonsky, S. B.(1987). "Political Socialization in Elementary Schools", *The Elementary School Journal.* Vol.87(5).

Pate, Glenn S.(2000). "Research on Prejudice Reduction", in Noel, Jana. *Notable Selections in Multicultural Education.* Connecticut. Dushkin/McGraw－Hill.

Philips, S. U.(1972). "Participant structures and communicative competence: Warm Springs children in community and classroom", Cazden, C. B., John, V. P and Hymes. D., eds., *Functions of language in the classroom.* NY: Teachers College Press.

Piestrup, A. M.(1973). *Black dialect interference and accommodation of reading instruction in first grade.* Monographs of the Language－Behavior Research Laboratory. 4. Berkeley: University of California.

Rennebohm－Franz, Kristi(1996). "Toward a Critical Social Consciousness in Children: Multicultural Peace Education in a First Grade Classroom", *Theory into Practice.* 35(4).

Sarup, M.(1988). *An Introductory Guide to Poststructuralism and Postmodernism.* Hemel. Harvester.

Sevier, Brian R.(2002). "The Creation and Content of an Early *Multicultural* Social Studies Textbooks: Learning from *People Denver", Social Education.* 30(1).

Sleeter, C. E. and Grant, C. A.(2007). "Race, Class, Gender, and Disability in the Classroom", Banks, J. A. and Banks, C. A. M. eds.(2007). *Multicultural Education.* N. J. John Wiley & Sons.

Sleeter, Christine E and Grant, Carl A.(2007). "Race, Class, Gender, and Disability in the Classroom", Banks, J. A. and Banks, C. A. M. eds.(2007). *Multicultural Education.* N. J. John Wiley & Sons.

Sleeter, Christine E.(1996). "Multicultural Education as a Social Movement", *Theory into*

Practice. 35(4).

Tiedt, Pamela L. and Tiedt, Iris M.(2005). *Multicultural Teaching*. Boston. Pearson.

Waldron, Jeremy.(1996). "Multiculturalism and melange", Fullinwider, Robert K. ed. *Public Education in a Multicultural Society*. Cambridge: Cambridge University Press.

Wells, G.(1999). *Dialogic Inquiry: Towards a Sociocultural Practice and Theory of Educaion.* N. Y. Cambridge University Press.

Zaw, Susan Khin.(1996). Locke and multiculturalism: toleration, relativism, and reason. Fullinwider, Robert K. ed. *Public Education in a Multicultural Society*. Cambridge: Cambridge University Press.

※ 부록: 설문지

안녕하십니까?

최근 한국 사회는 빠르게 다문화사회로 변화하고 있습니다. 이에 한국교원단체총연합회에서는 2009년도 교육정책 연구과제의 하나로 '다문화교육 실태조사 및 개선방안'에 관한 연구를 진행하게 되었습니다. 이 연구는 각급학교에서 다문화교육에 대한 이해를 제고하고 이를 바탕으로 현장에 토대를 둔 효율적인 다문화교육의 실행 방안을 실증 제시하는 데 목적이 있습니다.

연구의 일환으로 학교 현장의 선생님들께 다문화가정 학생의 실태 및 다문화교육에 대한 인식 및 실천에 대한 조사를 실시하게 되었습니다. 바쁘시더라도 적극적인 참여와 협조를 부탁드립니다. 조사 자료는 익명성이 보장되며, 오직 연구 목적으로만 활용할 것입니다. 설문에 응해주신데 대해 다시 한 번 감사드립니다.

2009년 9월

다문화교육연구팀 올림

※ 다음은 귀하의 개인배경에 대한 질문입니다. 해당란에 √표 하여 주시기 바랍니다.

1. **성 별** ____① 남 ____② 여
2. **학교급** ____① 초등학교 ____② 중학교 ____③ 고등학교
3. **직 명** ____① 교사 ____② 부장교사 ____③ 교감 ____④ 교장
4. **교직경력** ____① 5년 미만 ____② 5년 이상~10년 미만 ____③ 10년 이상~20년 미만 ____④ 20년 이상
5. **학교소재지** ____① 서울/경기 ____② 광역시 ____③ 중소도시 ____④ 농어촌/읍면지역

* 다음은 다문화교육에 대한 선생님의 인식에 관한 질문입니다. 해당하는 사항에 √표 해주십시오.

1. 다문화가정의 자녀를 교육하신 경험이 있으시다면, 어느 정도입니까?

_____① 없다 _____② 1년 미만

_____③ 1년 이상~3년 미만 _____④ 3년 이상~5년 미만

_____⑤ 5년 이상

2. 다문화교육 또는 다문화가정 자녀 교육에 관한 연수를 받아 보신 적이 있다면 어느 정도 받아 보셨습니까?

_____① 없다 _____② 15시간 이하 _____③ 16~30시간

_____④ 31~45시간 _____⑤ 46~60시간 _____⑥ 61시간 이상

3. 앞으로 다문화교육 또는 다문화가정 자녀 교육에 대한 연수가 있다면, 연수를 받을 의사가 있으십니까?

_____① 있다 _____② 없다 _____③ 모르겠다

4. 다음 중 다문화교육의 대상이라고 생각되는 번호에 모두 체크해 주세요.

_____① 결혼이민자 자녀

_____② 북한이탈주민 가정 자녀

_____③ 외국인 근로자 가정 자녀

_____④ 일반 가정 자녀

5. 학교에서 다문화교육이 어느 정도 필요하다고 생각합니까?

_____① 다문화가정 자녀가 없는 학급도 다문화교육을 해야 한다.

_____② 학급에 다문화가정 자녀가 있을 때, 정기적인 다문화교육이 필요하다.

_____③ 학급의 다문화가정 자녀가 문제를 일으킬 경우에 필요하다.

_____④ 학교에서의 다문화교육은 필요하지 않다.(☞ **7번으로)**

6. 위 5번 문항에서 ①~③을 선택하셨다면, 학교에서 다문화교육이 필요한 이유가 무엇이라고 생각합니까?

_____① 다문화가정의 증가와 사회적 관심이 높아지므로

_____② 일반 가정 학생들의 다문화가정 자녀의 이해를 돕기 위하여

_____③ 다문화가정 자녀의 학교 적응을 위하여

_____④ 우리 사회의 통합과 긍정적인 정체성 형성을 위하여

_____⑤ 일반 가정 학생들의 다양한 문화 이해를 위하여

7. 다문화교육에서 가장 중요하다고 생각되는 것은 무엇입니까?

_____① 다문화사회의 다양성에 대한 교사의 인식

_____② 일반 가정 학부모의 이해와 도움

_____③ 다문화사회의 이해를 반영한 교육과정

_____④ 체계적으로 구성된 교육내용

_____⑤ 다양성을 이해하는 학교나 사회의 분위기

8. 다음 중 선생님께서 생각하시는 다문화교육에 가장 가까운 것은 무엇입니까?

_____① 외국인 초청을 통한 외국 문화 경험

_____② 특별활동 및 재량활동 시간을 이용한 외국의 문화나 인물에 대한 학습

_____③ 다문화가정 자녀들의 한국어, 한국 문화 교육

_____④ 교육과정 개정을 통한 체계화된 문화의 다양성 교육

_____⑤ 일반 가정 자녀들의 다문화 이해 교육

※ 다음은 다문화교육에 대한 선생님의 관심도에 관한 것입니다. 해당하는 칸에 √표 해 주세요.

1에서부터 숫자가 높아질수록 각 문항에 동의하는 정도가 높아지는 것입니다.

	1	2	3	4	5
	전혀 그렇지 않다				매우 그렇다
9. 나는 다문화교육의 의미와 개념, 목표 등을 잘 알고 있다.					
10. 나는 현재 이루어지고 있는 다문화교육에 대해 더 공부하고 학생들에게 교육하고자 한다.					
11. 나는 다문화교육이 학생들에게 어떤 영향을 미치는가에 대해 관심을 갖고 있다.					
12. 나는 모든 교과 수업 시간에 다문화교육을 가미하도록 노력한다.					
13. 나는 다문화교육과 관련한 자료나 내용을 스스로 찾아 학교 교육에 적용하고자 한다.					

※ 다음은 다문화교육의 목표입니다. 각 목표의 중요도를 해당 칸에 √표 해 주세요.

	1	2	3	4	5
	전혀 중요하지 않다				매우 중요하다
14. 국내 거주 외국인이 우리 민족과 잘 어울릴 수 있도록 한다.					
15. 다른 문화의 시각에서 자신을 바라보면서 더욱더 자신에 대한 이해를 잘할 수 있도록 한다.					
16. 문화적, 인종적 다양성과 관련된 책을 학생들에게 제공한다.					
17. 모든 학생들에게 소수 인종 문화, 다수 주류문화, 그리고 세계 다른 모든 문화권 안에서 생활하는 데 필요한 기능, 태도, 지식을 제공한다.					
18. 소수 인종 집단에 속한 사람들이 개별적으로 자기 존재의 고유성을 확인하고 자부심을 갖도록 한다.					

※ 다음은 다문화교육의 방법입니다. 각 방법의 필요성을 해당 칸에 √표 해 주세요.

1에서부터 숫자가 높아질수록 각 문항에 동의하는 정도가 높아지는 것입니다.

	1	2	3	4	5
	전혀 필요하지 않다				매우 필요하다
19. 특정 국가나 민족의 영웅, 국경일이나 기념일 등에 대하여 특별활동 시간이나 재량활동 시간에 필요할 때 가르친다.					
20. 기존의 교육과정의 내용을 교육할 때 다른 문화 이해에 필요한 내용을 가미한다.					
21. 기존의 교육과정의 내용을 다문화적 관점에서 재구성하여 가르친다.					
22. 학생들이 중요한 사회 문제들과 관련하여 결정을 내리고 문제 해결에 도움이 되는 행동을 취하도록 강조한다.					

*** 다음은 다문화가정 자녀에 대한 선생님의 인식에 관한 질문입니다. 해당하는 사항에 √표 해 주십시오.**

23. 다음 중 선생님의 학교에 재학 중인 다문화가정 자녀를 모두 체크해 주세요.

_____① 결혼이민자 가정 자녀

_____② 북한이탈주민 가정 자녀

_____③ 외국인 근로자 가정 자녀

_____④ 없음

24. 다문화가정 자녀가 우리 사회에서 어떤 역할을 할 수 있다고 생각합니까?

_____① 한국인과 같은 역할

_____② 부모 국적 국가와 한국과의 중개 역할

_____③ 세계에 한국을 알리는 역할

_____④ 국내 거주 외국인의 위상을 높이는 역할

25. 선생님께서는 결혼이민자 자녀에 대하여 어떻게 생각합니까?

_____① 부/모 중 한 분이 외국인이므로 그 자녀는 우리와 다른 민족이다.

_____② 부/모 중 한 분이 한국인이므로 그 자녀 또한 우리와 같은 한국인이다.

_____③ 인종 문화가 다르기 때문에 한국에서 우리와 같은 대우를 받지 못한다.

_____④ 인종 문화가 다르기 때문에 한국인은 아니지만, 우리와 같은 대우를 받아야 한다.

26. 결혼이민자 자녀가 우리나라에서 겪는 가장 큰 문제점은 무엇이라고 생각합니까?

_____① 다른 피부색에 대한 친구들의 놀림

_____② 서툰 한국어로 인한 학교생활의 어려움

_____③ 한국인으로서의 국가 정체성의 미확립

_____④ 외국인 부모와 한국어로 의사소통이 어려움

27. 북한 이탈 가정 자녀의 학업 중도포기율은 초등학교에서 중학교, 고등학교로 갈수록 급격히 증가합니다. 그 이유는 무엇이라고 생각합니까?

_____① 남한의 체제에 적응하지 못함

_____② 주변 친구, 교사의 북한이탈주민에 대한 편견

_____③ 어렵고 생소한 교육내용

_____④ 부정적인 자아정체감

28. 북한 이탈 가정 자녀가 학교생활에 적응하기 위해서는 무엇이 필요하다고 생각합니까?

_____① 일반 가정 자녀에 대한 북한이탈주민 이해 교육

_____② 우리나라 체제와 사회에 대한 보수교육

_____③ 북한 이탈 자녀끼리 모여서 공부할 수 있는 환경

_____④ 교과 교육에 대한 보충 수업

29. 외국인 근로자 가정 자녀가 우리나라에서 일반 학생과 같은 교육을 받기 위해 가장 필요한 것은 무엇이라고 생각합니까?

_____① 외국인 근로자 가정 자녀의 취학을 보장해 주는 정책
_____② 자녀의 학교 교육을 위한 보조금
_____③ 일반 학생들의 외국인 근로자 가정 자녀 이해 교육
_____④ 외국인 근로자 가정 자녀를 포용할 수 있는 학교 문화

30. 다문화가정 자녀의 학교생활에서 가장 큰 문제점은 무엇이라고 생각합니까?

_____① 또래집단과 어울리지 못함
_____② 자기 국적 또는 부모의 국적에 대한 정체성 부재
_____③ 한국어 능력이 떨어짐
_____④ 긍정적 자아 정체감의 부재
_____⑤ 교과학습을 따라오지 못함
_____⑥ 나이에 맞지 않는 학년 배정에 따른 학교 부적응

31. 다문화가정 자녀가 학교생활에 문제가 있다면, 가장 큰 이유는 무엇이라고 생각합니까?

_____① 한국인과 다른 외모와 문화 인식
_____② 낮은 문화적 · 계층적 환경에 따른 유아기부터의 지적 결손
_____③ 일반 가정 학생들의 다문화가정 자녀에 대한 편견
_____④ 교사들의 다문화가정 자녀에 대한 이해 부족
_____⑤ 다문화가정 자녀를 고려하지 않은 학교의 교육과정
_____⑥ 다문화가정과 일반 가정의 차이를 인정하지 않는 사회적 분위기

* 다음은 다문화교육에 대한 선생님의 실천에 관한 질문입니다. 해당하는 사항에 √표 해 주십시오.

32. 선생님께서는 현장에서 다문화교육을 어느 정도 실시합니까?

_____① 실시하지 않음(☞ **35번으로**) _____② 1년에 1~2회

_____③ 월 1~2회 _____④ 주 1~2회 _____⑤ 매일/항상

33. 32번 문항에 ②~⑤를 선택하셨다면, 다문화교육을 어떤 방법으로 실시합니까?

_____① 다문화교육을 모든 영역과 전 교과에서 통합적으로 실시한다.

_____② 특정 주제를 선정해 집중적으로 실시한다. (예: 다른 나라의 축제, 휴일)

_____③ 특정 과목에서 실시한다. (예: 사회, 도덕, 국어, 체육)

_____④ 다문화교육이 필요한 상황이 생길 때마다 실시한다.

34. 32번 문항에 ②~⑤를 선택하셨다면, 다문화교육에 사용하는 교수 방법은 무엇입니까?(☞ 36번으로)

_____① 학생들의 조사, 발표 활동 _____② 자료제시를 통한 다른 문화의 소개

_____③ 다문화 강사초빙 활동 _____④ 견학 및 참여 활동

35. 32번 문항에 ①을 선택하셨다면, 다문화교육을 실시하지 않는 이유는 무엇입니까?

_____① 다문화교육에 대한 필요성을 느끼지 못함

_____② 필요성은 느끼고 있으나 다문화교육에 대한 기초 지식이 부족함

_____③ 구체적인 교육 방법이나 내용 및 자료의 부재

_____④ 과다한 교육 분량으로 다문화교육을 실시할 시간이 없음

_____⑤ 업무량의 과다로 다문화교육을 준비할 정신적, 시간적 여유가 없음

36. 다문화교육을 계획 · 실시할 때 참고해야 하는 자료는 무엇입니까?

_____① 교육과정 지침 및 장학 연수 자료집
_____② 지역 학교 상황에 적합한 다문화 교수 학습 계획안
_____③ 유네스코와 같은 연구기관에서 간행한 교육 활동집이나 학술지
_____④ 신문, 방송, 인터넷 등의 매체
_____⑤ 다문화교육에 대한 전문 서적

37. 학교에서 다문화교육이 이루어지기 힘든 이유가 있다면 무엇이라고 생각합니까?

_____① 학교 교육은 문화 다양성에 대한 인식보다 우리나라 국민으로서의 정체성을 형성하는 것을 더 중요하게 여기므로
_____② 부모들이 다문화교육보다는 기존의 교과교육을 더 필요로 하므로
_____③ 다문화가정은 주변에서 흔히 접하기 어려우므로
_____④ 우리나라의 전통적인 사회 정서와 맞지 않으므로
_____⑤ 다문화교육은 아직 이론상 정립된 분야가 아니므로
_____⑥ 다문화교육에 대한 교사의 이해 및 전문 지식 부족

38. 선생님께서 다문화교육에 관하여 교육 담당기관 혹은 전문가에게 바라는 요구사항은 무엇입니까?

_____① 체계적인 다문화교육 이론의 제시와 체계화
_____② 다양하고 구체적인 다문화 수업 방법의 제공
_____③ 구체적인 교사 교육 혹은 교사 연수
_____④ 우리나라 상황에 맞는 다문화교육 교재 및 자료 개발
_____⑤ 가정과 학교가 연계된 다문화교육 실행 사례 보급

※ 선생님께서 다문화교육의 학교 현장 실행과 관련하여 전반적으로 제언하고 싶으신 고견이 있으시면 아래 빈 칸에 자유롭게 기재하여 주시기 바랍니다.

색인

김용신

김용신은 한국외국어대학교 정치외교학과를 졸업하고 같은 대학원에서 정치학 박사 학위를 수여 받았으며, 한국외국어대학교, 서울교육대학교, 강남대학교, 대진대학교 강사와 서울특별시교육청 교사, 교육연구사, 장학사를 거쳐 서울교육대학교 사회과교육과 국제사회문화연구전공 교수로 재직 중이다.

서울교육대학교 교육박물관장, 대학원 교학부장을 역임했으며, 글로벌교육연구소(Center for Global Studies Education) 소장을 맡고 있다.

한국정치학회, 한국사회교과교육학회, 글로벌교육연구학회에서 비교정치와 사회과교육 분야의 학술 활동을 하고 있으며, 주요 관심 영역은 사회과 정치교육, 글로벌 다문화교육, 사회과학철학·방법론 등이다.

최근 저서로는 다문화 시민교육론(공역, 2009), 사회과교육과 강한 정치교육론(2007), 초등학교 교육과정 해설(공편, 2007) 등이 있다.

E-mail : kaujali@snue.ac.kr

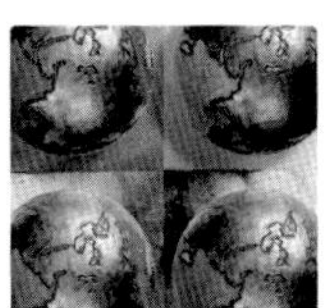

글로벌
다문화 교육의 이해
Understanding Global Multicultural Education

초판인쇄 | 2011년 1월 14일
초판발행 | 2011년 1월 14일

지 은 이 | 김용신
펴 낸 이 | 채종준
펴 낸 곳 | 한국학술정보㈜
주 소 | 경기도 파주시 교하읍 문발리 파주출판문화정보산업단지 513-5
전 화 | 031) 908-3181(대표)
팩 스 | 031) 908-3189
홈페이지 | http://ebook.kstudy.com
E-mail | 출판사업부 publish@kstudy.com
등 록 | 제일산-115호(2000. 6. 19)

ISBN 978-89-268-1815-2 93370 (Paper Book)
978-89-268-1816-9 98370 (e-Book)

이담Books 는 한국학술정보(주)의 지식실용서 브랜드입니다.